Vie et mort de l'ordre du Temple

Alain Demurger

Vie et mort de l'ordre du Temple

1120-1314

Éditions du Seuil

La première version de cet essai, publiée sous le même titre aux Éditions du Seuil en 1985, a été entièrement revue et mise à jour pour la présente édition.

ISBN 2-02-010482-2.
(ISBN 1ʳᵉ publication : 2-02-008714-6.)

© JANVIER 1989, ÉDITIONS DU SEUIL.

Avant-propos

En 1919, des officiers américains attachés au camp hôpital de Beaune achetèrent le porche de la chapelle Saint-Jacques, l'ancienne église de la commanderie templière de Beaune. Ils le démontèrent et le transportèrent aux États-Unis pour l'installer au musée de Boston. Ces officiers appartenaient à la secte des Chevaliers de Colomb, qui prétend se rattacher à l'ancien ordre du Temple.

Le 28 octobre 1983 en page 11, le journal *le Monde* publie l'annonce suivante :

> La RÉSURGENCE TEMPLIÈRE de 1984, organisée par les maîtres gardiens de la TRADITION, marquera le début d'une NOUVELLE ÈRE SPIRITUELLE en vue du retour du CHRIST. La Fraternité Johannite pour la Résurgence Templière, ordre initiatique, traditionnel, chrétien et chevaleresque, a été fondée, comme d'autres mouvements ésotériques, pour travailler à cette importante préparation (*etc.*).

A la fin de mai 1987, dans l'ancienne maison templière de la Maggione de Poggibonsi, petite ville de Toscane, s'est réuni un colloque scientifique international sur le thème « I Templari, mito e storia ». Il était organisé, entres autres institutions, par l'université de Siena, l'Ente provinciale per il turismo de Siena et l'Associazione dei Cavalieri del Templo, dont le siège est à Poggibonsi ; fondée en 1979 comme communauté de laïcs pieux, elle se voue à des œuvres de charité et à la promotion de la vie culturelle, sans aucune référence à l'ésotérisme.

La petite station thermale de Gréoux-les-Bains est très

fière de ses eaux où les templiers se délassaient, de son château templier ; elle a même ajouté à son patrimoine une auberge des Templiers, une rue des Templiers. Malheureusement, son château est du XIVe siècle et ne peut donc être templier ; rien ne prouve non plus que les templiers aient barboté dans ses piscines. Ne nous fâchons pas ! Les templiers sont solidement installés dans la culture historique des habitants de Gréoux : la tradition orale ne veut-elle pas que le château soit hanté par un templier enseveli dans un mur ?

Tout le monde connaît le proverbe : « boire comme un templier ». Il a trouvé un regain de jouvence il n'y a pas si longtemps, à l'occasion d'une campagne publicitaire en faveur du Banyuls : on y voyait un caveau peuplé de chevaliers du Temple endormis et béats, une bouteille sur le ventre.

Faut-il en conclure, pour parodier un titre récent, que les templiers sont parmi nous ?

Non.

Le Temple est mort, au début du XIVe siècle, des mains de Philippe le Bel, roi de France ; il est mort abandonné de son protecteur naturel, le pape, qui, après avoir longtemps fait le gros dos, se rendit sans condition aux volontés du roi.

Le Temple alimente, avec les cathares et Jeanne d'Arc, l'un des filons inépuisables de la pseudo-histoire, celle qui n'a pour but que d'offrir à des lecteurs avides leur ration de mystères et de secrets. Il y a l'histoire du Temple et l'histoire de sa légende. L'historien ne s'occupe pas seulement du vrai ; il s'occupe aussi du faux lorsqu'on l'a cru vrai ; il s'occupe aussi de l'imaginaire et du rêve. Il se refuse cependant à les confondre.

La bibliographie du Temple est surabondante, mais douteuse. Ne nous illusionnons pas sur sa valeur : d'un point de vue scientifique, l'histoire de la légende du Temple est presque entièrement à faire.

Les légendes du Temple se situent à plusieurs niveaux. N'accordons pas trop d'importance à celles qui s'attachent aux origines mythiques de l'ordre : il remonterait à Jésus ! Libre à tout un chacun de s'amuser à reconstruire une

« histoire » des origines plus glorieuse que celle qui le fait naître de l'initiative de l'obscur chevalier champenois Hugues de Payns. Constatons seulement qu'à une époque où il était facile et fréquent de se forger un passé prestigieux, les templiers, à la différence des hospitaliers, ne l'ont pas fait.

Le thème majeur de la légende du Temple est celui de sa survie, sous la forme de sociétés secrètes. Aux XIIe et XIIIe siècles, le Temple lui-même aurait été une société secrète. C'est comme telle que le pouvoir royal l'aurait combattu. Mais le Temple aurait survécu dans la franc-maçonnerie. Jacques de Molay aurait eu le temps, avant de mourir, de transmettre ses pouvoirs et ses « secrets » à un chevalier, John Mark Larmenius. Depuis, l'office de grand maître n'aurait jamais été vacant. La franc-maçonnerie serait donc l'héritière du Temple. Peter Partner, dans un livre récent, *The Murdered Magicians, the Templars and Their Myths* (Oxford, 1982), a retracé l'histoire de ce mythe. A l'origine, le chevalier Ramsey, catholique anglais vivant en France, a voulu établir — c'était en 1736 — un lien entre la franc-maçonnerie et la croisade. La maçonnerie aurait eu accès à la sagesse antique des constructeurs du temple de Salomon par l'intermédiaire des croisés.

Puis, vers 1760, certaines loges allemandes, en désaccord avec l'égalitarisme et le rationalisme de la maçonnerie primitive, introduisirent dans la maçonnerie hiérarchie, grades, subordination et secret ; elles firent appel à l'histoire pour se justifier et lièrent les origines de la maçonnerie au Temple : c'est la doctrine du templarisme.

La Révolution française va provoquer un retournement complet. Les milieux conservateurs, pour discréditer la révolution, développèrent l'idée d'un complot maçonnique : les maçons-templiers devinrent les héritiers d'une longue chaîne de conspirateurs anarchistes, destructeurs de l'ordre social chrétien et européen, chaîne qui remonte aux Assassins et aux Gnostiques du haut Moyen Age. L'abbé Barruel (*Mémoires pour servir à l'histoire du jacobinisme*), puis l'orientaliste autrichien Joseph von Hammer-Purgstall ont fait ainsi des templiers et des francs-

maçons templaristes les adhérents d'une secte pré- et anti-
chrétienne.

Troisième piste de recherche dans la légende du Temple :
l'univers des sectes. Il y a dans le monde d'aujourd'hui de
nombreux groupes, de nombreuses sectes qui se réfèrent au
Temple. Celui-ci, mort, semble avoir le dos assez large pour
supporter ces héritages contradictoires (héritage chrétien
ou antichrétien). Mais qu'une secte du xixᵉ ou du xxᵉ siècle
se proclame héritière spirituelle du Temple n'intéresse pas,
à la limite, l'historien du Temple ; c'est un fait de mentalité
des siècles en question, qui concerne en premier lieu
l'historien du monde contemporain. Que l'on rêve d'une
filiation ne signifie pas qu'elle existe. Mais l'histoire dont on
rêve fait aussi partie du « territoire de l'historien ».

Reste enfin le domaine passionnant des légendes proprement dites. L'histoire du Temple, les accusations portées
contre lui, sa fin tragique ont laissé des traces dans la
conscience collective. A partir d'un fonds historique se sont
formés, diffusés et déformés des mythes, des traditions, des
légendes.

Michel Lascaux, dans ses *Templiers en Bretagne*, raconte
cette tradition des « moines rouges » (templiers et hospitaliers confondus), méchants, intempérants, cruels, qui enlè-
vent les filles la nuit de leurs noces et qui, en châtiment de
leurs crimes, ont tous disparu la même nuit. Le récit peut
prendre une autre forme : apparitions, visions fantomati-
ques, notamment les soirs d'orage. Dans certaines localités,
on raconte que l'ancien commandeur, chargé de crimes,
galope autour d'une ruine ; il revient chaque nuit implorer
la compassion des vivants et il ne disparaîtra que le jour où
une âme charitable fera dire une messe pour son salut.

Autre récit, languedocien cette fois, celui rapporté par
l'abbé Maurice Mazières : il s'agit d'une tradition orale de
la vallée de Brézilhou dans l'Aude. Un roi de France et son
fils sont passés à Brenac, dans la vallée ; le seigneur de
Brenac les a hébergés. Le fils du roi a proposé au jeune
frère du sire de Brenac de le prendre comme page, mais le
jeune homme a refusé, car il a fait promesse de devenir
templier. Le fils du roi est offensé par l'affront. Plus tard,

lors du procès, le jeune templier est condamné au bûcher ; le roi, trouvant son nom sur une liste, veut le gracier, mais il essuie un nouveau refus. Cette tradition a une origine historique ; le roi Philippe III et son fils, le futur Philippe IV le Bel, partant en croisade contre l'Aragon, ont traversé Brenac.

Le même auteur mentionne aussi ce document, qu'il a lu dans la bibliothèque de Campagne-sur-Aude en 1941 : Jean d'Aniort, sire de Brenac, intente, en 1411, un procès pour récupérer les biens ayant appartenu à l'un de ses ancêtres, Udaut d'Aniort, biens qui avaient été confisqués par le roi parce que Udaut était templier. Le juge, le sénéchal de Carcassonne, le déboute : les biens ont été légitimement saisis, attendu que les frères du Temple de la commanderie de Campagne-sur-Aude avaient donné asile aux « bons hommes » cathares. Fait historique déformé plutôt que légende ; il est dommage que le manuscrit ait été perdu en 1942 !

Plus que dans les élucubrations ésotériques et dans les reconstructions douteuses, c'est dans ces traditions qu'il faut rechercher la « survie » du Temple.

Cependant, quitte à décevoir les amateurs de mystères insondables, de souterrains hantés et de trésors enfouis, je me limiterai à l'histoire.

L'objet de ce livre est de raconter la vie et la mort d'une création originale de l'Occident médiéval : l'ordre religieux-militaire, dont le Temple fut le premier exemple. Il fut créé en 1120, sur l'initiative de quelques chevaliers des croisades, pour incarner durablement les idéaux de celles-ci : la défense du tombeau du Christ à Jérusalem et la protection des pèlerins qui s'y rendaient. Il devint puissant et développa, à travers toute la chrétienté, un réseau de maisons et d'exploitations qui collectaient, pour les besoins de la Terre sainte, les ressources et les revenus nécessaires à sa défense. Défense dont il assume, grâce aux forteresses qu'il détient, grâce au mouvement continu de combattants d'Occident en Orient, la plus lourde part (avec les autres ordres militaires, l'Hôpital et les teutoniques). L'échec des croisades, la disparition des États latins de Terre sainte détruisirent les fondements matériels et idéologiques de son action. Dans quelle mesure cela contribua-t-il à sa chute, c'est la question qu'il faudra nous poser.

Trop souvent, l'histoire de l'ordre du Temple se réduit à celle de son procès, ou est vue à travers son procès. Il nous est facile, à nous autres historiens, d'affirmer que ce qui est arrivé devait nécessairement arriver. Je voudrais montrer que le procès des templiers n'est pas l'aboutissement logique et inévitable de leur histoire. Les critiques qui ont été faites à leur ordre l'ont été à d'autres, hospitaliers, teutoniques, cisterciens, mendiants. D'où un premier parti dans ce livre : j'ai cherché, autant que faire se peut, à comparer l'histoire du Temple à celle de ces autres ordres, essentiellement à celle de l'Hôpital, pour lequel nous disposons de l'ouvrage très complet de Jonathan Riley-Smith. On le verra, la comparaison ne tourne pas systématiquement en défaveur du Temple.

Le Temple a été un enjeu, un bouc émissaire dans une partie où s'affrontent pouvoir spirituel (le pape) et pouvoirs temporels (les monarchies administratives et territoriales). D'où un deuxième parti : sortir de France, ne pas considérer uniquement le face-à-face Molay-Philippe le Bel. J'ai utilisé abondamment les travaux historiques récents parus en Angleterre, en Allemagne, en Espagne et en Italie. Ils font ressortir avec évidence que le Temple, malgré ses origines françaises, malgré l'importance qu'y conserveront jusqu'au bout les Français, est d'abord un ordre international. Cet environnement international de l'ordre est particulièrement important pour la compréhension du procès et le jugement qu'en fin de compte on peut porter sur le Temple. Le comportement des rois Jacques II d'Aragon, Denis de Portugal, Édouard Ier et Édouard II d'Angleterre, celui des archevêques de Ravenne, Tarragone ou Mayence éclairent le comportement et les mobiles de Philippe le Bel comme du pape Clément V.

PREMIÈRE PARTIE

Les origines

1

Hugues de Payns

Quelques rares récits...

Les débuts des templiers sont mal connus : les récits les plus précis sont largement postérieurs à la fondation du premier ordre religieux et militaire de la chrétienté. On cite ordinairement Guillaume de Tyr :

> Cette même année [1118], certains nobles chevaliers, pleins de dévotion envers Dieu, religieux et craignant Dieu, se remettant entre les mains du seigneur patriarche pour le service du Christ, firent profession de vouloir vivre perpétuellement selon la coutume des règles des chanoines en observant la chasteté et l'obéissance et en repoussant toute propriété. Parmi ceux-ci, les premiers et les principaux furent ces deux hommes vénérables, Hugues de Payns et Godefroy de Saint-Omer [1]...

Guillaume est né vers 1130, en Palestine ; chancelier du royaume de Jérusalem en 1174 et archevêque de Tyr l'année suivante, il commença la rédaction de son *Historia rerum in partibus transmarinis gestarum* (une traduction en français en fut donnée au siècle suivant, sous le nom d'*Histoire d'Éraclès*) sous le règne du roi Amaury Ier (1163-1174), au moment où celui-ci conduisait des campagnes militaires victorieuses en Égypte et où l'avenir du royaume semblait assuré. Guillaume n'a pas connu les débuts glorieux des États latins de Terre sainte ; il n'a donc pas vécu les premiers pas, difficiles mais prometteurs, des templiers.

Au XIIIᵉ siècle, Jacques de Vitry, historien et évêque
d'Acre, nous raconte les mêmes événements dans son
Historia orientalis seu Hierosolymitana :

> Certains chevaliers aimés de Dieu et ordonnés à son
> service renoncèrent au monde et se consacrèrent au
> Christ. Par des vœux solennels, prononcés devant le
> patriarche de Jérusalem, ils s'engagèrent à défendre les
> pèlerins contre les brigands et ravisseurs, à protéger les
> chemins et à servir de chevalerie au Souverain Roi. Ils
> observent la pauvreté, la chasteté et l'obéissance, selon
> la règle des chanoines réguliers. Leurs chefs étaient
> deux hommes vénérables, Hugues de Payns et Godefroy
> de Saint-Omer. Au début, il n'y en avait que neuf qui
> prirent une décision si sainte, et pendant neuf ans ils
> servirent en habits séculiers et se vêtirent de ce que les
> fidèles leur donnèrent en aumônes. Le roi, ses cheva-
> liers et le seigneur patriarche furent remplis de compas-
> sion pour ces nobles hommes qui avaient tout aban-
> donné pour le Christ, et leur donnèrent certaines
> propriétés et bénéfices pour subvenir à leurs besoins, et
> pour les âmes des donateurs. Et, parce qu'ils n'avaient
> pas d'église ou d'habitation qui leur appartînt, le roi les
> logea dans son palais, près du Temple du Seigneur.
> L'abbé et les chanoines réguliers du Temple leur donnè-
> rent, pour les besoins de leur service, un terrain non loin
> du palais ; et, pour cette raison, on les appela plus tard
> les « Templiers » [2].

Mais, le plus souvent, ce n'est que brièvement que les
historiens du temps ont rapporté l'événement. Ainsi Guillaume de Nangis : en ce temps (1120) est fondé « l'ordre de
la milice du Temple commandée par Hugues, son maître ».
Presque toujours, les abrégés ou résumés de textes historiques, publiés sous le nom de « petite chronique », indiquent
le fait et sa date : 1119 ou 1120.

On le voit, ces récits sont écrits longtemps après les faits ;
ils se copient les uns les autres et sont orientés. Jacques de
Vitry a bien assimilé Guillaume de Tyr, c'est le moins que
l'on puisse dire. Mais, à Acre, il a fréquenté les templiers
dont il fut l'ami. Son témoignage, même s'il est peu

original, apporte quelques touches intéressantes à celui de Guillaume de Tyr, en général peu favorable aux ordres militaires. Quant aux documents d'archives, des actes de donation surtout, ils éclairent peu sur les origines mêmes du Temple.

Reste un texte, malheureusement peu bavard, mais qui a le double mérite d'émaner des templiers eux-mêmes et d'être quasi contemporain de leur création : la règle de l'ordre qui fut composée au concile de Troyes au début de 1129. C'est, nous dit le prologue de cette règle, « par les prières de maître Hugues de Payns, sous la direction duquel ladite chevalerie prit commencement par la grâce du Saint-Esprit », que le concile de Troyes fut assemblé.

Il reste donc bien des incertitudes que, par la suite, on a trop facilement transformées en « mystères ». Trois idées fondamentales ressortent cependant avec netteté :

— L'ordre est né de la volonté de renoncement au monde de quelques chevaliers. Ceux-ci ont accompli une démarche religieuse.

— L'initiative en revient à deux hommes, dont l'un, Hugues de Payns, devint le premier maître de la nouvelle milice, comme on la nommait alors.

— Sa création répondait tout à fait aux vœux des autorités religieuses et laïques du royaume de Jérusalem.

Le Temple, comme les ordres militaires ultérieurs, unit l'idéal du moine à celui du chevalier. Ce n'est pas loin d'être un scandale, au moment où le schéma trifonctionnel des trois ordres — ceux qui prient, ceux qui combattent, ceux qui travaillent — s'impose à la société chrétienne. Or ces trois ordres sont nettement séparés et subordonnés hiérarchiquement les uns aux autres : le clergé domine les deux autres ; et le monachisme forme la couche supérieure de ce même clergé.

Le Temple naît de la volonté d'un obscur chevalier champenois soucieux de son salut. Mais il est aussi porté par les nouveaux courants spirituels que la réforme de l'Église — la réforme grégorienne — a libérés. Il s'ajuste parfaitement à l'idéologie de la croisade ; il est la réponse la plus pertinente aux besoins de celle-ci.

La croisade

Le 27 novembre 1095, le pape Urbain II prêche devant un concile provincial réuni à Clermont. Il vient de parcourir la France méridionale pour s'enquérir des progrès de la réforme de l'Église dont il est, en fidèle grégorien, un farouche partisan. Devant ce parterre d'évêques et d'abbés (quelques rares laïcs assistent à cette assemblée), il condamne sévèrement les clercs simoniaques, qui trafiquent des biens d'Église. Mais il tance aussi les laïcs : ceux qui, en dépit des sanctions ecclésiastiques, se vautrent dans la luxure, comme le roi de France Philippe Ier ; ceux qui, vrais chevaliers brigands, violent la paix de Dieu que l'Église s'efforce, depuis un siècle, de faire respecter. Alors son propos s'élève : il offre à la chevalerie un moyen de rachat ; il ouvre une voie vers le salut : aller libérer Jérusalem !

> Qu'ils aillent donc au combat contre les infidèles — un combat qui vaut d'être engagé et qui mérite de s'achever en victoire —, ceux-là qui jusqu'ici s'adonnaient à des guerres privées et abusives, au grand dam des fidèles ! Qu'ils soient désormais des chevaliers du Christ, ceux-là qui n'étaient que des brigands ! Qu'ils luttent maintenant, à bon droit, contre les barbares, ceux-là qui se battaient contre leurs frères et leurs parents ! Ce sont les récompenses éternelles qu'ils vont gagner, ceux qui se faisaient mercenaires pour quelques misérables sous. Ils travailleront pour un double honneur, ceux-là qui se fatiguaient au détriment de leur corps et de leur âme. Ils étaient ici tristes et pauvres ; ils seront là-bas joyeux et riches. Ici, ils étaient les ennemis du Seigneur ; là-bas, ils seront amis (Foucher de Chartres, *Historia Hierosolymitana*) [3].

Urbain II n'improvise pas : la direction du « Saint Voyage » est confiée à l'évêque du Puy, Adhémar de

Monteil ; et, pour entraîner la chevalerie laïque, le pape sait pouvoir compter sur le comte de Toulouse, Raymond IV, qu'il a rencontré peu avant.

On le sait, le succès de l'appel de Clermont dépassa les espérances des plus optimistes. Par milliers, des hommes de toutes conditions se mirent en route, demandant à chaque étape si ce n'était pas là, Jérusalem ! Derrière cette cohue enthousiaste et indisciplinée, qui massacre les juifs de la vallée du Rhin, qui vole les paysans hongrois et pille les campagnes byzantines, des groupes de chevaliers, de seigneurs, petits et grands, venus des Pays-Bas, de France ou d'Italie normande, convergent vers Constantinople, la capitale de l'Empire byzantin, la ville merveilleuse qui frappe toutes les imaginations. Inquiet d'un tel afflux, le *basileus* s'efforce de faire passer en bon ordre les croisés en Asie Mineure. Cette vieille région byzantine est, dans sa quasi-totalité, passée sous le contrôle des Turcs Seldjoukides depuis la bataille de Mantzikert en 1071. Vainqueurs de ces mêmes Turcs à Dorylée, en 1097, les croisés débouchent en Syrie du Nord, assiègent et prennent Antioche en 1098. Un an encore, et Jérusalem tombe, le 13 juillet 1099. La ville du Seigneur, considérée comme souillée par plusieurs siècles de présence infidèle, est impitoyablement purifiée par le sang.

Pour nombre de croisés, le but était atteint : prier sur le tombeau du Christ et se sentir ainsi tout près de Dieu. Comme d'autres l'avaient fait durant tout le siècle, ils avaient accompli le pèlerinage le plus sacré et le plus prestigieux. En plus, ils avaient chassé l'infidèle de la ville du Christ. Mission remplie, ils rentrent au pays. Pas tous, cependant.

Ce petit seigneur du Lyonnais, Achard de Montmerle, avait remis en gage ses terres à l'abbaye de Cluny pour se procurer l'argent nécessaire à l'accomplissement du Saint Voyage :

> Moi, Achard, chevalier, du château qu'on appelle Montmerle, fils de Guichard qui est lui aussi appelé de Montmerle, moi donc, Achard, au milieu de toute cette

immense levée en masse ou expédition du peuple
chrétien désirant aller à Jérusalem combattre contre les
païens et les Sarrasins pour Dieu, j'ai été moi aussi mû
par ce désir ; et, désireux d'y aller bien armé, j'ai fait
avec Dom Hugues, vénérable abbé de Cluny, et avec ses
moines, la convention qui suivra (...). Au cas où je
mourrais pendant ce pèlerinage à Jérusalem, ou bien si
je décidais de me fixer d'une façon quelconque dans ces
pays-là, ce bien que le monastère de Cluny tient
actuellement en gage, il le tiendrait non plus à titre de
gage, mais de possession légitime et héréditaire, pour
toujours [4]...

Ceux qui sont partis sans esprit de retour comme ce
Bohémond, Normand de Sicile devenu prince d'Antioche,
sont toutefois peu nombreux ; pas assez, en tout cas, pour
tenir les conquêtes. Dans un premier temps, ce n'est pas
trop gênant, car le succès de la croisade a eu d'immenses
répercussions en Occident. Chaque année, des groupes de
pèlerins en armes gagnent la Terre sainte. Les croisés
s'appuient également sur les flottes italiennes de Pise et
Gênes, puis de Venise : leur aide permet la conquête des
principales cités côtières, Acre en 1104, Tripoli en 1108.
Les Latins peuvent ainsi établir leur domination sur un
territoire allongé, entre la mer et le désert, qui comprend la
plaine côtière et les montagnes du Liban et de Judée.
Quatre États se forment progressivement. Au nord,
enfoncé dans les terres, le comté d'Édesse, mi-franc,
mi-arménien ; il fut le premier fondé, par Baudouin de
Boulogne, frère de Godefroy de Bouillon, premier roi de
Jérusalem. La principauté d'Antioche occupe la Syrie du
Nord. Puis, plus petit, le comté de Tripoli. Enfin, du Liban
au Sinaï, le royaume de Jérusalem.
    Le monde musulman est alors trop divisé pour réagir
efficacement. Cependant, deux places importantes demeurent aux mains des musulmans : Tyr jusqu'en 1124, Ascalon, clé de l'Égypte, jusqu'en 1153. Or cette dernière ville
représente une menace constante pour la région de Ramleh
et Jaffa. En 1114-1115, la garnison d'Ascalon, aidée par une
petite flotte venue d'Égypte, tente, par deux fois en

quelques jours, de s'emparer de Jaffa. Et, jusqu'à la
capture d'Ascalon, la plaine de Ramleh sera un champ de
bataille permanent. Or, la principale route d'accès à
Jérusalem, empruntée par les nombreux pèlerins qui se
pressent en Terre sainte, vient de Jaffa et passe par
Ramleh. Cette voie était d'ailleurs empruntée au XIᵉ siècle,
avant la croisade donc, par les pèlerins occidentaux. Naturellement, ce va-et-vient continuel attirait brigands et
larrons pour qui la détrousse des pèlerins était une activité
lucrative. Aussi les pèlerins prenaient-ils la précaution de
voyager en groupe et de s'armer. Point n'était besoin d'aller
si loin, du reste, pour être volé : la sécurité des « voyageurs
de Dieu » sur les routes pyrénéennes qui conduisent à
Saint-Jacques-de-Compostelle n'était pas mieux garantie.

Donc, déjà peu sûre dans la traversée de la plaine
côtière, la route devient tout à fait impraticable, sans
escorte, dans les passes de Judée, entre Ramleh et Montjoie. Un problème de police s'ajoute au problème militaire
posé par Ascalon.

Il existait bien en Terre sainte une institution qui se
consacrait à aider les pèlerins : l'Hôpital. Ses origines sont
aussi mal connues que celles du Temple. N'ajoutons pas foi,
bien sûr, à l'histoire, en quelque sorte officielle, que le frère
hospitalier Guillaume de San Stefano a composée au XIVᵉ
siècle ; regroupant des traditions antérieures, il fait remonter les débuts de l'Hôpital aux temps de l'Ancien Testament
et de saint Jean-Baptiste ! Deux monastères, l'un d'hommes — Sainte-Marie-Latine —, l'autre de femmes —
Sainte-Marie-Madeleine —, desservis tous les deux par des
bénédictins, existaient au XIᵉ siècle, et peut-être même
avant. Ils accueillaient occasionnellement les voyageurs.
Devant l'afflux constant des pèlerins au cours du siècle de
l'an mille, les bénédictins ouvrirent un hospice, avec l'aide,
probablement, du riche marchand Mauro di Pantaleone,
chef de la communauté des commerçants d'Amalfi à
Constantinople, que ses affaires conduisaient parfois en
pays musulman. La croisade provoque naturellement une
recrudescence de ses activités. Si bien qu'en 1113, une bulle
du pape Pascal II érige en ordre indépendant l'*Hôpital de*

Saint-Jean de Jérusalem (il s'agit de Saint-Jean-l'Aumônier). A cette date, il avait déjà ouvert des hospices en
Europe, à Saint-Gilles-du-Gard, Pise, Bari, Tarente, soit
dans les principaux ports d'embarquement des croisés.
C'est donc un ordre international, voué à la charité [5]. Il est
possible qu'en Terre sainte au moins l'action charitable se
soit accompagnée très tôt d'activités militaires : aider les
pèlerins, c'est aussi les protéger sur les routes. Cependant,
l'évolution de l'Hôpital montre que les tâches d'assistance
sont restées prioritaires. L'action de police, dans les premières années du XIIᵉ siècle, a dû n'être qu'épisodique.
S'occuper des malades, des faibles et des sans-le-sou
suffisait amplement à la peine des hospitaliers. Pour s'occuper des bien-portants, il fallait autre chose. Quelques
croisés durent le comprendre. L'un d'entre eux osa l'entreprendre : Hugues de Payns.

Hugues de Payns et ses frères

« Hues de Paiens delez Troies », nous dit la traduction
française de Guillaume de Tyr. Les dernières mises au point
sur le fondateur du Temple, celles de Malcolm Barber et de
Marie-Luise Bulst-Thiele, confirment son origine champenoise : Payns est situé sur la rive gauche de la Seine, à une
dizaine de kilomètres de Troyes [6]. Adoubé chevalier,
seigneur de Montigny, il possède également des biens du
côté de Tonnerre. Marié, on lui connaît un fils, Thibaud,
futur abbé du monastère de Sainte-Colombe de Troyes.
Hugues apparaît comme témoin dans quelques actes de la
pratique : en 1100, son seing côtoie ceux du comte de Bar et
du comte de Ramerupt au bas d'un acte du comte de
Champagne. Ce n'est pas un hasard, car ses liens avec la
famille de Champagne sont étroits et constants, et l'on a pu
suggérer qu'il appartenait à une branche cadette des
comtes. Ce serait donc un seigneur de quelque importance,
un homme de la moyenne aristocratie, comme les membres
de la famille de Montbard à laquelle il est allié ; c'est la
famille de la mère de saint Bernard.

Les traces sont rares et, dans ces conditions, il ne faut pas s'étonner que Hugues de Payns soit devenu l'enfant de nombreux pays. On lui a trouvé des ancêtres italiens, à Naples, à Mondovi, ou, plus récemment, ardéchois. Pagan, Pagani, Payen, Péan... si tous ces noms appartiennent à une même famille, ce devait être assurément une des plus prolifiques de l'Occident chrétien ! On ne prête qu'aux riches, surtout lorsqu'on est pauvre... en documents [7].

Il est tout aussi difficile de préciser les dates et la durée des séjours en Orient de Hugues. Certains historiens le font partir dès la première croisade et revenir en 1100. Plus sûrement, il faut attendre 1104 : il accompagne alors le comte Hugues de Champagne qui effectue son premier pèlerinage aux lieux saints. Ensuite, on s'interroge : reste-t-il en Palestine jusqu'en 1113 ? Revient-il beaucoup plus tôt ? Ce qui est certain, c'est qu'il repart en 1114, toujours avec le comte. Et, cette fois, il reste.

Dès ce moment prend corps l'idée d'une *militia Christi*, ayant pour mission de protéger les pèlerins. Que le comte de Champagne ait été associé d'une façon quelconque à la naissance de l'ordre n'est pas douteux : lors de son troisième pèlerinage, en 1126, il abandonne tout et entre au Temple. Saint Bernard, son ami, en conçut quelque humeur ; certes, il le félicita de sa décision ; mais il aurait préféré le voir entrer à Cîteaux. Nous aurons l'occasion de revenir sur cette attitude, étonnante, de saint Bernard. Reste le problème de la date de la création du Temple.

Les historiens ont proposé plusieurs dates : 1118, 1119, 1120 ! Ces discordances s'expliquent par le fait que la documentation ne nous offre qu'une chronologie relative. La règle du Temple, que Guillaume de Tyr et Jacques de Vitry ont suivi, présente en effet les choses ainsi : le concile de Troyes (où la règle fut approuvée et composée) se réunit « à la fête monseigneur saint Hilaire — soit le 13 janvier — en l'an de l'Incarnation Jésus-Christ 1128, au neuvième an du commencement de l'avant dite chevalerie ». Et Guillaume indique : « La neuvième année, un concile s'étant tenu à Troyes en France... » La plupart des historiens ont conclu de ces indications que l'initiative d'Hugues de Payns se situait en 1119. Année marquée par l'attaque d'un groupe de pèlerins entre Jérusalem et le Jourdain, événement suffisamment important pour être relevé par un historien de l'époque, Albert d'Aix. Cette détrousse a pu servir de détonateur et provoquer une double prise de conscience :

— La Terre sainte a besoin d'hommes. Guillaume de Tyr indique qu'en 1115, le roi de Jérusalem, Baudouin Ier, inquiet pour la sécurité du royaume, constatait que « les chrétiens étaient si peu qu'à peine pouvaient-ils emplir une des rues principales ». Et il lançait un appel aux chrétiens d'Orient, les adjurant de venir peupler le royaume. En 1120, son successeur, Baudouin II, se tourne vers l'Occident.

— Il convient de mettre sur pied une organisation originale pour assurer une police efficace.

Dans un article paru en 1988 [8], l'historien allemand R. Hiestand a proposé, à partir d'une minutieuse analyse des documents existants, une autre date pour le concile de Troyes, et, en conséquence, une autre date pour la fondation de l'ordre. Les chartes du nord-est de la France sont alors datées dans le style de l'Annonciation ; le début de l'année se situe non pas le 1er janvier, comme dans notre actuel calendrier, mais le 25 mars. L'année 1129 commence donc le 25 mars de notre année 1129, mais jusqu'au 24 mars, les hommes d'alors vivaient toujours en 1128. Le concile de Troyes, réuni le 13 janvier 1128, selon les textes de l'époque, s'est en réalité tenu le 13 janvier 1129 de notre calendrier. C'était la neuvième année d'existence de l'ordre ; cela implique que celui-ci ait été fondé entre le 14 janvier 1120 et le 13 janvier 1121. Un autre document permet de resserrer la fourchette : 14 janvier 1120 — 14 septembre 1120.

1120 ou 1119, cela ne change rien aux événements que j'ai rapidement évoqué avant de préciser la datation. R. Hiestand ajoute d'ailleurs une touche à ce contexte : la noblesse de Terre sainte a manifesté quelques velléités d'indépendance à l'égard de l'autorité royale, en 1117 notamment. La création d'une milice non féodale, parrainée par l'Église, peut représenter pour le roi de Jérusalem un utile contrepoids.

Reste à savoir qui a pris l'initiative ? Hugues de Payns et quelques chevaliers ? ou bien le roi de Jérusalem en accord avec quelques princes d'Occident, tel le comte de Champagne, et les autorités religieuses du royaume, tel le patriarche Gormond ?

Guillaume de Tyr écrit que, dans un premier temps, les chevaliers ont fait vœu de vivre selon une règle et dans la pauvreté, ce qui n'est guère original. Ensuite, le roi et les autorités religieuses de Jérusalem ont accordé quelques biens et des privilèges aux nouveaux « soldats du Christ ». Puis « leur première mission leur fut enjointe pour la rémission de leurs péchés par le seigneur patriarche et par le reste des évêques : " Qu'ils gardent pour les honnêtes gens voies et chemins contre les larrons et les embûches des envahisseurs, et ceci pour le plus grand salut des pèlerins " ». La leçon est claire : le patriarche oriente le nouvel ordre vers sa tâche de protection et de combat.

Jacques de Vitry, dont nous avons longuement cité le texte au début de ce chapitre, présente une version différente : l'initiative revient aux chevaliers et, ensuite, le roi et le patriarche donnent leur accord et apportent leur soutien. Une autre chronique, celle d'Ernoul, présente aussi la création du Temple comme le résultat d'une initiative de la base. Les chevaliers, qui avaient fait des vœux et qui obéissaient aux chanoines du Saint-Sépulcre, se concertent :

> Nous avons quitté nos terres et nos amis, et sommes ici venus pour là élever et exalter la loi de Dieu. Et nous sommes ici, arrêtés, buvant et mangeant et dépensant sans rien faire. Nous ne bougeons pas, ni ne combattons, alors que le pays a besoin de secours. Et nous obéissons à un prêtre et ne faisons pas œuvre d'armes. Prenons conseil, et faisons l'un de nous Maître, par le congé de notre prieur, qui nous conduira en bataille quand il le faudra [9].

L'intervention du roi Baudouin II a dû être importante ; quelques faits le laissent penser. En 1120, le comte d'Anjou, Foulques, futur roi de Jérusalem, débarque en Palestine ; il s'associe aux templiers et loge chez eux ; il fait un don de trente livres d'angevins aux chevaliers. N'est-ce pas la preuve que l'ordre tout récent (si l'on retient la date de 1120 proposée par R. Hiestand) jouissait déjà d'une notoriété qui s'expliquerait mieux si l'on admettait un soutien actif du roi ?

Pourtant Guillaume de Tyr donne des indications — largement reprises après lui — qui laissent perplexe. « Pendant neuf années après leur institution, ils restent vêtus en habits séculiers, utilisant tels vêtements que les gens leur donnaient en aumône pour le salut de leur âme. » Et encore : « Alors qu'ils s'étaient engagés depuis neuf ans dans cette affaire, ils n'étaient pas plus de neuf... »

Méfions-nous de Guillaume de Tyr : il critique les richesses des templiers et se délecte en rappelant leur pauvreté initiale ; n'admettant pas leur indépendance totale par rapport aux autorités ecclésiastiques de Terre sainte, il insiste sur la précarité de leurs débuts et rappelle que, sans le secours de ces autorités, les templiers n'auraient pu vivre.

Au reste, d'autres témoignages parlent d'un développement plus conséquent : selon le chroniqueur Michel le Syrien, l'ordre compterait trente chevaliers dans ces années-là [10]. En 1126, le comte de Champagne s'adjoint au Temple ; on peut supposer qu'il ne dut pas être le seul. Les dons commencent à affluer à peu près au même moment. Enfin, lorsqu'à la fin de 1127 Hugues de Payns s'embarque pour l'Occident avec cinq de ses chevaliers, c'est avec un triple objectif :

— Doter l'ordre d'une règle approuvée par les autorités ecclésiastiques d'Occident ;

— Faire connaître l'ordre ;

— Recruter des adeptes de la nouvelle milice du Christ et, plus largement, des combattants pour la Terre sainte.

Cette dernière tâche, il la remplit aussi comme envoyé

du roi Baudouin II, qui aurait financé le voyage. Il ne la remplit pas seul ; d'autres religieux l'accompagnent [11]. Par une lettre adressée à cette date à saint Bernard, le roi de Jérusalem demande la protection de l'Église pour le groupe de templiers venu recruter des hommes pour la défense du tombeau du Christ [12].

L'ordre du Temple vivait depuis neuf ans ; il commençait à être connu. Cela ne suffisait pas ; il fallait mobiliser davantage la chrétienté pour en faire l'instrument efficace dont Hugues de Payns avait rêvé, et dont les États latins avaient besoin.

L'Occident était prêt à entendre cet appel.

2

Des moines soldats

Hugues de Payns a inventé une figure neuve, le moine chevalier, nous dit Marion Melville [1]. La sainteté et la chevalerie, deux éthiques radicalement opposées ! Pour les concilier, il fallait une évolution spirituelle considérable, celle-là même, d'ailleurs, qui a permis la croisade. L'Église a dû modifier sa conception de la théologie de la guerre. Elle a dû accepter la chevalerie et lui faire une place dans la société chrétienne, dans l'ordre du monde voulu par Dieu.

Guerre juste et guerre sainte

Le christianisme primitif condamne toute guerre, toute violence. Conséquence du péché originel, la guerre, toujours mauvaise et illicite, est une calamité. Très tôt, cependant, un infléchissement de la doctrine se produit : au lieu de s'intéresser à la guerre en général, considérons plutôt les protagonistes. Peut-on condamner celui qui se défend face à une agression ? La théologie chrétienne se fait plus nuancée et formule la notion de guerre juste. Une guerre dont le but est d'acquérir richesses et honneur est illicite ; une guerre dont le but est de maintenir un droit est permise, sous conditions : elle doit être l'ultime recours, quand tous les autres ont échoué, pour rétablir le droit ; elle ne peut être engagée que par le prince, par l'autorité publique. Remarquons-le au passage, le christianisme, en tout état de cause, condamne les guerres privées.

Au IVe siècle, à la suite de la conversion de Constantin, l'Empire romain devient un empire chrétien. Qu'il l'ait voulu ou non, le christianisme doit s'adapter à la nouvelle situation. Le premier, saint Augustin ébauche une théorie de la guerre juste : « Sont dites justes les guerres qui vengent les injustices, lorsqu'un peuple ou un État, à qui la guerre doit être faite, a négligé de punir les méfaits des siens ou de restituer ce qui a été ravi au moyen de ces injustices. » Et encore : « Le soldat qui tue l'ennemi, comme le juge et le bourreau qui exécutent un criminel, je ne crois pas qu'ils pèchent, car, en agissant ainsi, ils obéissent à la loi. »

La guerre juste n'a pas qu'une fonction punitive ; elle vise aussi à réparer l'injustice. Au VIIe siècle, Isidore de Séville ajoutera à la définition augustinienne une précision capitale : « Est juste la guerre qui est faite après avertissement *pour récupérer des biens,* ou pour repousser des ennemis. » Cet argument servira à justifier la croisade, qui se fixe comme objectif de récupérer les lieux saints, détenus illicitement par les infidèles [2].

La doctrine n'évolue plus guère par la suite ; mais, confrontée à la réalité, elle s'affine. Les papes de la réforme grégorienne qui voulaient, selon la formule consacrée, « libérer l'Église du pouvoir des laïcs » vont étendre le domaine de la violence légitime. Nous étudierons en temps voulu le lien entre croisade et mouvements de paix. Bornons-nous ici à mentionner l'opinion, essentielle, d'Anselme de Lucques, maillon décisif, selon Jean Leclercq, de la chaîne qui unit saint Augustin à saint Bernard. Pour défendre l'attitude pontificale, Anselme attribuait à l'Église même, sans l'intermédiaire d'un quelconque pouvoir laïc, la décision du recours à la force. Urbain II ne l'oublia pas : en lançant son appel de Clermont, il faisait de la croisade une affaire pontificale.

La réflexion de saint Bernard sur la guerre juste est, elle aussi, profondément enracinée dans l'histoire et l'expérience de la première moitié du XIIe siècle. La guerre ne peut être qu'un moindre mal, qu'il faut utiliser le moins possible, au cas par cas. Entre chrétiens, elle n'est juste que si l'unité de l'Église est en jeu ; contre les juifs, les hérétiques, les païens, la violence doit être évitée, car la vérité ne s'impose pas par la force ; le chrétien doit convaincre et seule une guerre défensive est justifiée. Pour saint Bernard, la croisade contre les infidèles, les musulmans, doit être assimilée à une guerre défensive, menée avec une intention droite, en réduisant la violence au minimum [3].

De la guerre juste, la réflexion conduit naturellement à la guerre sainte. Les canonistes du XIIe siècle, à la suite de Gratien, considèrent que la guerre juste par excellence est la guerre menée pour défendre le vrai Dieu, la vraie foi, l'Église de Dieu. Lorsqu'elle est tournée vers l'extérieur de la chrétienté, contre les païens et les infidèles, la guerre juste devient la guerre sainte : application particulière à un certain type d'adversaire, en somme. Mais elle exige de celui qui la fait une conscience plus ferme encore de ses devoirs, une morale plus assurée [4]. La guerre sainte suppose une véritable conversion intérieure. Car le fidèle ne fait pas qu'obéir à la loi ; il combat pour le Christ et meurt pour son salut. Saint Bernard l'écrit crûment :

> Quand il met à mort un malfaiteur, il n'est pas un homicide, mais, si j'ose dire, un malicide. Il venge le Christ de ceux qui font le mal ; il défend les chrétiens. S'il est tué lui-même, il ne périt pas, il parvient à son but. La mort qu'il inflige est au profit du Christ ; celle qu'il reçoit, au sien propre.

On le comprend aisément, l'idée de guerre sainte se trouve tout entière contenue dans l'idée de croisade, sans en être l'élément exclusif.

Les mouvements de paix

Guerre juste ou guerre sainte sont le plus court chemin vers la paix. Le paradoxe n'est qu'apparent. Car, au Moyen Age, la paix se conçoit d'abord comme le maintien de l'ordre voulu par Dieu. Dès saint Augustin, le lien guerre juste-paix est fortement noué :

> Nous devons vouloir la paix et ne faire la guerre que
> par nécessité, car on ne cherche pas la paix pour prépa-
> rer la guerre, mais on fait la guerre pour obtenir la
> paix. Soyez donc pacifiques, même en combattant, afin
> d'amener, par la victoire, ceux que vous combattez au
> bonheur de la paix (*lettre 305* [5]).

Guerre juste, guerre sainte, croisade restent associées à
la paix : la guerre sainte procure la paix, et celle-ci n'est
durable que par la guerre sainte. Très logiquement, saint
Bernard applique à des cas concrets cette idée : rétablir
l'unité de l'Église, par la guerre sainte s'il le faut, est faire
œuvre de paix. Et lorsque, plus tard, en 1147, il prêche la
croisade à Vézelay, il met l'accent sur l'agression musulmane, et donc sur la guerre juste qui permettra de rétablir
la paix.

La notion de paix s'applique à des situations concrètes,
celles d'un monde en pleine mutation, où la violence
règne. Violence aggravée par l'épanouissement d'une catégorie sociale nouvelle, la chevalerie. Les chevaliers, ces
professionnels du combat à cheval, sont, vers l'an mille,
les fauteurs de troubles, les brigands, ravisseurs de
pucelles et détrousseurs de biens d'Église que dénoncent
les clercs. Ce sont ces seigneurs châtelains de l'Ile-de-
France, dont Suger, abbé de Saint-Denis, a si bien décrit
les méfaits dans sa *Vie de Louis VI le Gros*.

Cette violence ne connaît plus de bornes avec le déclin
du pouvoir royal sous les premiers Capétiens. Trop faible,
le roi ne remplit plus sa mission de justicier, défenseur des
pauvres (il faut entendre alors tous ceux qui, quel que soit
leur niveau social, ne peuvent se défendre seuls), des
veuves et des orphelins. Seule force encore solide, l'Église
tente de pallier l'absence royale et de contenir la violence.
Réunis en conciles ou synodes provinciaux, les évêques
proclament la paix de Dieu qui vise à protéger certaines
personnes (les pauvres), à mettre à l'abri certains biens
(biens d'Église, outils paysans), certains lieux (églises,
cimetières) de l'agressivité des chevaliers.

Au cours du xiᵉ siècle, l'Église va plus loin et tente d'imposer la trêve de Dieu. Par là, elle enjoint à la chevalerie de s'abstenir de violence certains jours (le dimanche), lors de certaines fêtes (Pâques, période du carême). Ce faisant, l'Église fait la part du feu, puisqu'elle accepte qu'en dehors de ces jours consacrés le chevalier vaque à ses occupations habituelles, qui n'ont rien d'innocent.

Et, au moment où la trêve de Dieu se répand, principalement en France, Adalbéron de Laon élabore son célèbre schéma de l'organisation trifonctionnelle de la société : ceux qui prient, ceux qui combattent et ceux qui travaillent. La coïncidence ne doit rien au hasard : par là, la place du chevalier est reconnue dans l'œuvre de Dieu. A condition de le guider, de discipliner ses instincts belliqueux et de les orienter dans la bonne direction, le chevalier peut servir l'œuvre de Dieu. A l'Église de mener à bien cette « récupération », quitte à sévir, s'il le faut, contre les rebelles qui s'obstineraient à troubler la paix. A la sanction classique de l'excommunication, l'Église ajoute une pénitence adaptée à la condition chevaleresque, le pèlerinage pénitentiel, qui deviendra, on le verra, une des composantes de l'idée de croisade. Enfin, en dernier recours, elle peut déclencher une opération punitive contre le ou les fauteurs de troubles : guerre juste, menée sous la responsabilité de clercs, avec le concours de princes laïcs, le roi en premier lieu. Cette guerre rassemble les bons contre les mauvais ; les bons sont des chevaliers, mais aussi des communautés de paroisses menées par leurs prêtres. Ces milices de paix ont un emblème commun, la croix.

C'est une opération de ce genre que nous raconte Suger, en butte, lui et quelques autres, aux méfaits de Hugues de Puiset ; nous sommes en 1111 et, pour venir à bout de cette vipère, il a fallu se tourner vers le roi : « Hugues ne faisait guère de cas ni du roi de l'Univers, ni du roi de France (...) et s'attaqua à la très noble comtesse de Chartres et à son fils Thibaud. » S'adressant au roi, ils lui rappellent « qu'il devait au moins considérer que les églises avaient été opprimées, les pauvres soumis à des pillages, les veuves et les pupilles victimes de vexations très

impies, bref la terre des Saints et les habitants de cette
terre livrés en proie à la violence ». Conjointement, le roi
et le comte assiègent Hugues dans son château ; un premier assaut, vain, a laissé l'ost royal abattu...

> Quand la forte, la toute-puissante main de Dieu tout-
> puissant voulut qu'on le reconnût pour l'unique auteur
> d'une si éclatante et si juste vengeance. Les commu-
> nautés des paroisses du pays étaient là. Dieu suscita le
> vigoureux souffle d'héroïsme d'un prêtre chauve, à qui
> il fut donné, contre l'opinion des hommes, de pouvoir
> accomplir ce qui, pour le comte en armes et pour les
> siens, se trouvait impossible [6]...

Louis VI dut s'y reprendre à trois fois pour venir à bout
de ce seigneur pillard, en 1111, 1112 et 1118. Vaincu,
Hugues partit en pèlerinage en Terre sainte, où il mourut.
On peut en juger, l'entreprise de pacification n'était guère
facile à mener à bien. L'objectif n'est pas seulement de
corriger le pécheur ; il est aussi de le convertir afin qu'il se
mette au service du Christ. Sur le chemin du salut, où le
chevalier brigand devient le chevalier du Christ (*miles
Christi*), l'action des grégoriens est fondamentale.

Le chevalier du Christ

Libérer l'Église de l'emprise des laïcs, tel est le but,
avons-nous dit, de la réforme grégorienne. Ce qui, plus
prosaïquement, signifie aussi : assurer la puissance matérielle de l'Église. Dans quel but, sinon pour assurer son
rôle dirigeant dans le monde ? Aux prises avec l'empereur
Henri IV, le pape Grégoire VII mit en application une
idée qu'il avait formulée pour la première fois lorsqu'il
avait menacé le roi de France Philippe Ier d'excommunication : utiliser la petite noblesse, la chevalerie, contre le
mauvais prince. Il appelait à l'utilisation de la force pour
mener une guerre juste, puisqu'elle visait à récupérer ou
protéger les biens du Saint-Siège. Et Grégoire VII encourageait les laïcs à servir les buts politiques de la papauté en
se rassemblant dans une *militia Christi* [7].

L'expression est ancienne. Saint Paul avait évoqué le combat spirituel du soldat du Christ. Aux vᵉ et viᵉ siècles, la *militia* représentait le clergé séculier qui combattait pour la foi dans le siècle, se distinguant des moines. Au seuil du xiiᵉ siècle, l'évêque Yves de Chartres, ferme sur les principes mais ouvert au compromis, écrit à un certain Robert : « Tu as à combattre l'esprit du mal ; si tu veux donc lutter avec assurance, entre dans le camp des soldats du Christ, habitués à la tactique des batailles. » Ce vocabulaire très martial, pour évoquer un combat avant tout spirituel, n'a rien pour surprendre l'homme du xxᵉ siècle !

Mais Grégoire VII innove, car il prend l'expression au pied de la lettre. La milice du Christ quitte le champ spirituel pour le champ de bataille ; elle devient une compagnie de chevaliers prête au combat contre les adversaires de la chrétienté. Les antigrégoriens se déchaînent : Grégoire VII invite à verser le sang et promet la rémission de ses péchés à celui, quel qu'il soit et quoi qu'il ait fait, qui défend le patrimoine de saint Pierre par la force. Scandale ! Le meurtre se voit justifié, voire sacralisé.

Pourtant les idées grégoriennes l'emportent et, après la mort de Grégoire, ses successeurs les affinent. Les évêques, disent-ils en substance, ne peuvent combattre...

> mais cela ne signifie pas que les croyants, en particulier les rois, les magnats, les chevaliers, ne doivent pas être appelés à persécuter par les armes schismatiques et excommuniés. Car, s'ils ne le faisaient pas, l'*ordo pugnatorum* serait inutile dans la légion chrétienne.

Ainsi s'exprime Bonizo, théologien grégorien. Ces idées eurent une portée considérable, surtout à la fin du xiᵉ siècle. Aux laïcs, l'Église offrait une voie originale de salut : combattre les ennemis de l'ordre chrétien. Jusque-là, les laïcs ne pouvaient espérer la rémission de leurs péchés qu'en s'associant étroitement à l'ordre monastique : le chevalier qui se « convertissait » devait abandonner les armes solennellement. Fondations pieuses, donations, c'était bien. Mais entrer au monastère, c'était mieux.

Le salut proposé par Grégoire VII dénote une conception profondément différente, puisqu'il affirme que les laïcs ont un terrain de lutte propre contre les adversaires du Christ. Ils ne doivent pas déserter : en 1079, le pape réprimande l'abbé de Cluny qui a accueilli comme moine Hugues Ier de Bourgogne ; celui-ci avait mieux à faire en demeurant laïc ! Que ces idées n'aient pas été acceptées d'emblée ne peut étonner tant elles heurtaient la tradition chrétienne. On peut comprendre l'attitude de saint Bernard, chevalier qui avait fui le monde, lorsque, en 1126, il regrette l'engagement du comte Hugues de Champagne dans la milice du Temple ; que n'est-il, comme lui-même, entré à Cîteaux !

Pourtant, ces idées répondaient à un besoin profond de la société chevaleresque. Sinon, comment expliquer le succès de la croisade ? Celle-ci, en fixant comme objectif à la guerre sainte la délivrance du tombeau du Christ, fournit du même coup un terme au chemin du chevalier vers son salut :

> En notre temps, Dieu a institué la guerre sainte, de sorte que l'ordre des chevaliers et la multitude instable, qui avaient l'habitude de s'engager dans des massacres réciproques, à la manière des anciens païens, puissent trouver un nouveau chemin pour obtenir le salut.

Le moine Guibert de Nogent était plus perspicace que le moine Bernard de Clairvaux !

Le croisé

Par la paix de Dieu, les évêques montraient du doigt les méchants, les chevaliers, et leur dictaient leur devoir. Par la trêve de Dieu, ils offraient une ascèse adaptée à la condition et au mode de vie chevaleresques. Par le schéma trifonctionnel, par la croisade, par l'adoubement, ils intégraient définitivement la chevalerie à l'ordre chrétien.

Guerre sainte pour la délivrance, puis, après 1099, la protection des lieux saints, la croisade est aussi un pèlerinage ; les expressions utilisées au Moyen Age l'attestent :

c'est le « Saint Passage ». Cela suggère l'idée d'un effort prolongé pour accéder au tombeau du Sauveur. L'historien Ambroise raconte, dans son *Histoire de la guerre sainte,* le siège d'Acre par l'armée de Richard Cœur de Lion : pour lui, pas d'hésitation, les croisés sont « les pèlerins ».

Le pèlerinage pénitentiel est le signe d'une spiritualité nouvelle, née avec le monachisme clunisien ; il connaît un développement prodigieux au XIᵉ siècle et il est souvent, selon l'expression de Josuah Prawer, « œuvre d'expiation collective ». Dans l'ensemble, il exprime une foi sincère, une sensibilité vive. Mais — et l'on pourrait dire que c'en est l'effet pervers — il jette sur les routes la lie de la chrétienté. On connaît quelques pécheurs récidivistes qui devenaient des habitués du pèlerinage : le comte d'Anjou Foulques Nerra, par exemple.

La croisade et, lorsqu'ils seront créés, les ordres militaires devront intégrer cette donnée, soit en associant à leur combat, le temps du séjour en Orient, les pèlerins qui le veulent, soit en recrutant quelques têtes brûlées dont l'Occident se débarrasse par le pèlerinage pénitentiel. Les besoins en combattants des États latins priment.

Depuis les travaux de Paul Alphandéry *(la Chrétienté et l'Idée de croisade),* l'opinion a prévalu que l'idée de croisade n'avait existé à l'état pur que lors de la première croisade, et dans la seule croisade populaire des Gautier Sans Avoir et Pierre l'Ermite. Depuis une vingtaine d'années, les historiens ont réagi contre cette vue trop unilatérale, pour montrer qu'en fait l'ensemble de la société occidentale était concerné. Pour A. Waas, la croisade a constitué la principale traduction en acte des idéaux de la chevalerie : le « passage » outre-mer serait l'extériorisation de la conscience religieuse de la chevalerie. Le fait croisé est d'abord d'essence chevaleresque ; le reste est marginal ou secondaire [8].

On passe sans doute d'un excès à l'autre, mais l'idée fondamentale demeure juste. La preuve, et nous pouvons désormais revenir à lui : l'ordre du Temple. Qu'est-ce, en fin de compte, que l'ordre du Temple ? Une institution originale qui incarne en permanence le modèle de la che-

valerie du Christ ; un ordre qui concilie l'inconciliable, en
réunissant sous un même toit les deux fonctions de moine
et de guerrier, éliminant ainsi toute source d'antagonisme
entre eux ; un ordre, enfin, qui « va incarner en permanence, et non plus pour un temps donné, comme c'était
le cas des croisés, l'idéologie de croisade [9] ».

Toutes ces idées sont rassemblées dans un très beau
texte de la *Chanson de la croisade albigeoise* de Guillaume
de Tudèle. L'œuvre date du XIIIe siècle, et pourtant l'idéologie du chevalier du Christ semble n'avoir pas pris une
ride. Nous sommes en 1216 ; les croisés de Simon de
Montfort viennent de s'emparer du château de Termes.
Vaincu, le comte de Toulouse...

est allé vers Saint-Gilles à une grande assemblée que le
clergé a réunie, l'abbé de Cîteaux et les croisés (...).
L'abbé s'est levé : « Seigneurs, leur dit-il, sachez qu'il
est vérité que le comte de Toulouse m'a fort honoré,
abandonné sa terre, dont je lui sais bon gré ; et je vous
prie de l'avoir pour recommandé. » Alors furent
dépliées les lettres scellées de Rome qu'on avait apportées au comte de Toulouse. Que servirait d'allonger le
récit ? Ils ont tant demandé que, à la fin, le comte
Raimon dit qu'il ne pourrait payer tout cela avec tout
son comté (...). [*Nouvelle réunion en Arles.*] Les croisés
rédigèrent par écrit tout le jugement, qu'ils bailleront au
comte qui dehors les attend, avec le roi d'Aragon, au
froid et au vent. L'abbé le lui remit en main en présence
de tous (...). La charte dit ceci aux premiers mots : Que
le comte observe la paix, et de même ceux qui seront
avec lui ; et qu'il renonce aux routiers, aujourd'hui ou
demain. Qu'il rende leurs droits aux clercs, qu'ils soient
en possession de tout ce qu'ils lui demandent. Qu'il mette
hors de sa protection tous les perfides juifs ; et les adhérents des hérétiques, ceux que les clercs lui dénonce-
ront, qu'il les livre tous et cela d'ici à un an, pour en
faire à leur plaisir et volonté. Et plus de deux sortes de
viande ils ne mangeront, ni par la suite ne vêtiront
étoffes de prix, mais de grossières capes brunes qui leur
dureront plus longtemps. Ils détruiront entièrement les
châteaux et les forteresses (...). Ils donneront chaque

année quatre deniers toulousains aux paziers [*ceux qui sont chargés du respect de la paix de Dieu*], de la terre que les clercs établiront. Tous les usuriers devront renoncer au prêt à usure (...). Le comte devra passer la mer jusque vers le Jourdain, et y rester autant que le voudront les moines ou les cardinaux de Rome ou leur fondé de pouvoir (...). Enfin, qu'il entre dans un ordre, celui du Temple ou celui de Saint-Jean [10].

La guerre pour la défense de la foi, la paix de Dieu et les paziers, gardiens de la paix, le pèlerinage pénitentiel aux lieux saints, donc la croisade ; et pour finir le Temple ou l'Hôpital.

Influences : le Temple et le ribat

Est-ce à dire cependant que le Temple et les ordres religieux militaires soient une création pure du christianisme occidental ? Jadis, les historiens invoquaient l'influence possible du *ribat* des musulmans. Après quelques années de défaveur, cette explication est aujourd'hui reprise, sur des bases nouvelles [11].

Le *ribat* est un centre militaire et religieux, fortifié, installé aux frontières du monde musulman. Le service, volontaire et temporaire, est un acte d'ascèse et est considéré comme un aspect du devoir de *djihad*, la guerre sainte de l'Islam. Les *ribat* étaient nombreux en Espagne.

Le débat oppose ceux qui pensent que « le Temple et les autres ordres militaires sont, quant à leur structure, issus des monastères chrétiens et des ordres monastiques, spécialement Cîteaux [12] », et pour qui il n'y a pas de preuve directe d'influence du *ribat,* et ceux qui, sensibles aux travaux des anthropologues, s'intéressent aux phénomènes d'acculturation entre groupes culturels différents et pensent que l'imitation ou l'emprunt sont la règle plutôt que l'exception. Schématiquement, l'ethno-historien considérera que, si des traits similaires, reliés entre eux de façon similaire, se retrouvent de part et d'autre d'une frontière, il y a preuve suffisante de diffusion.

Passer de la notion de guerre juste, où tuer demeure un péché, à la notion de guerre sainte, où tuer un infidèle devient licite, n'a pas été simple dans le monde chrétien. « Jusqu'à la deuxième moitié du XIᵉ siècle, la guerre, quoique " baptisée ", n'a jamais été sanctifiée [13]. » Les polémiques que cette sanctification a entraînées suggèrent que la notion a été empruntée ; et, bien que combinée avec succès avec les concepts chrétiens de pèlerinage et de guerre juste, elle n'a jamais été totalement assimilée par la pensée chrétienne traditionnelle.

Y a-t-il eu diffusion de traits propres au *ribat,* lors de la formation des ordres militaires et notamment lors de l'apparition du Temple en Espagne ? Un chaînon essentiel, jusque-là négligé, est la création de la confraternité de Belchite, en 1122. Alphonse Iᵉʳ d'Aragon assigne à cette confraternité la mission de défendre la frontière et de combattre l'infidèle : un service temporaire était possible, comme dans le *ribat ;* de même, la notion de mérite proportionnel à la durée du service accompli est commune aux deux organisations. Mais cette notion de service temporaire est étrangère au monachisme chrétien ; aussi dut-elle être empruntée.

Au Temple, des chevaliers qui s'engagent pour une durée limitée (*fratres ad terminum*) ne sont pas considérés comme membres de l'ordre ; seuls sont « frères » ceux qui ont prononcé des vœux qui les engagent leur vie durant. Il y a donc deux étapes « structurelles » dans l'adaptation des traits du *ribat* aux idées chrétiennes de la vocation monastique. A Belchite, le modèle du *ribat* est presque à l'état pur, avec un service temporaire dominant. Le Temple représente une étape plus évoluée, les traits empruntés au *ribat* étant modifiés de façon à devenir compatibles avec le monachisme traditionnel. La confraternité de Belchite, à mi-chemin entre le statut religieux et le statut laïc, ne pouvait subsister bien longtemps à cette époque. Elle disparaît une fois l'évolution conduite à son terme : le Temple. Sur son modèle, les autres ordres militaires se créent, en Espagne comme en Terre sainte.

3

Les enfants chéris de saint Bernard

Le concile de Troyes

Lorsque Hugues part vers l'Occident, en 1127, il est accompagné de cinq autres templiers : Godefroy de Saint-Omer, que l'on rattache à la famille des châtelains de cette ville, Payen de Montdidier, Archambaud de Saint-Amand, Geoffroy Bisol et un certain Roland ; tous très probablement issus du milieu de la chevalerie, fer de lance de la société féodale. Si l'on acceptait sans examen les dires de Guillaume de Tyr — « ils n'étaient pas plus de neuf » —, trois chevaliers du Temple seulement seraient restés à Jérusalem, ce qui paraît bien juste !

Certes, on peut supposer que, en fait sinon en droit, la catégorie des frères sergents existait déjà. La règle approuvée par le concile de Troyes n'imposait en effet qu'une seule condition pour être admis dans l'ordre : celle d'être de condition libre. Remarquons aussi qu'à cette date, la protection des pèlerins sur les voies d'accès à la ville sainte constitue encore la mission unique de la milice du Temple puisque l'ordre ne sera engagé dans un combat contre les infidèles qu'en 1129, au retour d'Hugues en Orient [1].

Aussi serais-je enclin à considérer le voyage de Hugues de Payns en Europe sous trois angles.

— Celui de la crise de croissance. L'ordre a grandi, pas suffisamment, cependant, pour faire face à sa mission, même si celle-ci n'est encore que de police. Les questions d'organisation deviennent préoccupantes ; il convient de les résoudre ; c'est l'objet de la règle.

— Celui de la crise de conscience, ou, si l'on préfère, de

la crise d'identité. Elle résulte des critiques faites à la nouvelle milice, des implications militaires de sa mission, mais aussi des doutes, des interrogations des frères sur la qualité spirituelle de leur engagement. Critiques et doutes qui freinent l'essor de l'ordre et paralysent son action. Hugues de Payns cherche auprès de saint Bernard une réponse à ces questions.

— Celui du recrutement, enfin. Hugues agit comme envoyé du roi Baudouin II pour recruter des soldats pour l'Orient, mais aussi comme chef d'ordre : il veut recruter de futurs templiers et développer en Occident l'appui logistique nécessaire aux entreprises du Temple en Orient. Tel est l'objet de la tournée de Hugues et de ses compagnons dans l'année qui précède le concile de Troyes.

Hugues est-il passé à Rome avant de gagner la France ? C'est probable ; le pape Honorius II (1124-1130) suit de près l'expérience de l'ordre et les problèmes de la croisade. Comme envoyé de Baudouin II, Hugues ne pouvait manquer de rencontrer le pape. Et, comme maître du Temple, il est légitime de penser qu'il lui a soumis son projet de règle.

Le concile qui se tient à Troyes le 13 janvier 1129 réunit des prélats champenois et bourguignons. Ce concile n'en est qu'un parmi d'autres : Bourges, Chartres, Clermont, Beauvais, Vienne, en 1125, Nantes en 1127, Arras en 1128, Troyes en 1129, puis Châlons-sur-Marne, Paris, Clermont à nouveau, Reims... L'influence de saint Bernard et de Cîteaux marque profondément ces conciles provinciaux, dont l'objectif est de faire le point sur la réforme de l'Église après le règlement de la querelle des investitures, ce grand conflit entre le pape et l'empereur provoqué par la réforme grégorienne.

Le prologue de la règle du Temple dresse la liste des participants : le cardinal Mathieu d'Albano, légat du pape en France ; les archevêques de Reims et de Sens avec leurs évêques suffragants ; plusieurs abbés dont ceux de Vézelay, Cîteaux, Clairvaux (il s'agit de saint Bernard), Pontigny, Troisfontaines, Molesmes ; quelques laïcs : Thibaud de Blois, comte de Champagne, André de Baudement,

sénéchal de Champagne, le comte de Nevers, un des croisés de 1095. Il n'y a aucune raison de mettre en doute la
présence de saint Bernard, comme cela a été fait ; sans
entrer dans les détails, signalons que toutes les objections
qui avaient pu être apportées à la présence de tel ou tel à
ce concile, tombent avec la datation en janvier 1129 [2].
D'ailleurs les principaux dignitaires de Cîteaux sont présents : Étienne Harding, abbé de Cîteaux (1109-1134),
Hugues de Mâcon, abbé de Pontigny. Ajoutons que Henri
Sanglier, l'archevêque de Sens, est un ami de Bernard. Le
nombre et la qualité des clercs de la mouvance cistercienne
le montrent assez : l'influence des idées réformatrices fut
déterminante.

Comment s'est-elle exercée ? Il a été trop souvent
répété que saint Bernard avait donné sa règle au Temple,
qu'il en était l'auteur, sur la foi de quelques templiers eux-
mêmes, dans les dépositions qu'ils firent lors de leur procès. Mais ces témoignages, tardifs et rares, ne témoignent
pas de la réalité historique, mais de l'image enjolivée que
peuvent avoir de leur ordre les templiers [3]. Il suffit pourtant de reprendre le prologue de la règle elle-même :

> Et la manière et l'établissement de l'ordre de la che-
> valerie nous oïmes par commun chapitre de la bouche
> du devant dit maître frère Hugues de Payns ; et, selon
> la connaissance de la petitesse de notre conscience, ce
> qui nous sembla bien et profitable nous le louâmes, et
> ce qui nous semblait sans raison nous l'écartâmes. Et
> tout ce que en ce présent concile ne put être dit ni
> raconté par nous (...) nous le laissâmes à la discrétion
> de notre honorable père Honorius et du noble
> patriarche de Jérusalem, Étienne de la Ferté, celui qui
> savait l'affaire de la terre d'Orient et des pauvres che-
> valiers du Christ (...). Moi Jean Michel (...) ai été
> l'humble écrivain de la présente page, par le comman-
> dement du concile et du vénérable père Bernard, abbé
> de Clairvaux. à qui était commis et confié ce divin
> office.

Si Bernard avait écrit la règle, les templiers n'auraient
pas manqué de s'en vanter.

A vrai dire, l'influence cistercienne se situe sur un tout autre plan. Après avoir souligné, sans trop réfléchir, la filiation bénédictine des ordres militaires, les historiens ont plus récemment attiré l'attention sur l'observance augustinienne. La règle de saint Augustin régit en général les communautés de chanoines réguliers, attachés à une église cathédrale. Or, à ses débuts, le nouvel ordre a été rattaché à la communauté des chanoines réguliers du Saint-Sépulcre de Jérusalem. Très vite, cependant, des difficultés sont apparues, ce qui peut paraître paradoxal, puisque le développement des communautés de chanoines réguliers est récent et semble particulièrement bien adapté aux projets de l'Église de la réforme grégorienne. Rappelons le texte d'Ernoul, déjà cité et bien injustement négligé : « Et nous obéissons à un prêtre et ne faisons pas œuvre d'armes. » Pour les nouveaux chevaliers du Christ, les chanoines réguliers restaient d'abord et exclusivement des clercs. Il fallait créer quelque chose de neuf, conciliant les idéaux monastiques et cléricaux avec les nécessités de la croisade.

Le monachisme cistercien, né, en ce début du XIIᵉ siècle, de la « conversion » de quelques jeunes nobles dégoûtés de la vie du siècle, a su comprendre ces aspirations, sans toutefois les capter : saint Bernard est et restera un moine ; mais il a aidé les templiers à trouver un cadre original. Plus généralement, le rôle de Cîteaux dans la genèse de la plupart des ordres militaires des XIIᵉ et XIIIᵉ siècles est maintenant bien mis en valeur [4].

Cîteaux s'est également efforcé d'agir directement sur les âmes, pour insuffler aux laïcs l'esprit cistercien. La réforme grégorienne mit en chantier un ambitieux programme de christianisation de la société. La première phase tend à moraliser l'Église (lutte contre la simonie et le concubinage des prêtres), à cléricaliser l'ordre des moines (ce fut l'œuvre de Cluny) ; elle affranchit les clercs de la tutelle des laïcs, en hissant ceux-là bien au-dessus de ceux-ci. Dans un deuxième temps, les grégoriens souhaitèrent étendre aux laïcs la réforme morale en leur offrant, par exemple, un modèle de sainteté : le chevalier du

Christ. Fidèle à ce projet, Cîteaux sut inculquer cette idée
fondamentale qu'il n'est point de salut sans une conversion
intérieure, à quelque ordre de la société que l'on appar-
tienne et quelque fonction que l'on exerce de par la
volonté du Créateur. Saint Bernard fut assez sensible aux
réalités de la société de son temps pour ne pas exiger de
tous que l'on suivît son chemin. Il explora d'autres voies
vers le salut, dont celle choisie par les templiers.

Sa compréhension et son aide vont être particulièrement
utiles et efficaces lors de cette véritable crise de conscience
qui secoue la nouvelle milice, au moment — un peu avant,
un peu après — du concile de Troyes.

La crise

Concilier l'idéal du moine et celui du chevalier ? La
règle de 1129 y parvient, au moins sur le plan théorique.
Mais, bien qu'elle soit le fruit de neuf années d'expérience, répond-elle à toutes les questions que se posent,
sur le terrain, à Jérusalem, les frères de la milice du
Christ ? Sûrement pas. Le texte célèbre de saint Bernard,
le *De laude novae militiae* (ou *Éloge de la nouvelle milice*),
doit se comprendre comme la réponse aux interrogations
douloureuses d'une communauté en crise d'identité.

Pour analyser cette crise, il faut se persuader que le
frère de la milice des pauvres chevaliers du Christ — c'est
ainsi que le Temple se nomme — n'est pas un soudard qui
cache la noirceur de son âme sous le beau manteau blanc,
que le concile de Troyes, et la règle qui en est issue, leur
donnent (n'est-ce pas aussi l'habit de Cîteaux ?). Il veut
sincèrement faire son salut. Bien sûr, on sera moins exi-
geant par la suite dans le recrutement, mais, en 1130, le
Temple n'est pas encore la Légion étrangère. Cela dit, il
serait tout aussi excessif de ne voir dans les templiers que
des cisterciens militarisés, dont le monachisme et la vie
contemplative seraient l'idéal, le service armé ne constituant qu'un entracte dans une existence essentiellement
ascétique [5]. Moine ou soldat ? Non, moine et soldat. Là
est bien le problème.

Pendant deux ans, de 1127 à 1129, Hugues de Payns est absent d'Orient. Là-bas, des templiers sont restés, accablés par une tâche écrasante ; plus souvent qu'ils ne le souhaitent peut-être, ils sont contraints de sortir les armes, de se battre, de tuer. Sont-ils sûrs que tous les brigands et pillards qu'ils abattent soient des infidèles ? Des chrétiens indigènes les côtoient. Dieu reconnaîtra les siens ? Ces paroles, prononcées lors du sac de Béziers, au début de la croisade contre les Albigeois, ne sont pas de mise en 1130. Ont-ils le droit ? Voilà la question qui ronge l'esprit des templiers. En 1129, pour la première fois, ils combattent, comme de véritables soldats ; ils sont battus et subissent des pertes sensibles. Rude épreuve, physique et morale, pour eux comme pour les Latins qui venaient de recevoir les renforts important venus d'Occident avec Hugues de Payns.

Cette crise de conscience doit être d'autant plus vivement ressentie par les templiers qu'ils savent que leur choix, pourtant encouragé par les principales autorités religieuses, ne fait pas l'unanimité. Même dans l'Église, certains s'inquiètent de cette « nouvelle monstruosité » qu'est la nouvelle milice. Jean Leclercq, s'interrogeant sur l'attitude de saint Bernard envers la guerre, cite l'opinion d'un cistercien, Isaac de Stella : « Quand quelque chose peut être fait légalement, ne serons-nous pas tentés de le faire par plaisir ? » Il ne condamne pas, mais il doute [6].

Autre texte révélateur des interrogations de certains milieux, la lettre que Guigues, prieur de la Grande-Chartreuse, a adressée à Hugues, probablement en 1128 :

> Nous ne saurions en vérité vous exhorter aux guerres matérielles et aux combats visibles ; nous ne sommes pas non plus aptes à vous enflammer pour les luttes de l'esprit, notre occupation de chaque jour, mais nous désirons du moins vous avertir d'y songer. Il est vain en effet d'attaquer les ennemis extérieurs, si l'on ne domine pas d'abord ceux de l'intérieur… Faisons d'abord notre propre conquête, amis très chers, et nous pourrons ensuite combattre avec sécurité nos ennemis du dehors. Purifions nos âmes de leurs vices, et nous pourrons ensuite purger la terre des barbares.

Un peu plus loin, Guigues cite l'Épître aux Éphésiens :

> « Car ce n'est pas contre des adversaires de chair et de
> sang que nous avons à lutter, est-il écrit au même
> endroit, mais contre les Principautés, les Puissances,
> contre les régisseurs de ce monde des ténèbres, contre
> les esprits du mal qui habitent les espaces célestes »
> (Éphésiens 6, 12), c'est-à-dire contre les vices et leurs
> instigateurs, les démons [7].

Sensible à ces réticences, et tenu informé des difficultés
de ses frères d'outre-mer, Hugues de Payns contre-
attaque.

Il s'adresse d'abord aux templiers. Dans un manuscrit
conservé à Nîmes se trouve une lettre écrite par un certain
Hugo Peccator à ses frères *milites Christi* ; cette lettre est
encadrée, dans le manuscrit, par une version de la règle du
Temple et une copie du *De laude* de saint Bernard. La
lettre fut d'abord attribuée à Hugues de Saint-Victor ;
Jean Leclercq, se fondant sur les rapports évidents entre la
lettre et le *De laude,* voulut y voir un texte de Hugues de
Payns [8]. Une récente étude de Joseph Fleckenstein remet
en cause cette identification ; pour lui, l'auteur de la lettre
est trop savant en droit canon pour que l'on puisse l'assimiler à Hugues de Payns. Ceci dit, les préoccupations de
Hugo Peccator et du maître du Temple sont les mêmes : la
lettre en question a reçu l'aval de ce dernier [9].

En substance, ce texte nous dit que certains reprochent
aux chevaliers du Christ leur « profession armée », activité
pernicieuse qui ne peut conduire au salut, puisqu'elle les
détourne de la prière ; ces reproches touchent les templiers et font naître des hésitations dans leur cœur. Ces
reproches sont infondés ; ils sont une ruse du malin. Ces
doutes sont à repousser, car ils sont signe d'orgueil. Humilité, sincérité, vigilance : il faut s'en tenir à ses devoirs sans
se laisser troubler. Le but de l'ordre est de lutter contre les
ennemis de la foi pour la défense des chrétiens.

En somme, un texte qui vise à maintenir le feu sacré. Et
peut-être aussi à prémunir le troupeau de l'influence pernicieuse de quelques esprits forts ?

Mais Hugues de Payns ne s'arrête pas là : ce qui est en cause, c'est la légitimité de l'ordre, dix ans après sa création... Alors il se tourne vers saint Bernard, la plus haute figure de la chrétienté. Celui-ci répondit à son ami par le justement célèbre *De laude* :

> A trois reprises, sauf erreur de ma part, tu m'as demandé, mon très cher Hugues, d'écrire un sermon d'exhortation pour toi et tes compagnons (...). Tu m'as dit que ce serait pour vous un vrai réconfort de vous encourager par mes lettres, puisque je ne puis vous aider par les armes.

Pour prendre la mesure de l'évolution de Bernard, il convient de se souvenir de son attitude plus que réticente à l'égard du comte de Champagne en 1126, lorsque celui-ci entra au Temple. En 1129 encore, Bernard écrit à l'évêque de Lincoln, en Angleterre, pour lui donner des nouvelles d'un chanoine de la cathédrale parti pour Jérusalem et qui a fait halte à Clairvaux :

> Votre cher Philippe était parti pour Jérusalem ; il a fait un voyage beaucoup moins long et le voilà arrivé au terme où il tendait (...). Il a jeté l'ancre au port même du salut. Son pied foule déjà le pavé de la Sainte Jérusalem et il adore maintenant à son aise, dans l'endroit où il s'est arrêté, celui qu'il allait chercher dans Éphrata, mais qu'il a trouvé dans la solitude de nos forêts (...). Cette Jérusalem qui est alliée à la Jérusalem céleste (...), c'est Clairvaux.

C'est clair, le retrait du monde du moine est supérieur à tout, même à la croisade.

Au concile de Troyes, il a rencontré et apprécié les templiers. Ses relations personnelles avec Hugues de Payns — son oncle, André de Montbard, est l'un des neuf fondateurs de l'ordre — ont joué. Mais la qualité de la foi qu'il a pu déceler chez ces hommes a été, à mon sens, déterminante. De plus, saint Bernard a été très sensible au schisme provoqué par l'élection de l'antipape Anaclet en

1130. Il s'engage de toutes ses forces aux côtés d'Innocent II. Il sait celui-ci très favorable au Temple et il entrevoit alors tout l'intérêt que peut représenter la force de l'ordre naissant pour défendre le pontife légitime. L'expansion de l'ordre en Italie découle de cette alliance anti-schismatique qui rassemble Innocent II, saint Bernard et les templiers, alliance qui se manifeste au concile de Pise de mai 1135 [10].

Saint Bernard admet donc l'existence de deux voies pour atteindre Jérusalem, à la fois cité terrestre et cité céleste : la guerre sainte et la retraite monastique ; mais il va plus loin.

Au terme d'une profonde réflexion sur les notions de guerre juste et de guerre sainte, il va compléter les idées traditionnelles sur la théologie de la guerre ; sur la croisade, guerre défensive donc juste ; sur la violence, qu'il faut réduire au minimum ; sur l'intention droite. Il ajoute une réflexion neuve sur le mystère de la mort : présente dans la guerre, la mort oriente celle-ci vers autre chose qu'elle-même, vers la rencontre de Dieu. Non seulement le chevalier ne doit pas la craindre, mais il doit la désirer, car son salut est encore plus assuré s'il est tué que s'il tue. Saint Bernard touche là au cœur de l'idée de croisade : certains, qui entreprenaient sans espoir de retour le Saint Voyage, voulaient voir Jérusalem, c'est-à-dire le tombeau du Christ, et mourir.

La composition du *De laude* marque donc une étape importante dans la pensée de saint Bernard ; cette évolution le conduira à prêcher la deuxième croisade à Vézelay.

L'« *Éloge de la nouvelle milice* »

On en connaît surtout la première partie [11], dans laquelle l'auteur justifie et décrit la mission qui incombe aux chevaliers du Christ. Dans un style puissant, il oppose la nouvelle chevalerie — il s'agit des templiers — à la chevalerie du siècle, c'est-à-dire tous les autres. La nouvelle chevalerie mène « un double combat, à la fois contre la chair et contre les esprits de malice répandus dans les airs ». Le nouveau chevalier, dont « le corps est recouvert d'une armure de fer et l'âme d'une armure de foi », ne redoute rien, ni la vie ni la mort, car « c'est le Christ qui est sa vie ; c'est le Christ la récompense de sa mort ». Et il rassure :

> Allez donc en toute sécurité, chevaliers, et affrontez sans crainte les ennemis de la croix du Christ... Réjouis-toi, courageux athlète, si tu survis et si tu es vainqueur dans le Seigneur, réjouis-toi et glorifie-toi davantage si tu meurs et si tu rejoins le Seigneur !

A l'opposé, Bernard dénonce et plaint la milice du siècle, mieux, cette « malice du ciel » *(militia et malitia)* : « Ceux qui y servent doivent redouter aussi bien de faire tuer leur âme s'ils tuent leur adversaire dans son corps que de se faire tuer eux-mêmes, corps et âme, par leur adversaire. » Et il brosse alors le fameux tableau des chevaliers de son temps, amollis dans leurs riches étoffes de soie, couverts d'or, légers et frivoles, amoureux de vaine gloire.

Ensuite, il justifie le métier de soldat, en s'appuyant sur l'enseignement du Christ ; il développe l'idée de guerre défensive menée en Terre sainte, cette terre qui représente « l'héritage et la maison de Dieu », souillée par les infidèles. Cette première partie s'achève par quelques mots « de la manière dont se conduisent les chevaliers du Christ, pour les comparer à nos chevaliers qui servent non pas Dieu, mais le diable » : discipline et obéissance, pauvreté, refus de l'oisiveté ; « c'est la volonté du maître ou les nécessités de la communauté qui décident de leur emploi du temps ». Ascétisme, refus des plaisirs de leur classe comme la chasse, c'est bien l'idéal de Cîteaux, mais adapté. Car saint Bernard conclut : « J'hésite à les appeler ou moines, ou chevaliers. Et comment mieux les désigner qu'en leur donnant ces deux noms à la fois, eux à qui ne manquent ni la douceur du moine, ni la bravoure du chevalier ? »

Voilà les templiers légitimés. Jusque-là, saint Bernard

n'a pas prêché la guerre sainte et n'a lancé aucun appel à rejoindre la nouvelle milice. Le *De laude* n'est pas du tout un texte du style : « Engagez-vous, rengagez-vous... » Cette discipline ne peut convenir qu'à un petit nombre, à l'élite des « convertis ».

Toutefois, justifier le choix des templiers ne peut suffire ; il faut aussi leur démontrer qu'ils remplissent un office unique, que personne ne peut faire à leur place. Tel est le sens de la deuxième partie du *De laude*, la plus développée et peut-être la plus novatrice.

Cet office, c'est la police des routes ; mais il ne s'agit pas de n'importe quelles routes, car ce sont celles de l'« héritage du Seigneur ». L'exaltante mission de la nouvelle milice consiste à guider les pauvres et les faibles sur les chemins que le Christ a parcourus. Comme l'écrit excellemment Jean Leclercq, saint Bernard a composé un guide pour les voyageurs de Terre sainte : « Plus qu'il n'anime des guerriers, il conduit un pèlerinage. »

Les templiers ont la garde de sites religieux particulièrement chers à tous les chrétiens : Bethléem, où « le pain vivant est descendu du ciel » ; Nazareth, où Jésus a grandi ; le mont des Oliviers et la vallée de Josaphat ; le Jourdain, où le Christ fut baptisé ; le Calvaire, où le Christ « nous a lavés de nos péchés, non pas comme l'eau qui délaie la souillure et la garde en elle, mais comme le rayon solaire qui brûle, tout en restant pur » ; enfin, le Sépulcre, où le Christ mort repose, où les pèlerins, après mille épreuves, aspirent à reposer aussi. Après ces pages de tourisme mystique qui sont autant de méditations sur les dogmes chrétiens, saint Bernard conclut :

> Voici donc que ces délices du monde, ce trésor céleste, cet héritage des peuples fidèles sont confiés, mes très chers, à votre foi, à votre prudence et à votre courage. Or vous suffirez à garder fidèlement et sûrement ce dépôt céleste, si toujours vous comptez non sur votre habileté et votre force, mais sur le secours de Dieu.

Le chevalier combat ; le moine prie. Les premiers templiers ont douté de la légitimité de leur action guerrière, et regretté de n'avoir pas assez de temps à consacrer à la prière. Saint Bernard a justifié leur fonction combattante et démontré « que leur vie de prière pouvait trouver aliment dans les endroits mêmes où s'accomplissait leur service » (Jean Leclercq).

Comment fut reçu ce message ?

On n'en connaît pas la date précise, encore que la marge d'incertitude semble se réduire à 1130-1131 [12]. Reste les faits : l'ordre du Temple se développe considérablement à partir de 1130. Encore ne peut-on faire la part du message de saint Bernard et de la campagne de recrutement menée par Hugues de Payns. L'un et l'autre se sont vraisemblablement épaulés.

On perçoit mieux les conséquences, sinon du *De laude*, du moins des idées de saint Bernard, sur l'Église et sur le peuple chrétien. En 1139, le pape Innocent II publie la bulle *Omne datum optimum*. Pour la première fois, un texte pontifical explicite la mission des templiers :

> La nature vous avait faits fils de la colère et adeptes des voluptés du siècle, mais voici que, par la grâce qui souffle sur vous, vous avez écouté d'une oreille attentive les préceptes de l'Évangile, relégué les pompes mondaines et la propriété personnelle, abandonné la route aisée qui conduit à la mort et choisi dans l'humilité le dur chemin qui conduit à la vie (...). Pour manifester qu'il faut vous considérer effectivement comme les soldats du Christ, vous portez en permanence sur votre poitrine le signe de la croix, source de vie (...). C'est Dieu lui-même qui vous a constitués défenseurs de l'Église et adversaires des ennemis du Christ [13].

Ce sont les mots mêmes de l'abbé de Clairvaux. Par la suite, d'autres textes pontificaux rappelleront la raison d'être et la fonction du Temple.

Plus significatif encore, le rôle de la nouvelle milice commence à être clairement perçu par les nombreux fidèles qui, en Occident, lui font des dons. Plus d'un templier a dû se sentir réconforté en lisant le texte de cette donation, faite à Douzens en Languedoc, vers 1133-1134, par une certaine Lauretta. Elle cède tous ses tenanciers et toutes les redevances qu'elle possédait dans la ville de Douzens, ainsi que deux condamines de terre dans le terroir du château de Blomac, « aux chevaliers de Jérusalem et du Temple de Salomon qui combattent courageusement, pour la foi, contre les Sarrasins menaçants et sans cesse préoccupés de détruire la loi de Dieu et les fidèles qui le servent ». Lauretta a bien assimilé la théorie de la croisade guerre défensive des théologiens. Mais comment ne pas retrouver dans ce texte, en plus fruste, le style et l'émotion du *De laude* [14] ?

Plaçons-nous sur un plan plus général : Jean Richard, étudiant les templiers et les hospitaliers de Champagne et de Bourgogne, fait justement remarquer que les legs faits à l'un et l'autre ordre sont aussi des legs pieux, faits à des hommes de prière. Les fidèles espèrent de ces ordres puissants et considérés un accès plus facile, plus efficace, à la grâce divine. Ne serait-ce pas, là aussi, parce que la leçon du *De laude* a été retenue [15] ?

1120-1130 : dix années d'expériences, de tâtonnements et d'inquiétudes ; c'est peu pour jeter les bases, solides, d'une organisation complètement nouvelle. L'essor du Temple peut commencer.

DEUXIÈME PARTIE

Le Temple
tel qu'en lui-même

1

La tournée de Hugues de Payns

Au moment du concile de Troyes (1128-1129)

Avant le concile de Troyes, si nous acceptons la date de 1129, Hugues de Payns et ses compagnons ont entrepris, chacun de leur côté, une tournée de propagande, de recrutement et de collecte d'aumônes ; en faveur de l'ordre naturellement, mais aussi, plus généralement, en faveur de la Terre sainte.

Suivons Hugues de Payns. Il passe quelque temps en Champagne, notamment à Provins, puis gagne l'Anjou et le Maine. Le comte Foulques V fut l'un des premiers princes d'Occident à s'intéresser à la nouvelle milice, et celle-ci l'avait hébergé dans sa maison de Jérusalem lorsqu'il accomplit son premier vœu de croisade, en 1120-1121. Reconnaissant, il fut l'auteur du premier don fait à l'ordre. Un ami donc, à qui Hugues de Payns vient proposer, de la part du roi Baudouin II, la couronne de Jérusalem. Baudouin n'a pas d'enfant mâle ; sa fille, Mélisende, doit donc hériter de ses droits. Il lui faut un époux, un chevalier valeureux, capable de veiller aux destinées du royaume ; et, de préférence, un Occidental qui sera un défenseur de plus pour la Terre sainte.

Baudouin a fait choix de Foulques d'Anjou : il avait pu apprécier sa bravoure ; il sait quel intérêt il porte au royaume ; il connaît ses capacités d'administrateur et ses talents de diplomate. Comte d'Anjou et de Touraine, il a acquis de son premier mariage le Maine. Vassal du roi d'Angleterre Henri Ier comme du roi de France Louis VI, il a su maintenir la balance égale entre ses deux seigneurs, violemment antagonistes pourtant. Et il prépare, par le mariage de son fils Geoffroy avec Mathilde, fille de Henri Ier et veuve de l'empereur germanique (d'où le titre d'impératrice Mathilde par lequel elle est généralement connue), la formation d'un puissant ensemble territorial fondé sur l'Angleterre et la façade occidentale de la France.

Foulques accepte l'offre transmise par le maître du Temple, et prend la croix le jour de l'Ascension 1128, au Mans. C'est à tort que certains historiens, à la suite de Victor Carrière, ont daté le passage de Hugues en Anjou du printemps 1129 [1].

La mission de celui-ci a la cour angevine n'est pas terminée. Pour s'intéresser aux affaires des États croisés, l'Occident doit être pacifié. Hugues, fidèle à la pensée de saint Bernard, pense qu'on ne peut recruter des adhérents à la milice du Temple qui ne soient pas en paix avec leurs voisins et avec eux-mêmes, donc avec l'Église. En Anjou, Foulques craint les menées de son vassal, Hugues d'Amboise, qui se livre à de nombreuses exactions aux dépens de la célèbre abbaye tourangelle de Marmoutier. Le comte ne parvenait pas à lui faire entendre raison. Hugues de Payns s'en charge et réussit : désormais « converti », Hugues d'Amboise peut partir en croisade.

Pendant que le comte d'Anjou règle ses affaires, Hugues de Payns poursuit son chemin : on le trouve en Poitou, puis en Normandie. Il y rencontre le roi Henri Ier qui l'accueille avec chaleur et l'envoie en Angleterre. « Il fut reçu par tous les hommes de bien et ils lui firent des cadeaux ; et en Écosse il fut reçu de la même manière. Et en plus ils envoyèrent à Jérusalem de grandes richesses en or et en argent », nous dit la _Chronique anglo-saxonne_ [2]. Il débarque ensuite en Flandre (on le trouve à Cassel en septembre) pour revenir en Champagne en janvier 1129. De nombreux chevaliers, anglais, flamands, français, l'accompagnent, prêts à partir pour l'Orient, voire, pour certains d'entre eux, prêts à entrer au Temple. Il est probable qu'il passe la majeure partie de l'année à mettre sur pied la toute première organisation de son ordre dans la chrétienté d'Occident.

Au cours de ces mêmes années 1128-1129, d'autres

templiers ont opéré comme lui dans d'autres régions. Godefroy de Saint-Omer l'a précédé en Flandre ; un autre des « neuf » (les premiers fondateurs), le Picard Payen de Montdidier, a parcouru le Beauvaisis et sa région natale pour y recevoir donations et engagements. Une mission parcourt le sud de la France. Elle est dirigée par Hugues Rigaud, qui est originaire vraisemblablement du Dauphiné, et qui est l'une des premières recrues de la période du concile de Troyes. Il rencontra un tel succès en Provence et en Languedoc qu'il dut confier à Raymond Bernard, lui aussi récent templier, le soin de s'occuper de la péninsule Ibérique.

Dans le courant de l'année 1129, Hugues de Payns et ses compagnons, suivis de leurs nombreuses nouvelles recrues, descendent la vallée du Rhône pour regagner la Terre sainte. Foulques d'Anjou fait le chemin avec eux [3] ; ils ont dû passer par Avignon, mais bien avant la date du 29 janvier 1130, que l'on retient habituellement, sur la foi d'un acte faux par lequel l'évêque d'Avignon aurait donné, à cette date, une église au Temple. En effet, on sait que Foulques débarque à Acre dans l'été 1129 et que les troupes conduites par Hugues de Payns furent engagées dans une opération contre Damas avant la fin de l'année 1129 [4].

Pour la petite histoire indiquons que le fils de Hugues de Payns, l'abbé de Sainte-Colombe, le suivra, emportant, pour en faire donation au Sépulcre, une partie du trésor de son monastère, à la grande fureur de ses moines.

Premiers succès

Cette tournée fut un triomphe. Les frères restés à Jérusalem voient arriver un renfort important ; prenant connaissance de l'ampleur des dons effectués en Occident, ils savent désormais pouvoir compter sur un recrutement régulier et continu. Car, même s'il n'a pas mis en place une organisation définitive de l'ordre en Occident, Hugues laisse derrière lui de nombreuses maisons du Temple qui sont autant de foyers de rayonnement et de recrutement pour la Palestine.

Les premières aumônes ont été faites avant le concile : la grange de Barbonne, près de Sézanne, fut remise au Temple, le 31 octobre 1127, par le comte Thibaud de Champagne, le neveu de ce comte Hugues qui se fit templier en Palestine, en 1126. Mais, dans les quelques années qui suivent le concile de Troyes, l'essor est foudroyant. Le patrimoine du Temple se compose d'abord des richesses des premiers templiers, ce qui ne saurait surprendre puisque la règle mise au point en 1129 imposait, entre autres, le vœu de pauvreté individuelle. Hugues céda ses biens de Payns ; Godefroy de Saint-Omer laissa la grande maison qu'il possédait à Ypres en Flandre ; Payen de Montdidier donna sa seigneurie de Fontaine. A leur suite, les participants du concile ne furent pas en reste : l'archevêque de Sens, Henri Sanglier, fit don de deux maisons, à Coulaines et à Joigny.

Des gens de toutes conditions suivirent leur exemple et multiplièrent les dons les plus divers. Les comtes de Flandre, Guillaume Cliton, puis, en 1128, Thierry d'Alsace, abandonnèrent les « reliefs » des fiefs, ces taxes de mutation perçues à chaque changement de main du fief. Des évêques, comme Barthélemy de Joux, titulaire du siège de Laon, de simples particuliers, chevaliers ou non, donnèrent une maison, une terre, une somme d'argent.

Étant donné l'origine de la majorité des fondateurs, il n'est point étonnant que l'ordre essaime rapidement en Flandre, Picardie, Champagne et Bourgogne. Mais sa renommée gagne au même moment d'autres régions, parfois lointaines. Il faut rejeter cependant la tradition d'une implantation templière précoce, puisque datée de 1126, au Portugal ; la première donation de la comtesse Thérèse, le château de Soure, n'intervient pas avant 1128 (profitons-en pour le préciser, parce que le contraire est fréquemment affirmé, les templiers portugais ne sont pas les fondateurs de Coimbra). De même A. J. Forey, dans son étude sur la couronne d'Aragon, exclut formellement toute idée de donations au Temple dans le nord-est de l'Espagne avant 1128[5]. Le développement des établissements templiers dans la péninsule Ibérique prend un caractère tellement spectaculaire qu'il mérite un sort particulier à la fin de ce chapitre. Au même moment se produit la prodigieuse prolifération des donations en Languedoc et en Provence, faites aux mains de Hugues Rigaud qui agissait — ses titres sont flous — en tant que procureur de l'ordre. Le cartulaire des templiers de la maison de Douzens, dans l'Aude, indique seize donations dans cette petite région, entre le 28 novembre 1129 (la première en date) et 1134[6].

Pourtant, dans cette région (et il en est de même en Italie), l'Hôpital de Saint-Jean de Jérusalem a précédé le Temple dans le cœur des fidèles : l'établissement hospitalier de Saint-Gilles-du-Gard rayonnait déjà sur la région, attirant les nombreux pèlerins qui partaient vers la ville sainte par Marseille ou les ports italiens. Il faut croire qu'il y avait de la place pour deux ordres. Le Midi français a fourni de forts contingents à la croisade, ce qui l'a sensibilisé à celle-ci. Les premiers donateurs avaient ainsi souvent participé à l'un des passages vers l'Orient. Hugues Rigaud reçoit, en juin 1131, le mas de Salzet, dans les Cévennes, de Bernard Pelet, fils de Raymond, seigneur d'Alès, qui avait suivi le comte de Toulouse, Raymond de Saint-Gilles, lors de la première croisade. Ce don amorce la constitution de la commanderie de Jalès[7].

En revanche, malgré l'excellent accueil qu'il y rencontra, Hugues de Payns recueillit peu de donations dans les îles Britanniques ; elles viendront plus tard, lors de la période de troubles causée par la lutte pour le trône qui oppose Henri Plantagenêt et Étienne de Blois. Les déchirements internes ont toujours profité aux ordres religieux ! En Italie le schisme d'Anaclet est l'occasion, on l'a vu, des premières implantations templières, à Ivrea d'abord, à Milan ensuite, à l'automne de l'année 1135, juste après le concile de Pise (réuni en présence de saint Bernard), qui fut si favorable au nouvel ordre. Un acte de Lothaire, quelques années plus tard, marquerait les débuts du Temple dans l'Empire germanique[8].

Le Temple, héritier du royaume d'Aragon ?

> Je donne aussi et cède à la même milice, avec l'assenti-
> ment et l'accord de mon fils Raymond, et avec l'appro-
> bation de mes barons, dans les mains du même Hugues,
> ce château fortifié appelé Grayana [*ou, le plus souvent,*
> *Grañana*], situé dans ma marche, au contact des Sarra-
> sins, avec les chevaliers qui tiennent ce château pour
> moi, et avec les populations qui y habitent [9]...

Cette charte du comte de Barcelone, Raymond Bérenger III, date du 14 juillet 1130 ; il annonce également sa
volonté de faire don de sa personne au Temple, et c'est
d'ailleurs dans la maison templière de Barcelone qu'il
s'éteint l'année suivante. Cette donation importante, que le
Temple n'a pas prise en charge immédiatement, en entraîne
d'autres : on en compte trente-six entre 1128 et 1136 en
Espagne (et six au Portugal).

Mais il faut s'attarder surtout sur le spectaculaire testament du roi d'Aragon et de Navarre, Alphonse Ier le
Batailleur. En 1131, à Bayonne, il couche par écrit ses
dernières volontés et fait don de ses royaumes aux trois
ordres internationaux de Terre sainte : le Temple, l'Hôpital
et le Saint-Sépulcre. Il confirme ce don, trois ans plus tard,
peu avant sa mort. Alphonse Ier n'avait aucun héritier, c'est
vrai. Mais cette donation apparaît incompréhensible. Les
historiens ont toujours été gênés pour l'expliquer. On y a vu
la preuve de l'extraordinaire popularité des ordres nés de la
croisade ; ou alors la volonté du Batailleur de confier en de
bonnes mains la tâche de la reconquête contre les musulmans d'Espagne, et d'y impliquer, fût-ce contre leur gré, les
ordres de Palestine. Mais, le plus souvent, on a vu dans cet
acte bizarre la preuve de l'absence totale de sens politique
d'Alphonse Ier, à moins qu'il n'eût été le signe d'un goût
prononcé pour l'utopie. Et les historiens de louer la sagesse
des ordres militaires qui refusèrent ce cadeau empoi-
sonné.

En fait, il pourrait s'agir d'une manœuvre d'une rare

subtilité : Alphonse aurait utilisé les ordres comme des pions dans la recherche d'une solution satisfaisante à la succession d'Aragon ; dans son esprit, ce testament ne devait pas être réalisé. Telle est l'idée défendue par Elena Lourie dans un article qui a déclenché une belle polémique avec l'historien anglais Forey [10] ; bien que cette nouvelle explication soit largement fondée sur des hypothèses, ce dont son auteur ne disconvient pas, il me semble intéressant de la présenter.

Sans enfant, car vraisemblablement stérile, Alphonse Ier a un frère, Ramiro, qui est moine, abbé, évêque élu, mais qui n'est pas encore ordonné prêtre. Il est possible de demander au pape les dispenses nécessaires pour « laïciser » Ramiro, mais il est douteux qu'il les accorde. Le royaume d'Aragon est en effet vassal du Saint-Siège, et le pape, constatant l'absence d'héritier, pourrait bien profiter de la situation pour désigner, comme il en a le droit en tant que seigneur, un roi de son choix. Ce n'est un mystère pour personne alors : son choix se porterait sur le roi de Castille et León, Alphonse VII, qui, de surcroît, a des visées hégémoniques sur l'ensemble de l'Espagne chrétienne (en attendant mieux). Or, les Aragonais n'en veulent pas ; leur roi non plus. Par son testament surprenant, Alphonse Ier neutralise le pape et l'empêche de mettre en avant la candidature du roi de Castille. La dévolution du royaume d'Aragon aux trois ordres sera un tel casse-tête que cela laissera le temps à Ramiro de sortir de son couvent — dispense ou pas dispense —, de se marier et de donner un héritier. Les Aragonais le reconnaîtront avec enthousiasme et le pape devra bien l'accepter. Et c'est bien ainsi que les choses se sont déroulées. Un raisonnement éclairant donc, qui ne contredit pas, toutefois, une des raisons traditionnellement invoquées pour expliquer ce testament : la volonté du roi d'Aragon d'impliquer davantage le Temple dans la reconquête. Le Temple seulement, car, fait remarquer Elena Lourie, le texte du testament est clair : ni le Saint-Sépulcre ni l'Hôpital ne sont considérés comme des ordres militaires. Or, le Temple ne semble pas tout à fait prêt à s'engager à fond dans la reconquête espagnole ; il hésite, on l'a dit, à prendre possession du château frontalier de Grañana dont la donation lui a été faite « pour la défense de la chrétienté, conformément au but pour lequel l'ordre a été fondé ». Le Temple hésite : défense de la chrétienté, bien sûr, mais en Terre sainte !

Manœuvre subtile ou non, le testament resta lettre morte. Ramiro devint roi, puis, en 1137, organisa l'union de l'Aragon et de la Catalogne et abandonna sa couronne aux mains du comte Raymond Bérenger IV. Il n'empêche que le testament existait bel et bien et que les ordres bénéficiaires pouvaient être tentés d'en obtenir l'application. En fait, conscients que la charge était trop lourde pour eux, ils se contentèrent de monnayer leur renonciation. Le maître de l'Hôpital mena les négociations au nom des trois ordres ; elles aboutirent à la charte de 1143 qui prévoit expressément la participation des ordres du Temple et de l'Hôpital à la reconquête :

> Pour la défense de l'Église d'Occident qui est en Espagne, pour la défaite à venir et l'expulsion de la race des Maures (...), j'ai décidé qu'une milice serait créée sur le modèle de la milice du Temple de Salomon qui défend l'Église orientale, sujette du Temple et suivant la règle de cette milice et ses coutumes.

Ainsi s'exprime le roi. En échange de cette participation, il cède des privilèges importants : le cinquième de toutes les terres conquises avec le concours des ordres.

Ce texte marque donc l'entrée « officielle » du Temple dans l'œuvre de la reconquête espagnole ; il accepte de mener le combat sur un autre front que celui des lieux saints.

Hugues de Payns était mort avant la conclusion de cette négociation, le 24 mai 1136 (ou peut-être 1137). Son successeur, Robert de Craon, s'intéressa de près aux affaires espagnoles et, par la suite, bien des maîtres du Temple ont fait leurs armes en Espagne. Il est vrai qu'ils y étaient à rude mais bonne école.

La sainte milice
du Temple de Salomon

Une maison à Jérusalem

Les templiers doivent leur nom à leur « maison chèvetaine » — leur quartier général — de Jérusalem, le temple
de Salomon. A l'origine, ils se sont constitués en « milice
des pauvres chevaliers du Christ ». La règle mise au point à
Troyes leur donne d'autres appellations ; le prologue
s'adresse d'abord à ceux « qui refusent de suivre leur
volonté propre et désirent avec un pur courage servir de
chevalerie au Souverain Roi », puis, personnellement, au
nouveau « chevalier du Christ ». L'expression avait la
faveur de saint Bernard. Les premières donations, celle de
Raoul Le Gras en Champagne par exemple, s'adressent
« au Christ et à ses chevaliers de la Sainte Cité ». Environ
deux siècles plus tard, le roi du Portugal, Denis, qui
défendit le Temple et refusa la dévolution de ses biens
portugais à l'Hôpital, obtint la création d'un autre ordre,
destiné à prolonger l'œuvre du Temple, l'« ordre du
Christ ».

Mais, déjà, les noms familiers de Temple et de templiers
se sont imposés : le prologue de la version française peut
donc s'achever sans problème par ces mots : « Ici commence la règle de la pauvre chevalerie du Temple. » Les
actes de donation de ces années s'adressent fréquemment
« à Dieu et aux chevaliers du Temple de Salomon de
Jérusalem », « à Dieu et à la sainte milice hiérosolymitaine
du Temple de Salomon ».

Lorsque Hugues de Payns et ses premiers compagnons se

réunirent, ils n'avaient, selon Guillaume de Tyr, « ni église ni domicile sûr ». Charitable, le roi de Jérusalem Baudouin II les logea dans une aile de son palais — « près du Temple du Seigneur », écrivent Guillaume de Tyr et Jacques de Vitry. Plus précis, Ernoul dit que les templiers n'osèrent habiter au Sépulcre et choisirent le temple de Salomon, « là où Dieu fut offert ». La confusion entre temple de Salomon, temple du Seigneur et Saint-Sépulcre est encore trop souvent faite, même dans les histoires récentes du Temple ; comme elle n'est pas sans conséquences, notamment à propos de l'architecture religieuse des templiers, il est utile de décrire rapidement la « sainte cité de Jérusalem dont les frères combattants de la milice ont la tutelle et assurent la défense », nous dit, avec quelque exagération, le vicomte de Carcassonne, Roger de Béziers, en 1133 [1].

La ville que les croisés ont découverte en 1099 se présente comme un grossier parallélépipède, ceint de murailles et de tours. Le plan du manuscrit de Cambrai, qui date de 1150 environ, réduit le tracé de cette enceinte à un quasi-rectangle. La vieille ville actuelle correspond à la Jérusalem médiévale. Deux voies à peu près perpendiculaires la divisent en quartiers ; l'axe nord-sud, dont la partie centrale a été couverte en 1152 par la reine Mélisende, pour abriter le marché, passe entre deux collines : à l'ouest, le Calvaire, haut lieu du christianisme ; à l'est la *Moria*, lieu sacré de l'Islam, où les templiers s'installèrent [2].

De l'ensemble chrétien du Calvaire surgit d'abord, vénéré entre tous, le Saint-Sépulcre, composé d'une rotonde et d'une basilique. La rotonde, ou *anastasis*, restaurée en 1048, abrite le tombeau du Christ, but des pèlerins de Terre sainte. Une basilique, entreprise par les croisés et consacrée le 15 juillet 1149, cinquantième anniversaire de la prise de la ville, y a été adjointe. Au sud, sur l'ancien *forum* romain, trois églises ont été construites au XIᵉ siècle : Sainte-Marie-Latine, Sainte-Marie-Madeleine, Saint-Jean-Baptiste. Vers 1070, grâce à l'argent de marchands amalfitains, un hôpital destiné à accueillir les pèlerins fut fondé ; agrandi, il devint l'Hôpital de Saint-Jean de Jérusalem, dont les desservants se constituèrent en ordre charitable, reconnu par la papauté en 1113. Au cours du XIIe siècle, il se transforma en ordre militaire, rival, mais aussi associé, du Temple, tout en conservant sa mission primitive.

Face à ce quartier chrétien, la *Moria* porte au contraire un ensemble religieux et intellectuel entièrement musulman, aménagé au temps de la dynastie des khalifes omeyyades (661-750) : le *Hauran*, ou « Maison de Dieu ». Au centre d'une vaste esplanade soigneusement pavée (d'où le nom de « Pavé » parfois donné à cet espace dégagé), se dresse l'un des joyaux de l'architecture musulmane, la Coupole du Rocher, dite à tort « mosquée d'Omar » ; elle fut bâtie, de 687 à 691, sur un plan polygonal unique en terre d'Islam, et elle est surmontée d'une splendide coupole dorée qui abrite le rocher sur lequel Jacob endormi eut la vision de l'échelle. Au sud de l'esplanade, la mosquée al-Aqsa fut édifiée de 705 à 715 ; c'est la mosquée « lointaine », en souvenir du voyage nocturne du prophète Mohammed, depuis La Mecque. Elle est de plan basilical.

Naturellement, les croisés ont réaménagé complètement la *Moria*. La mosquée al-Aqsa fut en quelque sorte sécularisée, et devint résidence royale lorsque, en 1104, Baudouin Ier abandonna la tour de David, qui dominait le rempart occidental, au sud-ouest du Sépulcre. En 1120, le roi Baudouin II remet al-Aqsa à Hugues de Payns et ses chevaliers du Christ, lui-même occupant le nouveau palais royal établi auprès de la tour de David. Il laisse alors l'ensemble d'al-Aqsa à la nouvelle milice. Les croisés avaient très tôt assimilé al-Aqsa au « temple de Salomon », dont les substructions subsistent, et les « pauvres chevaliers du Christ » en prirent assez vite le nom. Ils y entreprennent différents travaux : la grande salle de prière de l'ex-mosquée est divisée en chambres ; de nouveaux bâtiments sont construits à l'ouest, pour installer cellier, silo, réfectoire... Le chroniqueur Théodorich a remarqué que le toit en pente de ce nouveau bâtiment jure avec les toits en terrasses de la ville. Au sous-sol, les immenses salles voûtées des « écuries de Salomon » abritent la cavalerie de l'ordre.

Devant le temple de Salomon s'ouvre donc la vaste esplanade dite du Temple ; elle tire son nom du temple du Seigneur, *Templum domini* : il s'agit de la Coupole du Rocher, devenue propriété des chanoines réguliers du *Templum domini* qui en ont fait leur église ; celle-ci a été consacrée en 1142. La coupole a été surmontée d'une immense croix d'or. A l'intérieur, sur le rocher désormais couvert de marbre, se dresse un autel enchâssé dans une clôture de fer forgé. Des mosaïques retracent, sur les murs, des épisodes de l'Ancien Testament. Près du *Templum domini,* la Petite Coupole de la Chaîne est devenue l'église Saint-Jacques-le-Mineur. L'esplanade est entièrement ceinte de murs. L'une des sept portes de la ville, la Porte d'Or, donne accès à l'esplanade ; murée en permanence, on ne l'ouvre que le dimanche des Rameaux et le jour de l'Exaltation de la Sainte-Croix [3].

L'ordre acquiert, dans les années prospères du royaume de Jérusalem, entre 1150 et 1180, des immeubles, des boutiques, dans les quartiers peuplés de la cité.

Tel se présente donc, au XIIe siècle, le quartier général du Temple. Mais le « Pavé » est aussi un quartier de la ville qui s'anime lors de manifestations importantes, à l'occasion, par exemple, du couronnement du roi. Le chroniqueur Ernoul raconte celui de Baudouin V, âgé de six ans seulement, en novembre 1183 : au Sépulcre, le patriarche lui a remis la couronne ; puis un cortège se forme, et, en procession, gagne l'esplanade du Temple ; le roi-enfant est conduit au temple du Seigneur, où « selon l'usage des rois francs de Jérusalem, issu de la tradition juive, le roi remet sa couronne à l'église et la rachète » ; ensuite le cortège se dirige vers le temple de Salomon, où les bourgeois de la cité offrent un banquet au roi et à sa cour [4].

Si le temple de Salomon est la maison-mère de l'ordre, Notre-Dame est sa patronne, et il n'est point nécessaire d'être devin pour retrouver dans ce choix l'influence de saint Bernard. Ce culte rendu à la Vierge explique que les donations à l'ordre aient été d'abord adressées à Notre-Dame. La règle fut établie en son honneur, et la moitié des prières auxquelles étaient astreints les frères lui étaient destinées. L'une des premières et principales places fortes confiées à la garde des templiers fut Tortose, dans le comté de Tripoli ; cette ville était célèbre par son pèlerinage de la Vierge, et la tradition chrétienne veut que saint Pierre, se rendant à Antioche, ait fait halte à Tortose pour consacrer le plus ancien sanctuaire élevé en l'honneur de la mère du Christ [5].

L'ordre du Temple rassemblait des chevaliers, des sergents, des chapelains ; les premiers étaient peu nombreux, surtout en Occident. Clercs et laïcs d'Europe, qui n'avaient donc affaire, le plus souvent, qu'à des sergents, prirent l'habitude de s'adresser indistinctement aux « frères » de la milice du Temple. Mais les autorités laïques ou ecclésiastiques, plus au fait des réalités, distinguaient, comme le roi d'Angleterre Henri II, « les frères de l'Hôpital de Jérusalem et les chevaliers du Temple de Salomon ». L'évêque de Carcassonne, qui est une autorité, mais qui sait aussi comment parlent ses ouailles, arbitre, en 1183, entre « les frères de la milice et les frères de l'Hôpital des pauvres de Carcassonne ». Les hommes du XIIe siècle ont donc bien marqué la différence entre la vocation militaire du Temple et la vocation charitable de l'Hôpital, malgré la transformation de ce dernier. Cela s'atténuera au siècle suivant, sans disparaître. Il faudra s'en souvenir au moment du procès du Temple, car cette différence a pu être utilisée contre lui.

Face au monde laïc, toutefois, une telle nuance est peu perceptible : racontant la prise par les musulmans du château hospitalier d'Arsuf, en 1265, la chronique dite du « templier de Tyr » indique que « furent pris dedans des chevaliers de religion et de siècle [6] ». A la fin du XIIIe siècle, templiers et hospitaliers sont encore la « nouvelle chevalerie ».

Une règle

A leurs débuts, les « pauvres chevaliers du Christ » ne se sont guère occupés d'organisation : Hugues de Payns est le maître, les autres sont les frères. Les premiers succès de

l'ordre obligent à aller au-delà : l'efficacité de son action
en dépend. C'est pendant la maîtrise de Robert de Craon
(1136-1137 - 1149) que l'organisation acquiert ses traits les
plus durables.

Robert de Craon appartient à la haute noblesse : par son
grand-père, Robert le Bourguignon, il est apparenté à la
famille capétienne ; son père est devenu sire de Craon en
épousant Domitia de Vitré. Robert, dernier fils du sire de
Craon et de Domitia, a connu le fondateur de Fontevraud,
Robert d'Arbrissel ; il a entendu les prédicateurs de la première croisade. Il fréquente la cour des seigneurs d'Angoulême, puis entre au service du duc Guillaume IX
d'Aquitaine. Alors qu'il disputait à un rival la main de la
riche héritière de Confolens et de Chabannes, il rompt
soudain toute attache avec l'Occident, part pour la Palestine et entre au Temple, vers 1126.

C'est avec le titre de sénéchal du Temple qu'il reparaît
en Europe, en 1132, puis en 1136, pour chercher des renforts. A la mort de Hugues de Payns, il est élu maître du
Temple (l'expression de grand maître est connue, mais très
peu employée à l'époque[7]). Deux faits importants
marquent sa maîtrise : en 1139 peut-être avant[8], il obtient
du pape la bulle *Omne datum optimum* qui met en forme
les privilèges concédés jusque-là à l'ordre ; l'année suivante, il fait traduire — ou plutôt adapter — la règle en
français. En effet, la version française n'est pas très fidèle
au texte latin. Des compléments y seront apportés à différentes dates. Il sera temps, au cours de cet ouvrage, de
faire référence à la règle pour illustrer les divers aspects de
la vie des templiers, mais il est utile d'en préciser les
phases d'élaboration et d'en dégager la signification.

Là encore la nouvelle datation proposée par R. Hiestand a pour effet de corriger, de simplifier plutôt, le processus d'élaboration de la règle qu'avaient décrit Schnurer
et de Valous[9]. Ces auteurs distinguaient trois phases.

Hugues de Payns, venant en Europe, avait en tête, bien
entendu, les usages non écrits qui avaient régi l'ordre
jusque-là. Ces usages devaient comporter le triple vœu de
pauvreté, de chasteté et d'obéissance, caractéristique de

tout ordre monastique ; ils font une place importante au patriarche de Jérusalem, qui reçoit ces vœux ; ils donnent quelques éléments de discipline : repas en commun ; viande trois fois par semaine ; vêtement identique pour tous, sans recherche ; place des serviteurs et valets d'armes ; obligations religieuses quotidiennes, selon les usages des chanoines réguliers du Saint-Sépulcre. Bref, il s'agit du règlement d'une petite milice privée qui s'est portée volontaire pour assurer la sécurité des passants à un carrefour très dangereux.

A Troyes, la règle est rédigée. Elle est conforme à l'idée que l'ordre se faisait — tout comme les pères du concile — de sa mission. Ils tiennent compte de l'évolution récente : recrutement ; premières donations. Des nouveautés sont introduites quant aux formalités de réception des templiers ; l'oblature des enfants (pratique qui consistait, pour un père, à donner très jeune son enfant à un établissement religieux) est interdite (article 14) : le Temple a besoin de combattants, pas de bouches à nourrir. La spécificité de la mission du nouvel ordre impose des règles dérogatoires par rapport à ce qui se pratique dans certaines autres maisons de religion, y compris chez les hospitaliers. Tenant compte de l'expérience, le concile élabore un rudiment de réglementation pénale. Enfin, il accentue le caractère religieux de l'ordre en détaillant les obligations du service divin qui incombent aux frères.

Enfin, troisième étape dans la mise au point définitive de la règle primitive, en latin, du Temple, la révision faite par le patriarche de Jérusalem, qui, selon Schnurer, l'aurait modifiée (douze articles) et complétée (vingt-quatre articles). C'est alors que le manteau blanc aurait été réservé aux chevaliers, les « autres » n'ayant droit qu'à la bure brune ou noire.

La présence temporaire de clercs dans l'ordre (qui peut constituer l'amorce d'une organisation religieuse propre au Temple), le statut des chevaliers hôtes (ces croisés d'Occident qui, leur vœu de pèlerinage accompli, souhaitent se mettre au service de la nouvelle milice pour un temps déterminé, en général un an) auraient été précisés alors.

C'est cette révision entreprise par le patriarche que R. Hiestand rejette, pour deux raisons d'inégale importance. Schnurer, ne l'oublions pas, raisonnait à partir de la date traditionnelle du concile de Troyes, 1128 ; en janvier de cette année-là, le patriarche de Jérusalem était un certain Gormond. Or le prologue de la règle mentionne Étienne de la Ferté, qui a succédé à Gormond, décédé, en juillet 1128 ; preuve, selon Schnurer, du remaniement de la règle ; on a commencé par substituer le nom d'Étienne à celui de Gormond. Cet argument évidemment tombe avec la nouvelle datation du concile en janvier 1129.

Mais le prologue de la règle, que j'ai cité (p. 42), ne prévoyait-il pas la possibilité de modifications à l'instigation du pape et du patriarche ? Il est douteux que le patriarche ait pu en décider seul. D'ailleurs, Guillaume de Tyr, qui connaît le texte de la règle latine, précise bien qu'elle fut instituée à Troyes, par l'ordre du pape et du patriarche[10]. Enfin, le privilège pontifical *Omne datum optimun*, que l'on date de 1139 renvoie à la règle élaborée à Troyes. Une révision en profondeur par le patriarche Étienne de la Ferté, qui meurt au milieu de 1130, paraît bien improbable.

Demeure cependant le problème des rapports de l'ordre avec les autorités séculières de Terre sainte, dont l'historien, G. de Valous, tenant pour certaine la modification de la règle, y voyait la marque de la volonté du patriarche de superviser l'ordre : limiter l'introduction de prêtres dans l'ordre (les futurs frères chapelains), c'était limiter le risque de l'indépendance du Temple par rapport à l'ordinaire, c'est-à-dire, le clergé séculier, évêques, curés des paroisses. A vrai dire une hypothétique révision de la règle n'aurait rien changé, tant la tentation de l'émancipation était grande dans tous les ordres monastiques ; la papauté elle-même encourageait cette volonté en plaçant sous son autorité directe les ordres : Cluny, Cîteaux, l'Hôpital, et désormais le Temple.

Robert de Craon obtient satisfaction en 1139 : les templiers sont placés sous la férule du pape, sans intermédiaire. La règle témoigne de ce succès ; non plus la règle latine, mais sa traduction française, de peu postérieure à la décision pontificale, et qui, on l'a dit, n'a rien de littéral. Cette phrase, par exemple : « Tous les commandements qui sont dits et écrits en cette présente règle sont à la discrétion et à l'égard du maître », ne figurait pas dans le texte latin, et pour cause ! L'ordinaire n'assure plus le service religieux à l'intérieur des maisons du Temple, puisque, à la suite de la bulle de 1139, la version française de la règle intègre comme membres à part entière de la milice du Temple les clercs, devenus frères chapelains. Cette autonomie était complétée par la possibilité offerte au Temple d'ouvrir ses propres oratoires.

Deux modifications ont particulièrement excité l'imagination des historiens, qui se rapportent toutes deux à l'admission dans l'ordre. La règle latine prévoyait un noviciat pour les aspirants templiers : « après le terme de sa probation... », est-il écrit ; la version française n'en parle plus.

L'autre modification est très importante puisque, par la suppression d'une négation, elle change totalement le sens de l'article 12. « Là où vous saurez que sont assemblés des chevaliers non excommuniés, nous vous commandons d'aller... », dit la règle latine. Cela devient, dans la règle française : « Là où vous saurez que sont assemblés des chevaliers excommuniés, nous vous commandons d'aller... » ; et le texte poursuit :

> Et si il y en a qui veut rentrer et s'adjoindre à l'ordre de chevalerie des parties d'outre-mer, vous ne devez pas seulement considérer le profit temporel que vous pouvez en attendre, mais aussi le salut éternel de son âme. Nous vous commandons de le recevoir à la condition qu'il se présente devant l'évêque de la province, et fasse part de sa résolution. Et, quand l'évêque l'aura entendu et absous, s'il le demande au maître et aux frères du Temple, si sa vie est honnête et digne de la compagnie de ces derniers, et s'il semble bien au maître et aux frères, qu'il soit reçu avec miséricorde...

Des flots d'encre ont coulé. Ne pouvant chasser de son

esprit le procès de 1307-1314, l'historien n'a eu que trop tendance à voir dans cette négation supprimée la cause lointaine de la chute du Temple : presque à ses débuts, l'ordre est gagné par la corruption, ce n'est donc pas étonnant si... Petites causes et grands effets.

Pourtant, les trois articles 11, 12, 13, qui traitent de l'admission dans l'ordre, loin d'être contradictoires, forment un tout [11]. L'article 11 envisage le cas de chevaliers séculiers, ou d'autres hommes qui veulent se « séparer de la masse de perdition et abandonner ce siècle, et choisir votre vie commune... ». Pas de difficulté pour les recevoir : le maître et les frères réunis en chapitre se prononcent seuls sur l'admission.

L'article 12 concerne une autre catégorie de chevaliers : ceux qui ont été excommuniés. Ils ne sont pas rejetés s'ils font amende honorable ; mais, en tout état de cause, ils doivent être réconciliés avec l'Église et relevés de l'excommunication : l'évêque ayant seul le pouvoir de lier et de délier, c'est à lui que le chevalier repenti doit s'adresser d'abord. Ensuite, s'il est absous (mot introduit dans la version française), le Temple le reçoit selon la procédure énoncée à l'article 11. En dehors de ce cas particulier, toute fréquentation des excommuniés est interdite : objet de l'article 13. On le voit, le maintien de la négation aurait entraîné confusion et contradiction ; quelle différence pourrait-il y avoir entre le chevalier voulant quitter la « masse de perdition » et le chevalier « non excommunié » ?

Il est vrai que l'on peut raisonner autrement, en partant de la règle latine. Les articles 11, 12, 13 de la version française y sont respectivement les articles 58, « comment recevoir les chevaliers séculiers », 64, « des frères qui voyagent dans différentes provinces », et 57, « que les frères du Temple ne doivent pas fréquenter les excommuniés ». On remarque alors que, dans l'article 58, les chevaliers séculiers sont reçus directement par le maître et les frères ; alors que, dans l'article 64, les chevaliers non excommuniés (où est donc la différence ?) ne peuvent l'être qu'après avoir été entendus par l'évêque. L'article 64 répare-t-il un oubli quant au rôle de l'évêque ? Si tel était le cas, l'évêque contrôlerait l'entrée dans l'ordre. Ceci en 1128-1130.

Ce rôle, réel ou non, les templiers ne l'acceptent plus par la suite ; la bulle de 1139 les exempte, presque totalement, de l'autorité de l'ordinaire. Traduisant alors la règle en français, les frères l'adaptent à la nouvelle situation et, procédant à une remise en ordre, regroupent tous les articles qui concernent l'entrée des nouveaux templiers. On touche le moins possible au texte : suppression d'une négation ; ajout du mot « absous ».

Version latine et version française obéissent à deux logiques différentes. La première interdit tout contact avec les excommuniés et donne le rôle actif à l'évêque : le Temple laisse venir à lui. La seconde rejette le rôle de l'évêque pour donner aux frères et au maître toutes leurs responsabilités dans le recrutement des nouveaux frères, puisqu'elle les autorise à aller, si je puis dire, « pêcher en eau trouble », en allant porter la bonne parole auprès des chevaliers excommuniés. Qui étaient ceux-ci, et où les rencontrait-on ?

Ce sont ces chevaliers brigands, fauteurs de troubles que l'Église dénonce et frappe d'anathème. Ce sont ces chevaliers à peine adoubés, ou plus expérimentés, qui, fuyant l'ennui, se réunissent en bandes et courent de tournoi en tournoi, à la recherche de la gloire, des rançons et des riches héritières. Il s'agit de ces « jeunes », instables, non encore installés dans la vie, qui constituent les forces agressives de la féodalité d'Occident [12]. Je n'irai pas jusqu'à imaginer, à proximité du champ, le stand du frère templier recruteur, qui, débitant son saint Bernard, sermonne la chevalerie du siècle et lui vante les attraits de la Terre sainte, tout en jaugeant, d'un œil connaisseur, les capacités des combattants des tournois. Tant qu'à faire, autant recruter les meilleurs !

Mais la clientèle privilégiée du Temple est là. Celui-ci reste fidèle à sa mission, celle que saint Bernard lui a tracée, celle que l'Église lui a assignée : conduire vers le salut le chevalier pécheur par une ascèse originale. Les saints viennent d'eux-mêmes ; ce sont les autres qu'il faut aller chercher.

Les modifications de la règle ne sont pas signes de corruption de l'ordre. Elles précisent et confortent, par une présentation plus cohérente, la vocation du Temple : « convertir » et mettre au service de la chrétienté tout entière une catégorie sociale indocile. Le Temple, Légion étrangère ? L'image est anachronique, mais elle est éclairante. Les templiers agissent aux marges de la société chrétienne. C'est courageux, mais dangereux !

Si la règle ne semble pas en cause, l'usage qui en fut fait n'a-t-il pas conduit à des abus dès le milieu du XIIe siècle ?

Les templiers ont-ils recruté systématiquement des têtes brûlées ? Recherchent-ils « le droit d'enterrer les corps maudits dans leurs cimetières [13] » ? Il faudrait des preuves. Or, l'exemple de Geoffrey de Mandeville, comte d'Exeter, en Angleterre, souvent invoqué à ce propos, ne me semble absolument pas probant. Racontons l'affaire :

Nous sommes en pleine guerre de succession entre Étienne et l'impératrice Mathilde. Geoffrey de Mandeville, un grand seigneur, cherche à récupérer trois châteaux dont sa famille a jadis été spoliée ; il y parvient grâce à Étienne, auprès de qui il joue un rôle de premier plan. Mais il intrigue aussi du côté de Mathilde. En 1143, c'est la chute : arrêté, il doit, pour se libérer, céder tous ses châteaux. La haine l'aveugle : il s'empare de l'abbaye de Ramsey et du territoire de l'île d'Ely ; il pille, tue, torture. Blessé par une flèche pendant l'été 1144, il agonise quelques jours et meurt, sans l'absolution de l'Église. Si l'on en croit la chronique de l'abbaye de Walden, abbaye dont il est le fondateur et qui lui reste totalement dévouée, des chevaliers du Temple surgissent alors ; ils couvrent le cadavre de la croix (nous le verrons, ils n'ont porté celle-ci qu'après 1147), et, arguant de leurs privilèges, transportent le corps à Londres, dans leur maison du Vieux-Temple. Ils placent le corps dans un cercueil, qu'ils suspendent à un arbre afin que la terre chrétienne ne soit pas souillée.

Les moines de Walden intercèdent en faveur de leur

patron, implorent du pape son pardon. Ils ne l'obtiennent qu'au bout de vingt ans, pendant lesquels le cercueil est resté accroché à son arbre ! Ayant obtenu satisfaction, les moines de Walden se précipitent au Temple pour obtenir le corps. Las ! Informés du pardon, les templiers l'ont déjà inhumé dans leur *nouveau* cimetière de New Temple.

Ce récit, vraisemblablement recomposé pour les besoins de la cause des moines de Walden, laisse dans l'ombre bien des problèmes. Pourquoi cette intervention des templiers ? Quels liens avaient-ils avec Mandeville ? Mais une chose est sûre : les templiers n'ont pas enseveli en terre chrétienne un excommunié ; ils ont attendu son pardon. Et s'il s'agissait tout simplement d'un conflit entre deux établissements religieux auxquels Geoffrey de Mandeville était lié, dans un cas comme fondateur du couvent, dans l'autre comme « confrère » peut-être ? Accessoirement, il a été aussi démontré que le fameux gisant de l'église du Temple de Londres, censé représenter Geoffrey, ne pouvait être le sien : il est postérieur d'au moins cinquante ans ; le blason n'est pas celui des Mandeville [14].

Revenons à la règle française, et, pour en finir avec elle, il reste à signaler qu'elle révèle l'existence des provinces qui ont à leur tête un commandeur, adaptation française du latin *præceptor* (article 13). Ainsi élaborée, elle ne changera plus. Mais elle va être complétée plusieurs fois. En premier lieu, les « retraits », dont la composition remonte à la maîtrise de Bertrand de Blanquefort (1156-1169), détaillent l'organisation hiérarchique de l'ordre. En 1230, puis en 1260 environ, des articles qui portent sur la vie conventuelle, la discipline et les sanctions, l'admission dans l'ordre ont été ajoutés. La règle définit les principes ; retraits et autres articles traitent d'aspects particuliers, de façon imagée, en faisant référence à des événements précisément datés, à l'expérience du Temple. La langue est savoureuse ; mais on constate une tendance de plus en plus nette au formalisme. On n'invente plus ; on n'adapte plus. On conserve et on fixe.

Cette règle et ses compléments étaient-ils réellement connus des templiers ? Elle était lue, dans une forme résumée au moins, lors de la cérémonie d'admission du nouveau chevalier : « Éprouvez l'esprit pour savoir s'il vient de Dieu (saint Paul), mais ensuite qu'il lui soit octroyé la compagnie des frères, que la règle soit lue devant lui... » (article 11). Le rituel d'admission des années 1260 signale qu'on résume les principaux articles de la règle et des retraits (l'ensemble formant désormais un fort recueil de six cent soixante-dix-huit articles).

L'inculture des frères du Temple expliquerait à la fois cette nécessité de résumer le texte et sa traduction en langue vulgaire ; cela a été souligné, même les citations de l'Écriture, telle celle de saint Paul citée plus haut, sont traduites. Attention cependant : au Moyen Age, être illettré (*illitteratus*) signifie seulement ne pas connaître le latin. Et les recherches récentes faites sur la culture des laïcs montrent que celle-ci est bien réelle, y compris, je pense, chez les templiers. Certains lisent : à preuve cette interdiction signifiée au frère templier « de tenir retrait ni règle, s'il ne les tient par le congé du couvent », car...

> les écuyers les trouvent parfois et les lisent, et ainsi découvrent nos établissements aux gens du siècle, laquelle chose peut être dommageable à notre religion. Et, pour qu'une telle chose ne puisse advenir, le couvent établit que nul frère ne les tiendrait s'il ne fut bailli et tel qu'il peut les tenir par son office (art. 326).

Nous verrons tout ce que l'accusation saura tirer de ce fameux « secret » en 1307. Retenons pour l'heure qu'un templier sachant lire, ça existe, et que, si l'on interdit au frère sans responsabilité de posséder un exemplaire de la règle, on ne lui interdit pas de la lire. Chaque maison importante devait en posséder un manuscrit. Deux exemples le démontrent. Lors de l'interrogatoire des templiers roussillonnais du Mas Deu, en janvier 1310, le frère chapelain Barthélemy de la Tour « présenta à Monseigneur l'évêque d'Elne et aux autres membres de la commission d'enquête le susdit livre de la règle, qu'il avait fait apporter de la maison du Mas Deu et qui commence ainsi en " roman " : *Quam cel* (...) *proom requer la compa-*

nya de la Mayso... ». Est-ce le texte de la règle du manuscrit de Barcelone, dont on sait qu'il est rédigé dans un
français émaillé de nombreux termes occitans ou catalans [15] ?

Autre exemple : un manuscrit français de la règle a été
retrouvé à la Walters Art Gallery de Baltimore (États-
Unis). Il date des années 1250-1275 et provient sans doute
de la maison templière de Dauges, près de Douai (Nord).
Au texte de la règle est ajouté un banal poème courtois.
Judith Oliver, qui présente cette découverte, explique
ainsi cette cohabitation pas très catholique : « Il semblerait
qu'un chevalier du Temple s'essayait à la poésie amou-
reuse, en dépit de ses vœux religieux [16]. » L'explication
vaut ce qu'elle vaut ; il n'en demeure pas moins que l'accès
à la règle du Temple était relativement aisé.

D'ailleurs, les manuscrits survivants de la règle, latine
ou française, sont, selon Laurent Dailliez, moins rares
qu'on ne l'a dit, et en tout cas moins rares que ceux de la
règle des hospitaliers : il y en a douze, compte tenu de
l'exemplaire de Baltimore [17].

Le texte des templiers est connu, non seulement dans
l'ordre, mais encore à l'extérieur, puisqu'il a influencé fortement les règles des autres ordres militaires. Certains
détails de la règle des hospitaliers concernant les chapelains, le chapitre, les dignitaires de l'ordre supposent une
influence du Temple et de Cîteaux. Les emprunts sont
encore plus nets de la part de l'Hôpital Sainte-Marie-des-
Teutoniques, ordre germanique issu de l'Hôpital, associant comme lui mission charitable et mission combattante, et qui, pourtant, reçut comme modèle de règle, en
1198, la règle latine du Temple [18].

La règle du Temple est donc assez largement répandue,
à l'intérieur comme à l'extérieur de l'ordre. Simple et
directe dans ses premières rédactions, détaillée, voire tatil-
lonne dans ses compléments, elle n'offre guère de prise
aux mystères. Aussi les amateurs de ceux-ci ont-ils été
contraints d'inventer une règle secrète. En 1877, Mersdorf
a publié des statuts secrets, relevés sur des manuscrits du
Vatican. Prutz l'a démontré : c'est une pure fabrication,

faite après coup d'après les textes du procès, destinée à prouver la filiation du Temple et de la franc-maçonnerie [19]. Et, naturellement, cette règle est soigneusement cachée dans les caves du Vatican par la papauté qui ne veut surtout pas la montrer, de crainte d'être éclaboussée par le scandale. C'est fort heureux du reste, car il n'y aurait plus de secret !

Symboles

La « blanche chlamyde » des templiers a impressionné les contemporains. Toute règle monastique décrit avec précision le vêtement des moines ; la règle du Temple ne fait pas exception. La mission particulière des frères impose un type de vêtement adapté au climat et à la vie des camps : très tôt, des dames pieuses de Toulouse firent don de chemises et caleçons qu'elles avaient fabriqués [20]. Les détails abondent sur les armes et les pièces de vêtement militaire : cottes de mailles, haubergeons, casques...

Mais tout cela s'efface devant le manteau, chargé de sens symbolique : à la robe du moine clunisien ou cistercien correspond le manteau des ordres militaires. L'entrée dans l'ordre est symboliquement marquée par la remise du manteau : après l'échange de promesses, « celui qui tient le chapitre doit prendre le manteau et doit le mettre au cou et le lacer... » (article 678).

Au départ, Guillaume de Tyr et Jacques de Vitry nous l'ont dit, les templiers portaient leurs habits séculiers. C'est la règle élaborée à Troyes qui a donné au Temple l'habit blanc. Peu après son port en fut réservé aux seuls frères chevaliers, sergents et autres portant un manteau de bure brune. La hiérarchisation sociale introduite dans l'ordre, et sans doute quelques abus (des gens n'ayant rien à voir avec l'ordre ont pu se réclamer du blanc manteau) ont conduit à cette distinction. Ces couleurs sont aussi celles de Cîteaux : blanc pour les moines, brun pour les convers.

L'article 17 de la règle précise le sens, fort simple, de ces couleurs : « Que ceux qui ont abandonné la vie ténébreuse reconnaissent par la blanche robe qu'ils sont réconciliés avec leur créateur : elle signifie blancheur et santé de corps... elle est chasteté sans laquelle nul ne peut voir Dieu. » Symbolique de la chasteté par sa blancheur, le manteau l'est aussi de la pauvreté par sa matière : il est fait de drap écru, sans teinture et sans apprêts.

Ni la version latine ni la version française de la règle ne font allusion à la croix. Celle-ci, portée sur l'épaule gauche au-dessus du cœur, ne figure pas sur le manteau avant 1147 : le 27 avril de cette année, le pape Eugène III, présent en France à l'occasion du départ de la deuxième croisade, assista au chapitre de l'ordre réuni à Paris ; il accorda aux templiers le droit de porter en permanence la croix. Croix simple, mais ancrée ou pattée, qui symbolise le martyre du Christ ; croix rouge, car le rouge est symbole du sang versé par le Christ, mais aussi symbole de vie. On sait que le vœu de croisade s'accompagne de la prise de croix ; le port permanent de celle-ci symbolisait donc la permanence du vœu de croisade des templiers.

Le chroniqueur Ernoul, qui écrit au XIIIe siècle, donne une origine fantaisiste au port de la croix. Pour lui, templiers et hospitaliers, en souvenir de leurs liens, rompus depuis, avec le chapitre du Saint-Sépulcre, empruntèrent une partie de « l'enseigne de l'habit du Sépulcre », la croix rouge. Quoi qu'il en soit, tous les ordres militaires finirent par avoir manteau et croix : croix blanche sur manteau noir des hospitaliers ; croix verte sur manteau blanc de l'ordre de Saint-Lazare, réservé aux chevaliers lépreux ; croix noire sur manteau blanc des teutoniques. Les templiers acceptèrent mal ce manteau blanc des teutoniques et ils le firent savoir [21].

A la fin du XIIIe siècle, sinon avant, il y eut quelque relâchement : certains templiers et certains hospitaliers sortaient « en civil » à Paris ; une ordonnance royale, passée en Parlement en 1290, menaça : s'ils ne portaient pas leurs habits, templiers et hospitaliers ne pourraient plus jouir des privilèges accordés à leurs ordres [22].

Autre symbole : le sceau, ou les sceaux, car outre le

sceau qui manifestait l'autorité de l'ordre, existait aussi le sceau du maître, plus personnel. D'un côté, une coupole surmontant un édifice rond, à colonnes. Ce n'est pas, contrairement à ce qu'on affirme souvent, la coupole du temple du Seigneur, autrement dit la mosquée d'Omar, mais celle du Saint-Sépulcre ; les templiers veulent ainsi rappeler la fonction première de leur ordre : la protection des pèlerins qui viennent prier sur le tombeau du Christ [23]. C'est sur le sceau du royaume de Jérusalem que figure la coupole du temple du Seigneur, avec celle du Saint-Sépulcre ; elles encadrent la tour de David, le palais du roi.

L'autre face du sceau des templiers a davantage sollicité la curiosité des historiens : il s'agit d'une représentation de deux cavaliers montant le même cheval, accompagnée de la légende suivante : « sceau des chevaliers du Christ ». Les interprétations en ont été diverses. Sur la foi de chroniqueurs anglais, on a prétendu y voir le symbole de la pauvreté primitive de l'ordre : « Cette année commença l'ordre des Templiers, qui d'abord étaient si pauvres que deux frères chevauchaient un seul cheval, ce qui aujourd'hui est sculpté sur le sceau des Templiers pour exciter à l'humilité [24]. » L'explication est invraisemblable : les premiers chevaliers étaient certes des « pauvres », mais ils étaient tous chevaliers. La règle indiquait que chacun pouvait avoir deux chevaux.

Aussi, une autre raison a été recherchée : le sceau symbolise l'union et le dévouement. Quoique certains historiens aient voulu voir dans ces deux chevaliers les deux fondateurs de l'ordre, Hugues de Payns et Godefroy de Saint-Omer, on doit retenir le symbolisme de la bonne entente, de l'harmonie et de la discipline qui doit régner dans l'ordre [25]. Certains articles de la règle éclairent ce symbolisme, en particulier l'article « Des écuelles et des verres » : « En ce qui concerne la disposition des écuelles, que les frères mangent deux à deux, afin que l'un se pourvoie de l'autre, qu'ils apprécient la vie dans l'abstinence et dans le fait de manger en commun » (article 25). Cela ne signifie pas forcément que les templiers mangeaient à deux dans la même écuelle, comme on le répète trop souvent, encore que cela fût fréquent au Moyen Age [26].

Il est recommandé aussi de rompre le pain ensemble. La règle s'adresse à des cénobites, et non à des ermites ; elle met l'accent sur la vie commune ; le sceau la symbolise à son tour.

Également chargée de sens, la bannière des templiers est dite baussant ou baucent, ce qui signifie mi-partie. On dit, par exemple, d'un cheval qu'il est baussant lorsqu'il est de deux couleurs. « Je mènerai Baucent mon destrier de Castille » (Raoul de Cambrai, Laisse LXXXV). Sauf dans ce cas, baussant est un adjectif et n'est jamais employé seul. Le gonfanon du Temple est baussant car il est noir et blanc, comme les manteaux des templiers sont noirs ou blancs, suivant la classe des frères. Le blanc signifie pureté et chasteté, le noir, force et courage, à moins de suivre Jacques de Vitry : « Ils sont francs et bienveillants pour leurs amis, noirs et terribles pour leurs ennemis [27]. »

Le chevalier qui le portait au combat avait une lourde responsabilité, partagée par cinq à dix chevaliers qui devaient constamment l'entourer. Toujours le gonfanon devait se dresser haut dans le ciel ; l'abaisser, même pour se servir de sa hampe comme d'une lance dans la charge, était puni des fers et, surtout, de la perte de l'habit, du manteau, l'une des sanctions les plus graves dans tous les ordres militaires (article 241). Le frère chevalier rendait son manteau et revêtait une robe sans croix. Il devait manger par terre et s'occuper à des travaux infamants. La durée maximale de cette véritable dégradation militaire était d'un an et un jour.

Les templiers ont inventé l'uniforme et l'attachement au drapeau ; ils avaient le cheveu coupé court et portaient la barbe. Les quelques templiers qui échappèrent à l'arrestation, le 13 octobre 1307, se hâtèrent de la raser.

Naturellement, sceau et gonfanon ont provoqué des élucubrations farfelues qui encombrent la douteuse bibliographie templière. Par exemple cet alléchant article, intitulé « Sous le signe de Baussant », cache une série de considérations fumeuses couvrant les rivalités internes et

externes (il y a les blancs et les noirs) d'une association de
défense et d'animation d'une petite localité du Vaucluse
qui aurait pu s'appeler Clochemerle [28]...

Des privilèges

Le 29 mars 1139, le pape Innocent II publiait la bulle
Omne datum optimum, texte fondamental qualifié de
« grande charte de l'ordre du Temple » par Marion Melville. Accédant à la demande de Robert de Craon, le pape
a rassemblé dans un même texte les privilèges, avantages
et exemptions obtenus par les templiers. Aux yeux du pontife, les faveurs accordées à l'ordre sont justifiées par sa
mission et la vocation des templiers moines et soldats : il le
rapporte dans le préambule du texte. Par la suite, la centaine de textes pontificaux qui, de 1139 à 1272, ont
confirmé et élargi les privilèges concédés ont répété ces
justifications [29].

La bulle de 1139 soustrait le Temple à l'autorité épisco-
pale (en premier lieu à celle du patriarche de Jérusalem)
pour le placer sous la protection immédiate du Saint-
Siège : « Nous déclarons que votre maison, avec toutes ses
possessions acquises par la libéralité des princes, par des
aumônes, ou de n'importe quelle autre juste manière,
demeure sous la tutelle et la protection du Saint-Siège. »
Cette position de principe entraîne les conséquences suivantes :

— l'élection du maître par les frères seuls, sans intervention extérieure ;

— le renforcement de l'autorité du maître sur les
frères : ils lui doivent totale obéissance et ne peuvent quitter l'ordre sans son accord ;

— « qu'il ne soit permis à aucune personne ecclésiastique ou laïque de changer les statuts institués par votre
maître et vos frères, et récemment mis en écrit ; ces statuts
ne peuvent être changés que par votre maître, avec l'assentiment de son chapitre » ;

— le droit, pour les templiers, d'avoir leurs propres

prêtres. La bulle ici formalise une situation de fait : il y avait déjà des clercs dans la milice du Temple. La signification de ce privilège est claire :

> Pour que rien ne manque au salut de vos âmes, vous pouvez vous adjoindre des clercs et des chapelains, et les tenir dans votre Maison et dans ses obédiences, même sans l'assentiment de l'évêque du diocèse, par l'autorité de la Sainte Église de Rome (...). Ils ne sont assujettis à personne en dehors du chapitre, et ils doivent t'obéir, cher fils Robert, comme à leur maître et prélat.

Le deuxième privilège important réclamé par Robert de Craon, l'exemption des dîmes, fut en partie satisfait par la bulle, à la grande colère du clergé séculier. On en devine l'enjeu : la dîme était payée aux clercs séculiers, prêtres, évêques, par tous les tenanciers, exploitants de terres, possesseurs de biens. Lorsqu'un fidèle donnait son bien au Temple, où allait la dîme ? Aux clercs séculiers qui ont toujours charge de son âme, disent les évêques ; au Temple qui utilise ces revenus au service de la chrétienté, disent les templiers ! Et, naturellement, ils refusent de payer les dîmes pour leurs biens propres. Dès lors que les templiers ont leurs chapelains, cette demande prend plus de poids.

Les chapelains, cependant, n'ont été institués que pour assurer le service religieux des templiers ; en conséquence, les paysans qui, libres ou serfs, travaillent sur les terres acquises par les maisons du Temple — par donation, vente ou échange — doivent continuer à payer la dîme au clergé de leur paroisse, sauf, bien entendu, si ces dîmes ont été données, en totalité ou en partie, par des clercs au Temple ; la chose est d'ailleurs fréquente. Ainsi, le 27 septembre 1138, l'évêque de Carcassonne et les chanoines de l'église Saint-Nazaire donnent au Temple la dîme prélevée sur un jardin et sur les animaux que le Temple possède aux Cours, à condition, précise l'évêque, « que vous et vos successeurs soyez de droits et fidèles amis de l'église Sainte-Marie (de Cours) et des clercs qui y résident, ainsi que des clercs de Saint-Étienne [30] ».

La bulle de 1139 tranche en partie en faveur du Temple : « Nous défendons à tous de vous forcer à payer des dîmes ; par contre, Nous vous confirmons la jouissance des dîmes qui vous seront données avec l'assentiment de l'évêque. »

Même avec cette limite, le Temple jouissait d'un privilège que seul Cîteaux possédait jusqu'alors ; le rapprochement n'est pas fortuit : le pape Innocent II devait beaucoup à saint Bernard, et il manifesta toute sa vie une fidélité sans faille à l'ordre qui l'avait si puissamment aidé.

Innocent II compléta par deux autres bulles ces dispositions. Les templiers possédaient déjà le droit de faire des quêtes, de solliciter les aumônes et de se réserver les offrandes une fois par an dans chaque église : autant de moins, ce jour-là, pour le desservant. La bulle *Milites Templi,* du 9 février 1143, permet en plus aux chapelains de l'ordre de célébrer la messe, une fois l'an, dans les régions placées en interdit. L'Église abusait de cette sanction qui aboutissait à suspendre toute activité religieuse (messes, sacrements) dans une localité, une région, voire un royaume, pour sanctionner les péchés d'un seigneur, d'une communauté, d'un roi. Naturellement, la célébration du culte, dans de telles conditions, attirait une masse considérable de fidèles et donc d'aumônes et d'offrandes, au seul profit des templiers et sous le regard courroucé des clercs séculiers du lieu qui, souvent, n'avaient aucune responsabilité dans la situation.

La bulle *Militia Dei,* du 7 avril 1145, élargissait une disposition de la bulle de 1139 en autorisant l'ordre à posséder ses propres églises et ses propres cimetières. Non seulement les frères de l'ordre, mais aussi les paroissiens des environs, en famille, assistaient aux offices divins de l'église du Temple ; aux dépens du curé de la paroisse proche... Singulier retournement de situation lorsqu'on connaît la justification donnée à la présence de chapelains dans l'ordre : éviter aux frères le contact avec la « masse de perdition » du siècle.

A cela, Célestin II ajouta que les frères, leurs vassaux, leurs tenanciers seraient exemptés des sentences d'excommunication et d'interdit fulminées par les évêques. Désormais, seul le pape pourrait les excommunier. Privilèges exorbitants ? Peut-être ; mais le Temple les partage avec Cîteaux et les autres ordres militaires. L'Hôpital a même précédé le Temple, puisque, dès 1113, Pascal II émancipait le nouvel ordre de toute tutelle autre que celle du chef de la chrétienté ; ils obtinrent ensuite des privilèges identiques à ceux du Temple, mais ils durent attendre 1154 pour que leur fût accordé le droit d'avoir des prêtres.

En 1174, le roi d'Aragon, Alphonse II, donne au petit ordre militaire de Montjoie, récemment créé, le château d'Alfambara ; en 1180, le pape Alexandre III reconnaît Montjoie, lui assure la protection du Saint-Siège, l'exempte de dîmes, lui donne le droit de célébrer un office annuel dans les zones placées sous interdit et soustrait les membres du nouvel ordre au pouvoir d'excommunication des évêques [31].

Ces privilèges donnent naissance à de nombreux conflits avec les séculiers, parfois violents. Ce n'est pas nouveau : toujours les rapports entre réguliers (Cluny, Cîteaux) et séculiers ont été envenimés par ces querelles autour des privilèges des moines. Ces conflits sont surtout vifs au niveau local, où ils se mêlent à toutes sortes de disputes qui mettent en cause biens et revenus du Temple.

Je n'examinerai, dans ce chapitre, que les conflits portant sur les privilèges accordés par le pape. Les uns portent sur la limitation du sacerdoce des chapelains du Temple : Bertrand, abbé de Saint-Gilles, autorise les hospitaliers en 1157, les templiers en 1169 à construire un oratoire ; il en fixe les dimensions, limite le nombre des cloches à deux et en précise le poids ; il fait défense, enfin, de célébrer l'office divin pour d'autres que pour les personnes appartenant à la famille des ordres ou à leurs hôtes [32].

Mais le privilège le plus scandaleux, aux yeux des séculiers, est celui de l'exemption des dîmes. Soulignons que les litiges portent plus sur l'interprétation du privilège, sur ses limites, que sur le privilège lui-même : bien souvent les dîmes ont été concédées au Temple par les clercs séculiers eux-mêmes.

Le conflit entre la maison de Marlhes et le prieuré de Saint-Laurent-en-Rue connut plusieurs rebondissements de 1270 à 1281 : chaque fois, les deux parties parvinrent à un accommodement qui consistait en un partage géographique inscrit sur le sol par des bornes [33]. Les abus furent, il est vrai, manifestes, au point que la papauté dut intervenir pour limiter les appétits des ordres militaires et protéger une ressource essentielle pour les clercs séculiers.

Toutefois, la critique la plus virulente émane du clergé séculier de Terre sainte. La concurrence est vive : l'implantation des ordres militaires s'accroît rapidement sur un territoire assez peu peuplé et qui, passé 1160, se réduit comme une peau de chagrin. Le clergé séculier de Jérusalem ou d'Antioche s'estime par ailleurs engagé tout autant que les ordres dans le combat contre l'infidèle, même si les moyens sont différents. Cela renforce, à ses yeux, l'injustice des privilèges.

Archevêque et historien, Guillaume de Tyr a dénoncé avec virulence les avantages exorbitants obtenus par le Temple et l'Hôpital. On répète souvent que Guillaume n'aime pas les templiers ; mais il déteste tout autant, sinon plus, les hospitaliers. Et c'est à leur propos qu'il lance une attaque en règle contre les privilèges. Nous sommes en 1154 :

> Raymond, le maître de l'Hôpital (...), et ses frères (...) commencent à quereller le patriarche et les autres églises au sujet du droit des paroisses et des dîmes. Et, quand les prélats excommuniaient certains de leurs paroissiens, jetant l'interdit sur eux, retranchant de l'Église les scélérats, les hospitaliers les recevaient dans leurs églises à la célébration du service divin et à tous les sacrements, et, après la mort, les enterraient dans leurs cimetières (...). Dans les églises qu'on leur a données, ils instituent les prêtres à la place de l'évêque qui avait le droit de présentation [34]...

Un incident avait mis le feu aux poudres et déclenché la colère de Guillaume. Proches voisins du Saint-Sépulcre, les hospitaliers, depuis quelque temps, chahutaient le

presque centenaire patriarche, Foucher d'Angoulême :
lorsque le vieillard prononçait ses sermons, sur le parvis,
les hospitaliers faisaient sonner les cloches de leurs églises
à toute volée. Pire, un jour ils pénétrèrent dans la basilique et y lâchèrent une nuée de flèches. Les démarches
amiables restant vaines, le patriarche, accompagné par des
évêques du royaume de Jérusalem, partit se plaindre
auprès du pape Hadrien IV. Ils débarquèrent en Italie du
Sud, s'épuisèrent à le rejoindre, pour finalement n'être pas
écoutés d'un pontife alors occupé par son conflit avec
l'empereur. De toute façon, c'était clair, Hadrien IV
n'avait nulle envie de faire de la peine aux ordres militaires !

Quoique sans résultat, cette démarche fut un signal.
Quelques années plus tard, Alexandre III intervenait pour
modérer les templiers engagés dans un conflit avec les
moines de Tournus. En 1179, au concile de Latran, une
partie du clergé séculier mena une attaque frontale contre
les privilèges, ou plutôt contre les abus, des ordres militaires. Les évêques de Terre sainte trouvèrent des alliés en
Occident et, parmi eux, Jean de Salisbury, l'auteur d'un
célèbre traité politique, le *Polycraticus*. Le canon 9 du
concile fit droit aux revendications des clercs séculiers
d'Orient [35].

Néanmoins, la papauté a maintenu avec constance sa
protection aux ordres militaires et n'a jamais remis en
cause les privilèges concédés. Tout au plus a-t-elle veillé à
contenir les querelles avec les clercs séculiers dans des
limites acceptables ; quitte à tancer, sévèrement si nécessaire, les fauteurs d'abus, d'où qu'ils viennent. En 1207,
Innocent III, pourtant leur ami, s'adresse au maître du
Temple pour dénoncer ces templiers qui « imposent le
signe de croix sur n'importe quel ruffian qui écoute leurs
sermons », et dénonce ceux qui se laissent corrompre pour
donner une sépulture chrétienne à ceux qui sont sous
l'interdit [36]. En 1246 et 1255, Grégoire IX dut intervenir
contre les évêques aragonais qui, au mépris des privilèges
du Temple, avaient excommunié des membres de l'ordre.
Mais, en 1265, Clément IV menace les templiers :

> Si l'Église levait, ne serait-ce qu'un instant, la main qui
> assure votre protection face aux prélats et aux princes
> séculiers, vous ne pourriez en aucun cas résister aux
> assauts de ces prélats et à la force des princes [37].

Les ordres militaires sont exemptés des impôts que la
papauté perçoit sur le clergé (annates, décimes). Cette fiscalité est justifiée par les besoins de la croisade ; il est donc
normal que les ordres y échappent. Et la bulle *Quanto
devotius divino* le confirme en 1256. Pourtant, il y eut
quelques exceptions : en 1247 et en 1264, la papauté en
lutte contre l'empereur Frédéric II de Hohenstaufen, puis
contre son fils Manfred, fit appel aux ressources financières des templiers. Mais la papauté abandonne parfois
ces impôts aux pouvoirs laïcs. Ceux-ci sont beaucoup
moins scrupuleux à l'égard des privilèges des ordres, et en
1297, Boniface VIII dut contraindre Jacques II d'Aragon à
respecter l'exemption des templiers [38].

Ces privilèges sont la garantie de l'indépendance de
l'ordre ; ils sont aussi indispensables à l'exercice de sa mission. Il en est de même pour l'Hôpital. Un an ou deux
avant l'arrestation des templiers, alors que les États latins
d'Orient ont disparu, le maître de l'Hôpital, Foulques de
Villaret, répond au pape Clément V qui lui avait demandé
son opinion sur les conditions nécessaires à la réussite
d'une nouvelle croisade :

> Qu'il soit ordonné de lever une décime pour la croisade
> sur les revenus et bénéfices, séculiers ou non, de tous
> les prélats et personnes ecclésiastiques de quelque
> dignité, statut et office, sur tous religieux et autres,
> excepté les templiers, hospitaliers et teutoniques [39].

Finalement, c'est à la base que ces privilèges ont été
contestés ; les ordres les ont défendus pied à pied, passant
toutefois les compromis nécessaires : privilèges, contesta-
tion, transaction, bien des querelles se sont déroulées
selon ce schéma. Savoir jusqu'où ne pas aller trop loin...
Cela vaut pour le Temple comme pour ses adversaires.

3

Le Temple, une grande famille hiérarchisée

Au milieu du XIIᵉ siècle, les principaux caractères « internes » du Temple sont fixés : règle et privilèges sont codifiés ; sa double vocation, militaire et religieuse, est définie et, le flot des donations en témoigne, comprise du peuple chrétien. Son organisation reste à présenter, et je m'appuierai, pour le faire, sur les articles de la règle de la deuxième moitié du XIIᵉ et du XIIIᵉ siècle, les retraits, de loin les plus diserts sur le sujet.

Le peuple templier

« Le cheval, comme chacun sait, est la part la plus importante du chevalier » (Jean Giraudoux, *Ondine,* acte I, scène II). Profonde vérité qui s'applique parfaitement au Temple. La preuve : si, pendant la chevauchée, un templier, par indiscipline, sort du rang, il est, au sens propre du terme, mis à pied et renvoyé (toujours à pied) au camp, en attendant la sanction appropriée (article 163).

Mais le cheval est le premier cadeau auquel pense un templier lorsqu'il veut récompenser « un prud'homme du siècle, ami de la maison » (article 82), venu en croisade et qui demeure quelque temps au service des États latins.

Le cheval et le nombre de chevaux attribué à chacun constituent le critère fondamental des structures hiérarchiques de l'ordre. Et, d'abord, il départage, parmi les frères, les combattants qui « servent le souverain roi avec chevaux et avec armes » et les autres (article 9). Au sein des combattants, il marque la différence entre les chevaliers, qui ont droit à trois montures, et les sergents, qui n'en ont qu'une.

C'est le cheval encore qui établit de façon subtile la hiérarchie des dignitaires de l'ordre. Certes, tous ont droit à quatre montures. Mais le maître de l'ordre possède en plus un cheval turcoman, ce cheval d'origine orientale, nerveux et fragile, mais incomparable pour le combat ; s'y ajoutent deux ou trois « sommiers » ou bêtes de somme. Le maréchal de l'ordre, particulièrement responsable des opérations militaires, a la même dotation, mais le sénéchal, pourtant le deuxième dignitaire, ne reçoit, si l'on peut dire, qu'un palefroi, beau cheval de combat légèrement moins coté que le turcoman. Le commandeur de la cité de Jérusalem n'a que trois bêtes, plus un turcoman ou un « bon roncin ». Quant aux dignitaires sergents, ils n'ont que deux chevaux.

Les inégalités ne s'arrêtent pas là. En temps de paix, les bêtes du maître sont mieux nourries que les autres : « quand les frères du couvent prennent une mesure d'orge pour douze bêtes, les bêtes du maître prennent [une mesure] pour dix [bêtes] » (article 79). Toutefois, cette hiérarchie du cheval s'estompe en partie pendant les opérations de guerre : toutes les bêtes sont nourries de la même manière ; et le maître du Temple peut accorder à tous, chevaliers et sergents, une monture supplémentaire.

Voilà pour les dignitaires de l'ordre ; mais l'ensemble du peuple templier est organisé de la même façon. A vrai dire, plusieurs schémas hiérarchiques s'imbriquent. On retrouve ainsi le schéma trifonctionnel de la société féodale : ceux qui combattent (chevaliers et sergents), ceux qui prient (chapelains), ceux qui travaillent (frères de métier) ; ou le schéma de l'organisation conventuelle : les frères de couvent d'un côté (chevaliers, sergents et chapelains), les frères de métier de l'autre : cela ressemble fort à la distinction entre moines et convers des cisterciens. Ajoutons le clivage social, nobles et non nobles, qui recoupe imparfaitement un clivage quasi professionnel, chevaliers et sergents.

Les frères chapelains sont prêtres, les seuls de l'ordre. Ils assurent le service divin et la direction des âmes.

L'ordre des combattants, quant à lui, a été, presque dès le début, divisé en deux catégories, chevaliers et sergents ou servants, que le cheval, le costume, les armes distinguent. A l'origine, une seule condition était imposée pour entrer dans la milice : être de condition libre. Mais l'on vient au Temple essentiellement pour combattre l'infidèle par les armes ; seule la catégorie des chevaliers qui apparaît et se développe en même temps que l'organisation féodale est en mesure de le faire, car elle s'est appropriée les techniques et les moyens du combat à cheval.

D'où cette distinction entre chevaliers et sergents sur laquelle il ne faut pas se méprendre : les sergents peuvent se battre à cheval ; ils sont placés alors sous l'autorité du turcoplier (article 171). Mais, dans le dispositif de bataille, ils ne sont pas en première ligne : ils sont plus légèrement armés, moins bien équipés, moins entraînés ; aussi leur ligne n'a-t-elle pas la puissance de choc, souvent irrésistible, de la première ligne.

Ces différences, qui sont fondamentalement des différences de richesse, auraient dû s'estomper dans un ordre où l'on entre en faisant vœu de pauvreté. En réalité, le fossé s'est creusé et il correspond à de nettes différences de classe qui recoupent celles de la société médiévale. Au milieu du XIIIᵉ siècle, quand il se présente pour demander son admission au Temple, le postulant doit indiquer s'il entre comme chevalier ou comme sergent. Deux conditions sont requises pour devenir frère chevalier : avoir été adoubé chevalier auparavant ; être fils de chevalier, ou du moins descendant de chevalier en ligne masculine. Cela devient un privilège. Les retraits le disent clairement :

> Si vous étiez serf d'un homme et qu'il vous réclamait, l'on vous rendrait à lui (...). Et si vous êtes frère chevalier, on ne vous demande rien de cela, mais l'on peut vous demander si vous êtes fils de chevalier et de dame, et que ses pères soient de lignage de chevalier, et si vous êtes de loyal mariage (article 673).

La situation sociale dans le siècle détermine dès lors la place dans la hiérarchie du Temple. L'ordre n'est pas un instrument de promotion sociale. Cette évolution n'est pas propre au Temple ; elle est même encore plus spectaculaire dans l'ordre des hospitaliers qui ne faisait pas la distinction entre chevalier et sergent. Les statuts de 1206, qui entérinent sa transformation d'ordre charitable en ordre charitable et militaire, introduisent cette distinction ; les hospitaliers, toutefois, refusèrent la différence d'habit. L'ordre des chevaliers teutoniques, apparu à la fin du XIIᵉ siècle, connut d'emblée les deux catégories : frères chevaliers et frères lais militaires [1].

Chapelains et combattants constituent la *societas* de l'ordre ; ils sont les frères (*fratres*) du Temple, qui ont prononcé les trois vœux de pauvreté, de chasteté et d'obéissance. Ce sont des religieux. Ils sont nombreux en Terre sainte, en Espagne, sur le « front ». Avec eux, sur ce terrain, on trouve des chevaliers qui se sont associés au Temple par une sorte de contrat à durée déterminée : les *milites ad terminum*. Ils s'associent à l'ordre pour combattre ; aussi, à supposer qu'ils aient passé ce contrat en Occident, ils n'y restent guère et montent rapidement sur le lieu des combats. Ils partagent la vie des frères et se soumettent aux obligations religieuses et disciplinaires de l'ordre. En fin de contrat, le chevalier « à terme » abandonne la moitié du prix de son cheval.

A l'arrière, dans les commanderies d'Occident, chevaliers et sergents, chapelains, *milites ad terminum* sont moins nombreux. Chaque commanderie devrait avoir au minimum quatre frères. Les maisons importantes en ont davantage ; la majorité n'en a pas tant. Il devrait y avoir un chapelain par commanderie ; en fait, on l'a relevé en Aragon au XIIᵉ siècle, un chapelain avait souvent en charge plusieurs établissements [2]. Finalement, en Occident, les plus nombreux sont ceux qui, sans renoncer à leur état, sans prononcer de vœux, se sont liés à l'ordre d'une manière ou d'une autre.

Certains, pour faire leur salut, donnent leur corps et leur âme à la milice ; dans la majorité des cas, ils joignent un don matériel au don de leur personne. Parfois, ils se réservent la possibilité de prononcer des vœux au moment choisi par eux, tel ce Guilabert qui met comme condition d'être reçu le jour où « lui viendra la volonté de vivre selon votre vie ». Devient-il frère alors ? Rien n'est moins sûr, si l'on rapproche son cas de celui de ce Jacques de Chazaux qui déclare : « et, quand je le voudrai, je pourrai entrer dans la maison du Temple du Puy et y recevoir le pain et l'eau comme les autres donats de ladite maison [3] ». Ces hommes qui se donnent et que, pour cette raison, on appelle les donats ne devraient pas être confondus avec les *confratres,* les confrères du Temple, mais, hormis en Espagne, le vocabulaire est bien souvent flou [4]. En 1137, Arnaud de Gaure fait don de sa personne au Temple de Douzens, entre les mains des frères de la milice : parmi eux, son frère Raymond de Gaure, déjà templier donc. L'année suivante, Arnaud, mais aussi Raymond, confirment leur engagement. En 1150, Raymond étant alors décédé, Arnaud, par un nouvel acte, déclare se donner comme confrère de la milice ; il confie également ses deux fils au Temple, afin qu'ils y soient nourris et vêtus [5]. Incertain ici, le vocabulaire est plus net dans le cas d'Iñigo Sanchez de Sporreto, à Huesca, en Aragon : en 1207, il fait une donation matérielle à l'ordre ; en 1214, il donne sa personne ; et en 1215, probablement après la mort de sa femme, il prononce ses vœux. Guillaume le Maréchal, le « meilleur chevalier du monde », régent du royaume d'Angleterre, avait fait vœu d'entrer au Temple lorsqu'il était en croisade, en 1185. A l'article de la mort, en 1219, il accomplit son vœu entre les mains de son ami Aimery de Sainte-Maure, le maître du Temple d'Angleterre ; on lui apporte le blanc manteau à croix blanche qu'il avait fait préparer en secret un an auparavant. On l'en recouvre et il demande à être enterré dans le cimetière du Temple, à Londres [6].

La catégorie des *confratres* est particulièrement bien connue en Aragon où chaque maison du Temple a une confrérie affiliée ; celle-ci fonctionne d'abord comme une société d'entraide entre ses membres (comme toute confrérie) et n'est engagée à l'ordre du Temple que par des donations de biens (armes et chevaux ou autres) soit à l'entrée dans la confrérie, soit *ad mortem*, ou par des remises régulières d'aumônes et de biens la vie durant. Des listes conservées de confrères du Temple révèlent la présence de femmes (quarante et une femmes et quarante-neuf hommes dans la confrérie de Novillas à la fin du XIIᵉ siècle) et montrent que le niveau social en était parfois fort élevé. Une confrérie plus vaste, débordant les frontières de l'Aragon, a livré une liste de cinq cent vingt-six confrères entre 1135 et 1182 ; on y trouve de hauts personnages et même le roi Sanche VI. Le but des confrères n'était pas d'entrer au Temple ni d'en revêtir l'habit, mais seulement de jouir, de bénéficier du prestige spirituel de l'ordre [7].

Dans l'apparente confusion des actes de tradition de soi, on peut néanmoins, à la suite d'Élisabeth Magnou, distinguer trois types [8] :

Par la tradition simple, un homme donne sa personne au Temple, en échange d'un bénéfice spirituel ; Bernard Sesmon de Bezu donne sa personne...

> afin que, ma vie achevée, la Sainte Milice me donne, ou que, par le conseil des frères de la dite milice, elle prenne soin de mon âme ; et, si la mort venait me surprendre alors que je suis occupé dans le siècle, que les frères me reçoivent et que, dans un lieu opportun, ils inhument mon corps et me fassent participer à leurs aumônes et bénéfices.

La tradition rémunérée ajoute des avantages matériels aux avantages spirituels, le donat recevant une rétribution viagère. En 1152, Raymond de Rieux se donne à la milice à condition que, tant qu'il mènera la vie séculière, elle lui donne dix setiers de « blad » (mélange de céréales), six setiers d'orge et quatre setiers de froment à chaque moisson.

La tradition *per hominem*, enfin, concerne surtout d'humbles paysans qui, libres ou non à l'origine, se donnent comme serfs du Temple :

> Guillaume Corda et son neveu Raymond se donnent comme hommes du Temple et s'engagent à servir Dieu et la milice selon leur pouvoir, à verser chaque année douze deniers de cens, à léguer leurs biens à la milice après leur mort, à charge d'être inhumés dans le cimetière du Temple et d'être placés, leurs vies durant, sous la protection du Temple [9].

Il faut les distinguer des serfs donnés au Temple, comme une aumône matérielle, par un puissant qui donne la terre et les hommes qui travaillent dessus.

Formulée ou non, la protection des biens et des personnes est acquise, dès lors que l'on se lie au Temple. Celui-ci fait régner la paix de Dieu. Le templier est gardien de la paix.

Reste le cas des femmes et celui des enfants. La règle prévoit (article 69) que les couples peuvent être associés au Temple à condition de mener une vie honnête, de ne pas résider dans le couvent, de ne pas réclamer le manteau blanc et d'abandonner leurs biens à leur mort. Hormis ce cas, il n'y a pas de place pour les femmes dans l'ordre (à la différence de l'Hôpital qui les accepte) ; hormis le cas aussi de traditions *per hominem* qui pouvaient concerner les deux sexes. « Que les dames en qualité de sœurs ne soient jamais reçues en la maison du Temple. »

De même, les templiers n'acceptent que les hommes faits, en âge de porter les armes [10]. Pourtant, il y eut des exceptions : Bernard Faudelz se donne au Temple, et donne son fils avec la volonté de le garantir contre l'adversité. On connaît cinq exemples de dons d'enfants en Rouergue et dans la commanderie de Vaours (Tarn), entre 1164 et 1183 [11]. Parmi les templiers interrogés à Lérida, en Aragon, en 1310, l'un est entré dans l'ordre à douze ans, un autre à treize. Les couvents templiers ont dû accueillir des fils de chevaliers, de nobles, venus parfaire leur éducation. Certains ont pu ensuite prononcer les vœux : à Lérida, la moyenne d'âge des sergents est de vingt-sept ans, celle des chevaliers de vingt seulement ; cela ne s'expliquerait-il pas par le fait qu'ils sont entrés plus jeunes dans l'ordre, en dépit des préceptes de la règle [12] ?

L'entrée au Temple ou l'affiliation à une confrérie (en Aragon par exemple) s'accompagne d'une pratique fréquente : le don des armes et du cheval. « Aimeric et Guillaume-Chabert de Barbairano se donnent corps et âmes à la milice ; et, quand ils quitteront le siècle, ils laisseront chevaux et armes [13]. » Cet abandon symbolise le renoncement au siècle.

Des frères de couvent ; des confrères, associés à l'activité de l'ordre, certains vivant dans la commanderie, d'autres y exerçant une activité de gestion ou autre ; des gens de toute condition, libres ou non, qui, par une tradition *ad hominem,* par une petite donation, se sont assurés la protection, sur terre comme au ciel, du Temple : complétons le tableau de la famille templière en mentionnant ceux qui, salariés agricoles, artisans, transporteurs, scribes ou notaires, ne font que travailler pour le Temple « employeur ». Un acte de 1210, en Velay, est souscrit par Pierre le charretier, Martin le cordonnier, Étienne le berger et Pierre le cuisinier [14]. A Gardeny, en Catalogne, le précepteur du couvent rémunère les services de notaires publics ou de prêtres des environs pour faire rédiger ses actes. Précisons, à ce propos, que les templiers ont parfois formé des hommes capables de rédiger des actes : une centaine de ceux du cartulaire de la Selve en Rouergue ont été écrits par un frère templier [15].

Pourtant, ne nous en laissons pas conter. Les gros bataillons de ceux qui entrent au Temple, et, plus largement, de ceux qui donnent au Temple, sont issus de la petite et de la moyenne noblesse. A Vaours, le seigneur du pays, le puissant comte de Toulouse, vient naturellement en tête des bienfaiteurs ; mais, derrière lui, les seigneurs de Saint-Antonin voisinent avec les chevaliers de Penne, ceux de Montaigut avec les clercs des établissements religieux de la région (qui recrutent leurs moines dans le même milieu nobiliaire). A Montsaunès, tous les commandeurs connus sont originaires de l'aristocratie commingeoise, et toutes les familles féodales du comté ont contribué, à l'exemple du comte Dodon, entré au Temple en 1172, à l'essor de l'ordre. En Velay, les familles de La Roche-Lambert, de Faye, de Marmande, de Dalmas, toutes profondément enracinées dans la région, ont fourni précepteurs, frères chevaliers et frères chapelains. Le cas du pays de la Selve, en Rouergue, est plus révélateur encore. Les templiers y sont présents depuis 1140 environ et une commanderie est érigée en 1148. Un net clivage distingue les familles seigneuriales les plus puissantes, les « ric'hommes », qui favorisent les cisterciens, des chevaliers de petite noblesse qui peuplent et enrichissent la maison du Temple. Les premiers sont en relation constante avec le Bas-Languedoc et ses villes, Béziers, Narbonne ; ils connaissent les liens féodaux et font rédiger leurs actes en latin. Les seconds, de moins bonne extraction, vivent repliés sur eux-mêmes et ont une mentalité préféodale ; leurs actes sont rédigés en provençal. Les abbés cisterciens sont étrangers au pays, alors que tous les précepteurs templiers sont rouergats [16].

En Catalogne, le Temple a des liens étroits avec des familles de moyenne noblesse comme celle des comtes d'Urgell, celle des Torroja dont un membre, Arnaud, devient maître de l'ordre de 1180 à 1184 après avoir exercé la maîtrise de la province de Provence-Espagne, celle des Moncada. En Angleterre, la petite aristocratie fournit l'essentiel du recrutement, tandis qu'en Écosse les templiers sont principalement issus de cette noblesse normande que le roi David a ramenée d'Angleterre [17].

Les motivations invoquées par ceux qui offrent leur personne et font des dons au Temple — les deux choses allant de pair — présentent quelques traits originaux à côté de traits traditionnels : je les étudierai avec le mouvement des donations. Je retiens seulement ici la règle et quelques exceptions.

La règle, invoquée d'un bout à l'autre de la chrétienté par ceux qui donnent et se donnent, c'est le salut de l'âme et la rémission des péchés.

Les exceptions, ce sont quelques « conversions » douteuses, comme celle de cet Écossais, « Guillaume fils de Galfred, qui, préférant l'oisiveté au travail », a cédé la terre d'Esperton (pourtant du patrimoine de sa femme) à titre viager au Temple. En échange de quoi, il vit tranquillement dans la maison du Temple de l'endroit [18]. Et la vanité n'a-t-elle pas poussé un peu Richard de Harcourt, qui fit donation de Saint-Étienne de Renneville, se fit templier et put faire inscrire sur sa pierre tombale placée dans le chœur de l'église cette magnifique épitaphe : « Ci-gist frère Richard de Harcourt, chevalier, del commandement de la chevalerie du Temple, fondateur de la maison de Saint-Étienne [19] » ?

Ce sont, surtout au XIIIᵉ siècle, des décisions liées à la conjoncture politique et religieuse du moment. Des chevaliers languedociens, soupçonnés de catharisme ou craignant simplement d'en être accusés, sont peut-être entrés au Temple par précaution. Il n'y a pas de faits avérés, mais la question doit être posée, ne serait-ce que parce que l'accusation d'hérésie fut portée contre l'ordre, lors du procès.

Les démêlés de Frédéric II et de la papauté — pour ne pas parler de ce qui oppose le même Frédéric au Temple — ont eu des conséquences sur le recrutement de l'ordre : en 1220, le pape reconnaît Frédéric II comme empereur ; il lâche du même coup ceux qui, dans le royaume de Sicile dont Frédéric était le maître, soutenaient les thèses pontificales. Désorientés, les partisans du pape se soumettent au roi, s'enfuient ou se cachent ; « et tels y eut qui se rendirent au Temple [20] ».

De l'examen détaillé du recrutement de l'ordre du Temple et, plus généralement, du mouvement des donations, un fait ressort avec évidence : la prodigieuse réussite de la création de Hugues de Payns témoigne de sa parfaite adaptation au milieu social et mental visé par l'Église, la chevalerie d'Occident.

La réception dans l'ordre

Suivons maintenant celui qui a frappé à la porte d'une des maisons du Temple et a demandé à y être admis. Laissons de côté, pour l'instant, les bizarreries, réelles ou inventées, que l'acte d'accusation dressé en 1308 a relevées pour en charger les frères. Nous suivrons Gérard de Caux qui, interrogé le 12 janvier 1311, fit, en substance, le récit suivant [21].

Gérard, ainsi que deux autres chevaliers, fut reçu dans l'ordre le jour de la fête des apôtres Pierre et Paul, il y a de cela douze à treize ans, soit en 1298 ou 1299 ; c'était un matin, après la messe, à la maison du Temple de Cahors. Gérard avait été adoubé chevalier cinq jours auparavant. Frère Guigue Adémar, chevalier, alors maître de la province, dirigeait la cérémonie en présence de plusieurs frères de l'ordre.

Gérard est introduit avec ses deux compagnons dans une petite pièce proche de la chapelle ; deux frères viennent à lui (article 657) :

— Recherchez-vous la compagnie de l'ordre du Temple et voulez-vous participer à ses œuvres spirituelles et temporelles (article 658) ?

Gérard répond affirmativement. Le frère reprend la parole :

— Vous cherchez ce qui est grand, et vous ne connaissez pas les durs préceptes qui sont observés dans l'ordre. Vous nous voyez avec de beaux habits, de belles montures, en grand équipage, mais vous ne pouvez connaître la vie austère de l'ordre ; car, si vous voulez être de ce côté-ci de la mer, vous serez au-delà et réciproquement ; si vous souhaitez dormir, il faudra vous lever, et aller, affamé, alors que vous auriez souhaité manger (article 661). Supporterez-vous cela, pour l'honneur de Dieu et le salut de votre âme (article 659) ?

— Oui, répondit Gérard.

Le frère, alors, de poser des questions :

— Nous souhaitons savoir de vous si vous croyez en la foi catholique, si vous êtes en accord avec l'Église de Rome, si vous êtes engagé dans un ordre, ou alors lié par les liens du mariage ? Êtes-vous chevalier et né de mariage légitime ? Êtes-vous excommunié, par votre faute ou autrement ? Avez-vous promis quelque chose, ou fait un don à un frère

de l'ordre pour y être reçu ? N'avez-vous pas quelque
infirmité cachée qui rendrait impossible votre service dans
la maison ou votre participation au combat ? N'êtes-vous
pas chargé de dettes (articles 658 et 669-673) ?

Gérard répondit qu'il croyait en la foi catholique, qu'il
était libre, noble, né de légitime mariage et qu'il ne
souffrait d'aucun des empêchements susdits.

Les deux frères se retirent, laissant Gérard et ses deux
compagnons prier dans la chapelle. Ils reviennent, demandent aux trois postulants s'ils persistent dans leur demande ;
ils se retirent une seconde fois, pour informer le maître de
la volonté clairement affirmée des trois hommes. Puis ils les
font venir devant le maître, tête nue. Ils ploient le genou,
les mains jointes (article 667), et font la demande suivante :

— Seigneur, nous sommes venus devant vous, et devant
les frères qui sont avec vous, pour demander la compagnie
de l'ordre (article 660).

Le frère Guigue Adémar leur demande de confirmer les
réponses faites précédemment aux questions des deux
frères ; les postulants jurent sur « un certain livre », puis il
leur dit :

— Vous devez jurer et promettre à Dieu et à la Vierge
que vous obéirez toujours au maître du Temple, que vous
garderez la chasteté, les bons usages et les bonnes coutumes
de l'ordre, que vous vivrez sans propriété, que vous ne
garderez que ce qui vous a été donné par votre supérieur,
que vous ferez tout ce que vous pourrez pour conserver ce
qui a été acquis dans le royaume de Jérusalem, et pour
conquérir ce qui n'est pas encore acquis, que vous n'irez
jamais de vous-même là où l'on tue, pille ou déshérite des
chrétiens injustement ; et, si des biens du Temple vous sont
confiés, vous jurez de les bien garder. Et vous ne quitterez
l'ordre, pour le meilleur ou pour le pire, sans le consentement de vos supérieurs (articles 674-676).

Bernard et ses deux compagnons jurèrent. Guigue, alors,
reprit :

— Nous vous recevons, vous, vos père et mère, et deux
ou trois de vos amis dont vous souhaitez qu'ils participent à

l'œuvre spirituelle de l'ordre, du début à la fin (article 677). Et, ces choses dites, il leur mit le manteau et les bénit, et pour cela le frère chapelain Raymond de la Costa chanta le psaume *Ecce quam bonum...*, puis récita la prière du Saint-Esprit. Le maître, alors, de ses mains les releva, les baisa sur la bouche et il leur souvint que le prêtre et les chevaliers présents les embrassèrent sur la bouche de la même façon (article 678).

Tous s'assoient. Le maître détaille pour les nouveaux frères le code disciplinaire de l'ordre, leur décrit les fautes qui entraînent la perte de la maison ou la perte de l'habit (article 679) ; puis il passe en revue les principales règles de la vie quotidienne des templiers : obligations religieuses (articles 682-684), conduite à table (article 681), entretien des chevaux et des armes, etc. Il rappelle « qu'ils doivent porter à la taille quelques petites cordes », signe qu'ils doivent vivre dans la chasteté, que la fréquentation des femmes leur est interdite. Et enfin il conclut : « Allez, Dieu vous fera meilleur » (article 686).

Cette cérémonie n'a rien d'une cérémonie initiatique lourde de secrets. En entrant dans l'ordre, le futur frère prononce des vœux. La cérémonie est surtout remarquable par le fait qu'elle calque le rituel de l'hommage féodal : la déclaration de volonté, les mains jointes, l'agenouillement, le maître qui, comme le seigneur, relève le frère, le baiser sur la bouche, symbole de paix, la remise du manteau, tout cela se trouve déjà dans la cérémonie d'entrée en vassalité. Ce qui n'a rien pour surprendre, l'ordre du Temple ayant été conçu et créé par et pour l'aristocratie féodale de l'Europe des XIIᵉ et XIIIᵉ siècles.

Tous les templiers n'ont pas supporté jusqu'au bout la rigueur de cet engagement. Il y eut des déserteurs et les procureurs du Temple, en 1307, se servirent d'eux. Furent-ils nombreux ? On ne peut le préciser, mais on en connaît bien des exemples, et à toutes les époques : au XIIᵉ siècle, le prince arménien Mleh rompit son vœu et devint un ennemi juré du Temple. On connaît le cas d'un chevalier passé chez les musulmans, mais sans apostasier. Mais d'autres, pour obtenir la vie sauve, n'ont-ils pas dû selon la formule

consacrée « lever le doigt et jurer la loi », c'est-à-dire
adopter la religion musulmane ? Le bruit en a couru pour
Ridefort, curieusement épargné par Saladin. On le sait
pour ce Lion le Casalier, le traître qui vendit les templiers
de Safed en 1268 [22]. Ce ne purent être que des exceptions :
le nombre de têtes templières qui ont orné les piques
musulmanes après Hattin, après La Forbie, après la chute
de Safed, et encore en 1302 après l'échec de Ruad, en
témoigne.

En Occident, les désertions ne sont pas rares et le Temple
punit sévèrement ceux qu'il reprend. Il n'hésite pas pour
cela à demander l'aide de la justice royale, comme dans le
cas de ce Guillaume de Monzon, recherché par la police du
roi d'Aragon, en 1282, à la demande du Temple.

La réaction de l'ordre fut-elle toujours aussi sévère ?
Interrogé en 1309, le templier écossais Robert le Scot
confesse qu'il a été reçu deux fois dans l'ordre : une
première fois à Château-Pèlerin, dans le royaume de
Jérusalem ; une deuxième fois, après qu'il eut déserté, puis
manifesté son repentir, à Nicosie, dans l'île de Chypre [23].
Cette mansuétude fut-elle la règle ? N'est-ce pas plutôt une
attitude tardive ?

Les dignitaires du Temple

Naturellement, les frères, les frères chevaliers surtout,
monopolisent les responsabilités dans l'ordre.

Le gouvernement central siège à Jérusalem : règle et
bulles pontificales interdisent tout transfert. Mais, Jérusalem étant tombée aux mains des musulmans en 1187, il a
fallu s'adapter : la « maison chèvetaine » fut installée à
Acre ; dernière place du royaume, celle-ci tombe à son tour
en 1291 ; la direction de l'ordre se replie alors à Chypre. Le
siège est donc toujours resté en Orient. Pour un templier,
l'outre-mer, c'est l'Occident.

Correspondant à l'abbé des monastères bénédictins, un
maître dirige le Temple ; le titre est nouveau ; il sera repris
par les autres ordres militaires, puis par les ordres men-

diants. Tous les frères doivent obéir au maître, « et le
maître doit obéir à son couvent » (article 98). La règle
insiste en effet sur la nécessité pour le maître de prendre
conseil, de consulter les frères, réunis en chapitre, avant de
décider. Le maître n'a pas toute-puissance sur son ordre,
cela n'étonne pas au XIIᵉ siècle : d'une part, parce que, là
encore, l'influence cistercienne est nette (le rôle de conseil
du chapitre est plus important qu'à Cluny) ; d'autre part,
parce que l'organisation du Temple est calquée sur l'organisation féodale, qui impose au vassal le devoir de conseil et
au seigneur, celui de prendre conseil. C'est un lieu commun
et on s'expliquerait mal que le Temple y échappe. « Sur
toute chose le maître fera par le conseil du couvent, il doit
demander leur avis à la communauté des frères, et il
prendra la décision à laquelle la plupart des frères et lui
s'accorderont » (article 96). D'autres articles (36, 82, 87)
confirment ces dispositions. En général, l'absolutisme n'est
pas un concept médiéval.

Le conseil des frères constitue donc une première limite
aux pouvoirs du maître ; le conseil de certains frères, car la
règle établit de subtiles nuances. Par exemple, le maître
peut, dans l'intérêt du Temple évidemment, prêter de
l'argent : si la somme est inférieure à mille besants, il lui
faut l'accord de quelques prud'hommes de la maison ; mais,
s'il veut prêter davantage, il lui faut l'approbation d'un plus
grand nombre de frères. Il nomme les dignitaires des
provinces de l'ordre avec l'accord du chapitre, pour les
provinces les plus importantes ; il décide seul pour les
« baillis » des circonscriptions secondaires. Bref, avec le
chapitre, avec quelques conseillers seulement, et parfois
seul, le maître intervient dans tous les rouages qui permettent à l'ordre de fonctionner : état des châteaux, contrôle
des relations avec l'Occident, matériel, chevaux, argent,
transfert en Occident des malades ou des vieillards ou, au
contraire, transfert en Orient des troupes fraîches... Et,
pour lui permettre de prendre malgré tout des décisions
rapides mais qui nécessitent conseil, le maître est toujours
accompagné de deux chevaliers au moins : conseil, mais
aussi contrôle.

Un autre frein est apporté aux pouvoirs d'initiative du maître : le pouvoir des autres dignitaires du Temple. Dans les statuts hiérarchiques des années 1160-1170, les retraits du maître sont suivis de dispositions semblables pour le sénéchal, le maréchal, etc.

Deuxième dignitaire de l'ordre, le sénéchal remplace le maître en toutes choses en cas d'absence de celui-ci. Mais il est éclipsé par le maréchal qui, en tout temps, veille à la discipline du couvent, supervise ceux qui sont chargés de l'entretien des bêtes, du matériel et des armes, fait des achats indispensables. Son rôle est spécialement important durant les campagnes militaires, car « tous les frères sergents et tous les gens d'armes sont aux ordres du maréchal quand ils sont sous les armes » (article 103). Chef d'état-major, il paie de sa personne au combat, puisque, lorsque la charge de la cavalerie lourde s'ébranle, il fait, l'image parle d'elle-même, la « pointe ».

Le commandeur de la terre (ou du royaume) de Jérusalem assume les fonctions de trésorier de l'ordre : « Tous les avoirs de la maison, de quelque part qu'ils soient apportés, au-deçà de la mer ou au-delà de la mer, doivent être rendus et baillés en sa main » (article 111). Certes, il ne doit rien en faire tant que le maître ne les a pas vus ; mais, cette formalité accomplie, il a la responsabilité de leur utilisation. Le butin amassé au cours d'une campagne lui revient, sauf les bêtes et les armes qui reviennent au maréchal. Il assure les relations de Jérusalem avec les maisons templières d'Occident, par l'intermédiaire du commandeur de la voûte d'Acre qui surveille tout le trafic de l'ordre dans le port. Autre tâche importante, il répartit les templiers entre les différentes maisons et forteresses de l'ordre, en fonction de leur capacité d'accueil et des nécessités militaires. Il a directement sous son commandement le drapier, intendant de l'ordre, qui fournit aux frères vêtements et matériel de campagne (literie, tentes, etc.).

Mentionnons le commandeur de la cité de Jérusalem, responsable de la mission traditionnelle de protection des pèlerins et dont je parlerai dans le chapitre consacré à cette activité. Et ajoutons quelques dignités réservées à des frères sergents comme le sous-maréchal, qui dirige le travail des frères de métier de la maréchaussée, fort nombreux ; le gonfanonier ; le commandeur de la voûte d'Acre ; et surtout le turcoplier qui dirige la cavalerie légère, de recrutement exclusivement local, des turcoples ou turco-poles, qui combattent à la turque, c'est-à-dire à cheval avec un arc.

Ces dignitaires, dans leur service, ne peuvent pas agir sans le maître. Celui-ci a, sur tous, l'avantage d'être omnicompétent. La volonté, la personnalité du maître pèsent d'un grand poids, pour le meilleur et pour le pire : le 1er mai 1187, la bataille dite de la Fontaine du Cresson fut engagée dans des conditions folles, étant donné l'infériorité numérique des chrétiens, par le maître du Temple, Gérard de Ridefort. De plus, celui-ci ne tint pas compte des avis défavorables du maître de l'Hôpital, qui était présent, ni de celui de Jacquelin de Mailly, qu'on a longtemps pris pour le maréchal du Temple, mais qui n'était qu'un simple cheva-lier.

A côté de ce conseil informel des hommes sages, chargés de donner leur avis au coup par coup, dans n'importe quelle situation, il y avait le chapitre, les chapitres plutôt, institu-tion régulière de l'ordre : chapitre hebdomadaire des com-manderies locales, chapitre annuel des provinces, chapitre général qui réunit tous les cinq ans, en Terre sainte, les dignitaires de Syrie-Palestine et d'Occident. Lourde et complexe machine ! Il était hors de question, par exemple, de réunir un chapitre général pour élire le maître : la situation de guerre quasi permanente ne permettait pas d'attendre. Seuls les templiers de Terre sainte participaient à cette élection, du moins une infime minorité d'entre eux, désignés par une procédure qui, tirage au sort mis à part, pouvait se comparer à celle qui permettait de choisir le doge de Venise. Qu'on en juge :

Sitôt connue la disparition du maître, et les conditions le permettant, le maréchal convoque les dignitaires de l'or-dre ; cette convocation s'adresse à tous, qu'ils soient d'Orient ou d'Occident ; les Occidentaux n'y participent que s'ils sont déjà en Orient. Un grand commandeur est désigné, qui veille à la réunion du chapitre ; celui-ci désigne un commandeur de l'élection ; lequel choisit un compagnon ; « et ces deux frères doivent élire deux autres frères, et ils seront quatre. Et ces quatre doivent élire deux autres frères, et ils seront six », ainsi jusqu'à douze...

> en l'honneur des douze apôtres. Et les douze frères doivent élire ensemble le frère chapelain pour tenir la place de Jésus-Christ, lequel doit beaucoup s'efforcer de tenir les frères en paix, en amour et en accord : et ils seront treize frères. Et parmi ces treize il doit y avoir huit frères chevaliers, quatre sergents et le frère chapelain. Et ces treize frères électeurs doivent être (...) de diverses nations et de divers pays pour tenir la paix de la maison (article 211).

Ces treize électeurs choisissent le nouveau maître et le proclament élu devant le chapitre. Il a en général une longue expérience de l'ordre ; il a exercé des fonctions importantes en Occident comme en Orient : rares sont les « hommes nouveaux » comme Trémelay et Ridefort ; rares les hommes issus de la noblesse de Terre sainte, comme Philippe de Naplouse.

Le réseau templier

L'article 87 des retraits précise que le maître, avec l'accord du chapitre, désigne « le commandeur de la terre de Tripoli et d'Antioche, celui de France et d'Angleterre, de Poitou, d'Aragon, de Portugal, des Pouilles et de Hongrie ». Liste imprécise mais précieuse car, pour la première fois, nous avons une idée de l'organisation territoriale du Temple.

En quittant Marseille, Hugues de Payns a laissé derrière lui des représentants chargés de poursuivre le travail de propagande et de recrutement que lui-même avait commencé. L'un d'eux, Payen de Montdidier, fut nommé « maître de France[24] », ce qui doit s'entendre, à ce moment, des territoires de langue d'oïl et de l'Angleterre, où Payen a voyagé. La province d'Angleterre ne se forma que plus tard, lorsque les donations y furent plus nombreuses.

De même, Hugues Rigaud et Raymond Bernard, ensemble ou séparément, ont arpenté la zone méridionale, Portugal, León, Catalogne, Languedoc, Provence. En 1143, Pierre de la Rovère s'intitule « maître de la Provence et d'une partie de l'Espagne », titre encore porté en 1196 par A. de Clermont (en Espagne, il faut entendre Aragon et Catalogne seulement). Les deux premiers foyers sont la Catalogne et le Bas-Languedoc, et l'essaimage se fait vers la Provence — la commanderie de Richerenches, près de Valréas, est fondée en 1136 — et en Italie : des maisons italiennes continueront à dépendre de cette maîtrise de Provence, avant que ne soit créée une province de Lombardie ou d'Italie. Dans le texte de la règle, la province d'Aragon, qui est citée, équivaut à cette province de Provence.

Puis le nombre des provinces s'accroît, et d'abord parce que de vastes ensembles se divisent : une province d'Angleterre, avec l'Irlande et l'Écosse, se détache de la France, mais ni la Normandie ni la Bourgogne, qui portent parfois le nom de province, ne se rendent indépendantes de la province de France [25]. Le cas le plus significatif est constitué par l'évolution de la vaste province méridionale. Il a été suggéré que les templiers, soucieux de se faire bien comprendre des pays où se recrutent leurs bienfaiteurs, ont organisé leurs possessions selon des critères linguistiques. A l'intérieur de l'aire provençale, les différences linguistiques se sont traduites par l'émancipation successive du Poitou, qui rassemble tous les territoires situés à l'ouest de la Garonne (donc la Gascogne), d'une province Limousin-Auvergne à partir des années 1180-1190, et enfin par la séparation, vers 1240, de la Provence, organisée autour de la puissante maison de Saint-Gilles-du-Gard, et de l'Aragon avec la Catalogne et le Roussillon : le manuscrit de Barcelone de la règle, rédigé vers 1266, n'a-t-il pas été écrit pour les templiers de cette zone linguistique [26] ?

Cette politique correspondrait assez bien à ce que l'on

sait des templiers au plan culturel : peu savent le latin ; ils s'expriment dans la langue vernaculaire.

Mais d'autres créations sont dues à l'extension des activités de l'ordre : c'est le cas de l'Allemagne, de l'Italie, où une province d'Apulie ou des Pouilles se détache (vers 1169) de la province italo-lombarde des débuts. De même, en Espagne, les progrès de la reconquête ont entraîné, à partir d'une province unique León-Castille-Portugal, la formation de deux ensembles : Portugal et León-Castille. Au XIIIe siècle, la conquête de Chypre, le détournement de la quatrième croisade sur Constantinople, l'importance croissante de la Petite Arménie (Cilicie) eurent pour conséquence la création de nouvelles provinces.

A la tête de ces circonscriptions, un maître, parfois appelé grand maître, ministre, précepteur, procureur ou commandeur [27]. La variété de vocabulaire est source de confusion ; celle-ci se répercute aux échelons inférieurs des commanderies, préceptories, baillies, voire provinces plus ou moins bien hiérarchisées. La province de France, par exemple, comprend cinq préceptories, qui sont parfois appelées provinces : Normandie, Île-de-France, Picardie, Lorraine-Champagne, Bourgogne. A leur tête, un précepteur qu'il faut bien distinguer du maître de France, le supérieur hiérarchique. Cependant, un acte de 1258 présente frère « Foulques de Saint-Michel, précepteur de la milice du Temple en France, et frère Robert, dit Pavart, précepteur de la maison de la même milice en Normandie [28] ».

La pression des pouvoirs laïcs s'est parfois exercée sur la nomination des dignitaires de ces provinces, surtout en France. Sans trop y céder, le maître de l'ordre s'efforce malgré tout de nommer un homme connu dans la province et agréable aux souverains. Il y va de l'intérêt du Temple.

Les relations entre les provinces occidentales de l'ordre et le centre hiérosolymitain ne sont pas faciles ; en témoignent les problèmes posés par la réunion des chapitres généraux. La question fut résolue au XIIIe siècle par la nomination d'un « visiteur des parties au-deçà des mers », lieutenant ou représentant du maître et chargé de contrôler l'ensemble des provinces occidentales [29]. Toutefois, lorsque la province de Provence et d'une partie de l'Espagne fut scindée et que se constitua une province d'Aragon et Catalogne, celle-ci fut placée directement sous l'autorité du maître du Temple à Jérusalem. Tout se passe comme si l'on avait séparé administrativement les provinces « combattantes » (Terre sainte et Espagne) des provinces « nourricières » de l'ordre.

L'organisation templière de base est représentée par la commanderie, ou maison. Ne l'imaginons pas cependant comme un point unique ; c'est plutôt une circonscription avec une maison-mère, un chef-lieu avec des écarts. On retrouve de ce fait la même confusion de vocabulaire, aggravée encore par les modernes, férus d'histoire templière, qui, au gré de leur vive imagination, ont transformé trop de méchantes masures en somptueuses commanderies. Combien y en avait-il ? Au milieu du XIIIe siècle, le chroniqueur anglais Mathieu Paris écrit : « Les templiers ont 9 000 manoirs dans la chrétienté, mais les hospitaliers en ont 19 000, en plus des redevances et revenus divers qu'ils lèvent sur leurs frères [30]... » On prend la plupart du temps les chiffres de Mathieu pour argent comptant. Or ils sont tout à fait excessifs, à moins de baptiser commanderie la moindre pièce de vigne, le moindre écart appartenant au Temple. En Angleterre, T. Parker dénombre une quarantaine de commanderies au moment de la dissolution de l'ordre, dont dix en Yorkshire, et cinq ou six en Lincolnshire. A.J. Forey en compte trente-deux en Aragon et Catalogne ; deux s'y ajoutent en Navarre. Le comté de Provence en possède une quarantaine. Laurent Dailliez donne le chiffre de mille cent soixante-dix pour la France actuelle [31].

Le Temple s'efforce d'obtenir une répartition la plus régulière possible de ses établissements par une politique d'échanges et d'achats. En Occident, le Temple poursuit deux objectifs : recruter des hommes et exploiter au mieux ses domaines. Il importe donc qu'il y ait un réseau assez serré des maisons du Temple de façon que les candidats à l'entrée trouvent sans difficulté un couvent ; et de façon à

éviter une trop grande distance entre le centre d'exploitation et les écarts.

La hiérarchie des établissements est assez lâche. A Douzens, le patrimoine templier s'est constitué à partir de
quatre donations successives : Douzens et Brucafel, en
1133 ; Sainte-Marie-de-Cours, en 1136 ; Saint-Jean-de-
Carrière, en 1153 ; d'autres s'y ajouteront. A partir de là,
deux commanderies s'organisent, vers 1150-1160, situées
dans la vallée de l'Aude, et distantes d'une trentaine de
kilomètres : Douzens et Carcassonne (avec Brucafel) ; en
aval, la commanderie de Narbonne est à quarante kilomètres de Douzens. Un peu plus tard, Cours et Saint-
Jean-de-Carrière seront érigés au rang de commanderie
subordonnée : Isarn de Molières en 1162, et Pierre de
Padern en 1169 en sont les procureurs, ou commandeurs,
ou præceptor [32].

En Aragon, les premiers couvents furent créés au nord,
dans les Pyrénées ; au fur et à mesure de la conquête, les
souverains confièrent la défense des zones nouvellement
occupées aux templiers. Les commanderies du nord
prennent d'abord en charge les biens et châteaux concédés : ainsi celui d'Alfambara, siège de l'éphémère ordre de
Montjoie, fut géré directement par le commandeur de
Novillas en 1196 ; puis un commandeur subordonné fut
nommé en 1201 [33].

Pour de tout autres raisons, ce quadrillage existe aussi
en Orient. Les nécessités militaires et stratégiques ont
imposé l'utilisation de sites précis pour l'implantation des
châteaux. Les ordres militaires possèdent aussi des maisons dans les villes, et des exploitations rurales, des villages. Les liaisons entre Jérusalem et ces divers établissements sont organisées avec soin. Les templiers ont dressé
une sorte de carte de la Terre sainte, avec des étapes d'une
journée de marche, « chaque étape se terminant soit à une
commanderie, un casal du Temple, soit à un terrain de
bivouac muni de puits » où le détachement templier peut
établir son « héberge », son campement [34].

Dans le quadrillage, certains lieux, certains axes sont
privilégiés. C'est évident en Terre sainte : les États latins

s'étirent en une mince bande de terre entre la mer et le désert ; les implantations militaires des ordres jalonnent, du nord au sud, la côte (Tortose, Château-Pèlerin) et les vallées de l'intérieur, l'axe Oronte-Litani-Jourdain (Safed) ; les gués du Jourdain et les passages qui coupent les montagnes du Liban sont autant de points de fixation (Châtelet du Gué-Jacob ; Krak des Chevaliers des hospitaliers).

En Espagne et Portugal, la « frontière » entre royaumes chrétiens et États musulmans dicte les choix des templiers qui, avec les hospitaliers, ont charge de la défense. Une charte du roi d'Aragon, en 1143, concède au Temple le cinquième des terres conquises sur les musulmans. Par la suite, les souverains espagnols réduiront leurs largesses et le roi d'Aragon révoquera la charte de 1143 (en 1233). Désormais, ce fut la pratique dans le royaume de Valence, les dons sont proportionnels à l'aide apportée [35].

Dans le reste de la chrétienté, les templiers privilégient les axes de circulation. Chaque année, pèlerins, croisés, chevaux, produits et argent sont acheminés par route terrestre ou fluviale vers les ports de Méditerranée, d'où ils sont embarqués vers la Syrie-Palestine. Il n'est pas étonnant de trouver de nombreuses maisons sur les chemins qui relient Flandre et Champagne [36] ; ce n'est pas un hasard si, dans la première liste des provinces de l'ordre donnée par la règle, vers 1160, figure une province de Hongrie par où passent obligatoirement les routes empruntées par les croisés qui répugnent à faire le Saint Passage par mer. En Italie aussi, les routes suivies par les pèlerins attirent les templiers : ils ont un établissement à Trévise, au départ de la route des Balkans vers Constantinople, et, hors d'Italie, à Trieste, Pola, Ljubliana et Vrana en Croatie ; Vercelli, en Piémont, voit arriver des Alpes les pèlerins allant à Rome et ceux qui veulent gagner la Terre sainte ; templiers et hospitaliers y sont naturellement installés. Il n'y a pas que les routes de pèlerinage. Relevons aussi l'importance des donations en Ligurie, à Vintimille, Albenga, Savone et dans la région du grand port de Gênes. En Italie du Nord, la maison de Milan est attestée depuis 1134, mais le rôle moteur dans l'implantation des commanderies revient au couvent de Plaisance, fondé avant 1160 ; de là, les établissements du Temple suivent les routes de la vallée du Pô (Bologne), puis les routes côtières de la Romagne et de l'Italie du Sud. De même les routes qui descendent des passes alpestres vers Gênes ou Venise sont bien pourvues en commanderies templières [37].

Les grandes routes des pèlerinages occidentaux attirent aussi les implantations templières, les « chemins de Saint-Jacques » notamment. Présents très tôt sur les deux versants des Pyrénées, hospitaliers et templiers construisent des refuges au bas des cols ; des chapelains et des servants veillent sur un secteur de montagne. Du côté de Luz et de Gavarnie, les templiers retrouvent leur mission de protection des pèlerins [38]. L'importance de la commanderie de Saint-Gilles-du-Gard vient du fait qu'elle est l'une des dernières étapes avant Marseille pour les pèlerins de Jérusalem ; cela tient aussi au fait qu'elle est au départ de la route languedocienne vers Compostelle, route qui s'inscrit dans une région où le réseau templier est dense. En Bretagne, les maisons de Nantes et de l'Île-aux-Moines, dans le golfe du Morbihan, sont établies au point d'embarquement des pèlerins de Saint-Jacques [39].

Ce réseau se forme par essaimage, à partir de quelques centres importants, le plus souvent le long des voies de communication ; les templiers de Dax ont progressé le long du gave de Pau [40]. Le cas de la Provence est bien connu. La commanderie de Richerenches, fondée en 1136, a essaimé sur Orange, Roaix et surtout Saint-Gilles (vers 1138) et Arles (1138-1140). Ce sont autant de centres de rayonnement pour le Temple : Saint-Gilles dirige une dizaine de commanderies subordonnées. Richerenches et Arles sont au départ d'une progression de l'ordre vers l'est, suivant deux axes parallèles : le premier, depuis Richerenches, conduit à Sisteron, Digne, Entrevaux, Rigaud ; le second relie Arles à Aix, Lorgues, Ruou et aux ports de Toulon et Hyères ; les deux axes se rejoignent dans le comté de Nice, où sont localisées d'importantes commanderies : Biot, Grasse, Nice [41].

Ces fondations successives entraînent un remodelage incessant de l'organisation générale des commanderies templières. L'établissement de Tiveret, dans l'Hérault, apparaît, dans une charte de 1184, comme important et prospère ; il est alors rattaché à la commanderie de Lodève, subordonnée à celle de Sainte-Eulalie-du-Larzac ; mais la prospérité ne dure guère ; Tiveret décline et les templiers rattachent la maison à Pézenas [42]. Le quadrillage et la souplesse de l'organisation favorisent la réalisation des objectifs du Temple : la mobilisation rapide des ressources matérielles et humaines de l'ordre pour le secours de la Terre sainte. Dès le milieu du siècle, le rôle des chevaliers du Temple dans la deuxième croisade va en fournir la preuve.

TROISIÈME PARTIE

Une armée en campagne

1

L'encadrement de la deuxième croisade

La chute du comté d'Édesse

Dans les années qui suivent la première croisade, les Latins consolident leurs positions. La conquête des villes côtières est pratiquement achevée avec la prise de Tyr en 1124 ; seules, tout à fait au sud, Ascalon et sa garnison égyptienne tiennent encore. Vers l'intérieur, les Francs contrôlent le seuil du désert : les grandes villes musulmanes, Alep, Hama, Damas, sont toutes proches. La dynamique de la croisade, l'union qui règne le plus souvent entre les États francs, l'autorité de ces deux remarquables souverains que furent Baudouin Ier et Baudouin II expliquent ces succès. Les Latins furent aussi favorisés par la désunion du monde musulman. Les émirs de Mossoul, d'Alep, de Shaïzar, de Homs et de Damas songent plus à l'autonomie de leur principauté qu'à la reconquête des États latins ; et, à l'occasion, ils n'hésitent pas à faire alliance avec eux contre un émir rival.

Des quatre États issus de la croisade, le comté d'Édesse est le seul à être enfoncé loin à l'intérieur, sur le haut Euphrate. Le comte Jocelin II n'est pas le chef incompétent décrit par Guillaume de Tyr ; on lui a reproché d'avoir abandonné l'austère Édesse pour la riante Turbessel ; en fait, cette forteresse aimable est plus proche d'Alep, d'où vient le danger musulman, et plus proche d'Antioche, d'où peuvent venir les secours [1]. Il est dommage que Jocelin ne se soit pas entendu avec le prince Raymond d'Antioche, car un adversaire de première grandeur a surgi en Syrie du Nord musulmane, Zengi, atabeg de Mossoul.

Zengi a réalisé l'unité de la Syrie du Nord ; il tourne ses ambitions vers Damas. Le roi de Jérusalem, Foulques, a parfaitement compris la tactique subtile qui consiste à jouer des divisons du monde musulman : c'est en s'alliant avec Damas que les Francs sauvent, en 1139, la grande cité de l'emprise de Zengi ; spectacle insolite, Unur, le maître de Damas, rend visite au roi Foulques à Acre.

Pourtant, un événement grave survient : presque par hasard, au retour d'un raid contre un petit potentat musulman de l'est de l'Asie Mineure, Zengi vient assiéger Édesse, alors mal défendue. Raymond d'Antioche attend les secours de Jérusalem pour se mettre en mouvement. Trop tard ! La veille de Noël 1144, après un mois de siège, la ville tombe aux mains de Zengi, ainsi que la majeure partie du comté. Le choc est rude et provoque une vive émotion en Occident, même si la mort de Zengi, qui survient en 1146, laisse un répit aux Francs.

Le pape Eugène III publie, le 1er décembre 1145, des bulles de croisade. Dans son esprit, afin d'éviter les erreurs des « Passages » précédents, la croisade doit être uniquement française, n'être composée que de combattants, et n'avoir qu'un seul chef, le roi de France Louis VII, qui a d'ailleurs manifesté sa volonté de partir pour Jérusalem. Cela explique sans doute la présence d'un fort contingent de templiers parmi les troupes qui s'apprêtent à gagner la Terre sainte ; Évrard des Barres, un chevalier d'Île-de-France, maître de la milice en France, les commande. Y eut-il parmi eux des chevaliers des maisons templières d'Aragon ? La chronologie rend difficile cette interprétation, car les templiers d'Espagne sont alors occupés au siège de Tortosa et à la prise d'Almeria [2].

Le coup d'envoi de la prédication de la croisade est donné à Pâques 1146, à Vézelay, par saint Bernard. Omniprésent en Occident dans l'année qui suit, celui-ci outrepasse les directives du pape et entraîne non seulement l'empereur germanique, Conrad III, ce qui va inévitablement poser un problème de commandement, mais aussi une foule de non-combattants : l'esprit de croisade auquel saint Bernard demeure fidèle l'emporte sur l'efficacité.

Le 27 avril 1147, cent trente chevaliers du Temple se réunissent en chapitre, à Paris, autour du maître de France, Évrard des Barres, et du pape, Eugène III ; c'est à cette occasion que le port permanent de la croix fut sans doute accordé aux templiers [3]. Ils ont très vraisemblablement préparé leur départ en croisade.

Le contingent allemand part le premier, par la route de Hongrie et de Byzance ; le fossé s'est creusé entre les Grecs, lassés des exactions de ces drôles de « pèlerins », et les Latins qui accusent les Byzantins de perfidie et de trahison. Les Français ont suivi la même route. Arrivés vers Andrinople, ils sont attaqués par des « éléments incontrôlés », Coumans et Pétchénègues, peuples à la solde de Byzance. Il faut aller négocier le passage à Constantinople : Évrard des Barres figure parmi les ambassadeurs. Finalement, en juin 1147, Louis VII et son armée franchissent le Bosphore. A peine sont-ils parvenus à Nicée qu'ils tombent sur les débris de la croisade allemande, écrasée par les Turcs Seldjoukides à Dorylée, sur le lieu même où, cinquante ans auparavant, les croisés de la première croisade s'étaient ouvert la voie de la Terre sainte. Conrad retourne à Constantinople, d'où il gagnera le royaume de Jérusalem, un peu plus tard, par mer.

Dans les montagnes de l'Asie Mineure, sous la protection du Temple

Louis VII s'engage dans les montagnes d'Asie Mineure, sans grandes réserves de vivres, sans guides sûrs, au milieu d'une population hostile. Harcelée par les Turcs, l'armée progresse lentement et s'affaiblit de jour en jour. Dans les montagnes du Cadmos, le chef de l'avant-garde, Geoffroy de Rancogne, avance plus rapidement et, oublieux des consignes, se coupe du gros de la troupe, encombrée de bagages et de non-combattants : inconsciemment, il livre l'armée aux flèches dévastatrices des Turcs. La confusion devient totale. A cette occasion, le roi admire l'abnégation et la discipline du contingent templier. Eudes de Deuil, un moine de Saint-Denis (et futur abbé) qui suit la croisade comme chapelain de Louis VII, nous a laissé un récit de première main sur ces événements : « Le maître du Temple, le seigneur Évrard des Barres, homme respectable par son caractère religieux et modèle de valeur pour les chevaliers », tenait tête aux Turcs...

> avec l'aide de ses frères, veillant avec sagesse et courage à la défense de ce qui leur appartenait, et protégeant aussi de tout son pouvoir et avec vigueur ce qui appartenait aux autres. Le roi, de son côté, se plaisait à les voir faire et à les imiter, et voulait que toute l'armée s'appliquât à suivre leur exemple, sachant que, si la faim énerve les forces des hommes, l'unité d'intention et de courage peut seule soutenir les faibles. On résolut donc, d'un commun accord, dans cette situation périlleuse, que tous s'uniraient d'une fraternité mutuelle avec les frères du Temple, pauvres et riches s'engageant sur leur foi à ne pas abandonner le camp et à obéir en toutes choses aux maîtres qui leur seraient donnés. Ils reconnurent donc pour maître un nommé Gilbert [4]...

Celui-ci répartit les chevaliers par groupes de cinquante, chacun de ces groupes étant placé sous l'autorité d'un templier. Il attribue à chacun une place précise avec ordre de ne pas broncher sous les flèches et de ne pas quitter les rangs, sauf à son commandement.

Chevaliers et piétons, qui, à l'image de ce Geoffroy de Rancogne, « messager de mort et de dommages », n'en faisaient qu'à leur tête, se soumettent à la discipline de fer de ces professionnels de la guerre que sont les templiers. Ainsi encadrée, la colonne, compacte, protégée sur ses flancs par les écus triangulaires des piétons, traversa, intacte, les montagnes jusqu'à la ville côtière d'Adalia (l'actuelle Antalyia). Mieux même, grâce à quelques sorties rapides de tel ou tel groupe de cinquante hommes, obéissant au doigt et à l'œil au « maître », les croisés purent infliger de lourdes pertes à leurs adversaires.

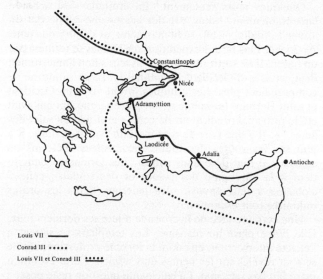

La deuxième croisade (1147-1148)

Le lecteur aura remarqué l'expression utilisée par Eudes de Deuil : « tous s'uniraient d'une fraternité mutuelle avec les frères du Temple ». Il reprend un peu plus loin cette idée : « à l'aide de notre association fraternelle, quatre fois nous mîmes l'ennemi en fuite ». Tout se passe donc comme si l'armée entière, sans distinction de rang et de classe, était entrée dans la grande famille des *confratres,* les confrères du Temple. Ceux qui, sans prononcer de vœux, se placent sous l'autorité des templiers et participent aux durs combats, mais aussi à la gloire de la milice de Jérusalem. Il ne fait aucun doute que les croisés, malmenés par les Turcs, ont pensé que Dieu les châtiait pour leurs péchés. En acceptant la discipline du Temple, auquel ils se sont liés volontairement (peut-être par serment ?), ils font pénitence ; ils s'en remettent, pour la rémission de leurs péchés, à l'intercession des pauvres chevaliers du Christ et à leur maître, Évrard des Barres, « respectable par son caractère religieux... », nous dit Eudes de Deuil. Pendant quelques jours, tous sont devenus des chevaliers du Christ.

Quelques jours seulement ! La croisade s'est achevée lamentablement. Louis VII dut laisser une partie de son armée à Adalia, où elle se fit massacrer, et s'embarqua pour Antioche. Plus tard, l'expédition sur Damas se termina par un fiasco. Il ne sortit rien de la croisade, sinon l'amertume : déjà, croisés d'Occident et Latins de Terre sainte ne se comprenaient plus. Les critiques furent vives en Occident et saint Bernard lui-même ne fut pas épargné, lui qui avait été le principal prédicateur de cette « croisade du salut des âmes [5] ». Il a une part de responsabilité, c'est certain : il a jeté sur les routes des foules incontrôlées. Pèlerins ou soldats ? Il faut désormais choisir. Les Orientaux demandent à la chrétienté des colons et des soldats ; celle-ci s'obstine à leur envoyer des pèlerins. Seuls les ordres militaires font exception.

Une certaine idée de la croisade a jeté ses derniers feux. Elle laisse place au réalisme. Les templiers se situent à l'exacte intersection, eux dont la foi et le professionnalisme se sont révélés sur les pentes du Cadmos. Cette évolution ne se fait pas sans mal. La lancinante question reste posée : « moine et soldat », « moine ou soldat » ? La réponse que saint Bernard avait donnée dans le *De laude* ne serait-elle plus pertinente ? On doit poser la question.

Évrard des Barres, le héros du Cadmos, précepteur du Temple en France depuis 1143, devint maître du Temple en janvier 1149, à la mort de Robert de Craon. Il raccompagna Louis VII en France, puis fut rappelé d'urgence en Orient par son sénéchal, André de Montbard. Il resta encore deux ou trois ans en Palestine, puisqu'il figure parmi les souscripteurs d'un acte de 1152 par lequel l'évêque de Tortose remit le château de la ville aux templiers [6]. A ce moment, il résigne sa charge de maître et revient en France. A Clairvaux, dans l'abbaye de saint Bernard, il prend l'habit cistercien, blanc comme le manteau du Temple. C'est à Clairvaux qu'il mourra, en 1174 ou 1176.

« Cette Jérusalem qui est alliée à la Jérusalem céleste (...), c'est Clairvaux [7]. »

2

Missions traditionnelles et combats en Terre sainte (1130-1152)

Une présence discrète

Avant cette croisade, les templiers n'ont guère fait parler d'eux. Les États latins, Édesse exceptée, connaissent leur apogée dans les années 1135-1140 et ne manquent pas de combattants. Malgré les apports d'Occident, les templiers sont encore peu nombreux et noyés dans la masse des pèlerins et soldats qui continuent d'affluer. C'est au nord de la principauté d'Antioche, au contact de la Cilicie arménienne, que les templiers ont acquis leur première position importante, le château de Baghras — Gaston pour les Latins ; et cela très tôt, entre 1131 et 1138. C'est le premier exemple d'un type de donation — la marche frontière — qui va devenir courant dès le milieu du XIIe siècle dans les États latins du nord, Tripoli et Antioche. Remarquons aussi que cette implantation est moins tournée contre les musulmans que contre Byzance et ses protégés arméniens [1].

Les templiers sont beaucoup plus actifs, beaucoup plus engagés dans la péninsule Ibérique. Ce qui pose un problème. A plusieurs reprises, Robert de Craon est venu en Occident, pour organiser les relations entre les maisons d'Orient et d'Occident, et combler les vides laissés dans les rangs templiers en Orient. Mais il est difficile de retirer d'Espagne des combattants de la reconquête. D'autant plus que le pape Eugène III appelait, en 1146, à renforcer la milice en Espagne [2]. Contradiction que le Temple a perçue, entre la mission de défense du tombeau du Christ et l'engagement contre les musulmans d'Espagne [3].

En Syrie-Palestine, les chroniques signalent de plus en plus fréquemment l'engagement militaire des templiers. Les troupes menées par Hugues de Payns — il y a des templiers parmi elles — participent, je l'ai dit, aux opérations du siège de Damas en 1129. Une partie d'entre elles est victime d'une embuscade meurtrière, puis des éléments déchaînés le 5 décembre ; des templiers ont dû périr, mais non pas tous comme on le dit parfois en citant un chroniqueur anglais qui parle en fait des événements de 1133. Ces combats de 1133, un autre historien anglais, Mathieu Paris, en parle brièvement (mais lui ne dit pas que tous les templiers ont été tués). Cinq ans plus tard, selon Guillaume de Tyr, les templiers de Jérusalem font une sortie contre des pillards, bédouins et turcomans, qui malmènent des pèlerins du côté de la ville biblique de Técua, sur la mer Morte [4].

Cette dernière opération entre tout à fait dans le cadre de la mission première du Temple : la défense des pèlerins. Les chevaliers du Christ ne se contentent pas d'occuper « en temps de guerre comme en temps de trêve », selon l'expression d'Olivier le Scholastique [5], la tour du Détroit qui surveille le défilé qu'empruntent presque obligatoirement les pèlerins qui se rendent à Jérusalem. Ils doivent aussi patrouiller le long des routes qui mènent à Bethléem, Jéricho, au Jourdain et aux autres lieux où la présence du Christ est attestée.

Un fait anecdotique mais plein de signification témoigne de cette priorité. L'article 55 de la règle de l'ordre interdit aux frères la chasse, ce plaisir chevaleresque par excellence. Mais l'article 56 précise :

> Il est une chose que vous devez considérer comme une dette, ainsi que le fit Jésus-Christ : défendre la terre des mécréants païens qui sont les ennemis du Fils de la Vierge Marie. Cette défense de chasser, dite ci-dessus, ne s'entend pas du lion, car il trouve et cherche qui il peut dévorer, les mains levées contre tous, et toutes les mains levées contre lui.

Cet article fait référence à la première épître de saint Pierre (5,8), ainsi qu'à la Genèse : « Votre adversaire, le démon, comme un lion rugissant, chevauche à la recherche des proies à dévorer » (Genèse 16,12).

Cet article ne peut se comprendre qu'en rapport avec la réalité de la Syrie-Palestine : il y a des lions et ils sont aussi dangereux pour les pèlerins que les brigands. Ousamah ibn Munquidh, notable musulman de Shaïzar, étroitement mêlé aux affaires politiques du milieu du XIIᵉ siècle, et qui se targue de l'amitié des templiers, raconte que les lions se cachent dans les broussailles et les cavernes et, en bande, attaquent les voyageurs, comme ce chevalier franc, redouté des musulmans, qui fut dévoré par un lion sur la route d'Apamée à Antioche ⁶.

Mission de protection des pèlerins ; mission d'accueil également, celle-ci n'étant pas limitée à la Terre sainte : en Europe, les maisons templières des ports d'embarquement vers l'Orient, comme celles qui jalonnent les routes des pèlerinages de Saint-Jacques-de-Compostelle ou de Rome, se doivent d'héberger les pèlerins.

Bien entendu, la mission est particulièrement importante à Jérusalem et une organisation spéciale a été mise en place sous la direction d'un des principaux dignitaires de l'ordre, le commandeur de la cité de Jérusalem ; il vient tout de suite après le commandeur de la terre dans la hiérarchie hiérosolymitaine, et il a droit aux plus belles montures. Il est d'abord l'intendant de la plus grosse maison de l'ordre, la « maison chèvetaine ». De plus, il dispose d'une force permanente d'intervention de dix chevaliers (auxquels s'ajoutent sergents, écuyers, valets, archers) pour escorter les pèlerins. Lorsque les frères sont impliqués dans des opérations militaires d'envergure, le commandeur de la cité doit abriter et soigner sous sa tente les blessés et les malades ; il doit donc « porter une tente ronde, et mener des bêtes de somme, et emporter des vivres, et ramener les pèlerins sur les bêtes de somme s'il en est besoin » (article 121).

L'encadrement de la deuxième croisade dans les rudes montagnes d'Asie Mineure peut donc être considéré comme la première action militaire d'importance des templiers. Elle leur a valu l'éloge du roi Louis VII qu'ils ont sauvé militairement et dépanné financièrement. Et le « lobby templier » d'Occident, dont les trois grands abbés Suger (Saint-Denis), saint Bernard (Cîteaux) et Pierre le Vénérable (Cluny) sont les personnalités les plus éminentes, a assuré leur renommée [7]. Pourtant, leur action en Palestine, dans les années 1148-1153, provoque des « mouvements divers » qu'il faut analyser de près.

Les affaires de Damas et d'Ascalon

Louis VII arrive à Antioche au début du printemps 1148, accompagné de sa femme Aliénor d'Aquitaine. Le prince Raymond d'Antioche, oncle de la reine, souhaite entraîner les croisés contre Alep, qui est aux mains du plus redoutable des fils de Zengi, Nur-al-Din. Là est l'adversaire principal des Latins d'Orient. Une opération de ce genre a bien été envisagée ; elle n'a pas lieu. Louis VII quitte brusquement Antioche en juillet 1148. Tout roi qu'il est, Louis VII est aussi un « croisé moyen », qui aspire d'abord à se recueillir sur le tombeau du Christ. Or, celui-ci est à Jérusalem, non à Antioche et encore moins à Édesse. Et puis, autant se battre pour s'emparer de Damas, dont Louis VII promet imprudemment la jouissance au comte de Flandre, Philippe d'Alsace, plutôt que pour récupérer Édesse, cette méchante capitale d'une principauté perdue, peuplée de surcroît d'Arméniens. Une dernière raison, d'ordre privé, confirme le roi dans son choix : sa femme Aliénor ne le supporte plus, laisse entendre qu'elle se séparera de lui ; peut-être même se conduit-elle comme si cela était déjà fait avec son bel oncle Raymond d'Antioche. D'où le départ brusque d'Antioche. Le roi entraîne Aliénor de force et gagne Jérusalem où il retrouve Conrad III, venu par mer depuis Constantinople [8].

Tous ensemble, croisés français et allemands, chevaliers du royaume de Jérusalem, templiers et hospitaliers vont mettre le siège devant Damas... pour la plus grande joie de l'émir d'Alep, Nur-al-Din, qui se précipite au secours de son rival de Damas, Unur. A la fin du mois de juillet 1148, à la suite d'obscures manœuvres et après une campagne d'intoxication savamment menée (mais par qui ?), les croisés lèvent le siège. Ce fiasco provoque une vague d'accusations quant à la responsabilité de l'échec, qui va atteindre les templiers.

Pour comprendre, il faut présenter le problème de Damas. Trois forces se partagent l'Orient musulman : le khalifat fatimide d'Égypte, de tendance chiite, qui contrôle encore Ascalon ; les émirats d'Alep et de Mossoul, en Syrie du Nord, qui sont aux mains des fils de Zengi ; Damas enfin qui, entre les deux, cherche à maintenir son indépendance. Comme son père, Nur-al-Din développe l'idéologie de la guerre sainte (le *djihad*) pour unir le monde musulman contre les Francs. Les dirigeants latins ont compris la nécessité d'une diplomatie habile dont l'objectif est de maintenir la désunion de l'adversaire. La clé de cette politique est l'alliance avec Damas qui s'est manifestée clairement quelques années auparavant avec la visite d'Unur à Acre.

Or, en 1148, un chef musulman de la région du Hauran, voulant s'affranchir de la tutelle damascène, offre son alliance aux Francs contre Damas. La prise d'une telle ville est alléchante. Les dirigeants latins sont partagés ; la minorité du roi Baudouin III et la régence de sa mère n'arrangent pas les choses. Ils cèdent cependant à la pression du petit peuple qui accuse les barons d'être à la solde de Damas. Les croisés occidentaux arrivent là-dessus : ils n'ont que faire de subtilités diplomatiques et viennent pour en découdre, à Damas ou ailleurs. Le siège de Damas provoque le rapprochement immédiat d'Unur et de Nur-al-Din. Cela ne fait pas l'affaire du premier, qui s'arrange, les Francs ayant levé le siège (et peut-être est-il pour quelque chose dans cette décision), pour faire savoir à l'émir d'Alep qu'il n'a plus besoin de lui. Il n'empêche, un coup très dur est porté à la politique d'alliance Jérusalem-Damas. Qui fut responsable de cette lamentable affaire ?

Les Francs installés en Syrie — ceux qu'on appelle les

« poulains » — et les ordres militaires ont été accusés
d'avoir été achetés. Les chroniqueurs et publicistes allemands, marris des infortunes de Conrad III, ont été
sévères. Jean de Wurzbourg a critiqué la prédication de
saint Bernard et, dans l'affaire de Damas, mis en cause les
templiers. Gerloh de Reichersberg s'en prend à la croisade,
aux États latins, aux « poulains » et aux hospitaliers dont
l'orgueil fut une des causes de l'échec [9]. Lorsque Jean de
Wurzbourg visite un peu plus tard le Temple de Salomon, il
écrit :

> Cette maison du Temple entretient un grand nombre de
> chevaliers pour protéger la terre chrétienne ; mais, selon
> ce qu'on dit, je ne sais si cela est vrai ou faux, ils sont
> soupçonnés de trahison, laquelle était bien prouvée par
> leur conduite à Damas envers le roi Conrad [10].

Ernoul affirme de son côté que les ordres militaires ont
été corrompus. Ni Guillaume de Tyr ni son traducteur ne
mettent en cause les ordres. A le lire, la responsabilité de la
trahison vient de barons de Terre sainte qu'il se refuse à
citer car la honte en retomberait sur leurs honorables
familles. Guillaume est un « poulain », en général peu
favorable aux croisés qui viennent tout casser, et hostile aux
ordres, du moins à leurs privilèges. Il n'incrimine ni les uns
ni les autres. Il est vrai qu'il n'est pas sur place alors [11].

Quelles seraient les raisons des « traîtres » ? Maintenir à
tout prix l'alliance avec Damas ? Jalousie à l'égard du
comte de Flandre à qui Louis VII a promis la ville ?
H.E. Mayer a envisagé le problème autrement [12] : qui a pris
la décision, absurde, d'attaquer Damas ? Le conseil tenu à
Acre, le 24 juin 1148, a été précédé d'un autre, plus
restreint, puisque seuls Conrad III, Baudouin III, le
patriarche et les templiers y assistaient. La décision fut prise
ce jour. Elle s'explique par le fait que le jeune roi
Baudouin III est en conflit avec sa mère, la reine Mélisende. Il veut, pour échapper à sa tutelle, un grand succès
militaire. Mais alors, comment expliquer l'attitude du
Temple ? Par ses divisions à ce moment-là. La reine compte

quelques amis dans l'ordre : le sénéchal André de Montbard, parent de saint Bernard, ou Philippe de Naplouse [13]. Parti du roi contre parti de la reine ; cette division affecte à peu près tous les groupes ; elle durera jusqu'à la prise d'Ascalon, en 1153.

Ascalon est alors encerclée à demi, mais à distance. De 1136 à 1143, trois châteaux ont été édifiés au nord et à l'est de la place : Bethgibelin, confié aux hospitaliers ; Ibelin, donné à un noble d'origine italienne, Balian, fondateur de la plus puissante famille de Terre sainte ; et Blanchegarde. Leur fonction est d'empêcher les raids des Ascalonites sur Jérusalem. Curieusement, les templiers n'ont pas été conviés à prendre leur part à cette opération de défense.

Après l'échec de Damas, Baudouin III décide d'en finir avec Ascalon. Il faut compléter l'investissement de la ville et la couper de ses arrières égyptiens. Sur mer, une flotte commandée par Gérard de Sidon s'en charge ; sur terre, le roi fait remettre en état le château de Gaza, au sud d'Ascalon, et en confie la garde aux templiers. Ce faisant, il s'assure de leur soutien, à tout le moins de leur bienveillante neutralité, face à sa mère [14].

Le siège d'Ascalon, remarquablement défendue, fut long. La ville faillit tomber le 16 août 1153, dans des circonstances où les templiers se mirent en vedette. Les Francs avaient construit une grande tour de siège ; les Ascalonites tentèrent d'y mettre le feu, mais le vent, changeant de direction, poussa les flammes du côté des remparts. Une brèche s'ouvrit ; les templiers furent les premiers sur les lieux pour profiter de ce qui parut être l'œuvre de Dieu. Suivant leur maître, Bernard de Trémelay, quarante d'entre eux se ruèrent dans la ville. Si l'on en croit Guillaume de Tyr, d'autres templiers interdirent l'accès à la ville aux autres combattants, parce qu'ils voulaient s'approprier le butin sans partage. Aveuglement stupide, car les défenseurs d'Ascalon eurent tôt fait de reprendre le dessus, de repousser et massacrer les quarante templiers et, par défi, de suspendre leurs corps aux remparts. La plupart du temps, les historiens ont repris à leur compte le récit et l'explication de Guillaume de Tyr :

orgueil et cupidité, traits caractéristiques des templiers, sont la cause de l'échec.

Pourtant, cette version des faits est contestable, d'abord parce qu'on ne peut pas s'emparer d'une ville aussi bien défendue que l'était Ascalon avec quarante hommes, et le plus téméraire des templiers le savait. Ensuite, il faut tenir compte de la réaction des Francs lorsqu'ils ont vu les quarante cadavres se balancer sur les remparts : ce fut la colère et le désir de vengeance. Aussi faut-il peut-être penser que seuls quarante templiers ont pu pénétrer dans la brèche et qu'ils ont été immédiatement cloués au sol par la résistance des troupes d'Ascalon [15].

De toute façon, les templiers ont sur tous autres une supériorité remarquée aussi bien en Orient qu'en Occident : leur capacité à se mobiliser rapidement. Qu'ils aient voulu être les premiers à s'emparer de la ville, c'est possible. Pourquoi ? Pour le butin ? Il a été suggéré que Bernard de Trémelay, ce chevalier d'origine comtoise dont on ne connaît guère les antécédents au Temple, venait de la garnison de Gaza. De cette place, les caravanes musulmanes qui vont de Syrie en Égypte sont une proie facile, et il se peut que les templiers aient pris quelque goût au pillage [16].

Je formulerai une autre hypothèse : le désir de former, à partir de Gaza et d'Ascalon, une marche frontière quasi autonome, à l'exemple de celles qui ont été constituées en Syrie du Nord (Baghras, Tortose, Marqab) [17]. Baudouin III coupa court à ces ambitions éventuelles en donnant Ascalon à son frère Amaury. La dynastie de Jérusalem, à la différence des princes d'Antioche et de Tripoli, disposait encore des moyens de résister à la pression des ordres.

Enfin, il faut en revenir au conflit entre Baudouin III et sa mère, et à la division qu'il a très certainement provoquée dans l'ordre. Lorsque Évrard des Barres a résigné ses fonctions, à la fin 1152, son successeur devait être le sénéchal de l'ordre, André de Montbard. Mais il était trop lié à Mélisende et, par prudence, les templiers lui préférèrent Bernard de Trémelay, un « homme nouveau [18] » à qui le roi ne pouvait rien reprocher. Soucieux de s'imposer dans son ordre, aurait-il voulu tenter un coup d'éclat à Ascalon ?

Toujours est-il que, le 22 août, la ville se rendit : les habitants disposèrent de trois jours pour l'évacuer avec armes et bagages ; une escorte royale les encadra jusqu'à la frontière égyptienne. Les bonnes manières l'emportaient. Elles triomphèrent aussi au Temple : Montbard, Naplouse et les autres revinrent assez vite en grâce auprès du roi (ce qui ne fut pas le cas de tous les partisans de la reine). André de Montbard succéda à Trémelay comme maître de l'ordre, en 1153.

3

La guerre permanente (1153-1180)

Latins et musulmans dans la deuxième moitié du XIIe siècle

La chute d'Ascalon assure la sécurité de la partie méridionale du royaume et ouvre la route de l'Égypte aux Francs. Un an plus tard, Nur-al-Din s'empare de Damas. Sur toute la frontière orientale, d'Antioche à Aqaba, les Francs ont désormais un seul adversaire. Guillaume de Tyr ne se trompe pas sur l'importance de l'événement, lequel « fut fatal aux chrétiens, en ce sens qu'il substitue un adversaire formidable à un homme sans puissance [1] ». La situation géopolitique du Proche-Orient s'est totalement modifiée en quelques années.

En 1146, l'attention se portait sur Alep, Édesse, Antioche. L'histoire semblait balbutier ; la première croisade recommençait. Louis VII et Conrad III, comme Godefroy de Bouillon et Raymond de Toulouse cinquante ans plus tôt, s'engluaient dans les intrigues byzantines, avant de s'embourber dans les montagnes d'Asie Mineure. Mais, dès 1148, les mêmes étaient à Damas. A partir de 1154, l'enjeu se déplace et se fixe pour de longues années sur l'Égypte. En 1306 encore (les États latins n'existent plus), Jacques de Molay, maître du Temple, et Foulques de Villaret, grand maître de l'Hôpital, consultés par le pape sur l'objectif d'une nouvelle croisade, répondent : l'Égypte [2].

En 1154, l'Égypte est fatimide ; au Caire règne un khalife chiite, donc hérétique aux yeux des sunnites du khalifat de Bagdad. Nur-al-Din, qui vient d'unifier la Syrie, va maintenant se tourner vers l'Égypte. Il poursuit un objectif religieux, mettre fin à l'hérésie chiite, et un objectif politique, unifier une bonne fois le monde musulman, pour en finir ensuite avec l'infidèle : les chrétiens des États latins.

Les Latins ont hâté l'unification de la Syrie par leurs maladresses. Ils doivent désormais tout mettre en œuvre pour éviter l'union syro-égyptienne.

Dans cette conjoncture, la marge de manœuvre des ordres militaires est étroite. Ils sont les dépositaires de l'idée de croisade et de l'idée de guerre permanente contre l'infidèle ; aussi adoptent-ils à l'égard de ce dernier une attitude agressive. Ils sont toujours disponibles pour mener un raid ici, participer à une campagne là. Mais leur expérience des choses de la Terre sainte, leur compétence militaire, leur connaissance de l'adversaire leur conseillent la prudence : les conquêtes ne sont rien si l'on ne peut les conserver. Or, le royaume de Jérusalem, pour ne prendre que lui, ne peut entretenir que six cents chevaliers ; les ordres militaires peuvent en aligner six cents autres. Si l'on tient compte des sergents et auxiliaires de toutes sortes, on obtient une belle armée de campagne. Mais elle ne suffit pas à défendre. Donc, s'il n'y a d'autres limites aux objectifs militaires que celle de la capacité à conduire victorieusement ces troupes, il y a une limite évidente aux objectifs politiques : la faiblesse du peuplement franc qui n'a jamais dû dépasser cent cinquante mille personnes. Les États latins doivent donc constamment adapter leurs objectifs aux moyens humains dont ils disposent en permanence, et non pas seulement aux moyens militaires qu'ils peuvent réunir occasionnellement, à l'arrivée d'une croisade par exemple.

Cela, les ordres militaires le savent. Les Latins de Terre sainte, les colons, que les textes du temps appellent les « poulains », aussi. Mais le croisé fraîchement débarqué d'Occident ne veut pas le savoir : il est venu pour en découdre avec l'infidèle et non pour signer des trêves. Il a tôt fait de traiter de capitulard, voire de traître, le « poulain » de Palestine qui compose avec l'infidèle. La prudence dont font preuve les ordres en certaines occasions leur valent les mêmes accusations : lors du siège de Damas par exemple.

Aussi ne peut-on accepter le schéma traditionnel qui fait des ordres militaires les alliés naturels des croisés occidentaux contre les Latins d'Orient [3], pour trois raisons au moins.

Premièrement, les ordres militaires ne sont pas homogènes. Parmi eux également, nous trouvons en permanence des « poulains » et des croisés. Leurs pertes humaines, celles du Temple surtout, sont considérables, et ils doivent combler les vides en appelant en Syrie-Palestine frères chevaliers et frères sergents des maisons d'Occident. Ceux-ci arrivent avec la mentalité du croisé moyen. Même s'ils sont atténués par la discipline et la fidélité à l'ordre, des conflits se font jour : la politique égyptienne de Gilbert d'Assailly, grand maître de l'Hôpital, en 1168, a provoqué dans cet ordre une crise grave ; comme celle de Trémelay en 1152, l'élection de Ridefort comme maître du Temple n'a pas été acceptée par tous les frères.

Deuxièmement, les conflits entre les deux ordres militaires existent. On verra dans un autre chapitre quelle appréciation il convient de porter sur leurs rapports. Je retiens pour l'instant qu'ils sont rivaux et non ennemis.

Troisièmement, après la mort du roi Amaury, en 1174, les problèmes dynastiques, les minorités des rois et les régences affaiblissent l'autorité royale et entraînent des divisions profondes dans les classes dirigeantes de l'État, divisions qui ne se réduisent pas à une opposition entre « poulains » et croisés.

Trait marquant de la vie politique et militaire des États latins dans cette deuxième moitié du XIIᵉ siècle : l'engagement de plus en plus net des ordres militaires ; au-delà peut-être de ce qu'ils souhaitaient, au-delà, en tout cas, de ce que leur vocation exigeait d'eux. Mais c'était inévitable [4].

Une participation accrue aux opérations militaires

Dans des pays où la population mobilisable pour la guerre stagne, voire diminue ; dans une chrétienté où la tendance est de parler de la croisade plutôt que de la faire, les ordres militaires peuvent fournir et renouveler en permanence hommes, moyens, argent. La part qu'ils prennent dans les campagnes militaires s'accroît et, signe qui ne trompe pas, les écrits historiques du temps s'en font de plus en plus souvent l'écho : on signale leurs actes de courage ou de témérité ; on chiffre leurs pertes ; on mentionne la mort au combat ou la capture de quelques dignitaires de l'ordre ; les maîtres Bertrand de Blanquefort en 1157, Eudes de Saint-Amand en 1179-1180, Gérard de Ridefort en 1187 furent faits prisonniers à la suite de combats malheureux.

Les forces militaires des États latins ne peuvent se battre sur deux fronts qu'au prix d'une grande mobilité et d'une utilisation parfaite des contingents croisés. En 1176, Philippe de Flandre va prêter main-forte aux États du Nord. Le roi de Jérusalem lui fournit cent chevaliers et deux mille sergents. Le grand maître de l'Hôpital et « la plus grande partie des templiers du royaume [5] » l'accompagnent. De sorte que, précise Ernoul, il ne demeura pas plus « de cinq cents chevaliers, tant du Temple, que de l'Hôpital, que du siècle, dans le royaume ». Faisant diversion, le successeur de Nur-al-Din, Saladin, attaque au sud, du côté de Gaza. Les templiers ne peuvent aligner que quatre-vingts chevaliers à côté de ceux du royaume. Remarquons que, grand maître mis à part, les hospitaliers semblent curieusement absents des combats des années 1176-1180, du moins dans les textes. Pourtant, ils réussissent, grâce à leur cohésion et à la rapidité d'exécution de la fameuse charge de cavalerie lourde, à infliger à l'émir une défaite complète, à Montgisard, en novembre 1177. Immédiatement après, les troupes royales et les templiers montent vers le nord pour renforcer la frontière du Jourdain en Galilée. Ils édifient, au Gué-Jacob, au-dessous de Safed, le château du Châtelet dont la

garde est confiée aux templiers. En 1179 cependant,
Saladin attaque dans cette région, bat les troupes royales à
Beaufort (c'est à cette occasion que le maître du Temple est
fait prisonnier), puis enlève, après cinq jours de siège, le
château nouvellement édifié [6].

En Orient, la vie des frères du Temple est donc rythmée
par ces raids, ces marches, ces batailles, et par les trêves
plus ou moins bien respectées. Ces opérations épuisantes
font mal et coûtent cher : au Gué-Jacob, un historien
musulman raconte qu'on trouva dans le château 80 chevaliers, en majorité templiers, avec leurs écuyers et servants,
15 commandants avec chacun 50 hommes (il s'agit probablement de troupes locales engagées par le Temple, des
artisans, forgerons, charpentiers, tailleurs de pierre,
maçons) et 100 prisonniers musulmans [7]. Mille hommes, la
plupart massacrés sur place. Ajoutons que les templiers
faits prisonniers à Beaufort furent tous exécutés, à l'exception du maître Eudes de Saint-Amand, qui mourut en
prison.

Les campagnes militaires les plus importantes de cette
période sont celles conduites en Égypte par le roi Amaury
Ier, entre 1163 et 1168. En Égypte, le pouvoir est en pleine
décomposition ; le poste clé de vizir est âprement disputé et
chaque compétiteur cherche, pour l'emporter ou pour se
maintenir, des appuis à l'étranger, que ce soient les Francs
de Jérusalem ou les musulmans de Damas. Alors détenteur
des rênes du pouvoir, le vizir Shawar est passé maître dans
l'art du double jeu. De 1163 à 1167, les trois expéditions
menées par Amaury se sont déroulées suivant le même
scénario. Le but en est Bilbeis, l'antique Péluse, clé du
delta. A chaque fois, les Latins ont répondu à l'appel d'un
clan égyptien et se sont heurtés à un autre, soutenu par les
Syriens ; Nur-al-Din a d'ailleurs délégué en Égypte deux
hommes de valeur, Shirkuh et Saladin. Comme rien de
décisif ne se produit, un accord conclut l'expédition :
moyennant un tribut, les « forces étrangères » franques et
syriennes quittent le pays.

En 1167, toutefois, les Francs s'assurent un avantage
certain. Ils ont été appelés par le vizir Shawar qui veut se

débarrasser de Shirkuh ; des combats confus se déroulent en Haute-Égypte et à Alexandrie, assiégée par les Latins et défendue par Saladin. Les choses traînent ; on s'accorde : le siège est levé ; Saladin quitte les lieux ; les Francs peuvent laisser une garnison au Caire, avec mission de contrôler l'exécution des accords conclus avec Shawar et de protéger les fonctionnaires francs qui lèvent le tribut promis par Shawar. Ce traité a été négocié par une délégation conduite par Hugues de Césarée et un dignitaire important du Temple, Geoffroy Fouchier, dont le rôle fut sans doute essentiel [8]. Une sorte de protectorat franc est imposé à l'Égypte, ce qui constitue un objectif politique et militaire raisonnable sur lequel un large consensus peut se réaliser dans le royaume. Le Temple a participé à toutes ces expéditions égyptiennes ; il y aurait perdu six cents chevaliers et douze mille sergents, chiffres qui semblent exagérés [9].

Mais, l'année suivante, le Temple refuse catégoriquement de participer à la nouvelle campagne décidée contre l'Égypte, sous le prétexte que Shawar sabote l'application de l'accord de l'année 1167. Lassé par le jeu de bascule du vizir, qui songe, dit-on, à appeler Shirkuh, un parti jusqu'au-boutiste se forme à Jérusalem, avec le sénéchal du royaume, Milon de Plancy, et le grand maître de l'Hôpital, Gilbert d'Assailly. Leur but est de profiter des manquements réels ou supposés de Shawar à l'accord du Caire pour soumettre l'Égypte totalement. Plus fin politique en cette affaire, le maître du Temple, Bertrand de Blanquefort, refuse que les Latins prennent l'initiative d'une rupture des traités, car cela entraînera à coup sûr l'intervention massive des Syriens. Pour une fois, Guillaume de Tyr, qui a dédié son histoire au roi Amaury, approuve le Temple :

> Le maître du Temple et les autres frères ne voulurent pas se mêler de cette affaire et dirent qu'ils ne suivraient pas le roi dans cette guerre (...). Il est bien possible qu'ils s'aperçurent que le roi n'avait pas de bonnes raisons à invoquer pour faire la guerre aux Égyptiens, contre les convenances qui étaient confirmées par son serment [10].

Blanquefort, fidèle à la parole donnée, défend un traité négocié, entre autres, par le templier Fouchier.

Une autre raison explique l'attitude du Temple : le but assigné à la campagne d'Égypte de 1168 n'est plus l'établissement d'un protectorat, mais la conquête totale du pays ; en témoigne un accord passé entre le roi Amaury et Gilbert d'Assailly, le 11 octobre 1168 : en échange de sa participation militaire, l'Hôpital se voit concéder Bilbeis et son territoire ainsi que des biens et des revenus importants dans une dizaine de villes réparties dans toute l'Égypte [11]. Cet objectif est irréaliste, compte tenu des faibles moyens humains des Latins. De plus, le Temple est solidement installé à Gaza ; il a pu espérer posséder Ascalon ; la frontière égyptienne constitue une chasse gardée, où il ne tient pas à être concurrencé par l'Hôpital.

Une dernière raison a pu être avancée : les cités italiennes de Pise et Venise font un fructueux commerce avec Alexandrie ; elles n'ont soutenu que du bout des lèvres et sans flotte, sauf en 1167, les actions franques en Égypte. Les templiers entretiennent d'excellents rapports avec ces villes et auraient adopté, en cette affaire, leur attitude. Certes, mais pourquoi en 1168, et pas en 1163-1167 [12] ?

Le roi Amaury, d'ordinaire plus mesuré, suivit son ami d'Assailly. L'expédition se termina par un échec ; son seul résultat fut que Saladin entra triomphalement au Caire, se débarrassa de Shawar, prit sa place comme vizir et, enfin, rétablit l'orthodoxie sunnite. Le khalifat fatimide a vécu. Saladin agit, en principe, au nom de Nur-al-Din ; l'unité syro-égyptienne est, en principe, réalisée. En réalité, Nur-al-Din et Saladin deviennent rivaux. L'unité du monde musulman n'entrera dans les faits qu'après la mort de Nur-al-Din, en 1174, au profit de Saladin. Les divisions affleurent sans cesse chez les musulmans ; elles ont assurément retardé l'échéance pour les Latins.

La leçon de 1168 est amère : pour la première fois, un ordre militaire, l'Hôpital, a pesé d'une façon décisive dans un choix politique ; pour la première fois également, un ordre, le Temple, a refusé son concours au roi de Jérusalem.

Un rôle politique croissant

En 1148, Louis VII ayant rejoint l'empereur Conrad III à Acre, un conseil se réunit, qui met au point l'attaque sur Damas ; les maîtres du Temple et de l'Hôpital y assistent. Lors de chaque arrivée de contingents croisés importants, des conseils de ce genre réunissaient autour du roi et des chefs croisés les principaux dignitaires laïcs et ecclésiastiques du royaume, dont les chefs des deux ordres, pour déterminer un objectif militaire compatible avec les intérêts généraux des États latins ; il en est de même lors de l'arrivée du comte de Nevers en 1168 et du comte Philippe de Flandre en 1176. Il s'agit de campagnes militaires : la présence des ordres s'impose.

Mais les deux maîtres deviennent des membres à part entière du conseil pour toutes les décisions politiques importantes : en 1177, le conseil, en leur présence, offre au comte de Flandre la régence, le roi Baudouin IV étant mineur. Sauf exception — d'Assailly en 1168, Ridefort en 1185-1187 —, les maîtres des ordres exercent une influence modératrice dans le gouvernement du royaume, car...

> les établissements latins en Orient sont leur raison d'être. Quoi qu'il arrive, quelle que soit l'âpreté de leurs querelles avec le gouvernement local, ou entre eux, ils ne peuvent pas, comme les croisés ou les marchands italiens, quitter le pays. Il est de leur intérêt que les disputes trouvent une solution [13].

Aussi recherche-t-on les dignitaires des ordres comme arbitres dans les querelles locales : en 1181, Bohémond III d'Antioche répudie sa femme, ce qui déclenche un violent conflit avec le patriarche d'Antioche qui l'excommunie ; en se prolongeant, ce conflit affaiblit les Latins, ce dont le roi de Jérusalem s'inquiète ; il envoie donc une mission de conciliation de quatre personnes, dont les maîtres du Temple et de l'Hôpital [14].

Lorsque Renaud de Châtillon, seigneur du Kerak de

Moab, désobéit ouvertement à son roi en 1186, lorsque le roi Guy de Lusignan se résout à négocier avec son adversaire, le comte Raymond de Tripoli, en 1187, les maîtres des ordres sont sollicités et interviennent. Parfois, on ne s'adresse pas directement à eux ; on passe par l'intermédiaire du pape qui les désigne comme arbitres.

Enfin, ils sont d'excellents diplomates et ambassadeurs : Évrard des Barres a négocié avec l'empereur byzantin Manuel le passage de la deuxième croisade par Constantinople ; Geoffroy Fouchier est l'un des artisans du traité avec l'Égypte en 1167 ; Philippe de Naplouse, qui vient de renoncer à la maîtrise du Temple, représente le royaume à Constantinople en 1171. En 1184, le roi Baudouin IV, qui doit faire face à la rébellion de Guy de Lusignan à Jaffa, éconduit avec colère les maîtres des ordres venus intercéder en la faveur de celui-ci, et les envoie en Occident demander aide et secours.

Les rapports des ordres avec le clergé séculier de Terre sainte sont dominés par la question des exemptions et privilèges concédés par le pape et dont l'interprétation soulève des conflits. Plus complexes, les rapports conflictuels entre les ordres et les pouvoirs laïcs sont d'une nature semblable. Les ordres ont tendance à se rendre autonomes par rapport au roi de Jérusalem ou par rapport au prince d'Antioche. L'évolution suit un rythme différent dans les États du Nord et le royaume de Jérusalem.

A Antioche et à Tripoli, de vastes territoires leur ont été concédés sur les marches frontières, selon des modalités qui ont eu tout de suite valeur de règle : cession de tous les droits du prince ; droit pour les hommes de la marche de commercer librement partout ; engagement du comte ou du prince à ne pas conclure de trêves avec les musulmans sans l'assentiment des ordres (plus tard, le prince d'Antioche acceptera même que les hospitaliers ne soient pas obligés de respecter les trêves que lui, prince, a conclues) ; partage du butin lors des opérations militaires seulement dans le cas où le prince est présent [15].

A Tripoli, l'Hôpital rassemble ainsi, autour du célèbre Krak des Chevaliers, une marche qui occupe près de la moitié de la superficie du comté ; elle est au contact des émirats de Homs et Hama, ainsi que du territoire de la secte des Assassins ; le Temple, un peu plus tard, constitue une marche plus réduite autour de la ville de Tortose qu'il reçoit en 1152. Aux frontières d'Antioche et de la Cilicie arménienne, les templiers tiennent Baghras et sa région dès les années 1131-1138 ; en 1186, les hospitaliers reçoivent Marqab, au contact du comté de Tripoli, qui surveille le territoire des Assassins au nord comme le Krak le surveille au sud [16].

Ces concessions exorbitantes, puisqu'elles font des ordres des puissances autonomes libres de leur politique étrangère, sont le résultat de l'incapacité des États du Nord à assurer seuls leur défense. Les territoires concédés l'ont souvent été après une défaite et sont partiellement à reconquérir.

La situation n'est pas la même à Jérusalem, où l'autorité royale s'exerce encore dans sa plénitude et dispose de moyens pour assurer, avec les ordres, la défense. Les tentatives amorcées pour constituer une marche vers l'Égypte n'ont pas abouti. Les relations entre les ordres et le roi ne peuvent être des relations de puissance à puissance, comme elles le sont dans le Nord. L'autorité royale finit par s'imposer, et les trois incidents sérieux qui ont mis aux prises le roi Amaury et le Temple l'illustrent bien.

En 1165, Nur-al-Din s'empare, sur trahison, des grottes fortifiées de Tyron, près de Sidon, réputées imprenables, puis il va assiéger un château templier proche. Venu rapidement au secours de celui-ci, Amaury constate que la garnison s'est rendue sans offrir de résistance sérieuse. De colère, le roi fait pendre douze templiers [17]. On ne sache pas que le maître du Temple ait réagi.

Deuxième conflit en 1168, à propos de l'Égypte ; l'échec de l'expédition donne raison au Temple, aussi les choses ne s'enveniment pas.

En 1173, se produit le célèbre incident avec la secte des Assassins. Quelques mots pour situer celle-ci. La secte chiite des ismaéliens se divise en une branche perse, basée à al-Alamut, au sud de la Caspienne, et une branche syrienne installée dans la montagne des Assassins. Un chef jouissant d'une forte autorité, le « Vieux de la Montagne », dirige cette secte mystique, dont les membres les plus purs et les plus sûrs, les *fidaï,* furent appelés Assassins parce que, pour certaines opérations, ils se droguaient au haschich. Le mot fit fortune et prit en français son sens actuel, car la méthode d'action favorite du « Vieux » et des fidèles fanatisés qui lui obéissaient était l'assassinat terroriste.

Les Assassins combattent surtout les sunnites de Syrie et de Perse ; ils peuvent donc devenir les « alliés objectifs » des Latins, bien qu'ils aient exécuté Raymond II de Tripoli en 1152. Cela les conduit-il à vouloir se convertir au christianisme ? C'est ce qu'affirme Guillaume de Tyr. Notre archevêque a tendance à prendre ses désirs pour des réalités en ce domaine. Il avait déjà accusé les templiers d'avoir, par appât du gain, vendu à l'Égypte, en 1154, un favori du khalife, Nasr, coupable de complot et réfugié chez les templiers : il désirait, selon Guillaume, se convertir. Les templiers ne furent, semble-t-il, pas dupes [18]. De même convient-il d'accueillir avec réserve le récit concernant la conversion des Assassins. Voici en substance ce que nous dit Guillaume : le « Vieux » aurait pris contact avec le roi Amaury qui exerçait la tutelle du comté de Tripoli, en l'absence de Raymond III, prisonnier. Il annonce son intention de se convertir, lui et sa secte, à condition que les templiers de Tortose renoncent au tribut de deux mille besants qu'ils percevaient sur lui. On négocie ; on s'enthousiasme et un accord est conclu entre le roi et les envoyés du « Vieux ». Revenant dans leur montagne, ils tombent dans une embuscade tendue par les templiers de Tripoli. Fureur du « Vieux » ; colère du roi, qui dépêche deux barons auprès du maître du Temple, Eudes de Saint-Amand, alors à Sidon, pour demander le châtiment du coupable, un templier fier, orgueilleux (mais cette image devient un stéréotype chez les chroniqueurs) et borgne, Gautier du Mesnil. Saint-Amand affirme qu'il l'a déjà sanctionné et qu'il l'envoie à Rome ; et il interdit aux deux barons, et par conséquent au roi, de toucher à l'ordre et à ses membres. Le roi Amaury ne l'entend pas ainsi, accourt à Sidon, pénètre dans la maison du Temple et s'empare de force de Gautier qu'il emprisonne à Tyr avant de statuer sur son sort, sans s'occuper davantage des privilèges de l'ordre. Que voulait-il faire du coupable ? On ne le sait, Amaury étant décédé en juin 1174, sans avoir pris de décision [19].

Guillaume de Tyr, et bien d'autres après lui, ont repris le thème de la cupidité. Admettons. Mais la conversion des Assassins était parfaitement illusoire. Il ne faut pas oublier qu'ils agissent dans l'islam. Lorsque le chef de la branche perse voulut se hisser au rang de Dieu vivant et rompre avec l'islam, ce geste sonna le glas de la secte dans cette région. C'est une erreur que le chef de la secte en Syrie ne commettra pas. Son projet d'alliance avec les chrétiens était purement tactique et, après tout, les templiers et quelques autres s'en étaient peut-être rendu compte.

Peu importe. L'affaire montre que, dans le royaume, un pouvoir fort pouvait en imposer aux ordres militaires. De là à se passer d'eux ? Non. Il a été dit qu'Amaury, agacé par l'attitude des templiers et, plus généralement, conscient des périls que faisait courir au royaume l'existence de ces ordres riches et indépendants, aurait eu le projet de les abolir. Que l'arbre ne cache pas la forêt ! Que l'animosité personnelle entre le roi Amaury et le maître d'alors, Eudes de Saint-Amand, qui devait être, comme disent de façon imagée les textes du temps, un peu « bobancier », ne·cache pas la profonde solidarité entre les ordres et la monarchie hiéro-solymitaine. Supprimer les ordres militaires ? Dans la seconde moitié du XIIe siècle ? Impossible. La papauté ne l'aurait jamais permis, tout le monde le savait.

4

Gérard de Ridefort,
le mauvais génie du Temple

Des ordres militaires puissants et une royauté forte : telle est la meilleure combinaison des forces pour sauvegarder les États latins. Malheureusement, à la mort d'Amaury, en 1174, le pouvoir royal s'effondre. Le jeune et remarquable Baudouin IV est atteint par la lèpre. Sa mort ouvre une crise politique que l'action de Gérard de Ridefort, le mauvais génie du Temple, transforme en catastrophe.

La guerre en Orient vers 1180

Les méthodes de combat des Latins, ordres militaires inclus, doivent être analysées avec soin pour que l'on comprenne l'aspect militaire de la crise [1].

Lorsqu'ils arrivent en Orient, avec la première croisade, les Occidentaux connaissent le combat à cheval : la ferrure des chevaux, la selle, les étriers donnent au cavalier une assise qui démultiplie sa puissance de choc lorsqu'il charge. Ils connaissent aussi l'archerie [2]. Mais ils n'ont livré jusqu'ici que des combats de médiocre ampleur. En Orient, ils se heurtent à un adversaire qui privilégie la mobilité et le combat à distance. Au cavalier lourd des Latins s'oppose l'archer monté des armées orientales ; nuées de flèches contre charge de cavalerie, telle est l'opposition de départ.

Le cavalier franc porte une cotte de mailles faite de boucles métalliques ou de plaques assemblées sur du tissu ou du cuir ; mais, au cours du XIIᵉ siècle, cette cotte est remplacée par le haubert, plus souple, plus léger, véritable tricot de milliers de petits anneaux de fer. L'une et l'autre le couvrent de la tête aux genoux. Un bliau de tissu recouvre l'armure pour protéger le cavalier des ardeurs du soleil. Le heaume ou casque est cylindrique ou rond ; un nasal protège le nez et des plaques, au niveau du cou, complètent son équipement. Les fresques de la chapelle de Cressac, en Charente, ou les gisants de Temple Church, à Londres, le représentent ainsi. Le chevalier se protège avec un bouclier triangulaire, l'écu, d'abord grand et allongé, puis plus réduit et plus maniable. Il charge avec la longue lance.

Au combat, les chevaliers sont groupés en lances, bannières, batailles ; ils chargent par vagues, trois en général, la première devant défoncer les rangs adverses, la deuxième achevant le travail et la troisième constituant la réserve. Les chevaliers du Temple sont regroupés en escadrons que dirigent les commandeurs des chevaliers, tous sous les ordres du maréchal du Temple. Chacun a sa place et ne doit pas s'en écarter (articles 161-163).

En face de ce cavalier lourd, le cavalier léger des armées musulmanes, turques devrait-on dire. Depuis le milieu du XIe siècle, les Turcs Seldjoukides forment l'encadrement militaire et politique du khalifat de Bagdad. Anne Comnène, la fille de l'empereur byzantin Alexis Comnène, décrit ainsi la tactique des Turcs : « En fait d'armes de combat, ils ne se servent pas du tout de lances comme ceux qu'on appelle Celtes, mais ils encerclent complètement l'ennemi, tirent sur lui des flèches et se défendent à distance [3]. »

Ne schématisons pas cependant. Le monde musulman est divers et, par exemple, les armées du khalifat fatimide d'Égypte combattent plutôt comme les croisés que comme les Turcs. Au contact les uns des autres, guerriers francs et turcs ont appris à se connaître, et ont modifié leurs techniques de combat et leurs tactiques.

La première innovation tient à l'intervention nécessaire, au côté des chevaliers, d'une infanterie composée d'archers, d'arbalétriers et de piquiers. Les chevaliers français de Crécy et de Poitiers ont oublié ce que leurs homologues du XIIe siècle ont appris sur les champs de bataille de

Palestine et d'Égypte. Un combat est rarement engagé
par la seule cavalerie. L'infanterie prépare la charge de
cavalerie ; elle constitue aussi un rempart protecteur
pour celle-ci.

> Quand ils sont formés et répartis en colonne, les piétons
> ont l'ordre de défendre l'armée en tirant des flèches,
> afin que les chevaliers puissent plus facilement résister à
> l'ennemi. Les chevaliers doivent être protégés par les
> piétons contre les flèches de l'ennemi, et les piétons sont
> appuyés par les lances des chevaliers contre les infiltra-
> tions de l'adversaire. Ainsi, par leur aide mutuelle, tous
> deux sont protégés et saufs [4].

La deuxième innovation a été sous-estimée ; il s'agit de la
création d'une cavalerie légère combattant à la turque. Ce
sont les turcoples, recrutés dans la population chrétienne
indigène [5]. Quelques articles des retraits sont consacrés à
ces hommes et à leur chef, le turcoplier (articles 169-172) :
les templiers ont donc intégré cette nouvelle façon de
combattre dès le milieu du XIIᵉ siècle. Le turcoplier dirige
aussi les frères sergents pendant les combats. Les historiens
du temps, qui n'ont d'yeux que pour les belles charges des
chevaliers, ne s'intéressent guère à l'utilisation de ces
troupes qui sont pourtant plus que des auxiliaires. Les
ordres militaires les recrutaient comme mercenaires ; leurs
moyens financiers le leur permettaient. L'accord conclu
entre Amaury et les hospitaliers, en 1168, prévoit que « les
frères et leur maître doivent amener dans cette expédition
cinq cents chevaliers et autant de turcoples, bien armés,
qu'ils devront présenter à Larris [*El Arish*] pour la montre
passée devant le maréchal et le connétable [6] ».
  Chacun des deux adversaires s'efforce d'imposer sa
méthode de combat : la charge de la cavalerie lourde
déployée est irrésistible sur un terrain large et découvert.
Dans les conditions climatiques du Proche-Orient, le bon
terrain est aussi celui où les sources sont abondantes. Le
chevalier lourdement armé se fatigue vite ; il a soif, et sa
monture encore plus ; il faut donc prévoir des haltes
fréquentes. Cela explique le choix de Saforie, bien pourvue

en sources, pour le rassemblement des armées du royaume.

Pour que la charge ne trouve pas le vide devant elle, il faut imposer le combat à un adversaire dont la tactique ordinaire est de le refuser. Les nuées de flèches des Turcs démoralisent les Latins ; la fuite simulée brise leur cohésion. Les armées des croisés doivent respecter trois impératifs : ne pas se laisser entamer ; ne pas se laisser couper du gros de la troupe ; ne pas laisser se séparer piétons et cavaliers. Protégés par les piétons stoïques sous les flèches, les chevaliers doivent attendre, de longues heures parfois, le moment opportun pour que leur charge détruise l'adversaire. Seul un commandant à la valeur reconnue peut maîtriser toutes ces données. En 1170, à Daron, Amaury tombe sur une armée musulmane très supérieure en nombre ; il regroupe ses chevaliers et ses piétons sur un tertre et résiste toute la journée sans jamais se laisser entraîner à un mouvement désordonné ; le soir, Saladin évacue le champ de bataille ; il n'y eut pas de charge ce jour-là. En 1177, Baudouin IV, avec une petite troupe grossie de quatre-vingts templiers, déboule sur le gros de l'armée de Saladin ; comme celle-ci n'est pas encore placée en ordre de bataille, Baudouin forme immédiatement ses lignes de cavaliers et lance la charge dévastatrice : ce fut le succès de Montgisard [7].

Mais, en 1179...

> le roi Baudouin le Lépreux combattit Saladin, sultan d'Égypte, en un lieu appelé Margeleon, et le roi fut battu ainsi que ses gens, à savoir frère Eudes de Saint-Amand, maître du Temple, et Baudouin d'Ibelin et plusieurs chevaliers. Et je crois que cela leur arriva parce qu'ils se fièrent plus en leur force que en la vertu de la sainte croix qu'ils avaient laissée à Tabarie [8].

En fait, la charge fut lancée trop tôt ; les troupes de Saladin s'enfuirent, mais les piétons se débandèrent pour piller et les cavaliers rompirent leur cohésion pour poursuivre les fuyards ; Saladin reprit ses troupes en main et contre-attaqua sans difficulté.

Les déplacements de l'armée sont périlleux ; en ce domaine, les templiers, respectant les mêmes impératifs que durant la bataille, ont mis au point le déplacement en colonne, efficace contre le harcèlement de l'archerie montée : la preuve en fut administrée lors de la deuxième croisade. Anticipons un peu sur la troisième croisade : après la reconquête d'Acre, en 1191, l'armée part vers le sud sous la direction du roi d'Angleterre, Richard Cœur de Lion ; tour à tour, hospitaliers et templiers font l'avant-garde ou l'arrière-garde ; au centre se trouve le gros de la troupe, avec les chariots, le matériel et le ravitaillement ; c'est le ventre mou de la colonne, flanqué des piétons qui le protègent avec leurs écus ; les troupes de Saladin harcèlent systématiquement l'arrière-garde, pour la contraindre à se mettre en position de combat, donc à s'arrêter et à se couper du gros de l'armée. Un jour, après Césarée, « l'ost était plus serrée qu'elle ne le fut en aucune autre occasion. L'arrière-garde était confiée aux templiers qui, au soir, se frappèrent la poitrine, car ils perdirent tant de chevaux qu'ils en furent tout découragés ». Un autre jour, l'Hôpital est à l'arrière-garde ; pressés par les Turcs, les frères s'impatientent : « Saint Georges, nous laisserez-vous détruire ainsi ? Les chrétiens doivent-ils maintenant périr sans livrer bataille ? » C'était Garnier de Naplouse, grand maître de l'ordre. Il va vers le roi et lui dit : « Sire, c'est trop grand déshonneur et honte pour nous d'être malmenés ainsi, car chacun de nous perd son cheval. » Et le roi de répondre : « Patience, beau seigneur, un homme ne peut être partout à la fois. » Une charge est préparée avec soin. « S'ils avaient suivi le plan, alors ils auraient détruit tous les Turcs ; mais ils échouèrent par la faute de deux hommes qui ne purent se retenir de charger... L'un d'eux était un chevalier, le maréchal de l'Hôpital [9]. »

Pourtant, tous les observateurs le notent, les ordres militaires étaient disciplinés. Ambroise, dans son récit de la troisième croisade, s'est lamenté souvent sur l'indiscipline des « pèlerins », jamais, sauf cette fois, sur celle des ordres. En fait, le Temple doit craindre davantage l'absence de mesure, la témérité de ses chefs, plutôt que ces cas de désobéissance individuelle, rares en fin de compte. Eudes de Saint-Amand fut, par son impulsivité, responsable de bien des échecs durant sa maîtrise (1171-1179). Et que dire de Gérard de Ridefort qui, aveuglé par la haine, accumula les erreurs tactiques en 1187 !

Crise politique à Jérusalem

En 1180, après les écrasantes défaites de l'année précédente, des trêves sont conclues avec Saladin. L'abattement et le défaitisme se sont emparés des Latins : « le cœur de leurs habitants était enchaîné par la peur », dit un historien arabe, et Guillaume de Tyr remarque qu'au nord « les chevaliers du Temple qui vivaient dans cette région s'enfermèrent eux aussi dans leurs châteaux, s'attendant à tout instant à être assiégés [10] ».

Le royaume va à la dérive : à peine conclues, les trêves sont rompues, par les initiatives d'aventuriers comme Renaud de Châtillon. Les opérations militaires, jamais décisives, usent la résistance et le moral des Francs. Se développe alors une grave crise politique, dans laquelle l'ordre s'implique totalement.

Le roi Baudouin est lépreux et, malgré tout son courage, il ne peut gouverner que par intermittence. Le reste du temps, il abandonne le royaume à des hommes en état de le diriger ; ils sont deux : Raymond III, comte de Tripoli et seigneur de Tibériade, un « poulain », apprécié des principaux barons de Terre sainte et d'une grande partie du clergé. Il a été dix ans dans les prisons musulmanes et l'Hôpital a payé la rançon qui lui a permis d'être libéré en 1174. Il a exercé la régence du royaume de 1174 à 1176. A cette date, Baudouin IV, devenu majeur, prend le pouvoir et s'appuie sur une autre coterie dont le porte-drapeau est Guy de Lusignan.

Face au parti des barons, le parti de la cour, formé non pas, comme on l'a dit, de nouveaux venus, de croisés fraîchement débarqués, mais de gens qui ont acquis une situation par protection, intrigue ou mariage. Ils ne sont pas des héritiers. Renaud de Châtillon est depuis trente ans en Syrie (il fut dix ans prince d'Antioche, du chef de sa femme) et en Palestine ; seize ans prisonnier, il s'est « recasé » dans le royaume en obtenant la grande seigneurie méridionale du Kerak de Moab et d'Oultre-Jourdain. Guy de Lusignan, récemment arrivé du Poitou, a épousé Sibylle, sœur de Baudouin IV et mère de l'héritier du trône, Baudouin V[11].

A partir de 1183, le roi change d'attitude : l'hostilité de la noblesse à Lusignan, les échecs de celui-ci conduisent Baudouin à se tourner à nouveau vers Raymond. Entre les deux groupes, l'épreuve de force s'engage sur le problème de la succession de Baudouin IV. Celui-ci se sent mourir et son héritier n'a que cinq ans. S'ouvre donc la perspective d'une longue régence ; au profit de sa sœur Sibylle, donc de Lusignan, ou de Raymond ? Et si Baudouin V meurt enfant qu'adviendra-t-il ? Pour éviter Lusignan, le roi fait adopter par la Haute Cour du royaume, composée des barons et des évêques, une solution dynastique qui renvoie le choix du futur roi à une commission composée du pape, de l'empereur et des rois de France et d'Angleterre.

Baudouin IV meurt en 1185 ; Baudouin V, son successeur, en 1186. Le parti Lusignan manœuvre avec habileté contre Raymond de Tripoli et, par un véritable coup d'État, fait annuler les dispositions successorales prévues par Baudouin IV. Le 20 juillet 1186, Sibylle et Guy sont couronnés au Saint-Sépulcre par le patriarche qui est de leur bord. Le maître du Temple, Gérard de Ridefort, a joué un rôle décisif dans ce coup d'État.

Il est natif de Flandre et est arrivé en Terre sainte sous le règne d'Amaury Ier. Vantard et tapageur, aventurier, on l'appelle le « chevalier errant ». Il entre au service de Raymond de Tripoli, comme chevalier soudoyé, c'est-à-dire qu'il a reçu un fief sous forme de rente, un fief de « soudée » (de solde). Il est légitimement soucieux de se caser et son seigneur lui promet la main de la première riche héritière disponible. Ce devait être Lucie, l'héritière du fief de Botron. Mais, à court d'argent, le comte de Tripoli ne sut résister aux offres, alléchantes, d'un riche Pisan. Il

oublie sa promesse ; ulcéré, Ridefort lui vouera désormais
une haine mortelle. Gérard quitte Tripoli et réapparaît
quelque temps après à Jérusalem, comme maréchal du
royaume. Puis, à la suite d'une maladie qu'il soigne au
Temple, il prononce les trois vœux et entre dans l'ordre.
Son ascension est rapide puisqu'il devient sénéchal de
l'ordre (il souscrit un acte en portant ce titre en 1183). Le
maître du Temple, Arnaud de Torroja, meurt à Vérone, à
la fin 1184, au cours d'une ambassade auprès des cours
européennes. Au début de 1185, Gérard est désigné par le
chapitre de l'ordre pour lui succéder.

M. Melville émet l'hypothèse d'une réticence d'une
partie des frères à l'encontre de Ridefort. Par son orgueil et
son arrivisme, Ridefort ressemble à l'avant-dernier maître,
Eudes de Saint-Amand. Entre les deux, il y a eu la maîtrise
d'Arnaud de Torroja, un homme venu des commanderies
d'Occident, précepteur en Espagne, formé dans l'ordre et
garant d'une certaine modération. Les partisans de la
tradition de l'ordre contre les chiens fous ? Pourquoi pas ?
Mais l'élection était secrète [12].

Ridefort se jette alors avec passion dans les intrigues
politiques du moment. Il est le principal artisan de la
réussite de Guy de Lusignan. Endormant la méfiance de
Raymond, les templiers ont escorté le cercueil de l'enfant
Baudouin V d'Acre à Jérusalem, où doit avoir lieu l'inhumation et où tout le parti Lusignan est réuni. Raymond de
Tripoli et ses partisans sont à Naplouse. En vain interdit-il à
Sibylle de se faire couronner ; en vain lui demande-t-il de
rester fidèle à la solution dynastique mise au point par son
frère. Le patriarche de Jérusalem et Ridefort poussent au
contraire au couronnement de la reine, « malgré les barons
de la terre, le patriarche par l'amour de la mère de la reine,
et le maître du Temple pour la haine qu'il avait contre le
comte de Tripoli », nous dit Ernoul [13]. La couronne royale
est déposée dans le trésor du Saint-Sépulcre ; seuls disposent des clés le patriarche et les maîtres du Temple et de
l'Hôpital. Ce dernier, Roger des Moulins, refuse de donner
les siennes et se retire dans le vaste hôpital Saint-Jean, tout
proche. Ridefort et Renaud de Châtillon l'y poursuivent.

De guerre lasse, Roger des Moulins finit par céder et jette les clés dans la cour. Son attitude hostile à Lusignan était-elle partagée par tous les hospitaliers ? Ce n'est pas certain [14].

Le couronnement du 20 juillet comble donc Ridefort, qui aurait prononcé ces mots : « Cette couronne vaut bien le mariage du Botron [15]. » Peu à peu, les barons réunis à Naplouse se rallient. Raymond de Tripoli refuse le fait accompli et se retire à Tibériade. Craignant une attaque de Lusignan, il passe un accord avec Saladin. C'est plus qu'une trêve. Certes, ce genre d'accord n'est pas nouveau en Orient latin. Il est vrai aussi que les menaces étaient réelles : consulté par Guy de Lusignan, Ridefort a bien conseillé d'aller déloger Raymond de Tibériade. Mais, dans la grave situation que connaît alors le royaume, cet accord avec Saladin pouvait passer pour une trahison [16].

De toute façon, la pression des barons conduit le roi à négocier avec Raymond pour tenter de refaire l'union, car, en 1187, Saladin passe à l'offensive.

Hattin

Au début de l'année, Renaud de Châtillon s'est emparé, malgré les trêves, d'une énorme caravane musulmane. Saladin demande réparation au roi ; celui-ci enjoint à Renaud de restituer son butin. Il refuse avec hauteur. Saladin n'attendait que cela. Il mobilise et galvanise le monde musulman et réunit, au printemps, la plus formidable armée jamais rassemblée par les musulmans.

Malgré ses déchirements, le royaume de Jérusalem réagit. Guy de Lusignan envoie une délégation auprès de Raymond ; Gérard de Ridefort et Roger des Moulins en font partie. En chemin, elle tombe sur une troupe musulmane qu'en vertu de la trêve qu'il avait conclue imprudemment Raymond doit laisser passer sur son territoire de Tibériade. Pour Gérard de Ridefort, c'est la preuve manifeste de la trahison du comte. Il mobilise immédiatement les quatre-vingts templiers du château voisin de la Fève et,

avec la dizaine d'hospitaliers présents et quarante chevaliers de Nazareth, il décide d'attaquer, malgré une infériorité numérique écrasante ; il rejette avec mépris les avis du
maître de l'Hôpital et d'un chevalier du Temple, Jacquelin
de Mailly, partisans de refuser le combat [17]. Ils se font
naturellement massacrer, le 1er mai, au lieu-dit la Fontaine
du Cresson. Seul, ou presque, Ridefort réussit à fuir. Les
événéments, dès lors, se précipitent. Guy et Raymond se
réconcilient, au moins en apparence.

Sur le conseil de Ridefort, le roi convoque le ban et
l'arrière-ban du royaume. Villes et forteresses se vident de
leurs garnisons. Ridefort a offert de payer une partie de ces
troupes avec la part du trésor du roi d'Angleterre, Henri II,
confiée aux soins du Temple. En effet, pour expier le
meurtre de Becket, Henri II a fait vœu de croisade et il a
envoyé en Terre sainte d'importantes sommes d'argent
remises en garde aux templiers et hospitaliers, avec interdiction formelle d'y toucher avant son arrivée. Sinon, le roi
se remboursera sur les biens des ordres en Angleterre.
Même l'ambassade envoyée en Occident, en 1184, convain-
cue que Henri II ne prendrait pas le chemin de Jérusalem,
n'a pu obtenir de lui qu'il abandonne son trésor : « Nous
voulons un prince ayant besoin d'argent, pas de l'argent
ayant besoin d'un prince », aurait déclaré le patriarche de
Jérusalem.

Malgré cela, Ridefort ouvre les coffres et peut ainsi payer
quatre à cinq mille piétons [18].

Saladin est allé mettre le siège devant Tibériade, que
défend Eschive, la femme de Raymond. Celui-ci est à
Saforie, où toute l'armée du royaume effectue sa concentration. Son avis l'emporte : ne pas quitter les lieux, où les
sources abondent ; ne pas chercher le combat ; attendre
que l'armée de Saladin se débande, car elle ne peut rester
longtemps mobilisée. Mais, dans la nuit, Ridefort vient
trouver le roi, attise sa méfiance contre Raymond, le
« traître », excite sa vanité en lui démontrant que seule une
victoire militaire peut assurer définitivement son trône.
« Le roi n'osa le contredire, car il l'aimait et le craignait
parce qu'il l'avait fait roi, et qu'il lui avait abandonné le

trésor du roi d'Angleterre [19]. » Pour remporter une victoire, il faut bouger et obliger Saladin à lever le siège de Tibériade.

Le matin du 3 juillet, l'armée, surprise, reçoit l'ordre de se mettre en route. Toute la journée, dans un désert aride, sous un soleil de plomb, hommes et chevaux mourant de soif, harcelée de flèches, la colonne avance avec une lenteur désespérante. Fatigués par leurs lourdes armures qu'ils ne peuvent quitter, les chevaliers, et les piétons avec eux, doivent camper à mi-chemin, n'ayant même pas pu atteindre, malgré un changement d'itinéraire conseillé par Raymond de Tripoli, les sources, peu éloignées de Kafr Hattin. Le calvaire se poursuit le lendemain ; les archers francs, à pied, sont en position d'infériorité par rapport aux archers montés de l'adversaire ; les turcoples, ceux des ordres militaires essentiellement, ne parviennent pas à les éloigner. Les charges du Temple, qui fait l'arrière-garde, échouent, faute de soutien.

Lorsque, profitant d'une brise défavorable aux Latins, les musulmans incendient des broussailles, l'irréparable se produit : les fantassins se débandent, jettent leurs armes, vont se rendre ou se réfugier au sommet de la montagne des Cornes de Hattin. La cavalerie, sans protection, subit des pertes énormes, les chevaux étant fauchés par les flèches ou abattus à la hache. Démontés, morts de fatigue et de soif, les chevaliers se réfugient au sommet, près de la tente du roi qu'on a réussi à dresser, près de la « vraie croix », qu'on avait emportée jusque-là. Des charges désespérées ont permis à quelques chevaliers de franchir les rangs musulmans ; Raymond de Tripoli est de ceux-là ; les autres sont faits prisonniers [20].

Quinze mille hommes au moins sont entre les mains de Saladin qui fait le tri : les piétons sont vendus comme esclaves ; Renaud de Châtillon, l'« ennemi public numéro un », est exécuté devant lui, par lui peut-être ; deux cent trente templiers et des hospitaliers — on n'en sait pas le nombre — sont livrés aux bourreaux, selon une pratique inaugurée à Banyas, en 1157. Mais Saladin épargne le roi, les barons de Terre sainte et... Ridefort.

L'attitude de Saladin est intéressante ; il justifie ainsi l'exécution des templiers et hospitaliers : « Je veux purifier la terre de ces deux ordres immondes, dont les pratiques sont sans utilité, qui ne renonceront jamais à leur hostilité et ne rendront aucun service comme esclaves [21]. » Je rapproche cette remarque de celle du « Vieux de la Montagne », le maître des Assassins de Syrie, qui jugeait inutile de perdre son temps à faire disparaître les maîtres des ordres militaires, car aussitôt un nouveau était élu sans que cela entame la cohésion de l'ordre [22].

Les musulmans font une claire différence entre les ordres militaires, qu'ils perçoivent comme des blocs soudés par la discipline et un fanatisme religieux essentiellement antimusulman, et les « poulains » de Palestine dont ils ont clairement perçu le désir de se « levantiniser [23] ». Les ordres militaires, sans cesse renouvelés par l'apport des frères d'Occident, sont inassimilables. Par définition, le templier ne s'implante pas : « si vous voulez être à Acre, on vous enverra dans la terre de Tripoli (...) ou l'on vous enverra en Pouille », dit-on à l'aspirant templier lors de sa réception (article 661).

A partir de ces considérations, je ferai trois remarques de portée plus générale.

Premièrement, il faut remettre à leur juste place les récits de fraternisation entre templiers et musulmans. On connaît le texte, fréquemment publié, largement répandu, d'Ousama, qui se targue de l'amitié des templiers. Outre que son témoignage est isolé (les autres auteurs musulmans sont au contraire d'une extrême virulence contre les chrétiens en général, les ordres militaires en particulier), ce court extrait suffit à montrer les limites de la compréhension entre templier et musulman :

> Je vis l'un des templiers rejoindre l'émir Mouin-ad-Din alors qu'il était dans le Dôme de la Roche. « Veux-tu, lui demanda-t-il, voir Dieu enfant ? — Oui, certes », répondit Mouin-ad-Din. Le templier (...) nous montra l'image de Marie avec le Messie (sur Lui soit le salut !) dans son giron. « Voici, dit le templier, Dieu enfant. »

Puisse Allah s'élever très haut au-dessus de ce que disent les impies [24].

La haute politique exige parfois que l'on fasse quelques amabilités envers l'infidèle, mais pas au point de renoncer à la Vierge Marie. Ousama, qui envoie constamment tous les Francs en enfer, n'a pas non plus l'intention d'aller au-delà de la courtoisie.

Deuxièmement, toutes les élucubrations sur un prétendu syncrétisme avec la religion musulmane, la doctrine ésotérique des Assassins, etc., bref, toutes les tentatives faites pour démontrer que les templiers n'étaient pas ou n'étaient plus chrétiens se trouvent réduites à peu de chose. Chrétiens, les templiers le sont, et fanatiquement. Ils sont perçus comme tels par les musulmans.

Troisièmement, Ridefort peut représenter ce christianisme agressif, exacerbé, qui devait être plus répandu qu'on ne le croit dans l'ordre et qui explique sans doute son élection à la tête du Temple. L'analyse que G. Duby a donnée de la bataille, jugement de Dieu, jeu d'échecs où l'on place d'un coup toute sa mise, rejoint assez cette remarque de D. Seward : Ridefort, à la bataille de la Fontaine du Cresson, a pu croire au jugement de Dieu et se rappeler Judas Macchabée : « Le nombre importe peu pour vaincre, si la force vient de Dieu », idée fort répandue tout au long du Moyen Age et encore en pleine guerre de Cent Ans [25] !

Cela dit, l'homme est excessif ; sa haine contre Raymond de Tripoli est maladive ; son emprise sur Guy de Lusignan démesurée ; sa conduite au combat également. N'oublions pas qu'il est entré au Temple après une maladie. Le récit de sa mort, fait par Ambroise, laisse planer de sérieux doutes sur sa guérison. Et ce n'était pas simple maladie d'amour !

Épilogue

Dans les mois qui suivent Hattin, Saladin s'empare de tout le royaume ; places fortes et villes, privées de défen-

seurs, tombent sans résistance. Renonçant à Tripoli et
Antioche, négligeant quelques châteaux qui résistent
encore, Saladin veut prendre Jérusalem, car ce sera le signe
éclatant du succès de la guerre sainte. Avant d'y mettre le
siège, il neutralise Ascalon : il fait venir de Damas Guy de
Lusignan et Gérard de Ridefort, afin qu'ils commandent
aux garnisons royales et templières d'alentour de se rendre.
Peut-être est-ce la raison de l'étrange clémence de Saladin :
se servir d'eux pour accélérer, à moindres frais, la conquête
des places. En octobre, après quelques jours de siège,
Jérusalem se rend. Chaque habitant sortira libre s'il est
racheté. L'Hôpital utilise sa part du trésor d'Henri II ; le
patriarche refuse de se séparer du sien ; le Temple donne de
l'argent ; les bourgeois regimbent. On leur fait honte à
tous [26]. Ceux qui purent se racheter formèrent trois groupes. Ils furent conduits par les derniers défenseurs de la
ville, Balian d'Ibelin et les commandeurs du Temple et de
l'Hôpital, et gagnèrent Tyr, où tous les réfugiés du royaume
se regroupaient. A l'abri de ses fortes murailles, renforcée
par l'arrivée d'un contingent de croisés dirigé par l'énergique Conrad de Montferrat (son père, Boniface, est l'un des
prisonniers de Hattin), Tyr résista et, à la fin de décembre
1187, après deux mois d'un vain siège, Saladin se retira : le
royaume vivait toujours. Il libéra Lusignan et Ridefort,
sachant très bien qu'il semait ainsi la zizanie dans le camp
latin, divisé quant aux responsabilités des deux hommes
dans le désastre. Ridefort reprit la tête du Temple. Rejeté
de Tyr, tout comme Guy, il suivit celui-ci dans sa folle mais
payante entreprise de reconquête d'Acre. C'est là qu'il
mourut, le 4 octobre 1190, dans un combat. Laissons parler
Ambroise. « Dans cette affaire fut tué le maître du Temple,
celui qui dit cette bonne parole, qu'il avait apprise à bonne
école », précise, sarcastique, notre chroniqueur :

> Tous, couards et hardis, lui disaient, lors de cette
> attaque : « Allez-vous en sire, allez-vous en ! » (Et il
> l'aurait pu s'il avait voulu.) — Ne plaise à Dieu, leur
> répondit-il, qu'on me revoie jamais ailleurs, et qu'on
> puisse reprocher au Temple qu'on m'ait trouvé

fuyant ! » Et il ne le fit pas ; il y mourut, car trop de
Turcs se jetèrent sur lui [27].

Trois ans plus tôt, en octobre 1187, Saladin entrait dans
la ville sainte. Il procéda à la purification des lieux sacrés de
l'Islam. La croix d'or qui surmontait la Coupole du Rocher
fut enlevée ; l'autel placé sur le rocher, détruit. Le temple
de Salomon redevint la mosquée al-Aqsa ; le mur qui
cachait le *mirhab*, cette niche qui indique la direction de La
Mecque, fut démoli. Saladin fit installer dans la grande
salle, redevenue salle de prière, un *minbar* (sorte de chaire)
dont la construction avait été ordonnée par Nur-al-Din, en
1169, spécialement pour al-Aqsa, lorsque Jérusalem serait
reconquise [28]. Le *Harran*, l'ancien mont du Temple, fut
purifié à l'eau de rose. Le premier vendredi après la reprise
de la ville, le qadi de Damas conduisit la prière en présence
de Saladin et expliqua la signification de Jérusalem pour les
musulmans. Ainsi, le temple de Salomon et le temple du
Seigneur ne redeviennent pas simplement la mosquée
al-Aqsa et la mosquée d'Omar ; ils redeviennent des lieux
saints encore plus chers au cœur des musulmans.

Les Francs réoccupèrent Jérusalem, par traité, de 1229 à
1244 : le *Harran* ne leur fut pas rendu ; il fallut attendre
1243 pour que les templiers récupèrent, en fait symboliquement, leur ancienne maison chèvetaine. La nouvelle avait
été transférée à Acre et y resta jusqu'à la fin du royaume de
Jérusalem [29].

QUATRIÈME PARTIE

Le soutien logistique
en Occident

1187 : Les États latins, ce qui en reste, Tyr, Tripoli, Antioche, se tournent une fois de plus vers l'Occident. Un Occident frappé de stupeur et qui s'interroge. La croisade est-elle utile ? A quoi servent les États latins ? Cependant, encore une fois, on mobilise et c'est la troisième croisade.

Les ordres militaires ont été durement éprouvés, le Temple surtout ; mais ils peuvent s'adresser à leurs maisons d'Occident et combler les vides.

> Vous qui êtes seigneur de vous-même, vous devez vous faire le serf d'autrui. Car c'est à peine si vous ferez jamais ce que vous voulez : car, si vous voulez être en la terre deçà la mer, l'on vous demandera delà ; ou, si vous voulez être à Acre, l'on vous enverra à Tripoli ou à Antioche ou en Arménie...

Telle est la règle (article 661).

On ne peut comprendre le fonctionnement de l'ordre, évaluer sa richesse, juger de sa puissance, sans analyser son infrastructure européenne. Profitons de la catastrophe de 1187 et quittons le front, réduit à quelques places, pour visiter l'arrière. Rendons-nous dans l'une ou l'autre des commanderies du Temple ou, comme on le disait communément, une « maison » : c'est à la fois un couvent, une exploitation de type seigneurial, le centre d'un réseau de relations et de clientèles. Les hommes qu'on y rencontre sont divers : leurs conditions, leurs statuts, leurs fonctions sont différents ; mais tous sont frères ou hommes du Temple. La commanderie abrite et protège la grande famille du Temple.

1

Le patrimoine foncier

Le mouvement des donations

Tous ceux qui entrent au Temple, tous ceux qui s'y
associent font des donations matérielles. Au-delà du cercle
de famille, laïcs et clercs ont fait de même. Les ordres
militaires ont connu, après Cluny et Cîteaux, avant les
ordres mendiants, l'engouement des fidèles. Question de
mode, il est vrai ; dans le cas des ordres militaires, elle fut
durable.

Que donne-t-on ? De tout, ou presque.

Henri II, roi d'Angleterre, cède le bief d'une rivière pour
construire un moulin ou une maison ayant appartenu à son
aïeul à Saint-Vaubourg, près de Rouen. Le roi d'Aragon
donne le château de Monzon. Geoffroy de Bar, en mars
1306, concède en fief le terroir de Doncourt-aux-Bois.
Arnaud d'Aspet, chevalier, avec l'accord de ses deux fils,
fait don aux frères de la maison de Montsaunès, en
Comminges, de la ville et des habitants de Canens, de son
territoire, de la seigneurie haute, moyenne et basse. En
1147, Roger de Béziers abandonne...

son domaine appelé Campagne, situé dans le comté de
Razès, sur le fleuve Aude qui le divise en son milieu (...)
avec tous ses habitants, hommes, femmes et enfants, ses
maisons, cens, usages, ses condamines et terres laboura-
bles, ses prés, pâturages, garrigues, ses cultures et
terrains incultes, ses eaux et aqueducs, avec tous les
moulins et droits de moulin, les pêcheries avec entrées
et sorties. Les frères du Temple ne me devront, sur leur

domaine, ni revenus, ni leudes, ni droit de péage et de passage.

En 1154, l'évêque de Bayeux donne l'église de Saintinges au Temple. En Champagne, le comte cède des droits et profits rémunérateurs sur les activités commerciales de Provins : le tonlieu de la laine et du fil en 1164, celui des animaux de boucherie en 1214, et le tonlieu des peaux en 1243 : la ville compte alors cent vingt-cinq fabriques de cuir. En Italie, de modestes habitants de Savone lèguent de modiques sommes d'argent : cinq sous, six sous... Dans la région toulousaine, les fidèles constituent des rentes annuelles de douze deniers, accompagnées d'un don plus important à la mort du testateur : vingt sous, cent sous, un cheval, des chemises ou des braies, un manteau, des armes. Pour entretenir un chevalier en Terre sainte, le comte Henri de Bar constitue une rente de quinze livres sur les péages de Bar-sur-Aube ; l'acte est passé à Acre, en octobre 1190, le comte participant à la troisième croisade. Le sire de Noyers, croisé lui aussi, rappelle le zèle des templiers pour le service du Christ et insiste sur la nécessité de les aider : il leur cède une rente de soixante sous à prendre sur la forêt d'Hervaux, près d'Avallon ; aux hospitaliers, il confie l'hôpital d'Arbonne. A Douzens, Raymond de Rieux donne, en 1167, une femme et sa fille avec leur descendance, tandis que Pons de Molières fait don de Guillaume, berger, et de ses neveux « et de tout ce que j'ai sur eux [1] ».

A Douzens, précisément, l'exemple des donations de la famille de Barbaira, ou Barbairano, est impressionnant et montre bien le lien étroit entre legs pieux et entrée dans l'ordre.

Elle tire son nom d'une paroisse riveraine de l'Aude, en amont de Douzens. Le 11 avril 1133, les coseigneurs du château et terroir de Douzens en font don à Hugues Rigaud, représentant le Temple : ils sont au nombre de trois — Bernard de Canet, sa femme et son fils ; Aimeric de Barbairano, fils de Béatrice, sa femme Galburges et son fils Aimeric le jeune, et ses trois frères, Guillaume-Chabert,

Arnaud et Raymond-Ermengaud ; Pierre-Raymond de Barbairano et sa femme Mabille ainsi que le frère de celle-ci, Arnaud de Barbairano. Deux branches donc dans la famille de Barbairano dont nous ne connaissons pas les liens ; du moins sont-ils étroits, puisque leurs noms se mêlent comme témoins au bas de très nombreux actes.

Outre le don de ce premier élément de la commanderie templière de Douzens, Aimeric et son frère Guillaume-Chabert font don de leur personne avec armes et cheval. Parmi les souscripteurs de ce texte figurent un Pierre-Roger, un Bérenger et un Hugo de Barbairano. D'autres dons, de moindre importance, suivent : en 1136 ; en 1139 à Saint-Jean-de-Carrière, de la part de Raymond-Ermengaud, acte souscrit par ses trois frères ; en 1143 surtout, date à laquelle Arnaud, le frère de Mabille, complète la donation faite en 1133.

Le 2 juin 1153, la famille se signale par une nouvelle libéralité, celle de l'église de Saint-Jean-de-Carrière, l'un des trois éléments importants, avec Douzens et Brucafel, de la commanderie. Une fois de plus, Aimeric de Barbairano, remarié à Alda, est l'auteur de ce don avec ses fils du premier lit, Aimeric et Dalmace, et ses frères, Guillaume-Chabert, Arnaud et « Raymond-Ermengaud, notre frère par la chair et frère de la milice du Temple par l'esprit ». Peitavine, fille de Pierre-Raymond, le chef de l'autre branche du lignage, confirme ce don.

Quelques jours après, le 11 juin, Pierre-Raymond rédige son testament ; il attribue des terres et de l'argent à ses deux filles, à son fils qui « est tout-petit », et à son neveu Guillaume-Siger de Barbairano. Puis il se donne au Temple. Aimeric et Guillaume-Chabert, ses cousins selon toute vraisemblance, sont cités dans le testament, lequel est souscrit par quatre templiers.

Devenu frère de l'ordre, Pierre-Raymond reçoit, au nom de celui-ci, des aumônes, en 1159 ; le 10 novembre 1158, ils souscrivait l'acte par lequel son beau-frère Arnaud de Barbairano donnait sa personne et sa postérité au Temple.

Quant aux quatre frères de l'autre branche, on les voit

entrer les uns après les autres dans l'ordre, comme donats ou comme frères. Raymond-Ermengaud vient d'être mentionné : c'est peut-être le plus jeune des quatre, celui qui n'a jamais dû être marié ; Aimeric et Guillaume-Chabert ont donné leur personne en 1133 : mariés, ils ont des enfants et ont continué à vivre dans le siècle ; Arnaud entre comme frère du Temple avant décembre 1143, date où Raymond Sachet abandonne à Arnaud et à ses frères de la milice du Temple une parcelle de terre ; et, le 31 octobre 1145, avec Pierre de la Rovère, maître du Temple dans la province Provence-Espagne, il reçoit la donation de Bernard de la Porta.

En l'espace de vingt ans (1133-1153), des six membres des deux branches, très probablement cousines, de la famille de Barbairano, trois sont devenus frères de la milice, les trois autres étant des donats. Leurs donations, importantes et renouvelées, ont permis la constitution de la commanderie de Douzens. Ajoutons que, à la génération suivante, de nombreux Barbairano se retrouvent comme donateurs ou souscripteurs d'actes, sans que l'on puisse préciser les liens avec la famille. Il faut tenir compte également des familles alliées par mariage aux Barbairano : les Canet, coseigneurs de Douzens en 1133, ou les Roquenégade, dont la fille Alazaïs est, en 1169, la femme d'un Arnaud de Barbairano [2].

Les donations se répartissent en trois catégories : les donations *pro anima* qui portent sur des biens importants, très souvent à l'origine d'une commanderie, comme celle de Jalès en Vivarais ou celle de Brucafel, près de Douzens, ou alors sur d'infimes parcelles ; le donateur ne met aucune condition et invoque le salut de son âme. Les donations *in extremis*, faites souvent par des pèlerins précautionneux, à l'exemple de cet Achard, de la région de Cluny, que nous avons déjà rencontré (première partie, chapitre i) ; elles sont peu nombreuses car le legs testamentaire les remplace vite.

En revanche, les donations rémunérées sont largement répandues ; on les distingue d'ailleurs difficilement de la vente. Le bénéficiaire de la donation, toujours une église,

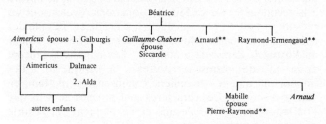

Des bienfaiteurs du Temple :
les deux branches de la famille de Barbairano

Aimericus : donat. Arnaud** : frère.

consent au donateur une *caritas*, une charité : un contre-don, en somme. Deux exemples : Raymond Hugues, d'Aigues-Vives, donne un homme, sa descendance et ses biens contre une aumône de cent vingt sous. Guillaume Mantelin, sa femme et ses deux fils « donnent et vendent » au Temple différentes pièces de terre ; et « pour ce don et vente, vous nous donnerez un cheval [3] ».

La remise de cette rémunération facilite l'acte de donation, puisqu'elle assure à l'auteur de celle-ci de quoi vivre ; le bénéficiaire du don est généralement gagnant, le contre-don étant d'une valeur inférieure. La rémunération — c'est son principal mérite — consolide la donation, la met à l'abri du repentir du donateur et de la vindicte des héritiers. Encore que... En 1197, Guillaume de Bergadon donne au Temple des propriétés sur le haut Llobregat (Catalogne) ; il meurt entre 1192 et 1196. Son frère refuse d'accomplir son vœu et, en 1199, vend la vicomté de Bergadon, y compris les biens légués au Temple, au roi d'Aragon, Pierre II. Le Temple n'entrera en possession de ce legs qu'en 1231 [4].

Malgré ces difficultés, apprécions l'importance de ce mouvement de donation dans la constitution du patrimoine du Temple : à Douzens, la moitié des trois cents actes réunis dans le cartulaire sont des donations ; à Montsaunès, le cartulaire comporte quarante donations *pro anima* et quarante-quatre donations rémunérées [5].

En Espagne, les donations présentent quelques traits particuliers, car elles sont liées à la participation de l'ordre à la reconquête. De ce fait, les donations royales sont les plus importantes ; plus qu'ailleurs, on cède au Temple des châteaux : Grañana, Monzon au début, Miravet, Tomar au Portugal, Peñiscola à Valence. Les donations portent aussi sur de vastes territoires... à conquérir. Elles impliquent que les templiers colonisent et mettent en valeur ces terres. Ces caractères sont proches de ceux que l'on trouve en Syrie-Palestine et s'expliquent par la lutte permanente menée contre les infidèles [6].

Pourquoi donne-t-on ? Pour le salut de l'âme et le rachat des péchés : l'Irlandaise Mathilde de Lacy donne quatre cents acres de terre « pour le salut de mon âme et celui des âmes de mes père et mère et de tous mes ancêtres, et de tous mes successeurs, et de celle de David, baron de Naas, mon défunt mari [7] ». Dans le cartulaire de Douzens, des formules comme « pour l'amour de Dieu, la rémission de mes péchés et le salut de mon âme et celle de mes parents » sont légion. Plus inquiet, ce Catalan qui fait un don « parce que je crains les terreurs de l'enfer et souhaite atteindre les joies du paradis ». L'espoir d'obtenir des avantages spirituels, prières, messes, pousse à la générosité ; certains donateurs se montrent parfois gourmands : Pierre Cornel donne son château de Frescano, en Aragon, mais exige que le Temple maintienne dix prêtres pour dire des messes. Être inhumé dans un cimetière du Temple, en étant revêtu du blanc manteau frappé de la croix rouge, est très prisé : il s'agit de la réception dite *ad succurrendum*. Des avantages matériels sont également attendus : rentes, entretien et protection pour la vie. Eudes de Grançay, âgé, entre dans l'ordre en 1185, dans la maison de Bures, toute proche de son château, pour y passer le restant de ses jours ; il y meurt en 1197 et y est inhumé [8].

Plus originaux sont les motifs avancés qui ont trait à la croisade, à la lutte contre l'infidèle : ils témoignent de la volonté de donner au Temple les moyens de remplir sa mission, ou de l'encourager dans l'accomplissement de celle-ci. Je rappelle ici l'exemple de Lauretta cité à la fin de la première partie de ce livre. Payen de Bures, fondateur de la maison dans laquelle Eudes de Grançay s'est retiré, adressait son don « aux soldats du Christ qui combattent dans l'ordre du Temple ». Les donations faites à la veille d'un départ en pèlerinage, ou en croisade, sont du même ordre. Pierre de Cadenet, s'embarquant pour la Terre sainte en 1185, fait un don aux templiers de Marseille. En 1134, Guillaume Pierre partant pour Jérusalem remettait à Dieu et aux frères un alleu. Du port de la Tourette, à Agde, le vicomte Roger Ier de Bézier, qui se prépare à embarquer pour l'Orient, confirme sa donation du terroir de Campagne-sur-Aude [9].

Le combat en Terre sainte ne se livre pas seulement avec des armes ; certains donateurs rappellent aux templiers le devoir d'assistance aux pèlerins et, plus généralement, aux pauvres. De nombreuses maisons-Dieu ont été fondées par des fidèles pieux ; ils n'ont pas toujours les moyens de les entretenir ; alors ils en confient le soin à des ordres religieux, l'Hôpital bien sûr, mais aussi le Temple. Jean Richard en a relevé plusieurs exemples en Bourgogne ; ajoutons cet exemple italien : Guglielmo de Morez et son fils concèdent au Temple une maison et des terres à Vico, à charge pour lui d'y aménager un hôpital [10]. Exemple révélateur de la façon complexe dont le Temple est perçu en Occident : le caractère religieux de l'ordre le dispute à son caractère militaire.

L'aménagement du patrimoine : échanges, achats, ventes

Les templiers ont cherché très vite à rassembler en ensembles cohérents ces donations de nature diverse, de superficie variable (lorsqu'il s'agit de terres), donations qui sont, en outre, dispersées géographiquement.

Échanges, achats et ventes permettaient d'agrandir un terrain, de faire disparaître une enclave, de se débarrasser d'un écart sans intérêt. Le cartulaire de Douzens comprend soixante-dix-huit actes de vente et d'échange. 80 % des actes de vente ne portent que sur des biens modestes, des droits de faible valeur. En Velay, P. Vial a dressé le tableau des donations, échanges et achats qui ont permis au Temple du Puy d'accroître son domaine de Chantoin. En 1170, le vicomte de Polignac, Pons, a cédé « tous ses droits sur le mas de Chantoin » ; c'est le point de départ. Entre 1190 et 1209, on compte quatorze achats, huit donations et trois échanges ; neuf achats, deux donations, un échange portent sur des rentes, des dîmes ou des droits non précisés ; quatre achats et cinq donations concernent des terres. En outre, deux terres sont obtenues en échange de rentes. Enfin, le Temple obtient de Hugues Pelester et de Pons Comarc qu'ils renoncent à leurs prétentions sur la maison de Chantoin : le premier le fait moyennant un dédommagement de douze sous ; le second « libéralement ». Ce lent et patient travail de rassemblement des biens s'accélère parfois : en 1210, on relève quatre donations et achats [11].

Les nombreuses et précises indications du cartulaire de Douzens nous font suivre la constitution et l'aménagement du patrimoine templier dans la localité de Brucafel, aux environs de Carcassonne. Le 1er avril 1133, Roger de Béziers, vicomte de Carcassonne, donne « sa villa de Brucafel avec tout ce qui en dépend, hommes, femmes, terres, prés, vignes, cens et usages... ». Entre 1142 et 1183, dix achats et cinq donations (dont quatre rémunérées) complètent le domaine initial : des pièces de terre, des vignes surtout. Pour sept des dix achats, le Temple possédait déjà des terrains confrontant ces parcelles sur un, deux, voire trois côtés.

Le souci de rationalisation est manifeste : les templiers font disparaître les enclaves qui « trouent » leurs propriétés. J'ai tenté de représenter graphiquement ce processus à partir de quatre actes des années 1156-1157 (voir p. 172). Dans deux cas, le Temple échange des terres (un terrain à bâtir, une terre à labourer) contre d'autres, l'une « jouxtant notre manse », l'autre, une vigne, située au milieu du vignoble de l'ordre.

Le Temple cherche aussi à acquérir les droits que des tiers possédaient sur les terres qui lui ont été cédées. Dans trois cas, il obtient ces droits en dédommageant leur possesseur d'une pièce de vigne, sur laquelle, d'ailleurs, il continue à percevoir la quarte (le quart du produit de la vendange).

Il se débarrasse enfin de la gestion de tenures isolées : le 29 août 1163, les templiers donnent en complant une terre à Guilbert, à charge pour lui d'y planter une vigne ; elle n'est que sur une faible partie au contact des terres de l'ordre. Le 18 janvier 1165, une terre, éloignée de leur domaine, est donnée à cens [12].

Un processus identique a été relevé en Catalogne et en Aragon, autour de Saragosse notamment. Le Temple joue parfois les bons apôtres et met fin à des querelles opposant deux propriétaires en achetant l'objet du litige [13]. La part des achats par rapport aux dons varie d'une région à l'autre : à Huesca, les achats l'emportent largement. En Espagne, les donations royales portent sur des châteaux ; l'intérêt du Temple est de constituer au plus vite — donc par achat — un domaine agricole suffisant pour subvenir aux besoins de la garnison du château. De même, en Prusse, les templiers ont acquis par achat leurs domaines les plus importants : les terres de Bahn, de Kunsken et Lietzen aux limites de la Pologne et de la Poméranie [14]. Les actes, nombreux, conservés pour la région d'Albenga, en Ligurie, révèlent une prédominance des achats sur les donations dans la deuxième moitié du XIIe siècle [15].

Échanges, ventes, achats, mais aussi les donations, n'ont pas toujours été le résultat d'une initiative spontanée de leurs auteurs. Les templiers ont parfois forcé la main de tel petit seigneur, de tel héritier. P. Vial le suggère en Velay. Dans la lointaine Prusse, la « bonne volonté des héritiers des donateurs de la terre de Bahn, que le Temple reçoit en 1234, a été quelque peu forcée [16] ». A l'inverse, d'autres établissements religieux exerçaient des pressions pour empêcher les donations ou les ventes aux ordres militaires : l'abbaye rouergate de Silvanès protège sa zone d'influence contre toute ingérence d'autres ordres, en interdisant aux

**Le processus de concentration des terres au profit du Temple
à Brucafel en 1156-1157**

1. Situation initiale :

    R.P.   Ricsendis Picca
    P.M.   Pica-Mil
    Hôpital   Hôpital de Carcassonne
    //////   Propriétés du Temple

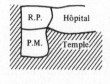

2. 9 février 1156 : Bernard Pica-Mil
et sa femme Guillemette vendent
une vigne au Temple, dans un
vignoble appelé «Daval».

3. 17 décembre 1156 : Raymond de Torena cède le gage et les droits qu'il avait
sur une vigne qui avait appartenu à Pica-Mil, sur la route de Vitrac.

4. 28 octobre 1157 : Ricsendis Picca
et sa fille vendent une vigne du
terroir de Brucafel, dans le vignoble
du Temple, sur la route de Vitrac.

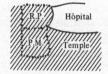

(Les actes donnent chaque fois le nom des propriétaires des parcelles confrontant celle qui est donnée ou vendue au Temple.)

propriétaires du sol de faire des dons ou de vendre des biens au Temple ou à l'Hôpital [17].

    Pressions, mais aussi abus manifestes et violences physiques : un remarquable texte écossais le révèle sans fard. Il se rapporte à des événements antérieurs à 1298. Au départ, Guillaume de Halkeston a disposé du patrimoine de sa femme, Christiana, en le cédant au Temple sa vie durant. Lorsqu'il meurt, Christiana est censée récupérer son bien, la terre d'Esperton, mais les templiers refusent de la lui rendre. Pire, le maître du Temple en Angleterre, Brian de Jay, entend l'expulser, ainsi que son fils Richard, de la maison que son feu mari lui avait tout de même laissée pour vivre. Elle résiste et Brian ordonne à ses hommes d'enfoncer la porte ; comme elle s'agrippait désespérément à la porte, l'un des hommes du Temple lui trancha le doigt de sa dague. Brian de Jay put ainsi s'emparer de la maison. Christiana, une fois guérie, porte l'affaire devant le roi d'Écosse, Jean Bailliol : par lettres solennelles, celui-ci la restaure dans ses droits. Mais, la guerre avec l'Angleterre ayant repris, des troubles agitent à nouveau l'Écosse, et les cours de justice suspendent leurs activités. Les templiers en profitent pour expulser à nouveau par la force Christiana. Nous sommes en 1298. Le 18 juillet, Brian de Jay, qui commande des archers gallois pour le compte du roi d'Angleterre, fait halte à Ballantrodach, la principale commanderie du Temple en Écosse. Averti, Richard se rend auprès de lui pour plaider la cause de sa mère. Brian lui fait bon accueil et, en échange de vagues promesses, lui demande de le guider, lui et ses archers, vers le champ de bataille de Falkirk. Le lendemain, alors qu'il se rendait à nouveau auprès du maître du Temple pour accomplir sa promesse, Richard est assassiné. La terre resta au Temple. Le 22 juillet, Brian de Jay tombait à la bataille de Falkirk, victime de son impétuosité et de sa témérité.

Cette affaire fut évoquée lors du procès des templiers écossais en 1309 ; un témoin les accusa de s'approprier les biens de leurs voisins par tous les moyens, licites ou illicites. Mais il ne fut pas question du meurtre de Richard d'Esperton [18].

Même s'ils n'ont que rarement atteint ce degré de violence, les cas de ce genre ont dû être assez nombreux pour forger l'idée de l'avarice, de l'âpreté au gain des templiers. Il convient cependant de tenir compte de la chronologie : le mouvement des donations faiblit au cours du XIIIᵉ siècle ; Jacques de Molay le dit, qui précise aussi que les pouvoirs laïcs et ecclésiastiques rognent les privilèges et avantages des ordres militaires, alors que leurs besoins en Orient ne diminuent pas [19].

Toutefois, le Temple, comme les autres ordres monastiques, disposait de toute une palette de moyens discrets pour parvenir à ses fins. Les ordres monastiques, par exemple, jouaient dans les campagnes le rôle de banque agricole et faisaient des prêts qui étaient fréquemment gagés sur des terres ou des droits : nul doute que le gage ait été choisi d'un commun accord par les deux parties.

L'exploitation du patrimoine : les revenus du Temple

Les templiers passaient pour riches. Mathieu Paris, pour les besoins de sa cause, a exagéré cette richesse. Les templiers possédaient de nombreuses maisons et des domaines considérables. Mais les inventaires faits au moment de leur arrestation n'ont révélé aucun luxe ostentatoire. Peu importe ! Les templiers étaient vraiment riches, et leur richesse était visible car elle était mobile. Régulièrement, au rythme des navires de Marseille ou de Bari, les templiers transféraient en Orient hommes, chevaux, vivres, armes et argent.

La nécessité de financer la guerre sainte, l'entretien des forteresses et des garnisons d'Espagne et de Syrie-Palestine obligeaient les établissements d'Occident à dégager du profit. Paradoxalement, le Temple et l'Hôpital pratiquaient en Occident une politique coloniale. Pour eux, les terres d'outre-mer étaient en Europe. Ce prélèvement sur les revenus d'Occident, connu sous le nom de *responsio*, représentait près du tiers de ce que les exploitations des ordres militaires produisaient.

Ce système a marqué l'exploitation du patrimoine templier de quelques traits neufs par rapport à celles des seigneurs laïcs et ecclésiastiques d'alentour ; ceux-ci ont en général un horizon géographique limité, alors que le commandeur du Temple, comme celui de l'Hôpital, pense à Jérusalem.

Je l'ai dit, les templiers ont respecté les spécificités de chaque région et produit ce qui rendait le mieux.

A Baugy, en Calvados, l'équipement de la commanderie comprend trois charrues, servies par six laboureurs. L'exploitation associe une riche céréaliculture (froment, seigle, orge et avoine) à la culture des légumineuses et à l'élevage. Dans les commanderies de la région d'Abbeville, les terres arables consacrées aux céréales sont majoritaires : on a calculé qu'elles représentaient deux cent quinze hectares à Grandselve, et trois cent quatre-vingts à Aimont. Les templiers des Midlands et d'Essex vendent leurs grains à l'étranger, à partir des ports de la côte est [20].

A Douzens, le Temple développe la culture de la vigne : le 18 juillet 1167, par exemple, il concède aux frères Bels une terre pour y planter de la vigne ; mais l'acte précise que, si le rapport en est insuffisant, la terre sera convertie en labour avec une redevance du huitième des fruits [21]. Constituée entre 1140 et 1154, la commanderie de Sainte-Eulalie-du-Larzac rassemble, en plus de la maison-mère, cinq établissements, dont ceux de La Cavalerie et de Millau. Les templiers y développent la culture des céréales dans les fonds de dolines, et surtout l'élevage : des bovins pour les labours ; des chevaux, dont le Larzac aurait été un lieu d'élevage privilégié ; des ovins élevés pour la laine, les peaux et le lait (le troupeau de La Cavalerie monte à mille sept cents têtes). Cet élevage est très important aussi en Champagne — le troupeau de Payns est de huit cent cinquante têtes — et dans le Comminges : le 10 mai 1170, le pape Alexandre III adresse à l'évêque du lieu une bulle dans laquelle il déclare prendre sous sa protection le bétail des templiers. Dans cette région, l'élevage est transhumant : en 1176, le comte de Comminges, Dodon, entre au Temple et abandonne à l'ordre ses droits sur les « montagnes » (les terrains de parcours) du Couserans. Les troupeaux de Miravet et de Monzon, en Aragon, dépassent mille têtes. En Angleterre, les templiers, sans atteindre le degré de spécialisation des cisterciens, élèvent le mouton pour sa laine, qu'ils commercialisent à Boston et Southampton [22].

En Italie du Sud, les templiers cultivent la vigne dans le « faubourg du Temple » de Foggia ; dans la même région,

ils exploitent des oliveraies et des jardins ; à Siponte, ils
possèdent des salines. Mais dans la région de collines de
Tuscie, près de Viterbe, à Castell'Araldo où ils possèdent
un *palazzo*, à San Savinio où un village fortifié se serre près
d'un château, élevage et céréaliculture l'emportent [23].

Certes, l'objectif de toute commanderie est d'abord de se
suffire : partout on cultive des grains et on élève des porcs ;
presque partout on s'efforce de produire du vin. Les
templiers britanniques n'ont pas cette possibilité : ils doivent importer du vin du Poitou, chargé à La Rochelle sur
leur bateau, *la Templière* [24]. C'est le surplus qui prend le
chemin de la Terre sainte. Mais les besoins de celle-ci
orientent cependant la production : l'élevage du cheval, et
donc la culture de l'avoine, marquent les exploitations
templières de Baugy comme des monts d'Arrée en Bretagne, de Payns en Champagne comme du Larzac, sans parler
de l'Espagne, dont les chevaux sont très recherchés.

Ces produits proviennent des réserves exploitées en
faire-valoir direct, mais aussi des prélèvements à titre de
redevances sur les tenures des paysans. Le 21 janvier 1160,
Pierre de Saint-Jean, frère de la maison du Temple de
Douzens, accense à Alazaïs et à ses enfants un manse avec
un moulin dans le terroir de Villalier sur l'Orbieu ; elle
devra verser chaque année, outre le cens peu élevé de
douze deniers, une part des fruits de l'exploitation : la
« quarte » (ou quart des fruits) sur la vigne, les labours, les
jardins et les prés ; le quint sur les terres qui viendraient à
être défrichées, le tiers sur le manse de Villalier et la quarte
sur le produit des moulins [25].

A côté des redevances assises sur la seigneurie foncière,
les paysans versent également de nombreux droits et usages
au titre de la seigneurie banale : péages, tonlieux, droits de
marché, banalités sur les fours, les pressoirs, les moulins,
etc. A Biot, le Temple tire des ressources importantes de
l'usage des herbages, sous forme de versements en nature :
blé, méteil, froment, avoine, fèves, vins, fromages [26]. Les
revenus tirés des banalités sont très prisés : sur les fours
qu'il se fait concéder à Valence, le Temple garde un pain
sur vingt [27]. A Douzens, les templiers reçoivent ou achètent

des moulins. Enfin, si les dîmes causent beaucoup de soucis au Temple dans ses rapports avec le clergé séculier, il n'est pourtant pas décidé à les abandonner tant le profit en est intéressant.

Le Temple marque une préférence pour les revenus réguliers. Son attitude en matière de concessions le confirme : ainsi en Aragon, pour se concilier ses tenanciers, ou pour attirer des paysans dans des zones à coloniser, le Temple renonce aux « exactions » et aux « mauvaises coutumes », mais conserve les dîmes, les banalités et les prémices des récoltes. D'autres tendances peuvent être observées, aussi bien en Espagne qu'en Angleterre ; la transformation des redevances à part de fruit en redevances fixes (ce qui n'est pas le cas à Douzens, du moins au XIIᵉ siècle) et la transformation des redevances en nature en redevances en argent. On le note aussi dans la région niçoise : sur les six cent trente-sept tenanciers de Puget-Théniers qui doivent une redevance, trois cent quatre-vingt-trois la paient en argent ; vingt et un en nature ; et deux cent treize en argent et en nature [28].

La conversion des services de travail, ou corvées, en redevances semble générale, même en Angleterre, où le travail forcé a mieux résisté qu'ailleurs. Au reste, ce genre d'évolution ne présente aucune originalité : on le relève partout, surtout au XIIIᵉ siècle. Peut-être est-il plus précoce et plus systématique dans les maisons du Temple. Car, outre la simplification administrative qui en découle, cela correspond à la nécessité de fournir les *responsiones* pour l'Orient en mobilisant rapidement les ressources de l'ordre : il est plus commode de transférer les ressources de l'Occident vers l'Orient en numéraire plutôt qu'en nature. Les relations obligatoires entre maisons du Temple du « front » et de l' « arrière » poussent donc au développement d'une économie commerciale : on comprend l'intérêt du Temple pour les marchés et les foires et pour les privilèges qui lui permettent d'importer ou d'exporter sans payer de droits [29].

Il est difficile de chiffrer les revenus que le Temple tire de l'exploitation de ses domaines agricoles, sauf en Angle-

terre, où nous disposons d'un document unique pour
l'histoire du Temple : l'enquête commandée en 1185 par
Geoffroy Fitz-Stephen, maître de la province d'Angleterre [30]. Par mesure de précaution, en face des récriminations du clergé séculier, il a ordonné l'établissement d'un
catalogue précis des biens et revenus de son ordre. On peut
comparer les résultats de cette enquête à ceux des inventaires après saisie de 1308 et à ceux d'un inventaire effectué en
1338 par les hospitaliers, qui ont hérité de la majeure partie
des biens du Temple. En 1185, le revenu annuel des
commanderies anglaises est de huit cent cinquante-sept
livres, mais il est sous-évalué car le revenu tiré des réserves
n'y figure pas ; en 1308, on atteint quatre mille trois cent
cinquante et une livres. D'une commanderie à l'autre, les
différences sont grandes : trois cent vingt-cinq livres à
Temple Bruer, en Lincolnshire, alors que Duxford, en
Cambridgeshire, ne « pèse » que vingt-deux livres. L'inventaire fait en Irlande, en 1308, donne sept cent dix-sept livres
de revenu [31]. Ailleurs, des chiffres fragmentaires peuvent
être donnés : mille quatre cent vingt-sept livres pour les
vingt-deux maisons de l'ex-Temple dans le bailliage de
Mâcon, en 1333, soit moins de la moitié des revenus de
l'Hôpital dans la même circonscription. Dans le comté de
Bourgogne (notre Franche-Comté), l'état des fiefs et des
revenus donne plus de quatre mille livres de revenus
en 1295 [32].

Plaçons-nous au niveau plus modeste d'une commanderie : les droits d'usage des herbages de Biot rapportent
soixante-dix livres, et sept cent quatre setiers de froment,
deux cent quatre-vingt-huit d'avoine, deux cent soixante-
quatre de blé-méteil et vingt-huit de fèves [33].

Bien que partielles, ces indications ne laissent aucun
doute : le Temple tirait des revenus substantiels de ses
domaines ruraux. On aimerait connaître mieux leur évolution. Les prémisses de la crise qui a frappé l'Europe au XIVe
siècle se font sentir dès la fin du XIIIe. Dans quelle mesure
les revenus du Temple en furent-ils affectés ? A. J. Forey a
donné quelques indications pour la Catalogne : il constate
une diminution des redevances à la fin du siècle ; l'une des

raisons de ce phénomène tient au nombre croissant des retards et des impayés. A Gardeny, entre 1290 et 1309, vingt-huit actes sur cinquante-deux concernent le non-paiement d'arriérés. Les tenanciers sont incapables de les payer : le poids croissant de la fiscalité royale, qui entre en concurrence avec le prélèvement seigneurial, n'explique pas tout : la crise est là [34].

Les templiers, conservateurs ou innovateurs ?
Les moyens d'exploitation

La commanderie se présente sous des formes diverses : granges exploitées en faire-valoir direct ; seigneurie avec réserve en faire-valoir direct et tenures paysannes assujetties à des redevances et des services. Les templiers ont en général préféré l'exploitation en faire-valoir direct, car, sans participer au travail agricole, ils entendent suivre au plus près l'évolution de la production de leurs domaines. Ils ne sont pas des « rentiers du sol », selon la formule célèbre de Marc Bloch qui définissait ainsi les seigneurs du XIIIe siècle. Dans les États de la Couronne d'Aragon, ils ont conservé jusqu'au bout des réserves importantes [35].

Les templiers n'ont cependant pas en la matière d'idées toutes faites, et ils n'hésitent pas à abandonner le faire-valoir direct pour le fermage lorsque cela les arrange. On discerne en Angleterre une tendance en ce sens à la fin du XIIIe siècle [36]. Une terre isolée comme celle de Catalayud, située à cent quarante kilomètres de la commanderie de Villel, est concédée en fermage à deux juifs en 1255, moyennant la somme de cent vingt morabetin. Sur le gave de Pau, la maison templière de Camon est mise à ferme en 1290 [37]. La difficulté de trouver de la main-d'œuvre a pu parfois pousser les templiers à adopter ce système qui les dégage de la responsabilité de la gestion.

Les templiers emploient sur leurs réserves un personnel permanent, que viennent compléter, lors des gros travaux, des corvéables, puis, de plus en plus, des salariés : les vingt-cinq personnes recensées à Baugy, des laboureurs au gardien de poulains, couvrent à peu près toute la gamme des activités agricoles de la commanderie. La condition juridique des personnes employées varie selon les régions : elles sont libres en Normandie ou Picardie, régions qui n'ont pas connu le servage ; elles sont serves en Languedoc, où il est important. On a dit que l'entrée dans la famille templière valait libération : à condition de prendre celle-ci en un sens assez étroit peut-être. A Douzens, les donations de serfs ne sont pas rares, et dans aucun des actes du cartulaire on ne trouve trace d'affranchissement [38]. Les templiers ont d'ailleurs toujours inclus leurs serfs parmi les « hommes du Temple » qui bénéficient des privilèges et exemptions de l'ordre.

En Espagne, Temple et Hôpital utilisent régulièrement le service d'esclaves maures, achetés ou prisonniers de guerre : des inventaires faits en 1289 pour quinze commanderies d'Aragon montrent que chaque maison du Temple utilise en moyenne vingt esclaves (le chiffre monte à quarante-neuf à Monzon).

Dans la péninsule Ibérique, le Temple a dû mettre au point une politique de peuplement, car il recevait des territoires ravagés, quand ils n'étaient pas encore à conquérir. Des chartes de peuplement accordant un certain nombre de droits aux paysans qui souhaitaient s'y installer sont concédées par le Temple : sur l'Èbre dès 1130, dans la région de Lérida en 1151, sur la basse Èbre, dans le Sud-Aragon, le royaume de Valence au XIIIe siècle. Cela ne réussit pas toujours : à Villastar, à la frontière du royaume de Valence, une première charte est publiée pour vingt paysans chrétiens qui s'engagent à rester au moins trois ans avant de pouvoir vendre le lot qui leur est remis ; cela en 1264 ; les trois années écoulées, il n'en demeure que quatre. Le Temple s'adresse alors aux Sarrasins, qui avaient quitté les lieux lors de la conquête chrétienne, et leur accorde une charte en 1267. Enfin, en 1271, une troisième charte est concédée à dix-sept paysans chrétiens.

Dans cette zone difficile, les templiers n'hésitent donc pas à inciter les musulmans à revenir ; c'est une pratique générale en Espagne, de la part des pouvoirs laïcs. Il ne s'agit plus ici d'esclaves. En 1234, les templiers reçoivent la reddition de Chivert ; ils promettent aux musulmans, s'ils reviennent avant un an et un jour, de les réinstaller dans leurs terres et leurs maisons. Ce qui advint, puisqu'un accord fut passé avec eux pour préciser les conditions de leur séjour : liberté de culte, exemption de tout service militaire, de rentes et de redevances pendant deux ans. En 1243, le Temple fit construire un mur pour protéger le quartier maure. A cette occasion, les musulmans jurèrent à leur seigneur, le Temple, d'observer leur charte « comme de fidèles et loyaux sujets doivent le faire ».

Le 8 juillet 1231, le roi Jacques le Conquérant, qui vient de conquérir les îles Baléares, permet aux templiers d'installer sur le terroir d'Inca trente familles de serfs sarrasins. Templiers et hospitaliers coloniseront systématiquement leurs domaines des Baléares de cette façon, au point de s'attirer un blâme du pape Grégoire IX en 1240 [39].

Naturellement, afin d'éviter de vider de leur main-d'œuvre leurs domaines anciennement exploités, les templiers ont fait ce qu'ont fait tous les seigneurs en pareil cas : ils leur ont accordé les mêmes avantages. Des chartes allant dans ce sens furent concédées aux communautés rurales, très vivantes en Espagne. Ils consultent leurs représentants (« universidad » en Catalogne, « concejo » en Aragon) sur le choix de certains agents, justiciers et administrateurs [40]. Au nord des Pyrénées, le Temple a su faire les concessions nécessaires pour répondre à la volonté d'émancipation des bourgs et des villes : en 1288, le bourg de Montsaunès reçoit une charte de consulat, c'est-à-dire l'autonomie municipale [41].

Pour résoudre ces problèmes de peuplement, les templiers ont su trouver des solutions originales : en Bretagne, dans la région des monts d'Arrée et du Menez Hom, ils ont utilisé, conjointement avec les cisterciens et les hospitaliers, une forme de bail très particulière, la « quévaise ». Ces régions sont pauvres et en friche ; elles sont vides d'hommes et sans maîtres. Pas question ici de faire-valoir direct. Par le bail à quévaise, le Temple cède à un cultivateur la jouissance individuelle d'un lot contre une redevance en

argent, des redevances en nature et quelques corvées fixes,
et la jouissance collective du terroir villageois moyennant
le versement d'une part de la récolte. Ce lot est transmis-
sible en ligne directe, au profit du plus jeune des enfants.
Dans les monts d'Arrée, on concède ainsi une maison avec
un jardin contre une redevance de cinq sous, une poule et
des corvées, et la jouissance collective des champs contre
un champart de trois gerbes sur vingt. Ce type de bail
soude une communauté rurale fragile parce que récente ; il
pousse aux défrichements ; et, par le « droit de juveigne-
rie », il incite les aînés à s'installer à leur compte pour fonder à leur tour une « quévaise » [42].

Il est bien d'autres exemples qui prouvent que, loin
d'être des conservateurs, les templiers ont innové. On a dit
que leur gestion était « efficace et traditionnelle [43] ». Je la
caractériserai plutôt par sa capacité d'adaptation aux
conditions très variées rencontrées en Occident, et par sa
souplesse. Plus généralement, les templiers ne se sont pas
contentés d'accompagner l'essor de l'Occident. Ils ont
favorisé l'extension des terroirs cultivés et développé des
méthodes et des techniques d'exploitation et de gestion
novatrices. Ils ont préféré, c'est évident, recevoir en donation des terres déjà cultivées plutôt que des friches et des
déserts [44]. Mais ils se sont bien gardés de refuser ces derniers et les ont mis en valeur. Aux exemples espagnols et
bretons déjà examinés, ajoutons ceux-ci : en 1168, Pierre
d'Aragon, prieur de Saint-Étienne-du-Mas, donne au Temple une pièce de terre à défricher. Dans le pays de la Selve,
en Rouergue, P. Ourliac indique qu'ils ont eu comme politique de créer des sauvetés et il les compare à des sortes
d'entrepreneurs en peuplement. En Velay, ils ont participé
aux défrichements, par exemple dans la paroisse monta-
gneuse et forestière de Riotard. Dans la commanderie de
Montsaunès, la terre de Planha, ou Plagne, était un terrain
de parcours pour les troupeaux du Temple ; en 1303, le
commandeur conclut un contrat de pariage avec le seigneur
voisin, Raymond d'Aspet, pour fonder en cet endroit une
bastide : les deux tiers des revenus iront au Temple, le reste
à Raymond. Cette création tardive, dans une région de

forêts et de pâturages, prolonge le travail de mise en valeur des pré-Pyrénées entrepris dès le siècle précédent par les hospitaliers [45].

Dans les régions agricoles les plus riches et les plus avancées, les templiers ont incité leurs frères de métier et tous leurs employés à utiliser les méthodes les plus « performantes ». Ils pratiquent l'assolement quadriennal à Sommereux-en-Beauvaisis, dont le terroir est divisé en quatre royes, ou soles, de superficie à peu près égale, consacrées au froment, à l'avoine, au « mars » (pois, fèves, légumineuses) et à la jachère. L'inventaire de 1307 à Baugy révélerait même un abandon de la jachère : sur soixante-dix-sept acres (soit à peu près quarante hectares), dix-huit sont consacrés au froment et au seigle, vingt-quatre à l'orge, quinze à l'avoine, vingt aux légumineuses (pois, vesces) [46].

Les templiers de Douzens se sont beaucoup intéressés aux moulins, si l'on en juge par la vingtaine d'actes qui en parlent. Ce sont des moulins-terriers, établis sur l'Aude, la Lauquette et l'Orbieu. Une digue de remontée d'eau, ou paissière, barre le cours du fleuve ; en amont de cette digue partent deux « cabedacs », ou prises d'eau, munies de vannes ; ainsi, de chaque côté du cours d'eau, un canal est formé qui se subdivise en autant de bras qu'il y aura de roues (trois de chaque côté souvent). Un canal de fuite ramène les eaux à la rivière. L'ensemble des installations, avec les moulins proprement dits, la maison du meunier, les greniers à gerbes et à paille, forme le « molnaere ». Les rapports de ces établissements sont élevés : à preuve les redevances perçues lors de leur accensement. Ils donnent naissance à une activité industrielle : meunerie et moulins à drap [47]. Un autre exemple de retombée industrielle des productions agricoles est représenté par l'apprêt des peaux de mouton dans le Larzac et la production de fromages : les templiers auraient été les promoteurs de l'industrie du roquefort [48]. La vallée aragonaise du Cinca, les templiers ont fait mieux encore : ils sont à l'origine du remarquable réseau d'irrigation, encore existant aujourd'hui, qui fit de la région une zone de culture privilégiée au XIIIᵉ siècle. De 1160, avec l'*acequia* de Conchiel, à 1279, avec l'*acequia* de Sotiles, ils ont ouvert quatorze canaux d'irrigation. L'eau circule librement, y compris dans les canalisations privées, sous réserve de renvoi des eaux non utilisées à l'*acequia*. Les templiers se chargent de l'entretien des canalisations et se réservent les moulins ; ils perçoivent un droit d'utilisation. Le plus souvent, l'ordre négociait avec les communautés d'habitants et les églises l'ouverture d'un nouveau canal. Ainsi à Paules, où se trouve une importante commanderie subordonnée à celle de Monzon, l'aménagement d'une *acequia* est décidé, en 1250, par le chapitre de la province d'Aragon, réuni à Monzon, avec l'accord des trente-huit habitants ; les eaux, abondantes, seront prises à Cofita ; les habitants pourront ouvrir des bras secondaires et irriguer de jour et de nuit, à condition de rendre l'eau inutilisée à sa « mère », sous peine d'une amende d'un sou ; ils peuvent construire des passerelles et planter des arbres, mais les templiers, seuls, pourront installer des moulins [49].

Les templiers ont donc innové et investi dans le secteur agricole. Leur activité est en effet aiguillonnée par ce moteur puissant qu'est le profit. Ils doivent produire pour envoyer blé, chevaux, viandes et peaux en Terre sainte ; ils doivent vendre pour acheter du fer, du bois, des armes, et pour dégager d'importantes sommes d'argent. Le profit marque dans ses moindres détails la gestion templière. En 1180, les templiers catalans de Palau Solità prêtent cent vingt morabetin à Guillen de Torre ; le prêt est gagé sur les terres de ce seigneur dont l'inventaire est dressé. Le frère templier qui rédige celui-ci ne s'est pas contenté de faire un catalogue de produits ; pour chacun d'entre eux, il a indiqué la valeur marchande et estimé ainsi le revenu global des biens gagés. Les templiers ont adapté à leurs besoins (le marché, la vente) leur habileté de comptable. Thomas Bisson, qui commente ce document, écrit :

> Établis dans une société rurale mûre, loin des dangers sarrasins, les frères de Palau se meuvent à l'aise dans leurs petits champs et petits marchés locaux comme dans

les affaires importantes de Barcelone, de l'Église et de l'État. Parmi d'autres entreprises, ils se sont mis à l'entreprise agraire [50].

V. Carrière l'affirmait déjà : « Le moine-soldat envisage la culture à l'instar d'une industrie [51]. » Mais il se plaçait dans un contexte de tradition, non d'innovation, ce qui est erroné.

Les activités financières des templiers (comme celles des hospitaliers, pour lesquels on pourrait faire des remarques identiques) se comprennent alors mieux : elles s'inscrivent dans le contexte général des activités économiques des ordres militaires. Étant donné leur mission, les ordres ne pouvaient faire autrement que produire pour dégager du profit. Étrange itinéraire mental pour ces hommes issus de l'aristocratie, dont l'idéal était de produire pour donner, pour faire « largesse ».

La défense du patrimoine

Les moines en général, les ordres militaires en particulier, ont mis à la défense de leurs privilèges, de leurs droits, de leurs biens un acharnement qui fit beaucoup pour leur réputation : l'accusation de cupidité figurera en bonne place parmi les charges retenues contre le Temple. Pourtant, l'ordre n'est ni meilleur ni pire que les autres. Mais, on l'a vu, il est quelques exemples qui nourrissent cette critique.

Il faut distinguer la défense des propriétés de celle des privilèges. Ceux-ci ont été concédés par les autorités ecclésiastiques et les pouvoirs laïcs dans des circonstances précises. Elles changent : il est tentant d'en profiter pour remettre en cause un privilège. En particulier, l'affermissement des pouvoirs monarchiques dans la seconde moitié du XIIIᵉ siècle et la politique d'accroissement des revenus qui en découle multiplient les occasions de conflit, non seulement avec les ordres militaires, mais avec l'ensemble des organisations et des pouvoirs ecclésiastiques. Cela est vrai de la

France de Philippe le Bel comme de l'Angleterre d'Édouard Ier ou de l'Aragon de Jacques II.

Les conflits concernant le droit de propriété sont légion dès le début de l'histoire du Temple, et ils ne lui sont pas propres : aussi ne peut-on inférer de leur nombre une quelconque opinion, favorable ou défavorable au Temple.

Dans l'Occident du XIIe siècle, donation et aliénation ne résultent pas de la volonté individuelle d'un homme ; l'accord du lignage est indispensable car il constitue un garde-fou contre la dilapidation des patrimoines. Malgré la pratique de rémunérer l'aumône, le bénéficiaire n'est pas à l'abri de contestations des membres du lignage, d'où procès : à Douzens, Vediana et son fils déclarent renoncer, au profit de la milice, à une terre « qu'injustement nous réclamions, et qui est dans le terroir de Douzens [52] ». Avant 1220, André de Rosson, chevalier, a donné ses terres de Rosson et Aullefol (dans l'Aube) aux templiers de Bonlieu ; il est entré au Temple, et il y est mort ; peu avant sa mort, en 1220 justement, il avait confirmé, et son fils avec lui, la donation. Mais sa fille, Agnès, qui n'avait pas ratifié cela, réclame sa part d'héritage à la mort de son père. Suit un long procès, interrompu un temps en 1224, Agnès ayant renoncé à ses droits. Mais le conflit renaît en 1240, le fils d'Agnès, Henri, se ravisant et faisant saisir les biens ; tout prend fin en 1241, par une réconciliation générale [53].

Les pouvoirs laïcs ont tenté de limiter les acquisitions des ordres religieux, surtout au XIIIe siècle. Le comte de Champagne, Thibaud le Chansonnier, conteste au Temple ses droits sur certaines terres ; en 1228, il fait saisir tous les biens que le Temple a acquis depuis quarante ans ; un arbitrage intervient, en 1229, favorable au Temple, mais le comte refuse de céder. Le règlement définitif de l'affaire n'intervient qu'en 1255 : les templiers conservent leurs acquis, mais il ne pourront plus accepter de dons ni procéder à des achats sans l'autorisation du comte. De même, le 8 septembre 1221, Philippe Auguste confirme les acquisitions faites jusqu'à ce jour par les frères du Temple, mais il émet quelques restrictions pour l'avenir [54]. Cette attitude traduit moins la méfiance de la royauté — ou des princes — que sa volonté de contrôler ce qui se passe chez elle. La royauté chypriote agit de même à la fin du XIIIᵉ siècle.

Propriétaire, seigneur foncier et banal, le Temple perçoit des redevances sur ses hommes, et les juge ; il touche des droits de péage et de tonlieu sur les marchands de passage ; il reçoit l'hommage de ses vassaux. Tout cela est générateur de disputes avec les seigneurs voisins qui contestent ici un droit de justice, là un péage ou un droit d'usage. En Velay, le Temple a reçu en 1237 des terres et des droits dans la riche région d'élevage de Belvezet. En 1270, un conflit éclate avec ses voisins, les hospitaliers. L'objet du litige ? L'usage des pâturages de Trespeux. Il y a des injures, des coups et blessures, des prises d'otages. Malmenés, les templiers et leurs hommes obtiennent des sentences d'excommunication contre les hospitaliers. L'arbitrage rendu par le doyen du chapitre de la cathédrale du Puy reconnaît aux templiers le droit d'usage des pâturages « à l'intérieur des limites marquées par des bornes ». En Velay, toujours, une sentence arbitrale met fin, en 1287, à une longue et violente querelle entre les templiers du Puy et Guigue Payan, seigneur d'Argental et de la Faye, sur l'exercice des droits de justice à Marlhes, où les templiers possèdent une maison : le seigneur Guigue prétendait y détenir la haute justice, ce que le Temple contestait. L'accord se fit selon les modalités suivantes : la haute justice « de mort, de mutilation des membres et d'exil » est partagée ; Guigue l'exercera sur les hommes du Temple ; le précepteur de l'ordre, qui plaidait aussi au nom de l'ordre entier, sur les donats et les frères du Temple. Tous les autres cas de haute justice à Marlhes demeureront de la compétence du Temple [55].

Il arrive que les intérêts du Temple se heurtent à ceux du roi : en 1225, Louis VIII fait droit aux réclamations des templiers de La Rochelle au sujet d'un moulin qu'il a fait construire près de son château et qui gêne les moulins du Temple. Il renonce à en construire d'autres et limite l'usage de celui qui existe aux besoins de la garnison [56].

Ce sont les privilèges concédés par les souverains et par

l'Église qui entraînent les conflits les plus graves et les plus longs ; ils sont pour beaucoup dans l'impopularité des ordres militaires auprès des clercs. Les pouvoirs laïcs ont exempté le plus souvent les ordres des péages et des droits dus à la Couronne, ainsi que des impôts et du service militaire. En Aragon, ces privilèges se sont multipliés au XIIᵉ et au début du XIIIᵉ siècle. Mais, à partir de 1250, la monarchie entreprend de les réduire, sinon de les supprimer : elle veut, par exemple, obliger l'ordre à payer l'impôt du *monedaje* ; le Temple refuse, arguant de ses privilèges. Le roi ne l'emporte qu'en 1292, à moitié seulement, puisque le Temple paiera... la moitié de l'impôt. Mais la monarchie échoue lorsque, par exemple, elle veut soustraire les juifs « hommes du Temple » des exemptions dont jouit celui-ci, ou lorsqu'elle veut imposer un droit d'un cinquième sur le butin pris par les templiers. Le conflit le plus vif porte, à la fin du siècle, sur les obligations militaires que le roi Jacques II veut imposer aux templiers « pour la défense du pays ». Mais cette question dépasse le cadre aragonais et sera analysée dans un chapitre suivant, qui traitera du Temple au service des États. En Aragon, le Temple a toujours réagi avec vigueur à ces tentatives royales ; il a trouvé des alliés dans les assemblées représentatives du pays, les *Cortes*. Il a pu maintenir l'essentiel au prix de quelques concessions [57]. Le coup le plus rude fut la suppression du privilège de 1143 qui accordait aux templiers un cinquième du butin dans toutes les régions et localités prises avec leur aide sur les Maures ; il est vrai qu'au XIIIᵉ siècle ils participent moins aux opérations de reconquête.

En Angleterre également, les templiers durent se montrer vigilants pour conserver les privilèges que Henri II et Richard Cœur de Lion, au XIIᵉ siècle, puis Henri III, au milieu du XIIIᵉ, leur ont généreusement accordés : exemption des taxes royales sur les terres ; exemption des droits de douanes sur les exportations de laine ; exemption des réquisitions de vivres en cas de guerre. Ils protestèrent auprès du roi et se plaignirent auprès du pape lorsque le gouvernement prétendit, en 1256, lever sur les templiers d'Irlande une « aide » pour la croisade. Ils durent souvent payer très cher le maintien de leurs avantages, notamment sous Édouard Ier (1270-1307) qui ne les ménagea pas [58].

Tous les conflits se terminent un jour ou l'autre par des concessions et un accord. Différentes méthodes furent employées pour aboutir au compromis.

La plus simple, et la plus fréquemment utilisée, consiste à conclure un accord à l'amiable, grâce à l'entremise de parents ou d'amis : ainsi se règlent la plupart des litiges portant sur les donations.

Autre méthode, le recours à l'arbitrage : les exemples de conflits que j'ai donnés pour le Velay furent réglés ainsi. Les arbitres sont des « prudhommes » du pays (conflit entre Raymond de Blomac et le Temple de Douzens à propos d'un champ) ; des laïcs, comme la vicomtesse Ermengarde de Narbonne (à Douzens également) ; et des clercs, le plus souvent. L'évêque de Carcassonne règle la querelle qui oppose Temple et Hôpital au sujet de la terre de Beaucelles, et l'abbé de Notre-Dame d'Alet celle qui voit le Temple et l'abbaye de Saint-Hilaire s'affronter pour un homme donné au premier [59].

Le recours au pape est fréquent, mais il se contente de désigner un arbitre. L'archidiacre de Coutances trouve ainsi une solution dans l'affaire qui oppose le Temple au curé de Tourville-la-Campagne, en 1280. Les templiers la remettront en cause, en 1298, et finiront par obtenir ce qu'ils voulaient : la possession de la cure [60]. En Italie, le pape Alexandre III confie à l'évêque de Vicence le soin de mettre un terme, en 1179, au différend surgi entre les templiers et les chanoines de Vérone au sujet des limites d'une paroisse : l'accord est conclu en 1186. Désigné par le même pape, l'évêque de Tremoli n'a pas cette chance : l'abbé de Sainte-Marie de Trenuti, accusé par les templiers de s'être emparé d'une de leurs terres, refuse l'instruction menée par l'évêque [61].

Les exemples italiens montrent que l'on passe insensiblement aux procès, soit devant les cours ecclésiastiques, soit devant les cours laïques. Les templiers de la presqu'île de Guérande disputent aux seigneurs d'Assérac un droit d'avenage perçu pendant les foires ; l'un des seigneurs a mis en prison deux hommes du Temple : il est excommunié ; alors (nous sommes en 1222), il fait amende honorable. Une vingtaine d'années plus tard, un autre seigneur s'en prend *manu militari* à un chevalier de l'ordre. Sur plainte du commandeur de Guérande, le seigneur d'Assérac est traduit devant l'officialité de Nantes (le tribunal épiscopal), devant laquelle un accord intervient en 1245 [62].

En France, les templiers ont fréquemment recours à la justice royale. Accusés ou accusateurs, ils plaident devant les assises des baillis et des sénéchaux, ou, en appel, devant le Parlement. Les affaires jugées sont de toutes sortes ; la juridiction royale juge avec équité et ne semble pas manifester une hostilité de principe à l'égard de l'ordre, même si les sentences défavorables sont un peu plus nombreuses que les sentences favorables [63].

La vie quotidienne
dans les commanderies d'Occident

La commanderie :
grosse ferme et château en Espagne

Une commanderie n'est constituée qu'à partir du moment où les biens rassemblés sont suffisants pour dégager un surplus utilisable pour la Terre sainte. Mais la commanderie doit être également un centre de vie, capable de rayonner sur une région, capable d'attirer les vocations. Des esprits romantiques ont trop souvent transformé quelques murs en ruine en austère château fort ; ils ont trop souvent rêvé au templier de garde, arpentant tout armé, dans son blanc manteau frappé de la croix rouge, le chemin de ronde. La réalité est plus prosaïque et il faut renoncer à cette image d'Épinal qui représente les templiers (ou les hospitaliers), toujours sous les armes, sillonnant la chrétienté à partir de leurs couvents-forteresses [1].

Les nombreuses études de détail faites sur les commanderies — elles sont d'inégale valeur et parfois bien naïves — révèlent une énorme majorité d'exploitations agricoles, de bonnes grosses fermes en somme ! Bien sûr, on trouve des fermes fortifiées, des églises-donjons (à Vaours), des châteaux : la donation de la famille Barbairano à Douzens, par exemple, celle aussi, dans la même région, du vicomte de Carcassonne à Campagne-sur-Aude. La Couvertoirade est ceinte de murailles, et deux tours rondes furent édifiées par les templiers dans l'enclos du Temple de Paris. Mais, outre que beaucoup de châteaux du Temple sont imaginaires (celui de Gréoux en Provence, par exemple), il convient de

s'entendre sur la valeur défensive de ces lieux fortifiés : ils
sont avant tout le centre d'une domination seigneuriale
semblable à celle des seigneurs laïcs d'Occident ; leur
caractère militaire demeure de toute façon secondaire. Ces
établissements sont des lieux protégés, défendus ; ce sont
des refuges. Mais ils doivent de l'être tout autant à leur
qualité d'établissement religieux qu'à leur capacité défensive.

Il est bien entendu des exceptions : le château de Vrana
en Croatie, sur la côte adriatique, est une vraie forteresse ;
et surtout dans la péninsule Ibérique, où très tôt les
templiers ont reçu la garde de véritables forteresses, avec
leurs garnisons : Grañana, Monzon, Barbera, Chivert,
Alfambara, Tomar sont capables de soutenir un siège
prolongé, ce qui se produira en 1307-1309. Mais ces
châteaux sont aussi des centres de vie économique. Ils le
deviennent de plus en plus au fur et à mesure que le front de
la *Reconquista* progresse vers le sud. Le château de
Monzon, devenu le quartier général de l'ordre en Aragon,
est au centre d'un domaine de vingt-neuf villages et
églises [2]. D'ailleurs, même les formidables forteresses des
ordres militaires en Syrie-Palestine, dont la fonction militaire est évidente, sont aussi des centres d'occupation
politique et d'exploitation économique.

Un critère simple permet d'apprécier la vocation guerrière de ces maisons : le nombre d'armes que l'on y a trouvé
lors des confiscations de 1307 et des années qui ont suivi. Si,
dans la maison de Limassol, à Chypre, l'inventaire relève
neuf cent trente cottes de mailles, neuf cent soixante-dix
arbalètes, six cent quatre casques et diverses autres armes,
celui qui fut dressé dans les maisons d'Irlande n'énumère
que quelques armes au milieu des sacs de blé ou d'avoine et
des têtes de bétail. En 1308, les ressources des commanderies irlandaises alimentent l'armée anglaise, qui opère en
Écosse, en blé, pois et stockfish, mais pas en armes.
Quelques armes seulement dans l'importante commanderie
de Sainte-Eulalie-du-Larzac, et pas une seule dans l'inventaire si précis de la maison de Baugy [3].

Le personnel que l'on rencontre dans la commanderie est

plus ou moins nombreux en fonction de l'importance de celle-ci, mais aussi des missions qui lui sont assignées. La commanderie du Mas Deu, avec ses six ou sept maisons subordonnées (dont Perpignan), est occupée par vingt-six frères : quatre chevaliers, quatre chapelains, dix-huit sergents ; il faut y adjoindre un personnel important de frères de métiers et de domestiques et serviteurs de toute sorte. Le Mas Deu était une forteresse, d'où ce nombre élevé. Les conditions particulières de la *Reconquista* expliquent qu'en Espagne les frères-chevaliers soient plus nombreux qu'ailleurs ; ils fournissent en particulier la majorité des précepteurs : vingt sur les vingt-quatre connus entre 1300 et 1307 en Aragon [4]. Mais de tels effectifs et une telle composition sociale demeurent exceptionnels. Dans la commanderie ordinaire, le commandeur est frère-sergent ; assisté d'un ou deux autres frères, parfois d'un chapelain, il commande à un personnel exploitant nettement plus nombreux : à Baugy, en Calvados, on trouve un berger, un vacher, un porcher, un gardien de poulains, un forestier, deux portiers, six laboureurs, en tout vingt-cinq personnes ayant des responsabilités, soit dans le travail agricole, soit dans les services domestiques de la maison ; aucun d'entre eux n'ira jamais en Terre sainte ; mais certains seront arrêtés en 1307 [5].

Administrateur des biens de l'ordre, le précepteur peut être secondé par un lieutenant, mais toujours à titre temporaire : lorsque les dons affluent, lorsque les achats se multiplient, par exemple. Pour la gestion quotidienne, il reçoit l'aide d'un cellérier, comme dans les abbayes cisterciennes ; c'est parfois un laïc.

L'ordre du Temple n'aime guère les spécialistes de la gestion administrative et économique : la rotation rapide des hommes dans les différents postes dirigeants est la règle.

Un faux problème : les églises des templiers

Qu'elles soient château, simple maison forte ou ferme, toutes les commanderies disposent d'un lieu de culte, simple chapelle aménagée dans la bâtisse ou, le plus souvent, bâtiment autonome situé à proximité du couvent. Ces chapelles ne doivent pas être confondues avec les églises de paroisse données au Temple. De celles-ci, ils sont les patrons, c'est-à-dire qu'ils en nomment les desservants. Les chapelles sont destinées aux besoins spirituels des membres de l'ordre et sont desservies par les frères chapelains. Mais les templiers en ouvrent assez facilement les portes aux voisins, au grand dam des curés de paroisse qui voyaient s'éloigner ainsi fidèles et ressources. C'est un élément parmi d'autres du contentieux entre le clergé séculier et les ordres monastiques.

Il est arrivé pourtant que ces chapelles constituent le noyau de nouvelles paroisses. Même s'ils sont des tard venus dans les campagnes, les ordres militaires ont contribué à modifier le réseau paroissial. Dans le diocèse de Limoges, certaines zones peu peuplées, comme le plateau de Millevaches, étaient sous-équipées et sous-encadrées en matière religieuse : une trentaine de paroisses tirent leur origine d'une chapelle templière ou hospitalière. Un accord passé en 1282 entre l'évêque de Limoges et le précepteur du Temple de Limoges mentionne dix-sept chapelles : douze sont devenues églises paroissiales [6]. En Espagne, dans les régions récemment reconquises, le Temple et l'Hôpital sont chargés de la défense, mais aussi de l'encadrement des fidèles en attendant la mise en place de structures régulières [7].

Les imaginations fertiles ont multiplié les églises du Temple de la même façon qu'elles avaient multiplié les châteaux. Les amateurs d'ésotérisme se sont rués sur les chapelles, comme les chasseurs de trésors sur les châteaux. Viollet-le-Duc est à l'origine d'un mythe sans aucun fondement, ne serait-ce que statistique : les templiers ont construit des églises à plan central sur le modèle du temple du Seigneur, à moins que ce ne soit sur celui du Saint-Sépulcre, en partant de la mystérieuse alchimie des nombres.

Dans un article pionnier, Élie Lambert avait mis à mal ce mythe. Des études systématiques entreprises depuis lors ont permis de faire le point [8]. Les églises à plan central — en rotonde ou polygonales — sont, d'une part, l'exception parmi les constructions religieuses du Temple, et, d'autre part, ne lui sont pas propres. Les quelques exemples connus sont des bâtiments soignés, construits dans des commanderies importantes. En Orient, seule la chapelle à douze côtés de la puissante forteresse de Château-Pèlerin appartient à ce type. En France, la première église du Temple de Paris avait la forme d'une rotonde avec une coupole supportée par six colonnes ; elle est seule de ce genre, celle de Metz n'étant sans aucun doute pas templière. A Laon, la chapelle du Temple est un octogone avec une niche d'autel face au portail d'entrée.

Donc, deux formes : rotonde circulaire et polygone à huit ou douze côtés. La première a pris pour modèle l'*Anastasis* du Saint-Sépulcre. Mais ce n'est pas nouveau : la chapelle palatine d'Aix-la-Chapelle s'en inspirait. Au XIᵉ siècle, des églises furent construites *ad instar Dominici Sepulchri* : Neuvy-Saint-Sépulcre, qui date de 1042, Sélestat (1094), Paderborn, Bologne [9]. Si nous n'avons qu'un seul exemple de ce type pour les templiers de France, nous en connaissons plusieurs en Angleterre : Old Temple à Londres, Temple Bruer, Douvres, Bristol, Garway, Asklaby. Là encore, d'autres que les templiers ont utilisé ce modèle : ainsi les églises du Saint-Sépulcre de Cambridge ou de Northampton. La volonté d'imiter l'*Anastasis* rejoint ici une « tradition anglo-normande », selon l'expression d'Élie Lambert, plus généralement une vieille tradition celtique occultée ailleurs. Pourtant, les deux plus belles réalisations de ce type se trouvent l'une au Portugal, au château de Tomar, l'autre à Ségovie, où elle abrite une relique insigne, un fragment de la Vraie Croix. L'église de Ségovies, longtemps attribuée aux templiers, appartient en fait aux chanoines du Saint-Sépulcre de Jérusalem [10].

Les chapelles en forme de rotonde n'ont donc eu, dans l'ordre du Temple, qu'une diffusion restreinte, mais précise : elles se rattachent à une tradition de chapelle palatine dont le modèle serait Aix-la-Chapelle.

Quant aux églises de forme polygonale, elles n'ont rien de commun avec le Saint-Sépulcre, que les chapelles précédentes imitaient plus ou moins consciemment. Certains ont cru pouvoir les rattacher au temple du Seigneur de Jérusalem, la Coupole du Rocher, qui, on le sait, a la forme d'un octogone. A tort. Il existe en Occident une tradition de chapelle octogonale qui s'exprime notamment dans les chapelles de cimetière : c'est le cas de l'octogone de Montmorillon, longtemps attribué, à tort, aux templiers. La chapelle templière de Laon est de ce type : huit côtés, pas de déambulatoire annulaire, couverture en forme de lanterne. Mais son modèle ne se trouve pas en Orient : il est à Laon même, dans le cimetière de l'abbaye Saint-Vincent, où une chapelle octogonale fut bâtie avant l'arrivée des templiers dans la ville.

Des traditions occidentales diverses et la volonté d'imiter le Saint-Sépulcre, et exclusivement celui-ci, expliquent le développement de ces types de construction à partir du XIᵉ siècle. Parmi d'autres, le Temple en fit construire quelques-unes, en forme de rotonde ou en forme de polygone. C'est l'exception.

La règle ? Des églises rectangulaires très simples. La plupart des chapelles castrales de Catalogne, Aragon, Castille et Terre sainte (Tortose, Châtel-Blanc) appartiennent à ce groupe qui se divise en deux sous-groupes [11].

Il s'agit, dans le premier cas, d'une chapelle rectangulaire à nef unique, de quinze à vingt mètres de long sur cinq à sept mètres de large, avec des murs épais et soignés, flanqués de contreforts plats ; des baies étroites, en général groupées par trois, s'inscrivent sur un chevet plat. L'église est couverte d'une voûte en berceau brisé, avec des arcs doubleaux en boudin, qui déterminent des travées dans la nef, trois le plus fréquemment.

Dans le second cas, l'église présente des caractéristiques identiques sauf sur un point : le chevet est en abside semi-circulaire et il est surmonté d'un cul-de-four.

Dans le Sud-Ouest français, J. Gardelles et C. Higounet ont ainsi dénombré, parmi les bâtiments encore existants et ceux dont on garde une trace sûre (le Temple de Bordeaux, par exemple), dix établissements templiers : trois sont à chevet en abside, six à chevet plat, un n'est pas connu [12]. Les établissements hospitaliers sont encore plus nombreux, puisqu'on en compte vingt ayant un chevet plat. En aucun cas il ne s'agit d'une architecture templière. Les deux auteurs présentent d'ailleurs les chapelles rectangulaires à chevet en abside comme un type courant que l'on retrouve du Comminges à la Bretagne, de la Navarre à la Bourgogne.

Le type à chevet plat n'aurait connu qu'une diffusion limitée : seul représenté en Gironde et dans le Lot-et-Garonne, il est répandu en Charente-Maritime (Grand et Petit Mas Deu, Malleyrand, Angles), en Poitou, en Berry, dans l'Yonne (Saulce d'Island). Ce serait un type régional, propre à la France du Centre et de l'Ouest, lié à des traditions locales ; comme beaucoup d'autres, Temple et Hôpital auraient utilisé les architectes régionaux.

Pourtant, ce type de construction semble plus largement répandu que ne le pensaient J. Gardelles et C. Higounet, puisque trois chapelles de Brie champenoise, Coulommiers, Chevru et Coutran, ont ce plan ; de même la chapelle de Fontenelle en Bourgogne [13]. Il s'agit de monuments simples, facilement imitables : voilà qui pourrait expliquer leur diffusion à partir d'un centre aquitain.

Le décor sculpté de ces chapelles est rudimentaire et l'on a évoqué l'influence de Cîteaux, hostile à tout décor somptueux. Il convient d'être prudent ; certaines de ces chapelles sont peintes. Le problème est de savoir si ce décor coloré a été voulu par les templiers. Les célèbres fresques de la chapelle de Cressac, en Charente, sont dues à la générosité du donataire, soucieux d'assurer la pérennité de son souvenir. Elles représentent des cavaliers en armes qui attaquent des Sarrasins ; ces cavaliers ne sont pas des templiers, mais des croisés ; en retrait cependant, sortant d'une ville, on distingue trois chevaliers du Temple. En revanche, les fresques de l'église San Bevignate de Pérouse, en Italie, sont un des rares exemples d'un décor voulu (et réalisé ?) par les templiers. Nombre d'églises du XIIIᵉ siècle ont été décorées, et il en reste des traces : en Sud-Ouest, Magrigne, La Grave, Montsaunès. Le décor est souvent géométrique, avec une flore stylisée, des lignes et des crochets. Il n'y a qu'un pas — et il fut franchi — pour invoquer l'influence arabe, l'ésotérisme. Pourquoi pas, d'ailleurs, dans ce Moyen Age où le symbolisme est roi [14] ? Mais d'autres que les templiers ont utilisé des formules identiques ; et n'oublions pas qu'il y a des traditions locales vivaces. Pourquoi les templiers, qui ont montré une si remarquable capacité d'adaptation aux conditions locales dans l'exploitation comme dans l'administration de leurs biens (pensons à l'adaptation aux aires linguistiques par exemple), n'auraient-ils pas agi de même dans le domaine de l'architecture et de l'art ? Il n'en reste pas moins que, s'il n'y a pas d'école internationale d'art des templiers, ceux-ci ont largement utilisé, à travers l'Europe, un type de construction homogène, simple et pratique. Eux et les hospitaliers.

La vie dans la commanderie

Administrateur, le précepteur, ou commandeur, est aussi le chef d'une communauté religieuse ; à ce titre, il doit veiller au respect de la règle. Celle-ci a été rédigée en fonction des besoins de l'ordre en Terre sainte, mais les templiers d'Occident doivent pouvoir s'y conformer. Certaines prescriptions s'appliquent d'ailleurs plus facilement qu'en Orient : ce qui a trait au service divin, par exemple.

L'ascèse templière est adaptée aux conditions de vie particulières du moine-soldat. Il mène la rude vie des camps et, même s'il ne la mène pas toujours ni partout, il doit se garder de toute pratique ascétique qui pourrait altérer sa santé. Étienne de Bourbon, un dominicain, a recueilli l'histoire de « Seigneur pain et eau », un templier qui, à force de privations et de mortifications, s'était tellement affaibli qu'il ne tenait plus sur son cheval [15]. La règle du Temple n'exige pas, bien au contraire, ce genre de pratiques. Le templier a droit à un certain confort : il doit porter des vêtements adaptés aux fortes chaleurs comme au froid (article 20) ; il a droit à un matériel de couchage douillet (article 21) et les inventaires faits dans les maisons templières au moment de l'arrestation des membres de l'ordre, en 1307, ont relevé avec précision les éléments de literie du dortoir. Dans sa première rédaction, la règle recommande aux frères de rester assis durant l'office :

> Il est venu à nos oreilles (...) que, sans interruption, vous écoutez debout le service de Dieu. Nous ne le recommandons pas. Nous le désapprouvons. Mais nous commandons que (...) pour le chant du psaume qui commence par *Venite,* et pour l'invitatoire et l'hymne, tant les forts que les faibles s'assoient (...). Mais à la fin des psaumes, quand le *Gloria patri* se chantera, pour la révérence de la Sainte Trinité, levez-vous et courbez-vous ; les faibles et les malades inclineront la tête... (articles 15 et 16).

Mais c'est sur le chapitre de la nourriture que les différences avec l'ascèse monastique traditionnelle sont les plus fortes. Le templier prend deux repas par jour, sauf pendant les périodes de jeûne, où il n'en prend qu'un. Le maître du Temple, donc, aussi. Le précepteur d'une commanderie peut en autoriser un troisième. Le templier mange de la viande trois fois par semaine (article 26). « Maintes fois, l'on donne de deux sortes de mets à tous les frères, pour que ceux qui ne mangent pas de l'un puissent manger de l'autre, ou de trois sortes, quand les maisons ont en abondance, et les commandeurs le veulent » (article 185). Les repas doivent être pris en silence, comme il est de règle dans toutes les communautés monastiques. Seulement, le templier moyen ne connaît pas, comme les

clunisiens, ce langage des signes qui lui permet de demander du pain ou du sel sans dire mot. Aussi peut-il parler un
peu, mais discrètement. Il ne doit pas gêner le lecteur qui lit
quelques extraits des textes sacrés.

Qu'il soit en Terre sainte ou en Occident, le templier ne
doit pas rester oisif : lorsque le précepteur de son couvent
ne le requiert pas pour accomplir un service, il doit prendre
soin de ses chevaux et de ses armes (article 285). Si besoin
est, il doit faire effectuer les réparations nécessaires ;
d'ailleurs, lui interdire de le faire équivaut à une sanction.
Inutile de préciser que, parmi les frères de métiers, le frère
forgeron et maréchal-ferrant est l'un des plus sollicités.

Les templiers s'entraînent-ils au combat ? La charge de la
cavalerie lourde ne s'improvise pas. En Occident, tournois
et chasses préparent le chevalier au combat. Or, la règle
interdit aux templiers ces deux activités. Il faut sans doute
assimiler à des manœuvres d'entraînement ces déplacements en groupe, d'« héberge » en « héberge », accomplis
par les templiers d'Orient pour meubler les temps morts.
En Occident ? On sait peu de chose : on cite parfois le
terrain de Fickettscroft, à Londres, comme terrain d'entraînement [16]. Les statuts conventuels prévoient des concours
de tir à l'arc et à l'arbalète qui sont agrémentés de paris sur
des objets sans valeur (article 317).

Le service divin occupe une partie non négligeable de la
vie quotidienne. La règle prévoit le cas, fréquent en Orient,
où les templiers ne pourront célébrer régulièrement le
service divin parce que leurs obligations militaires les en
empêcheront. Elle autorise même à regrouper les offices de
prime, tierce et sexte (article 10). Mais, hormis ces cas de
force majeure, les templiers doivent se conduire en religieux et suivre les offices, réciter psaumes et patenôtres aux
heures canoniales. Rien à voir, on s'en doute, avec la
splendeur de l'*Opus dei* des clunisiens. On ne doit pas
sous-estimer cependant le rôle de ces prières en commun
qui ont, tout autant que les combats, contribué à forger un
esprit de corps. Jacques de Molay, le dernier maître du
Temple, n'avait sans doute pas tort de dire, lors d'un
interrogatoire en novembre 1309 :

qu'il ne connaissait pas d'ordre dans lequel les chapelles et les églises eussent des ornements, des reliques et des accessoires du culte divin meilleurs ni plus beaux et dans lesquelles le service divin fût mieux célébré par les prêtres et par les clercs, les églises cathédrales exceptées [17].

Le fait que le service divin soit assuré par un chapelain, membre du Temple, ne dispense pas totalement les templiers d'avoir recours aux services de prêtres ou d'évêques extérieurs à l'ordre. Toutes les maisons du Temple ne disposent pas d'un frère-chapelain ; et celui-ci ne jouit pas d'un pouvoir d'absolution illimité : il ne peut « juger » un templier coupable du meurtre d'un chrétien ni un templier coupable de simonie (trafic des sacrements de l'Église). Enfin, un templier peut toujours recourir aux services du prêtre de son choix ; une bulle pontificale le rappelle expressément au début du XIVᵉ siècle [18]. L'accusation portée contre l'ordre à ce sujet — à savoir le refus de consulter des clercs extérieurs à l'ordre — est fausse : témoignant lors du procès des templiers de Lérida, en Aragon, des franciscains ont affirmé avoir reçu fréquemment les confessions de templiers [19]. Qu'il y ait eu des abus dans ce domaine n'est pas niable : non seulement des chapelains de l'ordre ont outrepassé leurs pouvoirs ; mais il est sûr que maîtres et précepteurs, qui ne sont pas ordonnés prêtres, ont parfois absous les fautes des frères ; ils n'en ont pas le pouvoir. L'évêque d'Acre, Jacques de Vitry, mettait en garde les templiers contre cette tentation : « Il ne faut pas que les hommes laïques usurpent les fonctions du prêtre (...) car les clés ne leur sont pas confiées, ni le pouvoir de lier et de délier [20]. »

Les templiers avaient pour devoir de pratiquer l'aumône et la charité, ainsi que l'hospitalité. Leur idéal ne se limitait pas à se battre, mais à se conduire quotidiennement en « pauvres chevaliers du Christ ». Faire vœu de pauvreté, c'est aussi aider les pauvres [21]. A Jérusalem comme dans les plus petites commanderies, les templiers se doivent de

nourrir des pauvres ; à la fin des repas, servis abondants
dans ce but, on pratiquait l'aumône des restes. Les maisons
du Temple devaient accueillir les hôtes de passage : la tâche
était particulièrement lourde pour la maison chèvetaine de
Jérusalem.

Lors du procès, les templiers furent souvent accusés
d'avarice ; on leur reprocha également d'accueillir plus
volontiers les hôtes payants, riches, que les pauvres qu'il
fallait entretenir. Si l'on en croit Jean de Wurzbourg, qui
visita le Temple lors de la deuxième croisade, les templiers
ne faisaient pas, dans ce domaine, le dixième de ce que
faisait l'Hôpital [22]. Nuançons cependant : les accusations
portées ne sont pas générales ; charité et hospitalité ne font
pas partie des missions de l'ordre. L'Hôpital, ordre charitable, est devenu un ordre militaire ; le Temple n'a jamais
fait, et n'avait pas à faire, le chemin inverse.

La « justice de la maison »

En mettant en garde les templiers, l'évêque d'Acre faisait
également allusion à cette tendance naturelle de tout corps
à se replier sur lui-même, et à traiter ses affaires en secret.
C'est au cours de chapitres, tenus à l'abri des oreilles
indiscrètes, que les problèmes généraux de l'ordre, mais
aussi tous ses problèmes disciplinaires, étaient examinés.
Le chapitre général, réuni à l'initiative du maître, pour
l'ordre entier, les chapitres provinciaux, convoqués une fois
par an, les chapitres hebdomadaires de chaque commanderie, enfin, s'efforçaient, chacun à leur niveau, de résoudre
les problèmes posés à l'ordre.

La vie de la commanderie était donc rythmée par ce
chapitre qui se réunissait chaque dimanche après la messe ;
il faisait fonction de conseil pour traiter des affaires
courantes, et de conseil de discipline pour sanctionner les
fautes commises par les frères et les manquements à la
règle. Les cas ardus ou graves étaient renvoyés aux échelons supérieurs et l'on n'hésitait pas à expédier en Terre

sainte, pour y être jugé par les instances suprêmes de l'ordre, le templier gravement coupable.

La règle donne de nombreux exemples du fonctionnement de cette « justice de la maison », comme l'appelaient les templiers eux-mêmes [23]. Le principe en était proche de ce que, au XXe siècle, on appelle l'autocritique. Chaque frère doit confesser ses fautes, puis se retirer ; le chapitre alors délibère ; le frère revient pour écouter la sentence ou « esgard ». Si un frère ne confesse pas sa faute, il peut être mis en accusation par un autre, sur congé du commandeur. Avant d'en arriver là, le frère qui sait qu'un autre frère a commis une faute doit s'efforcer de l'amender et l'inviter à confesser sa faute au chapitre suivant (article 390-391). Cette pratique est celle de tous les ordres religieux. On connaît, pour les hospitaliers, une compilation de la fin du XIIIe siècle qui rassemble ces « esgards » ; on ne dispose pas de l'équivalent pour les templiers [24]. La règle présente cependant des cas concrets, mais sous une forme anonyme et générale.

Le chapitre prononce naturellement des sanctions. Les fautes les plus graves sont punies de la perte de la maison, ou expulsion de l'ordre, de la perte de l'habit, ou expulsion temporaire (un an et un jour), de la perte de l'habit sauf Dieu (la même chose mais avec sursis). Pour les cas moins graves, le chapitre peut choisir une peine plus ou moins infamante, mais de portée limitée : le fautif est astreint à des travaux pénibles avec les esclaves ou les domestiques ; il doit manger par terre, jeûner trois, deux ou un jour par semaine pendant une durée déterminée. La sanction la plus bénigne et la plus fréquente consiste à mettre au pain et à l'eau durant une journée le coupable. A peu de chose près, ce « barème » des peines se retrouve dans les autres ordres militaires. Maîtres et précepteurs peuvent toujours adoucir la peine infligée : les dignitaires de l'ordre avaient droit, par exemple, à davantage de nourriture de façon à pouvoir en donner à un frère privé de viande. Les circonstances faisaient parfois que la sanction automatiquement appliquée à tel type de faute pouvait sembler excessive, voire injuste : on s'arrangeait alors pour éviter de saisir le chapitre, pour laisser au pape le soin de trancher.

Après la sanction vient le pardon : « Et à ceux-ci [*ceux qui se sont confessés*] fais-je autant pardon que je puis, de par Dieu et par Notre-Dame », dit le précepteur, qui ajoute : « Et je prie Dieu que par sa miséricorde... Il vous pardonne vos fautes ainsi qu'Il pardonna à la glorieuse sainte Marie-Madeleine » (article 539).

Ce pardon n'a rien à voir avec l'absolution des péchés que donne le prêtre. On devine la confusion qui a pu s'opérer dans la tête de maints templiers peu instruits et peu au courant des subtilités des clercs : ils ont pris l'une pour l'autre. Aussi, en 1307, les accusateurs des templiers, parfaitement instruits, eux, des subtilités en question, ont pu sans difficulté confondre les templiers sur ce point ; ils en auraient certainement confondu bien d'autres.

Il est un fait, cependant, que les rapports entre la « justice de la maison » et les juridictions ecclésiastiques et laïques sont délicats et ambigus. Lors du procès des templiers britanniques, en 1309-1310, le frère chapelain Jean de Stoke est interrogé sur les circonstances de la mort et de l'inhumation de frère Gautier Le Bachelier, maître du Temple en Irlande, de 1295 à 1301. Accusé d'avoir dilapidé les biens du Temple, Gautier a été puni par le chapitre et condamné à la perte de la maison. Tombant alors sous le coup de la juridiction ecclésiastique ordinaire, il a été excommunié et emprisonné... dans la cellule pénitentielle de l'église du Temple de Londres. Mourant, il est confessé par un prêtre. Mort, il est enterré, non dans le cimetière du Temple, mais sur la place, devant la commanderie du Temple de Londres. Il n'y a eu nulle faute et les inquisiteurs qui interrogeaient les templiers n'ont pu exploiter cette affaire contre l'ordre [25].

Mêmes problèmes avec la justice laïque, comme le démontre l'exemple, déjà analysé, du templier assassin des émissaires du « Vieux » de la montagne : puni par la « justice de la maison », il est néanmoins enlevé par la justice royale et emprisonné. Dans l'un et l'autre cas, c'est tout le problème de l'autonomie et des privilèges d'exemption du Temple qui est posé.

Le secret qui entoure les délibérations des divers chapitres — et violer ce secret entraîne la perte de la maison — n'a rien d'exceptionnel, les autres ordres faisant de même. Cela s'explique par le désir de maintenir la paix dans la maison. Les cas les plus fréquemment soumis à la justice de l'ordre sont ceux de bagarres, de violences, d'injures, de menaces. Qu'en eût-il été si un frère, sanctionné par un chapitre, anonyme pour lui puisqu'il a dû se retirer, apprenait que la sanction était demandée par tel ou tel frère ? « Le secret du chapitre ressemble, somme toute, au secret de la confession », fait justement observer Régine Pernoud [26]. Secret à l'intérieur pour maintenir la paix ; secret à l'extérieur pour maintenir la réputation de l'ordre ? Précisons que le secret ne s'entend que pour les délibérations. Les sanctions, elles, peuvent être rendues publiques, comme le montre l'exemple repris dans l'article 554 de la règle. Trois templiers avaient tué des marchands chrétiens à Antioche :

> La faute vint devant le chapitre, et il leur fut ordonné de perdre la maison, et qu'ils fussent fouettés à travers Antioche, à Tyr, à Sidon et à Acre. Ils furent fouettés ainsi et criaient : « Voyez ici la justice que prend la maison envers ces mauvais hommes. » Et ils furent mis en prison perpétuelle à Château-Pèlerin, et là ils moururent.

Exploitation rurale, forteresse, couvent, caserne enfin : la commanderie est tout cela ; et la règle devient code de discipline militaire.

3

Entre l'Occident et la Terre sainte

Les activités financières

La réputation des templiers comme « banquiers de l'Occident » n'est plus à faire. On présente même leur réussite financière comme une des causes de leur perte : richesse et avarice, richesse et arrogance s'assemblent assez bien, mais elles ne peuvent faire bon ménage avec une vocation religieuse [1]. Je pense au contraire que, pour remplir la mission qui lui incombait, le Temple devait — presque nécessairement — développer des activités financières. L'Hôpital, les teutoniques et même les ordres religieux traditionnels en ont fait autant, même si ce fut à une échelle moindre.

Les prélèvements imposés aux maisons d'Occident, les *responsiones,* sont obligatoires pour que les ordres vivent en Orient. Une bulle du pape Nicolas IV le rappelle encore en 1291, en pleine débâcle. Ils représentent théoriquement le tiers des revenus, mais sont réduits au dixième de ceux-ci, avant d'être fixés à une somme forfaitaire de mille marcs au début du XIVᵉ siècle en Aragon [2]. L'intérêt du Temple le pousse à convertir en argent le maximum de ses revenus et à acquérir le plus possible de droits sur les foires et les marchés, et de monopoles profitables : par exemple, celui du « pesage » qu'il obtient du comte de Champagne aux dépens des bourgeois de Provins [3].

Le Temple a développé une qualité reconnue à tous les monastères : être un abri, un refuge pour les personnes comme pour les biens. Rien n'est plus sûr qu'une maison consacrée à Dieu, donc inviolable, du moins en principe, pour déposer ses objets précieux. Les maisons des ordres militaires semblent encore plus rassurantes : les plus importantes d'entre elles, celles de Paris, Londres, La Rochelle, Tomar, Gardeny, protégées par leurs murailles, défendues par de nombreux frères, semblent à l'abri de toute attaque. C'est ainsi qu'à partir des dépôts d'objets précieux, de joyaux, d'argent, se sont constitués ces « trésors » du Temple que d'aucuns cherchent encore... La première fonction financière du Temple est donc passive : celle d'être le coffre-fort de l'Occident. En Aragon, cela demeurera sa fonction quasi exclusive. Le roi d'Aragon dépose les joyaux de la couronne à Monzon, en 1303. Des particuliers y placent des bijoux qui servent parfois de gages à d'autres opérations où les templiers peuvent être impliqués. Ils y déposent aussi des sommes d'argent affectées à un usage précis mais reporté dans le temps. Chaque dépôt est placé dans une huche dont le trésorier de la maison du Temple possède la clé, et qu'il n'ouvre qu'avec l'accord du déposant. Lors de la première croisade de Saint Louis, le Temple a ainsi transporté sur l'un de ses bateaux, transformé en véritable banque flottante, les huches d'un grand nombre de croisés. Joinville raconte, dans un récit demeuré célèbre, comment, au prix d'une petite mise en scène, il parvint à les faire ouvrir pour se procurer l'argent nécessaire à la rançon du roi :

> Je dis au roi qu'il serait bon qu'il envoyât chercher le commandeur et le maréchal du Temple, car le maître était mort, pour lui demander de lui prêter trente mille livres (...). Étienne d'Ostricourt, le commandeur du Temple, me répondit : « Sire de Joinville, ce conseil que vous donnez n'est ni bon ni raisonnable, car vous savez que nous recevons les fonds en commandite de telle manière que, d'après nos serments, nous ne les pouvons remettre à personne si ce n'est à ceux qui nous les ont baillés.

Dispute et fortes paroles ; le maréchal du Temple se tourne vers le roi :

Sire, laissez aller cette dispute entre le seigneur de Joinville et notre commandeur. Comme le commandeur vous le dit, nous ne pourrions rien bailler sans être parjures. Et de ce que le sénéchal du Temple vous conseille de prendre, si nous ne voulons vous prêter, il ne dit pas là grande merveille. Vous en ferez à votre volonté [4]...

Ainsi fut fait ; la première huche qui fut ouverte appartenait à Nicolas de Choisy, un sergent du roi.

L'existence de ces dépôts excitait parfois la convoitise des autorités royales. En Angleterre, le futur Édouard Ier força les coffres des particuliers, en 1263, lors d'une attaque à main armée à New Temple. En 1277, ce sont des voleurs moins huppés qui brisent les huches. En 1232, le vol avait été plus subtil : Hugh de Burgh perd la faveur du roi Henri III, et ses biens sont confisqués ; mais comment mettre la main sur l'argent qu'il a en dépôt à New Temple ? Le trésorier refuse énergiquement d'ouvrir la huche tant qu'il n'a pas un ordre écrit de Hugh. On finit par trouver un arrangement : le trésor de Hugh fut saisi par le roi, mais laissé à sa place, au Temple, car il fut considéré comme séquestre. L'honneur du Temple était sauf [5].

Ce genre d'attaque était rare, plus rare encore dans les établissements templiers. La réputation du Temple ne fut pas remise en cause. D'autant plus qu'il dépasse vite ce stade de la gestion passive. Il gère les dépôts de ses clients qui disposent d'un véritable compte courant : ils tirent de l'argent, effectuent des paiements par simples lettres adressées au trésorier. Trois fois l'an, la banque envoie un extrait de compte. Le client peut ainsi effectuer en toute connaissance de cause des opérations de compte à compte. Un journal de caisse du Temple de Paris, daté des années 1295-1296, révèle l'existence de soixante comptes appartenant à des dignitaires de l'ordre, des clercs, au roi, à sa famille, à ses officiers, à des marchands de Paris et à divers seigneurs [6]. Le roi figure ici comme particulier. Je laisse de côté pour l'instant tout l'aspect public de l'activité financière du Temple, c'est-à-dire la gestion du Trésor royal, donc des finances de la monarchie [7].

De la simple gestion des fonds pour le compte d'autrui, le Temple passe naturellement à une activité de prêt. Il dispose de fonds propres, mais aussi des fonds déposés par les particuliers et non affectés à un usage précis. Le Temple fait travailler cet argent.

Toutes les maisons de religion ont joué le rôle de banque agricole dans les campagnes de l'Occident médiéval, et les cartulaires, ceux du Temple comme les autres, offrent maints exemples de ces menues sommes prêtées aux paysans pour passer un cap difficile.

Des prêts plus importants sont consentis : en 1216, le Temple avance mille marcs d'argent à l'abbaye de Cluny, alors en difficulté [8]. Il prête à des marchands de Cahors qui devaient acquitter un droit de vingt marcs pour débarquer leurs marchandises en Angleterre. Il prête aux pèlerins de Saint-Jacques, Rome ou Jérusalem. On a des exemples précoces en Aragon, puisque, en 1135, un couple de Saragosse emprunte au Temple la somme de cinquante morabetin pour se rendre sur le tombeau du Christ ; le 6 juillet 1168, Ramon de Castela et sa femme, qui désirent eux aussi faire le Saint Voyage, remettent en gage au Temple leurs propriétés contre l'avance de cent morabetin [9]. Mentionnons enfin les prêts consentis aux rois et aux princes dont on verra l'importance dans un chapitre ultérieur.

Le Temple se garantit de trois manières : gages, intérêts, amendes. Contre l'argent prêté, le bénéficiaire remet ses biens en gage au Temple, qui les conservera en cas de non-remboursement : ce sont les exemples aragonais donnés ci-dessus. L'intérêt est souvent dissimulé dans une opération de change d'une monnaie à une autre. Mais la doctrine de l'Église a évolué sur ce problème et, en 1232, l'évêque de Saragosse avoue ouvertement les intérêts qu'il verse au Temple : il rembourse en effet cinq cent cinquante morabetin, cinq cents comme capital et cinquante comme « usure » [10]. Le Temple préfère une autre garantie à ses prêts : le contrat stipule une forte amende, ou *interesse,* en cas de défaillance de l'emprunteur. Tous les prêteurs d'argent utilisent ce procédé, comme en témoignent les

nombreux exemples des archives vénitiennes [11]. Cette
amende représente 60 à 100 % de la somme prêtée : la
veuve de Guillaume de Sargines, remariée, mais ayant
le bail de son fils, est citée en Parlement par le Temple, et
est condamnée à rembourser trois mille livres que son feu
mari avait empruntées à l'ordre ; mais la cour réserve
le problème de l'amende, fixée elle aussi à trois mille
livres [12].

Les templiers, lorsqu'ils ne sont pas directement concernés par une opération financière, peuvent être consultés et
intervenir comme témoins ou cautions : ainsi cette importante opération passée à Venise, en juin 1181, par les
hospitaliers, en présence du doge et de deux frères templiers.

> Ercembaldo, frère de l'Hôpital de Saint-Jean de Jérusalem, prieur de Saint-Gilles de Venise, par mandat du
> comte Raoul et de Roger, maître de l'Hôpital, et par
> l'intermédiaire de trois frères hospitaliers dont le prieur
> de Bohème, reçoit de Stefano Barocci, procurateur de
> San Marco, soixante-douze marcs d'or et deux cents
> d'argent en dépôt. Ces sommes sont reçues devant le
> doge, en présence des frères Hospitaliers et aussi des
> frères Templiers, Engelfredi et Martin.

Ce texte confirme le rôle non négligeable des hospitaliers
dans le domaine financier, tout en laissant paraître la
suprématie du Temple en la matière [13].

Ils ont contribué aux progrès des techniques financières
(lettres de crédit) et de la comptabilité. La tenue de
journaux de caisse révèle, par exemple, le fonctionnement
de l'entreprise parisienne, la plus importante d'Occident.
Frère X ouvre le matin l'un des cinq ou six guichets de la
banque ; sur le livre de caisse, il inscrit la date et son nom ;
puis il inscrit au fur et à mesure les opérations recettes s'il
est à un guichet recette, les débits s'il est à un guichet débit.
Les sommes d'argent sont versées en monnaies réelles qui
sont, on le sait, diverses ; le caissier les inscrit sur son livre
en monnaie de compte, dans le type de la monnaie
considérée. Le soir, faisant sa caisse, il convertit tout en

monnaie de compte parisis, utilisant pour cela un échiquier [14].

Le Temple mène une activité de prêt similaire en Orient. L'une des premières indications est fournie par les prêts accordés à Louis VII pendant la deuxième croisade. Les « retraits », rédigés dans la seconde moitié du XIIe siècle, font état, comme d'une pratique courante, de prêts : le maître peut prêter jusqu'à mille besants de sa propre initiative. Le développement des prêts du Temple en Syrie-Palestine est contemporain de l'essor du grand commerce international et de l'afflux de métaux précieux, argent essentiellement, que l'on remarque dans les États latins au cours des années 1160 [15]. La question a été posée de savoir d'où vient l'argent dont le Temple dispose en Orient. Deux explications s'affrontent.

Les ressources financières viennent d'Occident, des commanderies de l'« arrière », et cela suppose des transferts de fonds importants.

D. Metcalf doute de l'importance de ces « portages » de monnaie et il propose une autre explication : le Temple trouve en Syrie-Palestine même de considérables ressources financières qui proviennent de l'exploitation de ses domaines de Terre sainte, des dons des pèlerins et croisés faits à Jérusalem, des tributs, rançons et butins faits aux dépens des infidèles, et enfin des activités bancaires elles-mêmes. Pour cet auteur, la raison majeure du développement des activités bancaires de l'ordre est le profit, l'opportunité offerte de faire des gains supplémentaires. Pour lui, « la richesse des templiers en Terre sainte doit être appréciée en fonction de leur rôle social et politique en Orient ; et, en Occident, en fonction du rôle qu'ils y jouent [16] ».

D. Metcalf n'exagère-t-il pas l'importance des ressources propres du Temple à Jérusalem ? Butin, tributs, rançons ne sont pas à sens unique. On peut même penser que, la conjoncture politico-militaire devenant de plus en plus défavorable aux Latins, ceux-ci ont dû payer, plus souvent qu'ils n'ont reçu, rançons et tributs.

D'autre part, des documents semblent prouver que le Temple ne disposait pas en Orient de sommes faramineuses et que, pour prêter, il devait emprunter, aux banquiers italiens en premier lieu : en avril 1244, à Chypre, Yolande de Bourbon emprunte dix mille besants de Syrie au Temple ; elle promet de rembourser l'équivalent, soit trois mille sept cent cinquante livres tournois, au Temple de Paris. Or, le 12 mai, un notaire de Limassol enregistre la promesse du Temple de rembourser les Italiens auxquels il a dû s'adresser pour se procurer les dix mille besants à la prochaine foire de Lagny (c'est-à-dire en janvier). Donc, loin de se concurrencer, templiers et banquiers italiens se complètent. Les Italiens, en Terre sainte, ne connaissent pas toujours la situation financière de leurs clients ; ils recherchent la caution de l'ordre dont la réputation est grande. Ils consentent vraisemblablement un taux intéressant aux templiers quand ceux-ci s'adressent à eux pour satisfaire un client. Le Temple, de toute façon, doit faire un bénéfice [17].

L'argumentation de D. Metcalf conduit à envisager une sorte de « développement séparé » du Temple en Orient et en Occident, et à minimiser les relations entre les deux secteurs de son activité :

> Les lignes de communication à l'intérieur de l'ordre étaient bonnes et la transmission des idées concernant la technique bancaire était probablement rapide et efficace ; la transmission des fonds à travers les moyens de l'ordre semble avoir été relativement peu importante, quoique les sommes en soient relativement difficiles à apprécier.

Or, en reprenant les arguments de D. Metcalf, on peut montrer que l'argent des templiers d'Occident passe en Palestine.

L'économie commerciale de ce temps souffre de la rareté des espèces monétaires ; une rotation rapide du stock monétaire pourrait compenser cette rareté ; or, la circulation des espèces est lente. Pour y remédier, il faut éviter de transporter les monnaies réelles, donc limiter les transferts (le « portage » des monnaies) et multiplier les transferts fictifs : on prête en Occident et l'on dépense ou rembourse en Orient et vice versa. Pourtant, des ajustements sont indispensables, car la balance des paiements, qui dépend largement de la balance commerciale, n'est pas équilibrée. Encore faut-il savoir dans quel sens.

Ou bien les États latins dégagent un excédent dans leurs relations avec l'Occident : ce dernier comble alors son déficit en envoyant des métaux précieux, de l'argent dont l'Orient manque, sous forme de monnaie. C'est la thèse traditionnelle.

Ou bien, au contraire — et c'est l'hypothèse de D. Metcalf —, les États latins sont déficitaires dans leurs échanges commerciaux ; et, si ce déficit ne se retrouve pas dans la balance des comptes, c'est grâce au flot ininterrompu de pèlerins qui apportent des espèces monétaires. D. Metcalf pense en effet que les pèlerins sont les principaux agents des transferts d'argent. Mais d'où tirent-ils ces sommes importantes, sinon des emprunts qu'ils font, entre autres, aux maisons du Temple ?

En juin 1270, Guillaume de Pujolt reconnaît avoir reçu du commandeur de Sainte-Marie de Palau-Solita, en Catalogne, deux mille six cents livres qu'il a déposées dans la maison de la milice outre-mer [18]. Le Temple transporte bien des espèces monétaires pour son propre compte. Il y a bien solidarité économique entre maisons templières d'Occident et maisons templières d'Orient, la seule exception étant représentée par le Portugal [19].

Mais le Temple et plus généralement les ordres militaires effectuent aussi le « portage » des monnaies pour le compte de laïcs et d'ecclésiastiques. C'est un navire du Temple qui fait passer d'Angleterre sur le continent les fonds de Henri III ; et le pape a confié au Temple et à l'Hôpital le soin de transférer en Orient le produit du vingtième levé sur le clergé d'Occident [20]. Il rend les mêmes services aux particuliers, comme le texte de Joinville cité au chapitre précédent nous l'a montré. Ajoutons cet autre exemple : le duc de Bourgogne envoie par leur intermédiaire cinq cents marcs d'esterlins à son fils Eudes, alors en croisade, « au Passage d'août 1266 » [21].

Quoi qu'il en soit de son importance, le portage des monnaies ne représente qu'une part des activités du Temple en Méditerranée.

L'approvisionnement de la Terre sainte

Avant les croisades, les marchands italiens d'Amalfi et de Venise fréquentaient la Méditerranée orientale : Byzance d'abord, puis l'Égypte fatimide. En dépit des interdits pontificaux, ils livraient à cette dernière des produits stratégiques : bois et armes. Les croisades et l'établissement des États latins ont apporté quelques modifications : les relations commerciales entre les cités côtières de Syrie-Palestine, aux mains des Latins, et l'arrière-pays musulman, sans être interrompues, deviennent plus difficiles et les Latins doivent chercher ailleurs ce que l'Orient musulman ne leur fournit plus aussi régulièrement. Quant au commerce international Orient-Occident, loin d'être affecté par la croisade, il connaît un remarquable essor : bois, chevaux, armes et céréales, indispensables à la survie des États latins, proviennent d'Occident ; mais d'autres produits de même origine, comme les textiles, pénètrent le marché musulman, tandis que les épices, l'alun, le coton sont dirigés vers l'Europe.

L'extension de la croisade à l'Empire byzantin, au XIIIe siècle, créa de nouvelles conditions au commerce dans l'Égée et la mer Noire. A la fin du siècle, la domination de la dynastie angevine sur l'Italie du Sud et la Morée (le Péloponnèse) favorise un trafic très actif de part et d'autre du canal d'Otrante.

Les ordres militaires sont impliqués dans ces échanges, leurs maisons européennes fournissant à celles de Terre sainte le surplus de leurs productions. De Jérusalem, puis d'Acre, les maîtres du Temple et de l'Hôpital veillent avec soin à la fourniture des *responsiones*. Celles-ci sont rassemblées au chef-lieu de la province, à l'occasion de la réunion du chapitre annuel. A Monzon, lieu de réunion du chapitre d'Aragon, chaque précepteur présentait un état de sa commanderie, avec la liste des propriétés, des revenus et des stocks disponibles. Ensuite, blé, viande, mules, chevaux ; ces derniers, très réputés, étaient dirigés vers l'Orient [22].

Un acte passé à Famagouste, à Chypre, révèle l'ampleur des fournitures de grains et la complexité des transactions :

> Moi, Maître Thomas, médecin, habitant Famagouste, je reconnais avoir reçu de Sanche Perez de San Marti, par l'intermédiaire de Bernard Marquet, capitaine du *Saint-Nicolas,* au port de Famagouste, huit mille muids de grain, en muid de Chypre, appartenant au comte Bernard Guilhem d'Empreça, qui m'ont été remis pour 16 350 deniers tournois de France, que le noble comte avait reçus en prêt de mon frère, Maître Théodore, médecin du Temple [23].

Les archives de Naples sont riches de documents douaniers concernant les exportations de blé de l'Italie du Sud vers la Palestine : à plusieurs reprises, les rois de Naples exemptent de droits de sortie les produits transportés par les templiers vers la Terre sainte, Chypre ou la Morée. Le 18 février 1295, le roi Charles II charge les templiers de distribuer mille « saumes » (environ deux cents tonnes) de froment chaque année à des chevaliers qui ont défendu Acre et sont désormais réfugiés, sans beaucoup de ressources, à Chypre ; moyennant quoi, le maître du Temple pourra exporter, chaque année, sans acquitter de droits, quatre mille « saumes » de blé, orge et légumes vers la Méditerranée orientale [24].

La demande d'armes et de chevaux est naturellement considérable. Souvent, au moment de quitter Jérusalem, les croisés faisaient don de leurs armes et de leurs chevaux au Temple ou à l'Hôpital. Mais les besoins sont tels qu'il faut recourir à des importations massives. Charles Ier et Charles II d'Anjou ont fait de leur royaume d'Italie méridionale un centre de fourniture d'équipements de guerre pour l'Orient et la Grèce. Les templiers ont leur place dans cette organisation. En avril 1277, Charles Ier autorise le frère Aymar de Petrucia à envoyer en Syrie, pour l'usage du Temple, les chevaux et armes ayant appartenu à son dernier fils. L'année suivante, il retient les services d'un navire du Temple pour le transport de trente-cinq chevaux vers Acre, où son représentant, Roger de Sanseverino, les réceptionnera [25]. Le 26 mai 1294, le maître du Temple en Morée, Eustache de Guercheville, reçoit un laissez-passer pour quitter sans encombre les Pouilles avec un bateau chargé de sept chevaux et d'un mulet ; et, la même année, le roi défend à ses agents des douanes d'exiger des templiers venant d'outre-mer la présentation des arcs et arbalètes transportés sur leurs navires [26].

Les templiers ont transporté, ou fait transporter, des matières premières : du bois bien sûr, mais aussi du fer ; en témoigne ce contrat vénitien passé à Acre, en avril 1162, par Romano et Samuel Mairano (célèbres marchands de Venise) qui reçoivent de Dato Celsi, habitant Acre, l'ordre de livrer aux frères de la milice du Temple cinquante cantares de fer, ce qui représente environ onze tonnes [27].

Dès l'instant où les ordres militaires ont disposé d'une flotte, ils ont pris en charge le transport des pèlerins. Déjà, ils hébergeaient ceux-ci dans leurs maisons d'Occident situées à proximité des points d'embarquement : Arles, Saint-Gilles, Marseille, Biot, Bari, Barletta, Brindisi... Les pèlerins avaient confiance en eux, car les bateaux des ordres étaient escortés ; de plus, ils ne vendaient pas leurs passagers comme esclaves dans les ports musulmans comme le faisaient, parfois, Génois et Pisans. De Marseille, les deux bateaux du Temple et de l'Hôpital pouvaient transporter six mille pèlerins par an [28]. Le célèbre Roger de Flor, dont je narrerai les étonnantes aventures au paragraphe suivant, s'est initié à la navigation sur le bateau d'un frère-servant du Temple qui transportait les pèlerins depuis Brindisi.

Les templiers ont disposé de bateaux dès la fin du xIIe siècle. En avril 1207, deux marchands lombards établis à Constantinople règlent leurs affaires, « avant notre retour à Venise du pèlerinage que nous faisons outre-mer avec le navire des chevaliers du Temple de Jérusalem [29]... ». Les templiers d'Angleterre disposent de leurs propres embarcations pour importer du vin du Poitou, depuis La Rochelle [30]. Mais l'essentiel de leurs activités dans l'armement maritime a pour cadre la Méditerranée. Templiers et hospitaliers (il n'y a en ce domaine aucune différence entre eux et les renseignements valant pour les uns valent aussi pour les autres) ont mis sur pied une organisation spécifique dans les ports, et développé une politique d'armement.

Dans le comté de Provence, les surplus des commanderies de l'intérieur sont acheminés vers les ports : Nice, Biot, Toulon... A Toulon, le Temple a fait construire deux maisons dans le quartier appelé la *Carrièro del Templo,* situé près des murs qui protègent la ville du côté de la mer ; ils ont fait percer la muraille au niveau de leurs maisons pour se ménager un accès direct à la mer et accélérer ainsi le mouvement de chargement de leurs vaisseaux [31]. Les navires qui, de ces ports, acheminent les marchandises vers l'Orient jouissent d'immunités et de franchises que le comte de Provence leur a accordées. A Marseille qui, sans faire partie du comté de Provence, est le principal port de la région, des difficultés ont surgi entre les ordres militaires et les armateurs locaux qui se plaignent de l'interprétation abusive que les moines-soldats donnent à leurs privilèges. Les armateurs voudraient leur interdire de charger des marchandises d'autres provenances que de leurs établissements, et même réduire leurs activités au seul transport des pèlerins. En 1216, pourtant, la ville reconnaît aux ordres le droit de construire et maintenir des bateaux à Marseille affectés aux services de la Terre sainte et de l'Espagne [32]. Mais les ordres exigeaient une totale liberté de navigation. Aussi abandonnent-ils Marseille pour le port rival de Montpellier. Finalement, un accord est conclu en 1234 avec Marseille : deux fois l'an, en avril et en août, un navire de chacun des deux ordres pourra quitter le port sans acquitter de taxes sur les marchandises transportées. Les nombreux actes publiés prouvent que les templiers ont utilisé ce droit pour transporter les produits de marchands marseillais : balles de toile, corail, espèces monétaires [33]. Le nombre de pèlerins transportés lors de chaque voyage sera limité à mille cinq cents ; les navires des ordres venant d'Espagne ne pourront faire relâche, entre Collioure et Monaco, qu'à Marseille [34]. Les templiers d'Aragon, qui, longtemps, n'ont pas possédé de bateaux, devaient s'adresser à Marseille pour faire transiter leurs marchandises ; ils utilisaient en général le « Passage » d'août. Toutefois, à la fin du XIIIᵉ siècle, ils possédaient leurs propres navires, puisque le roi Pierre III les réquisitionne, en 1285, contre la croisade française de Philippe III [35].

En Italie du Sud, à Brindisi notamment, les ordres sont associés à l'administration du port ; en 1275, Charles Iᵉʳ leur demande de désigner un frère pour surveiller, avec les officiers royaux, la construction du phare [36].

On connaît quelques bateaux des flottes du Temple et de l'Hôpital. Lorsque Louis IX part en croisade en 1248, le prix de nolisement des bateaux est calculé en se référant au bateau *la Comtesse* des hospitaliers. Par des contrats de marchands marseillais, on connaît les bateaux templiers *la Bonne Aventure* (en 1248) et *la Rose du Temple* (en 1288-1290). Les renseignements sont minces quant aux types de bateau, leur taille, leurs équipages. Le navire *la Bénite* est nolisé par le comte de Dreux pour la somme de deux mille six cents livres ; il a trente-trois hommes d'équipage. Ce bateau, d'un type assez répandu, devait être nettement plus petit que *le Faucon,* ce gros navire rond acheté à Gênes et confié à frère Roger de Flor [37].

L'importance prise par le transport des chevaux a nécessité l'aménagement de bateaux spéciaux, les navires « huissiers ». La croisade de Louis IX a provoqué une intense activité d'armement à Marseille : les hospitaliers nolisent au comte de Forez un navire encore en chantier, aménagé pour le transport de soixante chevaux et qui aura quarante et un hommes d'équipage : c'est un gros navire, les croisades ayant entraîné un progrès rapide en ce domaine. On sait que Hugues de Payns, s'embarquant à Marseille en 1129, « conduisait beaucoup de gens, les uns à pied, les autres avec leurs chevaux [38] ». Des progrès sensibles venaient d'être réalisés : en 1123, les Vénitiens transportèrent pour la première fois des chevaux sur une longue distance, en faisant des escales nombreuses. En 1169, à l'occasion de l'expédition byzantino-latine sur Damiette, les Byzantins ont aménagé leurs bateaux de façon à permettre le débarquement des chevaux par une rampe. La technique est au point pour la troisième croisade : apparaissent alors les navires « huissiers », dont Joinville, cinquante ans plus tard, donne la description :

> Ce jour-là, on fit ouvrir la porte du bateau et l'on mit dedans tous nos chevaux que nous devions mener outre-mer. Puis on referma la porte, on la boucha bien, comme on étoupe un tonneau, parce que, lorsque le navire est en mer, toute la porte se trouve dans l'eau [39].

Dans la cale, les chevaux sont retenus par des sangles. Cet aménagement des bateaux « huissiers » correspond à une technique de débarquement par tête de pont : le bateau s'approche le plus près possible du rivage, la porte est ouverte et les chevaux, montés par leurs cavaliers, débarquent directement. Une fois la tête de pont consolidée, les gros bateaux ronds peuvent approcher et débarquer leur cargaison, ainsi que les chevaux qu'ils transportent. Ordinairement, un navire « huissier » peut transporter quarante chevaux ; on l'a vu, on peut aller jusqu'à soixante [40].

De la même façon qu'ils sont devenus banquiers, les templiers sont devenus marins. Après la première croisade, les villes de la côte n'avaient pu être conquises qu'avec l'aide des flottes des villes italiennes ou du nord-ouest de l'Europe. En 1291, les derniers habitants et combattants d'Acre quittent la ville en ruine sur des bateaux du Temple. Roger de Flor et sa grande nef, *le Faucon du Temple,* y étaient.

La vie exemplaire de frère Roger de Flor, capitaine de navire et condottiere

Le chroniqueur catalan Ramon Muntaner, qui a écumé la Méditerranée au service du roi d'Aragon, a bien connu, au tournant des XIIIᵉ et XIVᵉ siècles, Roger de Flor, dont il fut, un temps, le lieutenant général. Il nous a raconté son histoire [41].

C'était un « homme d'une origine peu élevée, qui, par sa vaillance, fut porté à un rang plus haut que ne fut jamais nul autre ». Il était le fils d'un fauconnier de l'empereur Frédéric II et d'une femme, riche, de Brindisi. Le fauconnier mourut à la bataille du Tagliacozzo qui assura la victoire de Charles d'Anjou sur Conradin, le dernier Hohenstaufen. Orphelins, privés des biens de leur père, Roger et son frère sont élevés à Brindisi où les navires des Pouilles et de Messine hivernent.

> Lorsque ledit enfant Roger avait environ huit ans, il advint qu'un prud'homme, frère-servant du Temple, nommé frère Vassayl, lequel était natif de Marseille, et était commandeur d'un navire du Temple, et bon marin, vint passer un hiver à Brindes pour lester son navire et le faire radouber en Pouille.

L'enfant Roger, qui demeurait non loin du quai, passe son temps à bord du bateau.

> Ce brave frère Vassayl s'attacha tellement audit enfant Roger qu'il l'aimait comme s'il eût été son fils. Il le demanda à la mère, et lui dit que, si elle le lui confiait, il ferait son possible pour qu'il fût bon homme du Temple. La mère, voyant qu'il était un prud'homme, le lui confia volontiers, et lui le reçut (...). L'enfant Roger devint le plus expert enfant en mer (...) si bien que, quand il eut quinze ans, il fut tenu pour un des bons marins du monde pour la pratique ; et, quand il eut vingt ans, il fut bon marin de théorie et de navigation (...). Le grand

maître du Temple, qui le vit ainsi ardent et bon, lui donna le manteau et le fit frère-servant. Peu de temps après qu'il fut frère, le Temple acheta des Gênois un grand navire, le plus grand qui fût fait en ce temps-là, et qui avait nom *le Faucon,* et on le confia audit frère Roger de Flor.

Ce navire navigua longtemps sagement et avec grande valeur, si bien que Roger se trouva à Acre, au même moment que la flotte du Temple ; entre tous les navires qu'il y avait, pas un ne valait autant que le sien.

Généreux, Roger partage tout ce qu'il gagne...

entre les honorables chevaliers du Temple, et savait ainsi s'en faire beaucoup de bons amis. Dans ce temps-là, on perdit Acre ; il était alors au port d'Acre, avec le navire, sur lequel il prit des dames et des demoiselles, avec de grands trésors et beaucoup de braves gens ; il les transporta ensuite à Mont-Pèlerin, et gagna sans fin dans ce voyage.

Il donna beaucoup d'argent au Grand-Maître et à tous ceux qui avaient du pouvoir au Temple (...). Des envieux l'accusèrent auprès du Grand-Maître, disant qu'il possèdait de grands trésors, qu'il avait amassés à la suite de l'affaire d'Acre ; si bien que le Grand-Maître s'empara de tout ce qu'il put trouver lui appartenant, et puis voulut le prendre lui-même. Mais il le sut, dégréa le navire au port de Marseille et s'en vint à Gênes.

Des amis lui prêtent de l'argent et il achète une galère, *l'Olivette,* avec laquelle il se rend à Messine se mettre au service du roi Frédéric de Sicile, frère du roi d'Aragon. Il se livre alors à la piraterie aux dépens des Angevins, restés maîtres de l'Italie du Sud. La réputation de Roger ne fait que croître : il est renommé parce qu'il paie d'avance, et ponctuellement, ses marins et ses soldats. Il met ainsi sur pied une « compagnie », composée de Catalans et d'Aragonais, fidèles et disciplinés (l'expérience du Temple n'est pas perdue !). C'est l'amorce de la célèbre Compagnie catalane et l'on peut considérer Roger de Flor comme l'un des tout premiers condottieri de l'Italie médiévale.

En 1302, Charles II d'Anjou et Frédéric font la paix ; le premier garde Naples et l'Italie méridionale ; le second, la Sicile. Roger demeure sans occupation :

> Il pensa aussi qu'il ne serait pas bon pour lui de rester en Sicile ; que, puisque le seigneur roi était en paix avec l'Église, le maître du Temple, le roi Charles et le duc [*Robert d'Anjou*], qui lui voulaient tant de mal, ne manqueraient pas de le réclamer au pape.

Roger décide alors, avec l'accord de son roi, de passer en Grèce et de mettre sa Compagnie au service de l'empereur byzantin, contre les Turcs, à condition d'être soldé.

> Il tint la chose pour faite, parce qu'il avait grand renom en la maison de l'empereur, et qu'au temps où il conduisait le navire nommé *le Faucon du Temple,* il avait rendu de nombreux services aux navires de l'empereur qu'il rencontrait outre-mer, et qu'il connaissait les Grecs.

Il est capable de réunir près de quatre mille combattants, dont des chevaliers de premier plan comme Bérenger d'Enteça, qui « était avec lui frère juré ». Là encore, l'influence de la discipline et de la « fraternité » du Temple marque la Compagnie catalane. L'empereur Andronic l'accueille avec faveur et le fait « mégaduc » de l'empire.

La Compagnie commence ses exploits en massacrant les Gênois de Constantinople, ce qui ne déplaît pas à l'empereur, lassé de leur tutelle ; puis Roger et ses hommes franchissent le Bosphore et combattent les Turcs, avant d'hiverner dans la région de l'antique Troie. A son retour à Constantinople, Roger abandonne au profit de Bérenger d'Enteça son titre de « mégaduc » et prend celui de « césar », prédicat impérial. Ses succès, ce titre indisposent le fils de l'empereur, Michel ; Roger est attiré dans un guet-apens à Andrinople et est assassiné. Cela se passait en 1305.

Informateurs de l'Occident

Sans entrer dans les savantes discussions sur les apports des croisades à la civilisation de l'Occident, et pour se limiter au Temple, remarquons que, s'il y a un va-et-vient constant entre les maisons d'Orient et d'Occident, l'échange est inégal. L'Orient « consomme » hommes, chevaux, vivres, argent ; l'Occident fournit. Que reçoit-il en échange ? Des hommes et des nouvelles.

Des hommes. Des éclopés, des malades, des vieux. Les commanderies d'Occident sont également des maisons de retraite et des infirmeries. On connaît bien la commanderie-hôpital de Denney (Cambridgeshire) en Angleterre. Les templiers reçurent ce domaine en 1170, de la communauté monastique d'Ely. Très tôt, elle se spécialisa dans les soins aux malades et de nombreuses donations de biens, de rentes, lui furent faites dans ce but. En 1308, les commissaires royaux, venus arrêter les frères, en trouvèrent onze : huit étaient vieux ; deux âgés et infirmes ; un, fou. Une autre commanderie anglaise, celle d'Eagle (Lincolnshire), assurait les mêmes services [42]. On en trouvait d'autres dans toute l'Europe. Un sort particulier était réservé aux frères atteints de la lèpre : ils devaient quitter l'ordre pour entrer dans celui de Saint-Lazare, ordre militaire également, mais qui n'accueillait que des lépreux.

Tous les templiers d'Occident n'étaient cependant pas de paisibles retraités ; ce n'étaient pas non plus des néophytes faisant leurs classes avant d'entrer dans le service actif. Si l'on en juge par celle des dignitaires, la carrière des templiers connaissait quelque mouvement.

Les ordres militaires étaient bien placés pour devenir les informateurs privilégiés de l'Occident : le réseau de leurs maisons s'est révélé efficace. Ni le Temple ni l'Hôpital ne peuvent mener à bien leur tâche sans un recrutement constant. Pour attirer les recrues, il faut donc rappeler sans cesse les périls de la situation en Terre sainte, les malheurs des chrétiens d'Orient, l'agressivité musulmane. Très tôt, les templiers ont mené une politique d'information systématique en Occident, au moyen de lettres. Au moment de la deuxième croisade, le prince Raymond d'Antioche est tué ; l'aide du roi Baudouin III et des templiers n'a pu empêcher le désastre. L'ordre a dû emprunter et se trouve à court de ressources. Un templier écrit au maître, Évrard des Barres, alors en Occident (il a raccompagné le roi Louis VII) : il lui fait le point de la situation et le presse de revenir, avec des hommes et de l'argent ; il lui demande d'informer le roi et le pape de la situation. Évrard est en effet revenu à Jérusalem après avoir mis au courant des faits, non seulement le roi et le pape, mais aussi Suger et saint Bernard, des relais efficaces pour faire circuler l'information [43]. Dans les années 1162-1165, quatorze lettres sont adressées d'Orient à Louis VII ; sept d'entre elles le sont par des templiers, qui, chaque fois, font état de leurs pertes et de leurs besoins. Le désastre de Hattin fut connu en Occident par la lettre d'un templier survivant, frère Thierry.

Lorsque la papauté a entrepris une politique conséquente de soutien à la croisade, elle a utilisé les mêmes méthodes : Innocent III s'est adressé à tout ce qui comptait en Orient pour avoir des informations.

La propagande n'est jamais très loin de l'information : la lettre est, au Moyen Age, l'instrument privilégié de l'une et de l'autre. La rude défaite de La Forbie, en 1244, où le Temple perdit trois cents hommes et l'Hôpital deux cents, fut l'occasion d'une guerre de communiqués épistolaires entre Frédéric II, qui rend les templiers responsables de la défaite, et ceux-ci, qui rejettent naturellement l'accusation : les lettres sont reproduites par l'historien anglais Mathieu Paris, très favorable, on le sait, à Frédéric II [44].

Le 26 juillet 1280, le grand maître de l'Hôpital, Nicole Le Lorgne, écrit au roi d'Angleterre Édouard Ier ; sa lettre ressemble à un rapport sur l'état de la Terre sainte : « Je vous faisons volontiers assavoir l'estat de la Terre sainte (...). La dite terre est en bien faible part et de plus en plus vide de gens d'armes (...). Il y a pestilence de sécheresse, tous les blés sont gâtés ; la mine de froment est à quatre besants et plus. » Et Nicole Le Lorgne réclame de l'Occident du blé pour « maintenir nos seigneurs malades et nos frères [45] ».

En tant qu'informateurs les plus sûrs de l'Occident, les maîtres des ordres sont consultés par le pape ou par les princes sur tout ce qui concerne la croisade : c'est pour avoir l'avis d'une personne qualifiée que Clément V convoqua en France, en 1306, le maître du Temple, Jacques de Molay, alors à Chypre.

Un appauvrissement templier au XIIIe siècle ?

Pour beaucoup, l'impopularité croissante du Temple, au cours du XIIIe siècle, va de soi. Cette question sera examinée, à partir des textes des contemporains, dans une autre partie. Je voudrais simplement souligner, au terme de cette longue analyse des « arrières » de l'ordre, l'intérêt qu'il y aurait, pour apprécier cette impopularité, à relever d'une part le mouvement des donations, d'autre part celui des vocations. Il faudrait pour cela des études comparatives (entre les régions, entre les ordres religieux) systématiques. Je ne donnerai que quelques exemples, juste bons à fonder une impression.

Le mouvement des donations n'est pas linéaire ; il y a des vagues, 1130-1140, 1180-1190, 1210-1220. Un net fléchissement peut être observé dans la seconde moitié du XIIIe siècle : pas dix donations en cinquante ans à la commanderie de Provins ; raréfaction à Beaune ; l'implantation templière s'achève vers 1250 dans l'Yonne ; soixante-quatorze actes de donations et de ventes au XIIIe siècle en Rouergue, contre deux cent dix-neuf au XIIe ; quarante-quatre dons à Huesca jusqu'en 1220, et quatorze de 1220 à 1274 ; vingt-trois donations à Tortosa en Aragon de 1160 à 1220, et une seule ensuite. La cause semble entendue [46].

Pourtant, il y a toujours des dons : un seigneur du Barrois fait don de son fief de Doncourt-aux-Bois en 1306. Surtout, comment juger ce ralentissement, cette extinction parfois, du mouvement ? A.J. Forey a fait remarquer qu'en Aragon on observe un ralentissement parallèle des achats (qui, eux, résultent d'un choix délibéré des templiers). A Toulouse et dans sa région, on a observé que les donations aux établissements religieux traditionnels diminuent au cours du XIIIᵉ siècle, mais seulement à la fin du même siècle pour le Temple et l'Hôpital [47]. Il faut donc, pour apprécier correctement la courbe des donations, tenir compte de ce qui se passe ailleurs : concurrence des nouveaux ordres mendiants ; évolution générale de la société avec un contrôle plus strict des dons ; pression du pouvoir royal, qui exige de plus en plus d'argent de ses sujets ; effets de la crise de l'idée de croisade, qui ne peuvent se limiter au seul Temple. Avant l'impopularité du Temple, le mouvement des donations invite à considérer le problème de l'impopularité de l'ensemble des maisons religieuses.

Un autre aspect serait à considérer. Y a-t-il une crise des vocations ? A.J. Forey met en parallèle la diminution des dons et des achats et la diminution des contrats de confraternité. Soit. Mais, à la veille de l'arrestation des templiers, on entrait encore dans l'ordre. Les moyennes d'âge relevées chez les frères de Lérida, qui sont interrogés en 1310, sont révélatrices : vingt-sept ans pour les dix-huit sergents, moins de vingt ans pour huit chevaliers. A Paris, parmi les templiers arrêtés et interrogés en 1307, l'un a dix-sept ans, un autre a reçu le manteau le 16 août 1307 [48].

Ces exemples sont trop fragmentaires pour en tirer la moindre conclusion, sinon celle-ci : soyons prudents avant de montrer du doigt les templiers. Impopulaires, sans doute le sont-ils, mais pas plus que bien d'autres.

CINQUIÈME PARTIE

Le Temple au XIIIe siècle: détournement de mission ?

Au XIIIᵉ siècle, la situation des États latins devient dramatique : la royauté est inconsistante ; l'emprise des États d'Occident s'y fait de plus en plus sentir, sans que cela apporte de solution aux problèmes de la Terre sainte. Les groupes rivaux, barons, communes italiennes, agents des rois occidentaux, clergé et ordres militaires, s'affrontent impunément et se déchirent face à un monde musulman qui, heureusement pour les Latins, ne garde jamais longtemps son unité. Les États latins n'ont plus l'initiative.

Les ordres militaires sont la seule force organisée du pays, mais leur situation est très inconfortable. Détenteurs de l'idéal de croisade à un moment où celle-ci devient impopulaire, ils ne peuvent décourager les croisés occidentaux qui viennent pour se battre, mais ils doivent sans cesse les modérer pour tenir compte des rapports de forces complexes en Orient. Ils exercent un pouvoir croissant ; ils laissent sur les champs de bataille les meilleures troupes ; ils engloutissent des sommes énormes pour la défense des frontières. Pourtant, ils sont la cible de toutes les critiques. Les Occidentaux leur reprochent pêle-mêle leur orgueil ou leur prudence ; leurs richesses (à quoi servent-elles ?) ou leur avarice ; leur courage ou leur trahison. Je dis bien « les ordres », et pas seulement le Temple. Les rapports complexes entre les ordres militaires ajoutent encore à la confusion.

1

Les vrais maîtres de l'Orient latin

Sans refaire l'histoire des croisades et des États latins au XIIIe siècle [1], je voudrais montrer, par quelques exemples, comment les templiers (et les autres) ont exercé ce pouvoir.

Querelles dynastiques

On a vu qu'en libérant le roi Guy de Lusignan et Gérard de Ridefort, en 1188, Saladin semait le désordre dans le réduit latin de Tyr, puisque le nouveau maître des lieux, Conrad de Montferrat, leur refusa l'entrée dans la ville ; on sait quelle fut la réaction de Guy : aller assiéger Acre. Du coup, les Latins reprenaient l'initiative et fixaient un objectif à la troisième croisade. L'empereur Frédéric Ier n'atteignit jamais Acre : il se noya en Asie Mineure. Mais Philippe Auguste et Richard Cœur de Lion sont là pour recevoir, le 12 juillet 1191, la reddition de la ville. Le roi de France repart aussitôt, tandis que Richard, avec le soutien du Temple et de l'Hôpital, entreprend la conquête des villes côtières. Sur le conseil des ordres, il renonce à prendre Jérusalem que les Latins n'auraient pas les moyens de défendre.

Les deux rois sont amenés à régler le différend entre Guy et Conrad, dont l'enjeu est le sort de la couronne de Jérusalem. A cette occasion, les ordres militaires vont dépasser leur rôle, naturel, de conseillers militaires. Placés au cœur des organes du pouvoir, ils deviennent l'élément fondamental du « corps politique » [2]. Leur intervention va

être déterminante dans le règlement de cette crise dynastique.

Guy de Lusignan est roi du chef de sa femme, Sibylle.
Conrad conteste sa légitimité à cause de ses responsabilités
dans le désastre de Hattin ; lui-même a épousé la sœur
cadette de Sibylle, Isabelle. Les ordres ont assez vite pris
parti : le Temple, à la suite de son maître Ridefort, s'engage
résolument pour Lusignan, alors que l'Hôpital penche
modérément pour Montferrat. L'arrivée de Philippe
Auguste et de Richard change tout : le premier soutient
Conrad, le second, Lusignan ; les ordres tournent casaque,
le Temple rejoignant Philippe et Conrad, l'Hôpital Richard
et Guy de Lusignan.

Le Temple ne s'aligne pas pour autant sur Philippe
Auguste : le nouveau maître, Robert de Sablé, est un
Manceau, donc vassal de Richard. Il proteste lorsque
Philippe Auguste établit ses quartiers dans la maison du
Temple d'Acre, aux lendemains de la capitulation : le
Temple entend rentrer dans ses murs et en rester le maître.
A l'inverse, Richard quittera la Terre sainte sur un bateau
du Temple, escorté de chevaliers du Temple « qui me
conduiront, comme si j'étais templier, jusqu'en mon
pays [3] ». En fait, les ordres ont tenté en vain de réconcilier
Richard et Philippe.

La rivalité Montferrat-Lusignan est réglée en 1192,
Montferrat devenant roi de Jérusalem, Guy recevant Chypre. Mais Montferrat est assassiné cette même année. Sa
veuve, Isabelle, la dernière héritière de la dynastie de
Foulques d'Anjou, épousa, avec l'accord des ordres, Henri
de Champagne (1192-1197). En 1197, Henri étant mort,
templiers et hospitaliers mirent leur veto aux prétentions de
Raoul de Tibériade, un baron de Palestine : ils l'estimaient
trop pauvre. Isabelle épousa donc Amaury de Lusignan, le
frère de Guy. A sa mort, en 1205, les ordres conseillent de
demander à Philippe Auguste de choisir un époux, et donc
un roi, pour la fille d'Isabelle, Marie ; le roi de France
choisit Jean de Brienne, un chevalier champenois qui sera
le dernier véritable souverain de Jérusalem (1205-1225) [4].

A Jérusalem, donc, les ordres se sont opposés sur les

personnes, mais ils ont eu une politique commune : rassemblement autour d'un roi véritable.

A Antioche, à la même époque, éclate une guerre de succession (1201-1216). La principauté du Nord, dirigée par Bohémond III, vit à peu près en paix avec les musulmans d'Alep ; mais elle est engagée dans un conflit permanent avec ses voisins arméniens de Cilicie [5]. Léon III de Cilicie est le vassal de Bohémond ; il voudrait inverser le rapport féodal et soumettre la principauté d'Antioche. Bohémond III a deux fils : l'aîné, Raymond, destiné à lui succéder à Antioche ; le cadet, Bohémond, comte de Tripoli.

Trois groupes d'intérêts se forment. Léon peut compter sur l'appui du baronnage d'Antioche, arménien ou de sang mêlé franco-arménien ; il a mis la main, en 1191, sur l'ancienne forteresse templière de Baghras, ou Gaston, conquise, puis démantelée et abandonnée par Saladin : elle est la clé, à partir de la Cilicie, de l'accès à Antioche. Contre Léon se dressent donc le Temple qui tient quelques châteaux en Cilicie, comme Roche-Guillaume, et qui revendique Baghras [6], et la bourgeoisie latine d'Antioche, qui s'est érigée en commune en 1194 [7] et qui refuse la mainmise arménienne sur la ville, comme elle a refusé jadis celle des Byzantins. Entre ces deux groupes, celui des modérés, groupé autour du prince d'Antioche, Bohémond III ; il penche pour un accord avec la Cilicie ; il est soutenu par le roi de Jérusalem, Henri, et par le pape, celui-ci craignant une fausse manœuvre qui ferait échouer l'accord, en bonne voie, sur l'union de l'Église arménienne avec Rome. Les modérés favorisent le mariage entre le fils aîné de Bohémond, Raymond, et la fille de Léon ; de ce mariage naîtra Raymond Roupen. Raymond meurt, puis Bohémond III : en 1201, l'enfant Raymond Roupen, sous la tutelle de son grand-oncle Léon, devient prince d'Antioche. La bourgeoisie de la ville se révolte et ouvre les portes à Bohémond de Tripoli qui se proclame prince sous le nom de Bohémond IV.

Les templiers appuient ce dernier, tandis que les hospitaliers se rangent derrière Léon et le prince légitime Raymond Roupen. Embûches et coups de main alternent avec trêves et rencontres de conciliation. En 1203, les templiers repoussent un commando arménien qui avait pénétré dans la ville ; en 1211, un groupe de templiers, qui allait ravitailler la forteresse de Port-Bonnel, en Cilicie, tombe dans une embuscade au cours de laquelle le maître du Temple, Guillaume de Chartres, est sérieusement blessé.

La crise s'apaise provisoirement en 1216 : Raymond Roupen est reconnu par tous à Antioche ; il a la sagesse de rendre Baghras aux templiers, ce qui supprime la principale raison d'être de l'engagement du Temple aux côtés de Bohémond IV. Dans cette affaire, le Temple a fourni l'essentiel des troupes à l'un des partis se disputant le pouvoir. Inutile de multiplier les exemples de ces interventions des ordres dans les affaires politiques des États latins : il y en a tout au long du siècle. Au début du XIV⁰ siècle encore, le Temple se mêlera du conflit dynastique de Chypre [8].

Face aux souverains d'Occident

A partir de 1225, la couronne de Jérusalem n'est plus dans le royaume. Elle est sur la tête des Hohenstaufen, rois de Sicile — et, cas de Frédéric II, empereur —, jusqu'en 1268. Puis, entre 1269 et 1286, les Lusignan de Chypre et les Angevins, devenus maîtres de la Sicile et de l'Italie du Sud, se la disputent. Ni les Hohenstaufen ni les Angevins ne résident en Terre sainte. Ils laissent le pouvoir de droit à un représentant, mais le pouvoir de fait est exercé par une oligarchie au sein de laquelle les maîtres du Temple et de l'Hôpital jouent les premiers rôles. Mais, parfois, un souverain occidental vient en croisade et prend les choses en main, comme le fit Louis IX en 1248-1254. L'attitude des ordres est en général favorable à ces souverains. Une exception, toutefois, avec la venue de Frédéric II.

En 1223, Jean de Brienne, très âgé, marie sa fille Isabelle à l'empereur Frédéric II. Isabelle meurt en mettant au monde Conrad. Frédéric II, sans plus d'égards pour son beau-père, lui interdit de revenir en Terre sainte et s'approprie la couronne royale de son tout jeune fils. La croisade de Frédéric II se déroule dans des conditions étranges, puisque, lorsqu'il part, il est excommunié. Il n'en a cure et débarque en Terre sainte pour traiter avec son « ami », le sultan d'Égypte, al-Kamil. Le 18 février 1229, Frédéric II obtient ainsi le retour au royaume de Jérusalem, de Bethléem et d'un couloir d'accès depuis Acre. Cet accord fut aussi mal accepté par les musulmans que par les chrétiens. Comme la majeure partie des barons locaux, derrière leur chef de file Jean d'Ibelin, les ordres militaires, à qui le pape avait intimé à l'ordre de ne pas assister l'empereur, « traître et mécréant [9] », y sont hostiles : ils jugent la cité sainte indéfendable. Le Temple a un reproche supplémentaire à faire à Frédéric : l'accord passé avec le sultan ne rend pas à l'ordre son ancien quartier. Templiers et hospitaliers n'assistent donc pas au couronnement de Frédéric II au Saint-Sépulcre. Mathieu Paris, l'historien anglais, a même fait état d'un complot des ordres militaires pour assassiner Frédéric : cela semble être une invention de ce partisan avéré du Hohenstaufen [10].

Mais l'attitude des deux ordres va évoluer et, progressivement, ils vont se trouver dans des camps opposés. En 1229, Frédéric II s'empare de la forteresse templière de Château-Pèlerin ; les templiers réagissent vite et obligent l'empereur à vider les lieux. Pour se venger de l'affront, celui-ci attaque le quartier du Temple à Acre. Les hospitaliers n'ont pas bougé ; ils accueillent même Frédéric après son échec [11]. C'est le premier signe du rapprochement qui est en train de s'opérer entre l'Hôpital et l'empereur.

De retour en Occident, Frédéric II fait la paix avec le pape. De ce fait, les ordres militaires sont tenus à la réserve. Les templiers font preuve de bonne volonté en refusant, par exemple, d'héberger dans une de leurs maisons du comté de Tripoli un adversaire de Frédéric II, Balian d'Ibelin, frère de Jean, « car ils ne voulaient pas être mal vus des gens de l'empereur [12] ». Mais l'entente du pape et de l'empereur ne dure guère : l'Hôpital se range dans le camp de l'empereur, aux côtés de Pise ; le Temple, avec la

majeure partie du baronnage et les villes de Gênes et
Venise, demeure fidèle au pape. En 1242, les hospitaliers
soutiennent la tentative du représentant de Frédéric, Filangieri, qui veut s'emparer d'Acre ; il échoue ; en représail-
les, le quartier de l'Hôpital est soumis au blocus de ses
adversaires durant six mois. Même après la mort de
l'empereur, les hospitaliers soutiennent ses successeurs,
Conrad, Manfred et Conradin. Faut-il pour autant en faire
des « gibelins », partisans de l'empereur, et classer les
templiers comme « guelfes », partisans du pape ? Ce n'est
pas si simple. Dans leurs rapports avec Frédéric II, les
ordres se sont déterminés en fonction d'autres intérêts, qui
seraient, selon J. Riley-Smith, de politique étrangère : le
Temple prône une alliance avec Damas contre l'Égypte,
alors que l'Hôpital soutient une position inverse : il se
trouve donc en position d'allié « objectif » de Frédéric II.
Question que je reprendrai en examinant l'ensemble des
relations entre ces deux ordres.

Divisés face à Frédéric II, les templiers et les hospitaliers
furent réconciliés pour un temps par Louis IX. Les rapports
avec celui-ci furent cordiaux, mais rudes. Louis IX a la
mentalité du croisé d'Occident et il considère les « poulains » avec méfiance, et les ordres ont parfois des positions
bien proches de celles de ces « poulains ». Les ordres
acceptèrent sans difficulté l'autorité du roi de France. A
Chypre, Louis IX a consulté les maîtres du Temple et de
l'Hôpital sur ce qu'il convenait de faire ; ils lui ont suggéré
de jouer des contradictions internes du monde musulman.
Louis IX refuse tout net : on ne discute pas avec les
infidèles ! Les ordres sont priés de cesser tout contact avec
eux [13]. Ces contacts étaient connus, anciens, traditionnels ;
ils continueront par la suite. Il n'empêche, les ordres
obéissent, même si, au fond, ils n'entendent pas renoncer à
leur diplomatie habituelle.

Louis IX est vaincu et fait prisonnier ; il doit payer une
rançon pour être libéré ; il passe ensuite quatre années à
Acre : il a bien dû se résigner à négocier avec l'infidèle. De
mauvais gré d'ailleurs, ce qui l'empêche de tirer profit de la
rivalité entre Damas et l'Égypte. Il ne prend aucune

initiative militaire ou politique et quitte la Terre sainte après avoir conclu une trêve qui maintient un statu quo favorable aux musulmans. C'est dans ce contexte que se situe l'incident entre le roi et le Temple, que Joinville nous rapporte ainsi :

> Frère Hugues de Jouy, maréchal du Temple, fut envoyé au sultan de Damas par le maître de l'ordre, pour négocier au sujet d'une grande terre que tenait le Temple et dont le sultan voulait la moitié. Les conventions furent faites, mais suspendues à l'accord du roi. Frère Hugues amena un émir du sultan de Damas apportant les conventions...

Le roi reproche au maître du Temple d'avoir négocié sans le prévenir. Il exige réparation. Devant toute l'armée...

> le maître du Temple vint avec toute la communauté, sans chausse, à travers le camp... Le roi fait asseoir devant lui le maître du Temple et le messager du sultan, puis il dit tout haut : « Maître, vous direz au messager du sultan qu'il vous pèse d'avoir traité avec lui sans m'en parler et que, pour cela, vous le tenez quitte de toutes ses promesses. » Le maître prit les conventions et les bailla à l'émir en ajoutant : « Je vous rends les conventions que j'ai mal faites, et cela me pèse. »

Les templiers, à genoux, durent faire amende honorable et le roi demanda que Hugues de Jouy fût banni de Terre sainte [14]. Hugues de Jouy alla exercer la maîtrise de Catalogne, et Renaud de Vichiers demeura à son poste de maître de l'ordre [15]. Cet incident ne révèle pas une hostilité de fond de Louis IX à l'égard du Temple ; la preuve en est que le maître des mariniers qui commande la flotte du roi lors de son retour de croisade est un templier [16]. Il met au jour les contradictions entre une autorité royale épisodique ou lointaine — et qui, dans le cas de Louis IX, n'est qu'une autorité de fait — et des groupes puissants, bien organisés et autonomes qui ont leurs propres pratiques diplomatiques et militaires.

Les Hohenstaufen sont définitivement évincés en 1268 : Conradin, vaincu par le frère de Louis IX, Charles d'Anjou, à la bataille du Tagliacozzo, est exécuté ; il n'y a plus de roi de Jérusalem. On envisage d'unir le royaume à Chypre, ou d'appeler Charles d'Anjou. Le recours à Chypre est délicat, car il y a deux branches possibles : Hugues de Chypre, ou Marie, épouse du prince d'Antioche. Les hospitaliers favorisent le premier, les templiers la seconde. Hugues l'emporte et se fait couronner roi de Jérusalem en 1269. Mais il quitte Acre, en 1277, écœuré par l'attitude des ordres militaires, et du Temple en particulier : il écrit au pape pour lui dire qu'il ne pouvait plus gouverner « la terre à cause du Temple et de l'Hôpital [17] ».

Or, Marie d'Antioche a vendu ses droits à Charles d'Anjou. Le Temple soutient activement celui-ci. Guillaume de Beaujeu, devenu maître de l'ordre en 1273, a des liens familiaux avec la dynastie angevine ; il a été précepteur de la province des Pouilles, de 1271 à 1273. Il agit en Terre sainte en agent dévoué de la cause angevine. Sous son impulsion, le Temple s'oppose à toutes les tentatives venues de Chypre. Acre tient pour Charles ; Tyr et Beirout pour le roi de Chypre. De plus en plus creux, le titre royal de Jérusalem flatte encore la vanité des dynasties occidentales ; le Catalan Ramon Muntaner souligne méchamment que Charles d'Anjou se disait « vicaire général de tout le pays d'outre-mer, et chef suprême de tous les chrétiens qui se trouvent outre-mer, et des ordres du Temple, de l'Hôpital et des Allemands [18] ». Encore Charles d'Anjou nourrissait-il l'ambition d'une vaste politique méditerranéenne s'appuyant sur l'Italie du Sud, la Morée et le royaume de Jérusalem.

Les ordres militaires ont mis leur puissance au service de souverains pour qui la Terre sainte n'est qu'un terrain d'action parmi d'autres (Louis IX fait exception). Là encore, ils se trouvent placés en porte à faux : les souverains passent ; eux restent. Il est vrai que, même s'ils l'avaient voulu, les ordres n'auraient pu rester étrangers aux grandes manœuvres orientales d'un Frédéric II ou d'un Charles d'Anjou. De la même façon, ils ne peuvent rester à l'écart des intrigues de la noblesse de Syrie-Palestine, ou des colonies italiennes.

·

Au cœur des intrigues

Deux exemples parmi tant d'autres montrent comment les ordres, d'abord entraînés dans les querelles des autres, en sont venus à mener de véritables guerres privées.

Les grandes cités portuaires italiennes ont transporté leurs rivalités en Orient : Gênes et Venise surtout s'affrontent partout, sur mer et sur terre. A Acre, elles disposent d'un quartier, d'une colonie ou comptoir largement autonome par rapport aux autorités politiques et religieuses du royaume. Ces quartiers, proches du port, sont voisins de ceux des ordres militaires.

Le conflit entre Venise et Gênes éclate au grand jour, en Terre sainte, vers 1250, à propos d'une maison appartenant à l'abbé de Saint-Sabas, située sur une colline à la limite du quartier génois ; cette hauteur a un intérêt stratégique, puisqu'elle contrôle l'accès du quartier vénitien au port. Or les Génois veulent acheter cette maison à l'abbé. Les Vénitiens sont décidés à s'y opposer par tous les moyens. Les Génois ont d'abord l'avantage, mais, en 1256, Venise réagit vigoureusement. Elle fait alliance avec Pise et mobilise une flotte importante qui attaque le port d'Acre et met à sac le quartier de Gênes. L'affaire prend un tour nouveau, car, par le jeu des alliances, deux camps se forment : d'un côté Venise, avec une partie de la noblesse locale et Jean d'Ibelin, baile du royaume, les confréries des marchands latins d'Acre, ainsi que les marchands marseillais et provençaux ; le prince d'Antioche soutient également ce camp. De l'autre côté, Gênes est soutenue par la famille génoise des Embriaci qui tient la seigneurie de Giblet, par le seigneur de Tyr, Philippe de Montfort, principal représentant des Hohenstaufen en Orient, par les Catalans et les confréries marchandes d'Acre qui recrutent dans la population chrétienne syrienne. Ces deux camps deviennent deux partis lorsque la reine de Chypre débarque

pour se faire donner la régence du royaume : Venise et
ses alliés la soutiennent ; Gênes défend au contraire les
intérêts du jeune héritier Hohenstaufen, Conradin. A
travers Vénitiens et Génois, l'opposition guelfes-gibelins
resurgit [19].

Les ordres militaires ont d'abord été prudents ; puis ils se
sont jetés dans la bataille, dans des camps opposés, bien
sûr. Si l'on en croit, Gérard de Montréal, l'auteur, en
général bien informé, de la chronique dite du « Templier de
Tyr », le Temple et l'Hôpital ont d'abord tenté une média-
tion, puis se sont efforcés de séparer les combattants. Ils
échouent. C'est alors que l'Hôpital se décide en faveur de
Gênes ; et, nous dit Gérard...

> on conseilla aux Vénitiens et aux Pisans d'aller voir le
> maître du Temple, frère Thomas Bérard, qui était allé
> demeurer à la maison des chevaliers de Saint-Ladre
> (Lazare), pour être loin de la bataille et des engins qui se
> lançaient, car la maison du Temple était très près de
> celle des Pisans.

Gérard de Montréal n'est-il pas partial ? N'enjolive-t-il
pas l'attitude des templiers ?

Cette réserve des templiers disparut bien vite et le
Temple prit le parti de Venise. Au printemps de 1258,
Gênes veut frapper un grand coup : sa flotte doit investir le
port, pendant que son allié Philippe de Montfort pénétrera
dans la ville avec l'aide des hospitaliers. Mais la flotte
vénitienne de Lorenzo Tiepolo attaque celle de Gênes ; et,
pour empêcher l'entrée de Montfort par terre, Venise et
Pise s'adressent au Temple :

> Le maître leur promit qu'il leur donnerait tant de frères
> et autres gens, à cheval et à pied, qui garderaient leurs
> rues et leurs maisons, tant que la bataille sera faite en
> mer. Et tout comme il l'avait dit, ainsi firent-ils (...). Les
> frères montèrent à cheval (...) et turcoples et autres, et
> allèrent, avec le gonfanon levé, garder les deux rues des
> Pisans et des Vénitiens [20].

La victoire vénitienne fut complète. Les Génois prirent leur revanche, un peu plus tard, mais à Constantinople.

Inutile de dire que la « guerre de Saint-Sabas » entraîna une vive tension entre les ordres, qui n'allèrent pas, cependant, jusqu'à s'exterminer, comme le raconte faussement Mathieu Paris [21].

Autre intrigue, où le Temple est mêlé : le conflit entre le seigneur de Giblet et son frère, en 1276. Le seigneur de Giblet se rend à Acre, devient confrère du Temple et obtient l'aide de celui-ci. Il revient à Giblet, s'empare des terres de son frère et s'attaque au comte de Tripoli, Bohémond VII qui a pris parti contre lui ; à cette occasion, le seigneur de Giblet est épaulé par trente templiers. Le comte réagit : il fit « abattre la maison du Temple de Tripoli (...). Quand le maître du Temple le sut, il arma des galères et autres vaisseaux et alla à Giblet et mena avec lui un grand couvent de frères, et vint de Giblet à Tripoli et l'assiégea plusieurs jours (...) ». Les templiers s'emparent de points forts, battent le comte à deux reprises, avant d'être défaits à leur tour devant Sidon [22]. Ce furent les hospitaliers — ils avaient toujours appuyé la famille des seigneurs de Giblet — qui intervinrent pour calmer les trois protagonistes de cette guerre privée où l'autorité légitime, celle du comte de Tripoli, avait été bafouée, et celui-ci réduit au rôle de comparse [23].

Vue d'ensemble sur les rapports entre les ordres militaires

Traditionnellement, l'historiographie les oppose et reprend un lieu commun complaisamment développé à la suite de Mathieu Paris : la rivalité des ordres a été la cause de toutes les catastrophes et de l'échec final des Latins. La seule étude d'ensemble récente est le chapitre que J. Riley-Smith a consacré à la question dans son histoire des hospitaliers [24]. Certaines de ses interprétations appellent, à mon sens, quelques réserves.

Il remarque d'abord, fort justement, que la coopération

entre les ordres est la règle et les conflits l'exception ; on
connaît d'ailleurs ceux-ci par les accords qui y mettent fin.
Citons celui de 1262, par lequel les deux ordres s'engagent à
régler toutes leurs querelles portant sur des biens dans tout
l'Orient latin [25]. Au plan institutionnel, des dispositions
existent, qui favorisent la collaboration entre templiers et
hospitaliers. Chacun des deux ordres s'interdit d'accueillir
un frère renvoyé par l'autre, ou fugitif. La règle du Temple
prévoit que, lorsque les frères sont en « heberge (...) »
personne ne doit aller en heberge de gens du siècle, ni de
religion, sans congé, sauf s'ils sont hebergés près de
l'Hôpital corde à corde » (article 145). De même, au
combat, le templier isolé, coupé de son couvent, ne
pouvant rejoindre le gonfanon baussant, doit « aller au
premier gonfanon de l'Hôpital, ou des chrétiens, s'il y
en a » (articles 167-168).

Dans la pratique, leur vocation commune les fait agir
ensemble. Ils apportent à la cause de la croisade leur idéal,
leur discipline, leur professionnalisme. Ils savent taire leurs
querelles face à l'adversaire. Durant la troisième croisade,
ils collaborent totalement sur le terrain militaire, même si,
au plan politique, ils ont des divergences. Chacun à leur
tour, ils ont assuré l'avant-garde ou l'arrière-garde de la
colonne conduite par le roi Richard [26]. Les témoins du
temps les associent neuf fois sur dix, pour le meilleur et
pour le pire.

Pourtant, les exemples analysés dans les chapitres précédents le prouvent, ils se sont parfois spectaculairement
affrontés. J. Riley-Smith avance deux explications à cela :
les deux ordres ont une conception différente du pouvoir
royal en Terre sainte ; ils n'ont même pas une politique
étrangère commune.

Les hospitaliers seraient royalistes et les templiers favorables aux barons ? Cela mérite d'être nuancé. Est-il juste,
à Antioche, de qualifier l'Hôpital de royaliste parce qu'il
soutient (avec le baronnage latino-arménien) Raymond
Roupen, et le Temple de « baronnal » parce qu'il fait appel
à Bohémond de Tripoli ? L'union Antioche-Cilicie contre
l'union Antioche-Tripoli ? Est-ce être royaliste que de res-

ter fidèle aux Hohenstaufen, alors que, hormis Frédéric II en 1228-1229, aucun d'eux n'est venu dans son royaume ? A ce compte, le Temple qui, plus tard, soutiendra Charles d'Anjou est royaliste. Non, Temple et Hôpital ne s'opposent pas sur la nature du pouvoir royal, mais sur des personnes. Peut-être l'Hôpital est-il plus soucieux de la légitimité du prince : Raymond Roupen, Conradin sont les rois légitimes, alors que le Temple se préoccupe moins de la vitrine légale. Mais en aucun cas on ne peut faire du Temple l'allié des « féodaux » et de l'Hôpital un partisan d'un pouvoir royal fort [27].

Les divergences de politique étrangère sont, elles, bien réelles, mais elles ne valent que pour une période limitée. Les deux ordres ont en commun d'être réalistes et de tenir compte du rapport de forces. Ils l'ont montré à plusieurs reprises, en déconseillant telle ou telle opération. Mais ils analysent de façon différente ce rapport des forces. Il est cependant trop systématique d'opposer un Temple prodamascène à un Hôpital pro-égyptien : en 1217 et 1248, les deux ordres se retrouvent d'accord pour fixer l'Égypte comme objectif aux croisés. En 1305, le grand maître de l'Hôpital conseille encore de s'attaquer à l'Égypte. Mais, entre 1239 et 1254, la question des alliances divise les deux ordres. Le traité conclu par Frédéric II pour une durée de dix ans arrive à expiration en 1239. Une nouvelle croisade, conduite par Thibaud de Navarre, est organisée ; où l'envoyer ? Damas et l'Égypte sont alors rivales ; il faut choisir un adversaire et une alliance. Thibaud ne choisit pas et veut attaquer successivement l'Égypte, puis Damas ; naturellement, il n'écoute pas les conseils des Latins d'Orient et des ordres. Le résultat est la pitoyable défaite de Gaza, dont on rend naturellement les ordres militaires responsables, alors qu'il n'y sont pour rien.

> Si l'Hôpital et le Temple
> Et les frères chevaliers
> Avaient donné l'exemple
> De chevaucher à nos gens
> Notre grande chevalerie
> Ne serait pas en prison...

écrit Philippe de Nanteuil, prisonnier en Égypte [28]. Une fois
de plus, l'antagonisme « poulains »-croisés a joué : la
sagesse des ordres est prise pour de la faiblesse.

Le Temple opte pour Damas, l'Hôpital pour Le Caire. Ni
l'alliance traditionnelle avec Damas, morte depuis longtemps, ni des intérêts particuliers — les ordres ont des biens
partout — ne peuvent être invoqués. Toujours est-il que
l'alliance avec Damas place le Temple aux côtés de la
majeure partie des barons de Terre sainte, tandis que
l'alliance égyptienne range l'Hôpital dans le camp de
Frédéric II. Le Temple l'emporte d'abord : Damas lui
remet Safed et Beaufort. L'Hôpital réagit et s'adresse au
Caire : la surenchère est payante : en plus des châteaux de
Safed et Beaufort, que l'Égypte avait concédés d'autant
plus facilement qu'ils n'étaient pas sous son contrôle, les
Francs récupèrent Ascalon et obtiennent la libération des
prisonniers de la bataille de Gaza. Philippe de Novare
raconte ainsi le déroulement de l'affaire :

> Cette trêve (avec Damas) avait été poursuivie et faite
> par la volonté du Temple et sans l'accord de l'Hôpital de
> Saint-Jean. Dont il advint que l'Hôpital repoursuivit
> jusqu'à ce que le sultan de Babylone (Le Caire) fît trêve
> à la partie des chrétiens. Et là jurèrent le roi de Navarre
> et beaucoup de pèlerins, qui ne s'occupèrent plus du
> serment qu'ils avaient fait au sultan de Damas [29].

L'Hôpital se sert de son succès pour faire sa propagande :
une énorme plaque funéraire, située dans un passage très
fréquenté d'Acre, aux abords de l'Hôpital, plaque dédiée
au frère Pierre de Vieillebride, décédé en 1242, rappelle
« qu'en ce temps, le comte de Montfort, comme d'autres
barons de France, furent libérés de leur captivité égyptienne, quand Richard, comte de Cornouaille, érigea le
château d'Ascalon » (Richard avait pris le relais de Thibaud
de Navarre) [30].

En 1243, l'Hôpital et le représentant impérial, Filangieri,
échouent dans leur tentative de prendre le contrôle d'Acre,
ce qui sonne le glas de leur politique étrangère. L'année

suivante, le Temple signe un véritable traité avec Damas contre l'Égypte : l'Hôpital suit. Mais l'armée égyptienne, alliée à la redoutable peuplade des Khwarizmiens, inflige aux Latins la terrible défaite de La Forbie (17 octobre 1244) qui, n'eût été la division du monde musulman, aurait été un second Hattin.

Les dernières tentatives d'alliance avec Damas, toujours à l'initiative du Temple, ont lieu pendant la croisade de Saint Louis. Mais en réunifiant le monde musulman, l'énergique sultan mamelouk Baïbars rend caduc le problème. Désormais, la politique étrangère n'oppose plus templiers et hospitaliers.

Finalement, templiers et hospitaliers ont su fixer des limites à leurs conflits ; ils ont ainsi préservé un minimum de solidarité entre eux. Au début du XIVe siècle encore, ils prennent part, dans des camps opposés, aux querelles de la royauté chypriote. Pourtant, le grand maître de l'Hôpital saura garder une retenue remarquée lors de l'arrestation des templiers. Certes, il ne fera rien en leur faveur, mais aucun hospitalier ne figurera parmi les accusateurs du Temple.

Il n'empêche : les « faiseurs d'opinion » de l'Occident ont plus retenu leurs disputes que leur solidarité [31].

2

*En Occident, le Temple
au service des États*

Dans un siècle marqué par l'impitoyable duel de la papauté et des pouvoirs temporels, la question des rapports entre des ordres religieux militaires internationaux, placés sous l'autorité directe du pape, et les pouvoirs laïcs ne peut manquer de se poser. Comme les autres ordres, le Temple n'a pas hésité à se mettre au service des États.

Sa place dans les affaires politiques

On imagine plutôt les templiers dans le rôle de médiateurs, d'arbitres ou d'ambassadeurs. En Angleterre, pendant la guerre civile qui oppose Mathilde à Étienne de Blois, ils ont reçu des dons des deux côtés. On pourrait croire, en analysant le rôle qu'ils ont tenu dans les relations franco-anglaises, qu'ils ont « mangé à tous les râteliers ». En 1160, ils souscrivent, comme témoins, le traité conclu entre Henri II et Louis VII ; le mariage prévu entre le fils de Henri II, Henri le Jeune, et la fille de Louis VII, Marguerite, devra avoir lieu dans les trois ans, les futurs époux n'étant que des enfants ; en attendant, la garde des trois châteaux de Gisors, Neauphle et Neufchâtel, dot de la petite Marguerite de France, est confiée à des chevaliers du Temple. Mais Henri II précipite les choses et marie les deux enfants en novembre 1160. Les trois templiers commis à la garde des châteaux les livrent au roi d'Angleterre [1]. C'est à cette occasion, et seulement pendant ces quelques mois, que le château de Gisors fut aux mains des templiers. La

durée de leur séjour est inversement proportionnelle aux
tonnes de sottises écrites ou racontées, par médias interpo-
sés, là-dessus [2].

Louis VII, mécontent, expulsa les trois templiers, mais
cela ne modifia pas son attitude envers l'ordre, dont
certains membres figurent au nombre de ses conseillers les
plus intimes : Geoffroy Fouchier, par exemple, qui entre-
tint avec le roi une abondante et amicale correspondance,
ou Eustache Chien, qui s'occupa d'affaires financières [3].

Le 11 mars 1186, Marguerite, veuve de Henri le Jeune,
cède ses droits sur Gisors et les autres châteaux moyennant
deux mille sept cent cinquante livres de monnaie angevine,
somme versée par l'intermédiaire des templiers et hospitaliers ; les maîtres du Temple et de l'Hôpital, en France et en
Normandie, sont garants de l'accord [4].

Être les proches conseillers d'un roi de France et d'un roi
d'Angleterre sans cesse en conflit, sans porter atteinte à
l'unité de l'ordre, tel est le tour de force réalisé par les
templiers. Ils furent parfois sur la corde raide : dans les
années 1222-1224, les templiers de La Rochelle sont accusés par le maire et les bourgeois d'animer les troubles et de
favoriser un parti français. Henri III d'Angleterre transmit
au pape la lettre du maire, qui les accuse de violence contre
l'Hôpital de la ville. Le pape publia une bulle, pour
« réprimer l'insolence des templiers [5] ».

Un autre exemple d'intervention directe dans les affaires
politiques est fourni par le cas du templier Richard l'Aumônier, qui figure, en 1255, parmi les conseillers du parti
pro-anglais de Comyn en Écosse [6].

A devenir trop partisan, on s'expose à des conséquences
fâcheuses : les templiers des États italiens de Frédéric II ont
payé cher l'hostilité de leur ordre à son égard. Tout avait
bien commencé, pourtant : en 1209-1210, le jeune souverain multiplia les dons et confirma volontiers ceux faits par
d'autres. En 1223, il prend sous sa protection les biens des
templiers en Allemagne et confirme les privilèges concédés
par ses ancêtres, Henri VI et Frédéric Ier [7].

Les choses se gâtent avant même le départ de Frédéric II
en croisade, encore que la documentation fournisse des

données contradictoires. Frédéric aurait confisqué des biens du Temple et de l'Hôpital dès novembre 1226[8]. Mais, autre fait, les châteaux et constructions militaires du royaume de Sicile sont placés sous la direction de deux « maîtres et proviseurs des châteaux impériaux ». Or, dans les années 1228-1229, l'un est templier, l'autre hospitalier. Les constitutions de Melfi, en 1231, modifieront le système et multiplieront les « proviseurs » qui, alors, ne seront plus recrutés dans les ordres militaires[9]. Quoi qu'il en soit, des confiscations massives de biens templiers et hospitaliers ont lieu dans ces années-là et, précise Ernoul, « il fit chasser tous les frères hors de la terre de Sicile[10] ». On dispose d'une liste impressionnante des confiscations pour la région de Foggia : maisons, jardins, vignes, oliveraies, terres à blé, salines furent confisqués et redistribués par la couronne[11].

Lorsqu'en 1231 Frédéric II se réconcilie avec le pape, ce dernier lui demande de restituer les biens saisis au Temple et à l'Hôpital, qui, on l'a vu, atténuent leurs critiques. Frédéric II tergiverse : en 1238, il se justifie de ses retards ; il a dû rendre ses biens à l'Hôpital, devenu son allié, mais certainement pas au Temple, puisque, à la fin de sa vie, dans son testament, il demandera que « tous les biens de la milice, toutes les maisons du Temple que notre cour tenait lui soient restitués ». Ce sont les liens étroits que le Temple entretient avec la papauté en Italie qui expliquent le zèle du commandeur du Temple de Pérouse, Bonvicino, à régler un conflit entre Pise et Gênes à propos de la forteresse sarde de Sant'Igia, en 1257 ; un templier et un hospitalier garderont le château. Il s'agit d'un prolongement, en Occident, de la « guerre de Saint-Sabas » qui oppose les communes italiennes à Acre. Il est curieux de voir le Temple, très engagé en Orient dans le conflit, jouer les médiateurs en Italie[12].

Dans la seconde moitié du xiiie siècle, le développement de l'État monarchique multiplie les occasions de tension avec les ordres internationaux, l'État tentant de récupérer ses droits et rognant les privilèges. Leur situation « d'Église dans l'Église, d'État dans l'État[13] » place les ordres dans une situation difficile : peut-on servir à la fois Dieu et le prince ?

Le problème est très crûment posé aux ordres pendant le conflit Boniface VIII-Philippe le Bel. Les templiers de France approuvent le roi. Mais, à Anagni, le pape, humilié par Guillaume de Nogaret et ses sbires, était « presque seul avec les frères templiers et hospitaliers ». Benoît XI, le successeur de Boniface VIII, confirme, le 6 février 1304, tous les privilèges du Temple, restituant à celui-ci une crédibilité alors vacillante. Benoît XI savait pouvoir compter sur l'ordre pour endiguer les assauts de la monarchie française contre la papauté. L'attitude des commanderies de France était l'exception à la règle du soutien à la papauté [14]. Dangereuse contradiction, c'est certain, quand l'État, toujours à la recherche de moyens financiers, peut avoir la tentation de se servir des richesses, vraies ou supposées, des ordres. Sans compter que leur force militaire peut inquiéter. L'Aragonais Jacques II, l'Anglais Édouard Ier, le Français Philippe le Bel ont, malgré les différences d'approche, la même perception du problème.

L'action militaire du Temple en Occident

Ordre militaire et religieux qui représente la permanence de la croisade, le Temple doit combattre les infidèles pour protéger la Terre sainte. Peut-il le faire ailleurs ? Le problème se pose. Très vite cependant, avec l'accord du pape en 1146, le Temple s'engage aussi contre les musulmans d'Espagne. A aucun moment, il ne jouit dans les royaumes ibériques d'une situation comparable à celle qu'il occupe en Terre sainte. La reconquête a pour effet d'accroître la superficie et les ressources des États, donc d'y renforcer le pouvoir royal. Le Temple n'y fut qu'un auxiliaire [15]. Son action se situe sur deux plans : la participation aux guerres et la défense permanente des frontières.

Presque dès l'origine de leur implantation en Espagne, les templiers ont combattu les Maures : siège de Tortosa en

1147 ; prise de Lérida en 1149. Le roi Alphonse II d'Aragon, qui valorisait plutôt les ordres militaires espagnols, fut contraint, après l'échec de l'ordre de Montjoie, de faire appel au Temple pour la reconquête de l'Aragon méridional. A Majorque (1228), à Valence (1238), ils sont également présents. Ils sont de tous les combats contre les Almohades en Castille, au siège de Cáceres (1184) comme au combat fameux de Las Navas de Tolosa (1212). Au Portugal, enfin, leur aide fut précieuse pour la prise de Santarem, de Lisbonne, de Badajoz. La province templière de Portugal fut longtemps unie à celle de Castille-León.

Les souverains ibériques ont fait d'importantes donations aux ordres militaires de leurs royaumes. En échange, les ordres doivent défendre les territoires reconquis. A Valence, Temple et Hôpital montent la garde à la frontière, chacun durant six mois. Après Badajoz, le roi de Portugal confie au Temple la garde de ses frontières avec les Maures, et avec... la Castille.

Les ordres s'engagent aussi à peupler et à mettre en valeur ces zones dévastées. Leurs puissants châteaux assurent cette double tâche, Chivert, dans le royaume de Valence, par exemple. Les patrouilles du Temple, qui veillent sur la sécurité du pays, font parfois de fâcheuses rencontres : en 1276, le maître d'Aragon, Pierre de Moncada, est capturé avec son escorte par les musulmans, quelque part dans le pays valencien [16].

Les forces utilisées par les templiers dans la reconquête de l'Espagne sont essentiellement autochtones ; encore que l'habitude prise dès le XIᵉ siècle par des chevaliers français d'aller combattre les Maures en Espagne ait continué aux XIIᵉ et XIIIᵉ siècles : Hugues de Montlaur, un templier du Puy, futur maître de Provence, participe à la prise de Valence, en 1238 [17]. Les contingents de l'ordre sont intégrés à l'armée royale lors des grandes opérations ; leur importance ne vient pas du nombre, somme toute restreint, mais de leur discipline et de la rapidité de leur mobilisation : ils arrivent les premiers, en état de combattre. Ils constituent ainsi, avec l'Hôtel du roi, le noyau sûr de l'armée aragonaise.

Le rôle des ordres internationaux change d'un royaume à l'autre. Les souverains aragonais, Alphonse II mis à part, n'ont pas cherché à développer des ordres nationaux et se sont servis du Temple et de l'Hôpital. Dans le domaine castillan au contraire, Temple et Hôpital ont été concurrencés par des ordres nationaux, Santiago, Calatrava. Le Temple est involontairement responsable de la création de l'ordre de Calatrava : lorsqu'en 1147 le roi de Castille, Alphonse, s'empare de Calatrava, il en confie la défense aux templiers. Lorsque la place est attaquée, quelque temps après, par les Almohades, les templiers ont du mal à la défendre et ils préfèrent renoncer à conserver ce point fort. Le roi de Castille crée alors l'ordre castillan de Calatrava [18].

Le Temple portugais occupe une place originale, puisqu'il devient ordre national. Le premier maître connu est un Français, Hugues de Montoire (1143). Dès 1156, on connaît un maître portugais, Gualdem Pais : il fait entreprendre la construction de la forteresse de Tomar, destinée à devenir le siège de la province. Le moment décisif se situe en 1169, quand le roi concède à l'ordre le tiers des territoires à conquérir au sud du Tage, en échange de l'engagement des templiers portugais d'investir toutes leurs ressources au Portugal, tant que le roi et les Portugais y combattront les Maures. « Le Temple du Portugal se séparait ainsi de l'ordre, pour se consacrer uniquement à la reconquête du pays [19]. » En fait, les souverains portugais ont résolu en leur faveur le problème indiqué en ouvrant ce chapitre : n'y a-t-il pas contradiction entre la mission en Terre sainte et la participation à la reconquête espagnole ? L'une des raisons invoquées par les rois d'Aragon pour justifier l'ampleur des concessions faites au Temple, dans la première moitié du XIIᵉ siècle, était d'empêcher les chevaliers locaux de s'engager au Temple pour partir en Terre sainte [20].

Au cours du XIIIᵉ siècle, au fur et à mesure que le front s'éloigne des grandes maisons du Temple, celui-ci (la tendance est la même pour l'Hôpital) semble s'intéresser moins à la reconquête. Au point qu'une bulle pontificale,

en 1250, enjoindra aux ordres de combattre les Maures en
Espagne. Paradoxalement, cette mauvaise volonté s'expliquerait par le manque de moyens. Les templiers d'Orient,
étrillés par les musulmans, mobilisent toutes leurs ressources d'Occident, Espagne comprise ; les templiers d'Aragon
en viennent à manquer de chevaux, ce qui est un comble.
Le roi Jacques II demandera sans succès au pape que les
templiers de son royaume consacrent toutes leurs ressources à l'Aragon. Même après la chute d'Acre, les templiers
aragonais sont dans la gêne. Ils sont convoqués par le roi à
l'armée, en 1304 ; le maître Bérenger de Cardona commande au précepteur d'Alfambara de venir...

> bien que nous pourrions nous excuser auprès du roi, car
> nous avons dépensé beaucoup d'argent cette année à la
> frontière et dans le royaume de Murcie ; cependant, si
> nous manquions à la convocation du roi, un grand
> déshonneur retomberait sur nous et sur le Temple,
> surtout si tous les autres nobles viennent [21].

A part ces problèmes matériels, les templiers n'avaient
pas de raisons sérieuses pour refuser de combattre les
musulmans d'Espagne. Ils en avaient, en revanche, pour
s'opposer à certaines sollicitations de la papauté ou des
monarchies. Au cours du XIIIe siècle la papauté a détourné,
au profit de ses objectifs politiques en Italie, l'idéal de
croisade : il n'est plus question des lieux saints dans la
croisade contre les Albigeois, la croisade contre Frédéric II
ou dans celle qui est lancée contre l'Aragon à la suite des
Vêpres siciliennes en 1283-1285. Ces croisades posent de
rudes problèmes aux ordres, partagés entre leur obéissance
au pape et leur fidélité à un idéal. Finalement, le Temple et
l'Hôpital n'ont jamais été impliqués militairement dans les
luttes italiennes. La papauté a préféré utiliser des confra-
ternités spécialement créées à cet effet [22]. Elle n'a fait appel
aux talents militaires des templiers qu'en transformant
ceux-ci en châtelains et gardes de ses châteaux [23]. Mais elle
a exigé d'eux des taxes, malgré leurs privilèges, pour
financer les guerres contre Frédéric II ou Manfred, en 1247
et 1264.

La participation des ordres militaires à la croisade contre les Albigeois fut également marginale. Les hospitaliers paraissent avoir été bienveillants à l'égard, non des cathares, mais du comte de Toulouse ; l'ordre était solidement installé dans la ville et sa région. Manifestation de cette bienveillance : ils donnent une sépulture à l'allié de Raymond VI de Toulouse, le roi d'Aragon tué à la bataille de Muret, en 1213 ; ils accueillent Raymond VI, bien qu'il soit excommunié. Raymond prendra d'ailleurs l'habit de l'Hôpital sur son lit de mort [24].

Quant aux templiers, ils semblent proches des croisés du nord de la France. Guillaume de Tudèle raconte qu'après le sac de Marmande, en 1219, le prince Louis, fils de Philippe Auguste, qui conduisait les croisés, se dirige vers Toulouse. Son armée comprend des Français, des Flamands, des Champenois... Elle est accompagnée par « les abbés, les archevêques, les évêques, les Templiers, les moines blancs et noirs, les chanoines, qui sont dans l'ost au nombre de cinq mille. Tous les clercs prêchent et ordonnent de tout massacrer ». Ces templiers, comme les croisés, viennent du nord de la France ; et l'on notera avec intérêt que Guillaume de Tudèle les place parmi les clercs, non parmi les combattants. Simon de Montfort aussi qui, le 1er décembre 1212, fait approuver les coutumes à suivre dans les pays conquis sur les hérétiques par douze électeurs dont quatre ecclésiastiques, les évêques de Toulouse et de Couserans, un templier et un hospitalier [25].

Les templiers de la commanderie de La Villedieu (Tarn-et-Garonne) sont mentionnés à deux reprises dans les sources. En 1213, le frère du comte de Toulouse, Baudouin, réfugié auprès des croisés de Simon de Montfort, est enlevé. Le comte veut venger la mort du roi d'Aragon : il fait pendre son frère, traître à sa cause. « Les frères Templiers réclamèrent et obtinrent son corps, le déposèrent de l'arbre et lui donnèrent la sépulture à La Villedieu dans leur cloître, près de l'église. » En 1228, le précepteur de la maison, frère Guy de Brassac, a vent d'un complot contre l'évêque de Toulouse qu'il héberge alors. Il fait arrêter et torturer les comploteurs, avant de les chasser de

La Villedieu [26]. Ces faits, qui n'ont pas grand-chose de
militaire, concernent les templiers de la vallée moyenne de
la Garonne. On ne sait rien de l'attitude des templiers du
Languedoc. On remarque avec amusement que, si l'on tient
absolument à trouver des liens, même ténus, entre ordres
militaires et cathares (c'est l'un des inépuisables filons du
sottisier templier), il vaut mieux « interroger » les hospitaliers de Toulouse plutôt que les templiers...

   Cette abstention des ordres militaires dans les croisades
d'Occident s'explique aisément : les maisons européennes
sont des exploitations rurales gérées par des non-combattants. Il n'y a pas de confusion entre le « front » (la Terre
sainte, l'Espagne) et l'« arrière » (l'Europe), où le Temple
réunit les moyens matériels et humains de son combat.
L'hérésie n'est pas son affaire et la papauté l'a compris.

   Les templiers échappent en revanche plus difficilement à
la pression des États, encore que les raisons que je viens
d'indiquer valent également dans ce cas de figure, sauf en
Espagne. Leur aide militaire se réduit ordinairement à
garder des châteaux, dans les États du pape, en Sicile, en
Provence. Le seul cas net de participation à des opérations
militaires au profit des pouvoirs laïcs est anglais : Édouard
Ier a fait appel aux templiers de son royaume contre les
Écossais, à la bataille de Falkirk, en 1298 : Brian de Jay, le
maître du Temple en Angleterre, qui y meurt, conduisait
une compagnie galloise, non un contingent de son ordre [27].
La participation des templiers à l'armée du roi de Hongrie,
Bela, en 1241, s'apparente davantage à la croisade : il
s'agit, certes, de la défense du royaume de Hongrie ; mais
les Mongols sont des infidèles [28]. Mentionnons enfin, mais
c'est un isolé, et il est hospitalier, le fameux frère Guérin, le
stratège militaire de Philippe Auguste.

   En Espagne, où les templiers demeurent des combattants, le roi d'Aragon les a requis à trois reprises contre ses
adversaires chrétiens : contre les Français, en 1283-1285, et
contre la Castille, en 1300-1301 ; il s'agit là de guerres
défensives ; contre la Navarre, en 1292, et il s'agit d'une
guerre offensive. Il exige le service militaire des hommes du
Temple, mais aussi des templiers ; s'ils ne viennent pas, ils

sont contraints de payer une taxe. Au nom du principe de la
« défense du pays », le roi se fait menaçant : « Si vous
agissez autrement, dit-il au maître du Temple d'Aragon en
1300, nous procéderons contre vous et les possessions de
votre ordre comme il est juste de le faire contre ceux
qui, inhumainement, refusent de combattre pour leur
pays [29]. »

Retenons cet « inhumainement » ; Philippe le Bel et ses
conseillers trufferont leurs attaques contre le Temple de cet
« inhumainement ». Le Temple et les ordres internationaux
ont bien du souci à se faire, au seuil du XIVe siècle, avec les
États monarchiques. Ces mêmes États qu'ils aident pourtant si puissamment au plan financier.

Les templiers, « fonctionnaires » royaux

Les monarchies médiévales ont puisé largement dans le
clergé pour recruter les agents compétents dont elles
avaient besoin ; les frères du Temple et de l'Hôpital ont été
très normalement appelés à des tâches gouvernementales.
Un Roger le Templier, précepteur à Londres, est aussi
l'aumônier du roi Henri II : à ce titre, il répartit les
aumônes royales entre les pauvres qui se pressent au Palais.
Henri III, mécontent du refus du Temple de cautionner le
comte de Gloucester, se venge en limogeant son aumônier
templier, un autre frère Roger.

La monarchie pontificale a fréquemment recours à eux.
Le précepteur de la province d'Italie du Nord et du Centre
réside à Rome, à Santa Maria dell'Aventino. Siège prestigieux ! Aussi de nombreux templiers fréquentent la cour
pontificale. Et les papes recrutent parmi eux certains de
leurs dignitaires : Uguccione de Vercelli est cubiculaire du
pape en 1300-1302, et Giacomo de Montecuco, de 1304 à
1307. Tous deux sont également précepteurs de la province [30].

Templiers et hospitaliers sont d'excellents ambassadeurs.
En France, la royauté les charge volontiers des missions
temporaires, exceptionnelles, pour lesquelles elle nomme

des commissaires. Frère Gilles, trésorier du Temple de Paris, est ainsi commis, entre 1236 et 1250, avec un bailli, Nicolas de Hautvillers, à recevoir les serments de fidélité au roi [31].

C'est dans le domaine des finances que les templiers ont surtout été utilisés par les pouvoirs laïcs et ecclésiastiques. Le roi peut être un client comme un autre de la « banque » du Temple : n'y revenons pas. Je ne considérerai ici que le problème des finances de l'État, dont la gestion fut confiée, en totalité ou en partie, aux templiers.

Ces relations financières avec les pouvoirs ont commencé tôt : « Nous ne pouvons pas imaginer, écrivait Louis VII à Suger, comment nous aurions pu subsister dans ces pays sans l'assistance des Templiers... Ils nous prêtèrent une somme considérable. Elle doit leur être rendue. Nous vous supplions donc de leur rembourser sans retard deux mille marcs d'argent. » Dans une autre lettre, le roi précise le mécanisme de l'emprunt : « Que mon intercession en leur faveur ne soit pas vaine : ils ont promis de rendre bientôt ce qu'ils ont emprunté dans le dessein de me servir [32]... » Ce prêt à Louis VII est à la limite de l'affaire privée. Mais il est au départ d'une tradition qui durera jusqu'à la fin des croisades : les souverains, préparant leur « Passage » en Terre sainte, se tournent vers les ordres militaires, soit pour déposer des sommes en prévision de leur voyage, comme le fit Henri II, soit plus simplement pour emprunter : Édouard Ier emprunta ainsi vingt-huit mille livres au Temple de Paris, avant de s'embarquer pour l'Orient [33]. De là à confier aux ordres le soin de gérer les finances de l'État, il n'y a qu'un pas.

Il ne fut franchi qu'à moitié en Angleterre, en ce sens qu'une partie seulement du Trésor royal fut déposée au Temple, vers la fin du règne de Henri II ; l'autre partie, la Garde-robe, est sous bonne garde à la tour de Londres. Mais Henri III place à la tête de la Garde-robe, vers 1230, son aumônier d'alors, Geoffroy du Temple [34].

En France, en revanche, l'ensemble du Trésor est placé au Temple de Paris, depuis le milieu du XIIe siècle [35]. Avant de partir en croisade, Philippe Auguste a publié une grande ordonnance pour régler le gouvernement du royaume pendant son absence (1190) : il enjoint aux agents de l'État de déposer les deniers reçus au Temple [36]. On s'accorde à penser que le Temple a géré l'ensemble du Trésor français durant tout le XIIIe siècle. Il a parfois été écrit que Louis IX, mécontent de l'attitude des frères en Orient, aurait marqué sa défiance en retirant le Trésor du Temple. Mais Mathieu Paris se trouve, comme par hasard, le seul à le dire. Ce que l'on sait des relations de Louis IX et du Temple invite à ne pas faire confiance à son témoignage.

Mais, en 1295, le roi Philippe le Bel réalise effectivement le transfert du Trésor, du Temple vers le château royal du Louvre. On y a vu une décision prémonitoire, une preuve de la méfiance, voire de l'hostilité, manifestée par le roi envers les templiers. Les raisons de ce transfert sont ailleurs. Dans le cadre d'une politique de renforcement du pouvoir monarchique, il est normal que le roi confie ses finances à ses propres agents. Le règne de Philippe le Bel voit le développement, à côté des ressources du Domaine, dites ressources ordinaires, de la fiscalité (les ressources extraordinaires) et des emprunts. Les templiers n'ont été que les gestionnaires de l'ordinaire. Pour la gestion de l'impôt et pour les emprunts, Philippe, comme Édouard Ier d'Angleterre du reste, préfère avoir recours aux banquiers italiens. En 1295, il croit le moment venu d'opérer une vaste réorganisation des finances royales qui consiste à rassembler en de mêmes mains, celles des fameux Biche et Mouche, financiers italiens, l'ensemble des revenus de la couronne. Cette tentative prématurée ne donna pas les résultats escomptés et, en 1303, le Trésor réintégra le Temple [37].

Ailleurs en Europe, on fit appel aux templiers pour diriger les finances royales : Charles Ier d'Anjou en Sicile ; Jacques Ier d'Aragon en Catalogne. Le pape Clément V avait à ses côtés, à Poitiers, des templiers qui s'occupaient de ses finances.

L'activité financière du Temple se manifeste dans d'autres domaines. En Angleterre, le templier Gilbert Hoxton collectait les dîmes pour le compte du roi ; il en détournait un peu à son profit. Découvert, il fut pardonné par le roi, mais point par le maître de l'ordre, qui le punit sévèrement [38].

Philippe Auguste confia à frère Aymard, commandeur de l'ordre en France, puis trésorier du Temple à Paris de 1202 à 1225, donc du même coup trésorier royal, le soin de procéder à l'intégration de la Normandie conquise au système monétaire français. C'est une preuve de plus de la technicité financière acquise par les templiers au cours de leurs nombreuses opérations [39].

Si toutes les maisons du Temple reçoivent des dépôts et font des prêts, les grosses opérations sont l'apanage de quelques commanderies, dont la plus célèbre est celle de Paris. Par un choix délibéré de l'ordre, le Temple de Paris est devenu le centre des opérations financières d'Occident. Paris était beaucoup mieux armé que Londres, autre place importante, mais un peu marginale dans l'Europe de ce temps. Autour de la maison du Temple de Paris, un important faubourg s'est développé, qui correspond au quartier du Temple du Paris d'aujourd'hui [40].

Le « Vieux Temple », première maison de l'ordre à Paris, existe dès 1146, installé dans la partie marécageuse de la rive droite (le Marais justement), non loin de la Seine, où les templiers possèdent un port. Ils assèchent et mettent en valeur le quartier situé entre les rues de la Verrerie au sud, Béranger au nord, du Temple à l'ouest et Vieille-du-Temple à l'est. Après l'acquisition, en 1203-1204, de deux censives situées l'une à l'est de la rue Vieille-du-Temple (rue des Écouffes, rue des Rosiers, rue Pavée), l'autre au nord de la rue de la Verrerie (Sainte-Croix-de-la-Bretonnerie), l'enclos du Temple est constitué ; il est ceint de murailles et protégé par des privilèges. A l'intérieur, les templiers édifièrent une superbe église sur le modèle du Saint-Sépulcre (avec une rotonde et une basilique) et deux donjons, l'un, appelé la tour de César, datant du XIIᵉ siècle, l'autre, le donjon du Temple, édifié dans la deuxième moitié du XIIIᵉ siècle. Ils s'élevaient à peu près sur l'emplacement du square qui fait face à la mairie du troisième arrondissement.

Tout n'est pas construit dans l'enclos, puisque, en 1284, le précepteur du Temple peut y fonder une ville neuve, sise entre la rue du Temple et la rue des Archives, laquelle est tracée dans les années 1282-1292, et entre la rue Portefoin et la rue Braque. Des lots réguliers sont tracés, sur lesquels, rapidement, des maisons sont édifiées. Quant au carré formé par les rues Vieille-du-Temple, des Archives, des Quatre-Fils et des Francs-Bourgeois, il constitue le « Chantier du Temple ».

Les templiers achètent des terrains au nord de l'enclos, jusqu'à l'actuelle rue de la Folie-Méricourt, et à l'est, le long de l'actuelle rue de Turenne. Ils acquièrent également des terrains du côté de Saint-Gervais, avec des maisons, des rentes, un moulin (situé rue des Barres) ; ils possèdent un autre moulin sur le grand pont.

Ce vaste quartier a été bien mis en valeur : le montant des cens passe de quatre cent cinquante-trois livres parisis en 1253 à mille deux cents, mille six cents, en 1307. Pour en être les seuls maîtres, les templiers se sont montrés durs et impitoyables envers les habitants déjà établis, comme par exemple les « Serfs de la Vierge » installés aux Blancs-Manteaux.

L'enclos fut saisi par les agents du roi lors de l'arrestation des templiers en 1307. Le roi ne leva sa main sur le quartier, pour le remettre aux hospitaliers, qu'en 1328. Les hospitaliers y firent construire un palais pour le grand prieur de l'ordre, qui y résidait. Mais l'enclos garda toujours le nom de Temple et le grand prieur de l'Hôpital, puis de Malte, fut toujours appelé « grand prieur du Temple » [41].

3

Maintien de l'esprit templier ?

Pris dans les querelles de Terre sainte et devenant malgré tout (malgré eux ?) partisans, servant les princes tout en étant contraints de passer beaucoup de temps à défendre des droits et privilèges que ces mêmes princes attaquent, les templiers n'ont-ils pas perdu de vue les buts de leur ordre ? Il ne le semble pas : ils se sont battus jusqu'au bout en Syrie-Palestine, et jusqu'à la fin l'Occident templier a fourni à l'Orient templier ce dont il avait besoin. Sur les soixante-seize templiers interrogés à Chypre après leur arrestation, cinquante-deux ont rejoint l'ordre après 1300, et la plupart en Occident [1].

Élargissement du domaine du Temple en Orient

Le Temple partage, avec l'Hôpital, la responsabilité quasi entière de la défense des établissements latins d'Orient, établissements qui se sont agrandis avec la conquête de Chypre par Richard Cœur de Lion et la création des États latins de Grèce après la quatrième croisade. Ces territoires « neufs » ont attiré des chevaliers d'Occident, mais aussi certains barons de Syrie-Palestine. Le rôle des ordres s'en trouve encore renforcé.

Chypre forme la grande base arrière des États latins ; le royaume arménien de Cilicie est au contact des Turcs et des Mongols du nord de la Syrie ; l'Empire latin de Constantinople et la principauté de Morée font face aux Grecs devenus des ennemis. Ces régions font toutes partie de la zone du « champ de bataille », même si elles ne sont pas exposées en première ligne. Templiers et hospitaliers s'y sont donc installés et ont fini par y créer de nouvelles provinces.

En Cilicie, les templiers possèdent une marche, traversée par la frontière séparant Cilicie et principauté d'Antioche : Baghras, Roche-Guillaume, Roche-Roissel, Port-Bonnet en sont les points forts. Ce n'est toutefois qu'après la chute d'Antioche, en 1268, qu'une province du Temple est érigée en Cilicie ; son chef-lieu est Roche-Guillaume. Les templiers n'auront jamais dans ce pays, du fait de leurs très mauvaises relations avec la dynastie arménienne, une position aussi forte que celle de l'Hôpital, où même des teutoniques [2]. Ils seront néanmoins sollicités, comme les autres forces latines de la Méditerranée orientale, de venir au secours de ce qui demeure, après la chute d'Acre, le dernier État chrétien de Syrie-Palestine [3].

En Grèce, après la quatrième croisade, une province de Romanie est créée ; elle entretiendra, à la fin du xiiie siècle, des relations étroites avec l'Italie du Sud. Les templiers possèdent des biens en Thessalie, en Eubée et surtout en Morée, où ils sont présents dès le début de la conquête. Comme les autres ordres, le Temple a, du prince, reçu des fiefs ainsi que des villages. Comme ailleurs, il se chamaille avec le clergé séculier, et notamment avec l'archevêque latin de Patras, au sujet de maisons, ou de l'abbaye de Provata. De même, les relations avec le prince de Morée, qui tient son État d'une main de fer, ne vont pas sans conflit : pour achever la conquête, Geoffroy II a exigé le service militaire des hommes des établissements religieux, y compris, donc, des ordres militaires ; ceux-ci refusant, le prince n'hésita pas à saisir leurs biens pendant trois ans [4].

Il s'en est fallu de peu que les templiers ne constituent en l'île de Chypre, bien avant les teutoniques en Prusse et Livonie, et plus d'un siècle avant les hospitaliers à Rhodes, un État templier. L'affaire remonte à la troisième croisade. Richard Cœur de Lion, ayant quitté Messine pour la Syrie, rencontre quelques difficultés au large de Chypre avec le despote grec de l'île ; il y débarque et s'en empare. Ne

sachant qu'en faire, il la vend aux templiers. Mal préparés à
cette tâche de gouvernement dans une île trop vaste, la
centaine de templiers présents ne maîtrise pas la situation.
En avril 1192, la population grecque se révolte ; harcelés
dans Nicosie, les templiers et les Latins réagissent durement et matent la révolte. Les templiers doivent se rendre
compte alors qu'il leur faudrait trop de moyens humains
pour tenir Chypre et qu'ils devraient, ce faisant, sacrifier
leur mission de croisade. Aussi font-ils « savoir au maître
du Temple, et au roi d'Angleterre, comment ils avaient fait.
Dont le maître du Temple conclut en disant au roi d'Angleterre, qu'il fît de l'île à sa volonté, car eux ne la pouvaient
plus garder [5] ». Richard la céda alors, sur leurs conseils, à
Guy de Lusignan.

Les templiers se contentent de s'établir dans l'île comme
ils le font ailleurs : achats de biens fonciers, de châteaux,
donations et concessions diverses. Comme Chypre devient
la plaque tournante des opérations des Latins en Méditerranée orientale, on y rencontre souvent le maître de l'ordre.
La chute d'Acre amène naturellement un repli sur l'île des
Latins, des templiers, hospitaliers et autres. Le roi de
Chypre, qui sait à quoi s'en tenir, prend des mesures pour
ne pas se laisser submerger par les ordres. Il veut imposer
une capitation sur leurs hommes, mais le pape le lui
interdit ; en revanche, il les empêche d'acquérir des biens
sans autorisation de lui-même et du pape [6].

La situation se complique avec la crise politique qui
éclate en 1306. Le roi Henri est malade et son frère Amaury
se révolte contre lui avec l'appui des templiers. L'Hôpital
reste plus neutre. Cela vaudra une situation curieuse dans
les années suivantes : alors que, partout ailleurs, les templiers sont arrêtés, ceux de Chypre, protégés par Amaury,
restent libres ; jusqu'en 1309, date à laquelle la décision
pontificale est enfin appliquée.

Chypre ne pouvait devenir un « État templier ». On
remarque qu'en Cilicie, en Morée, à Chypre, États qui se
développent au XIIIᵉ siècle, les ordres militaires sont face
à des pouvoirs princiers décidés à faire respecter leur
autorité. Cette situation, bien différente de celle que les

ordres ont connue à Jérusalem, est comparable à celle de l'Occident.

Les temps ont changé : face à des pouvoirs laïcs forts, les ordres militaires doivent imaginer d'autres solutions s'ils ne veulent pas périr.

Les grandes forteresses de Terre sainte

En 1165, le prince arménien Thoros traversa du nord au sud les États latins pour rendre visite au roi de Jérusalem : « Sire, dit Thoros au roi, quand je suis venu à travers votre terre, et que je demandais à qui étaient les châteaux, les uns me disaient : " C'est au Temple ", les autres : " à l'Hôpital " ; si bien que je n'ai trouvé nul château, nulle cité, dont on ait pu me dire qu'elle était vôtre [7]... » Le prince exagérait un peu ; il anticipait sur la situation de la deuxième moitié du XIIIᵉ siècle. Mais il avait bien saisi le rôle fondamental que jouaient, dès ce moment-là, les ordres militaires dans la défense du royaume.

En 1241, dans une lettre adressée au maître d'Angleterre, Robert de Sandford, Armand de Périgord, maître du Temple, écrit : « Nous seuls, avec notre couvent et les prélats des églises, avec aussi quelques barons de la Terre, qui nous apportent toute leur assistance, portons sur nos épaules tout le poids de la défense du pays [8]. »

On connaît la prudence des ordres : ne conquérir que ce que l'on peut tenir ; prudence rarement démentie, sauf coup de tête de tel ou tel maître. Ils sont les seuls à pouvoir occuper le terrain conquis : on le sait et ils le savent. Aussi, au XIIIᵉ siècle, se voient-ils confier tous les points forts d'États réduits, il est vrai, à un liséré côtier. La coutume veut qu'en cas de régence les châteaux appartenant au roi leur soient confiés. Mais, en plus, ils reçoivent les forteresses de barons du royaume incapables de les entretenir. En 1260, Julien de Sidon leur vend la ville de Sidon et le château de Beaufort ; ils agrandirent celui-ci et y construisirent une belle salle gothique [9].

La plupart des châteaux furent édifiés par les templiers

(et hospitaliers) eux-mêmes, sur des sites déjà aménagés parfois, avec l'aide d'architectes locaux et d'une main-d'œuvre souvent composée de musulmans razziés ou prisonniers.

Les contructions du XIIIe siècle reflètent l'état d'esprit défaitiste qui règne alors en Terre sainte : ce sont d'énormes forteresses, des refuges très vastes, destinés à soutenir des sièges prolongés ; d'où leur relatif confort, l'importance des magasins, des puits, des bassins, des silos, des réserves. « La force brute de ces places, nous dit M. Benvenisti, est la preuve décisive de la faiblesse, du pessimisme des royaumes croisés : on renonce à l'offensive, on ne va plus chercher l'ennemi [10]. »

Nous possédons des descriptions de la construction des châteaux d'Athlit, le plus énorme château construit en Terre sainte, et de Safed. Athlit, appelé Château-Pèlerin « parce que les pèlerins commencèrent à le fortifier [11] », fut entrepris en 1217, sur un site phénicien, au sud du mont Carmel, grâce aux libéralités d'un croisé, Gautier d'Avesnes. Olivier le Scholastique raconte ainsi les travaux :

> En creusant le fossé, un mur très ancien fut mis au jour, long et massif, et des pièces de monnaie d'un type inconnu des habitants d'aujourd'hui furent trouvées (...). Puis, comme ils continuaient à creuser et à rejeter du sable, un autre mur plus court fut mis au jour et, dans l'espace dégagé ainsi entre les murs, de nombreuses sources d'eau fraîche sourdaient (...). Deux tours sont élevées en avant du château, composées de grosses pierres carrées d'une telle taille qu'une seule de ces pierres ne peut être apportée qu'à grand-peine, sur une charrette tirée par deux bœufs. Chaque tour a cent pieds de long et soixante-quatorze de profondeur ; chacune contient deux étages voûtés, et leur hauteur, accrue peu à peu, dépasse celle du promontoire. Entre les deux tours, un nouveau mur, avec merlons et créneaux, fut construit, de façon si merveilleuse que les chevaliers montés et armés pouvaient circuler à l'intérieur. A quelque distance des tours, un autre mur traverse le promontoire d'une rive à l'autre, et il protège un puits d'eau douce. De là, une muraille haute fait le tour du

cap. Entre la courtine sud et le rivage, il y a deux puits qui abondent d'eau douce pour le château [12].

Le château était situé au bord de la mer, sur un promontoire de deux cent quatre-vingts mètres sur cent soixante ; c'est à l'est, là où le promontoire se rattache au continent, que la défense fut particulièrement soignée, avec un fossé et les deux murailles flanquées de tours.

En 1220 — les travaux n'étaient pas terminés — le château subit sa première attaque ; il tint bon. Il ne devait d'ailleurs jamais être pris.

Safed est un château construit à l'intérieur des terres, à une journée de marche d'Acre. Situé à huit cent cinquante mètres d'altitude, il contrôle la rive occidentale du lac de Tibériade et la route Damas-Acre. A l'emplacement d'une construction du xie siècle, le roi Foulques d'Anjou édifia une forteresse qu'il remit aux templiers. Ceux-ci durent l'abandonner à Saladin après la défaite de Hattin. Le château fut démantelé en 1210. Le Temple le récupère en 1240, mais n'en fait rien. L'évêque de Marseille, Benoît d'Alignan, en pèlerinage en Terre sainte, convainquit les templiers de le reconstruire. Les travaux durèrent trois ans et furent coûteux [13]. De forme ovale, le château a une double enceinte que surplombe un énorme donjon carré (on ne dispose d'aucune trace de celui-ci). Comme à Château-Pèlerin, la première enceinte est précédée d'un fossé sec, taillé dans le roc. Il est construit en grand appareil.

A la suite de T. E. Lawrence, on a répété que les châteaux du Temple étaient plus frustes que ceux de l'Hôpital. Les templiers seraient restés fidèles au modèle byzantin du *castrum* rectangulaire, les hospitaliers construisant des forteresses plus sophistiquées, plus « scientifiques ». Deux objections à ce schéma :

D'une part, les ruines subsistantes sont celles de châteaux très différents. Les deux grands châteaux du Temple dont on connaît le plan et l'organisation sont des forteresses côtières : Tortose et Château-Pèlerin. Les impératifs de défense sont de nature différente de ceux du Krak des

Chevaliers, construit à l'intérieur des terres, dont on fait le modèle insurpassé des constructions hospitalières. Safed pourrait lui être comparé ; mais on ne sait pas grand-chose de sûr à son sujet. En tout cas, les ruines de Château-Pèlerin révèlent une construction aussi soignée, aussi « savante » que celle du Krak.

D'autre part, c'est la deuxième objection, T. E. Lawrence ne tient guère compte de la chronologie et de l'évolution des impératifs de défense. Au XIIIᵉ siècle, les Latins sont condamnés à une défense passive. Les châteaux qu'ils construisent, ou qu'ils réaménagent, doivent résister par leur masse, par l'accumulation de pierres. De ce point de vue, Château-Pèlerin, Safed, le Krak se ressemblent. Le *castrum* byzantin, rectangulaire, à quatre tours d'angle, n'est pas propre aux templiers (Belvoir est hospitalier) ; il est propre à un temps, le XIIᵉ siècle, où les Latins avaient l'initiative et construisaient des forteresses adaptées à une défense active. Le château de type *castrum* n'est pas rudimentaire ; il n'est pas moins scientifique que le Krak. Mais il correspond à des nécessités défensives qui ne sont plus celles du XIIIᵉ siècle [14].

Les grandes forteresses des ordres militaires sont, au sens vrai du terme, quasi imprenables. Pourtant, en quelques années, entre 1265 et 1275, la plupart d'entre elles passent aux mains du sultan mamelouk Baïbars. Ces châteaux, là gît leur faiblesse, exigent des garnisons considérables pour être efficacement défendus. On prévoit deux mille hommes à Safed (tous ne sont évidemment pas des combattants). Or, les Latins et les ordres ont de plus en plus de difficultés à réunir de telles garnisons.

La stratégie de défense est liée à une politique et à sa conduite. Quelle est la politique des États latins dans ces années critiques marquées par l'irruption des Mongols en Europe et dans le Proche-Orient musulman ? Les Latins de Terre sainte, templiers en tête, considèrent les Mongols comme des adversaires aussi dangereux que les musulmans [15]. Analyse qui explique pourquoi, lorsque les Mongols attaquent le Proche-Orient dans les années 1258 (chute de Bagdad) -1260, les Latins laissent obligeamment passer les troupes mameloukes d'Égypte à travers leur territoire. Mauvais calcul sans doute, car, en février 1261, la tentative menée par les templiers et les barons contre les Turcomans aboutit à une défaite totale. Celle-ci marque l'échec de la tentative franque de combler le vide laissé par les Mongols [16].

Baïbars a le champ libre ; il lance une offensive puissante et prolongée contre les forteresses latines, dont il vient à bout par la force, mais surtout par la ruse et la trahison. Armes efficaces uniquement à cause de la situation politique des États latins : les rivalités, les disputes, les rumeurs, les soupçons facilitent les accusations de trahison. Et il est vrai qu'au milieu de trahisons imaginaires nombreuses se glissent quelques trahisons bien réelles : celle qui permet à Baïbars de s'emparer de Safed, par exemple.

En 1266, Baïbars, qui piétinait devant Acre, va assiéger Safed ; le château, sérieusement ébranlé par les machines de jet, résiste à tous les assauts. Mais, le 22 juillet, la garnison se rend : une fausse promesse de Baïbars et la trahison du négociateur templier ont fait leur œuvre.

Le 15 avril 1268, Baïbars prend d'assaut Beaufort qui domine la vallée du Litani ; de là, il part pour Antioche, dont il s'empare en 1268. Les templiers sont contraints de rendre les places de Baghras et de Roche-Roissel, qui commandent les passages vers la Cilicie. En 1271, c'est au tour du Krak des Chevaliers de tomber, là encore par ruse et trahison : Baïbars a fait fabriquer une fausse missive du comte de Tripoli à la garnison.

Les Latins vont encore tenir vingt ans, accrochés aux villes puissamment défendues et aux châteaux de la côte. La dernière offensive musulmane, en 1289-1291, les fait tomber les uns après les autres, Château-Pèlerin, l'orgueil du Temple, le dernier, le 14 août 1291. Mais il n'a pas succombé à un assaut, ni même à un siège : les templiers ont renoncé à le défendre et l'ont évacué en bon ordre pour se replier sur Chypre. N'est-ce pas symbolique ? La guerre est la continuation de la politique par d'autres moyens, écrivait à peu près Clausewitz. Mais quand il n'y a plus de politique...

4

Doutes et interrogations

La croisade en question

1189 : la prédication de la troisième croisade bat son plein et provoque l'enthousiasme. Pourtant, une voix différente parvient à se faire entendre : « *Deus non vult...* » Dieu n'en veut pas : pour la première fois, une critique cohérente de la croisade est énoncée, par un clerc anglais, Ralph Niger [1]. Jusque-là, les échecs faisaient naître quelques doutes ; il y avait aussi des victoires. Mais, en 1187, tout s'est effondré, d'un coup. On s'interroge : pourquoi ? Et surtout : comment ? Comment faire pour reconquérir Jérusalem ? On s'interroge, et parfois on doute : encore Jérusalem ? N'y a-t-il pas mieux à faire, en Occident même, où se développent, avec une rapidité effrayante, les hérésies vaudoise et cathare ? Pourtant l'Occident s'est à nouveau mobilisé ; on croyait revivre la première croisade.

Cependant, dans les années qui suivent, l'idée de croisade va subir, de la part de ses promoteurs, une évolution dangereuse : en 1202-1204, la quatrième croisade est détournée de son objectif égyptien et s'attaque à des chrétiens, les Grecs de Byzance. Innocent III et les papes du XIIIe siècle se servent de la croisade contre leurs adversaires d'Italie ou d'ailleurs : l'empereur Hohenstaufen, le roi d'Aragon. Elle est prêchée, en 1208, contre les hérétiques du Languedoc pour aboutir presque aussitôt à l'odieux massacre de Béziers.

On a dit, longtemps, détournement ou déviation de la croisade ; parlons plutôt d'élargissement de la croisade, avec tout ce que cela peut comporter comme périls. Dès le début en effet, l'idée de croisade admet des principes et des moyens que la papauté peut utiliser à d'autres fins que la délivrance ou la protection des Lieux saints. En fait, la croisade devient, pour la papauté, plus un moyen qu'un but : le moyen de souder l'unité du monde chrétien ; et donc le moyen de combattre tous les ennemis de l'Église, infidèles, hérétiques, excommuniés, adversaires politiques, bref tous ceux qui portent atteinte à cette unité [2].

La papauté a le droit pour elle, mais ces croisades d'un nouveau genre provoquent de nombreuses critiques. La papauté avait su, par la croisade, unir le monde chrétien pour la cause du Saint-Sépulcre. Elle perd son prestige et son crédit en galvaudant la croisade ; elle s'affaiblit au moment où des pouvoirs laïcs ambitieux mettent en cause son magistère [3]. Mathieu Paris, dont l'hostilité à l'égard du pape et des ordres militaires est bien connue, écrit que le roi Fernand le Saint, roi de Castille, mort en 1252, « a plus fait pour l'Église du Christ que le pape et tous les croisés et tous les Templiers et tous les Hospitaliers [4] ». Lorsqu'en 1254 le pape envisage de lancer une croisade contre le royaume de Sicile que tiennent toujours les héritiers de Frédéric II, le même Mathieu Paris écrit : « Templiers, Hospitaliers, le patriarche et tous les prélats et les habitants de la Terre sainte qui se battent contre les ennemis du Christ furent blessés au cœur en apprenant cela. Car ils détestaient les faussetés du pape [5]. »

Un templier de Terre sainte, Ricaut Bonomel, laisse éclater sa colère et sa douleur après la prise d'Arsuf par le sultan Baïbars, en 1265 :

> Le pape prodigue des indulgences
> A Charles et aux Français pour lutter contre les
> [Lombards
> Et, à notre encontre, il fait montre de grande cupidité
> Car il accorde des indulgences et donne nos croix pour
> [des sous tournois.
> Et quiconque veut échanger l'expédition outre-mer
> Contre la guerre de Lombardie,
> Notre légat lui en donnera le pouvoir,

> Car les clercs vendent Dieu et les indulgences
> Pour de l'argent comptant [6].

Avec le pape, c'est l'Église entière qui est mise en accusation. Dans la *Dispute du croisé et du décroisé,* de Rutebeuf, le décroisé déclare :

> Sire, qui me sermonnez à propos des croix, souffrez que je me mette de côté. Sermonnez ces hauts personnages qui portent couronne, ces grands doyens et ces prélats à qui Dieu est tout abandonné, et qui ont toutes les douceurs du monde [7]...

Les critiques de la croisade se placent à plusieurs niveaux. En général, l'objectif initial, la délivrance et la défense du Saint-Sépulcre, n'est pas remis en cause. Par là s'explique la persistance, aux XIVe et XVe siècles encore, de l'idée de croisade, des multiples projets de récupération de la Terre sainte, des plans d'un Philippe VI de Valois ou du duc de Bourgogne Philippe le Bon, ainsi que des expéditions de croisade contre les Turcs d'un Jean sans Peur en 1396, d'un Jacques Cœur en 1456. Les croisades qui appellent à la délivrance du tombeau du Christ restent populaires, au moins dans les milieux de cour et dans l'aristocratie. Les autres n'éveillent que peu d'échos, même les entreprises liées à la *reconquista* espagnole, bien assoupie il est vrai [8]. Les critiques portent sur les abus engendrés par la prédication de la croisade.

En 1274, en vue du concile de Lyon, le pape Grégoire X a demandé avis et conseils sur la question de la croisade. De nombreux mémoires furent écrits alors. Le franciscain Gilbert de Tournai a résumé les critiques les plus répandues faites à la croisade : le refus du clergé d'y contribuer financièrement et le rachat, favorisé par l'Église, des vœux de croisade sont les scandales les plus criants [9].

Il est toutefois des critiques qui s'en prennent aux fondements mêmes de l'idée de croisade. Deux courants apparaissent. Le premier, représenté par les poètes et troubadours, peut se résumer ainsi : pourquoi aller combattre les Sarrasins alors qu'on est si bien chez soi ? Peirol, dans son *Joyeux adieu à la Terre sainte,* estime qu'en faisant le pèlerinage de Jérusalem il a rempli son contrat ; dès lors, il n'aspire qu'à rentrer à Marseille : « Si vraiment j'étais au-delà de la mer, j'enverrais promener Acre et Tyr, et Tripoli et les gens d'armes, l'Hôpital, le Temple et le roi Jean [10]. » Le décroisé de Rutebeuf est encore plus net : « On peut très bien en ce pays gagner Dieu sans grand dommage... Je dis qu'il est fou de naissance, celui qui se met au servage d'autrui quand il peut gagner Dieu ici, et vivre de son héritage. » Certains clercs ont très bien compris cet état d'esprit. Humbert de Romans énumère les raisons de l'opposition aux croisades : la peur de la mer, l'amour du pays, l'amour tout court [11].

Un deuxième courant critique, le courant missionnaire, s'en prend à la méthode. Veut-on convertir les Sarrasins ? La croisade n'est pas le bon moyen ; la mission et la prédication pacifique doivent permettre d'atteindre ce but. En 1273, un dominicain d'Acre, Guillaume de Tripoli, fait l'apologie de la mission ; il montre les points communs entre l'islam et le christianisme et pense que la conversion des Sarrasins est proche. Il est hostile à la croisade, critique saint Bernard et désapprouve les expéditions de Louis IX [12].

Ce courant pacifiste et missionnaire se développe parmi les ordres mendiants, franciscain et dominicain. Il se heurte aux faits : en Terre sainte, ce sont les chrétiens qui se convertissent à l'islam, non l'inverse. L'islam est une religion cohérente, rivale du christianisme ; il est vain d'attendre la conversion des musulmans ; ceux-ci doivent être combattus, par la croisade. En revanche, la mission s'adresse aux Mongols car on peut raisonnablement espérer les amener au Christ. Il n'y a donc pas contradiction dans la démarche de Louis IX, qui part en croisade contre les musulmans, mais envoie des missionnaires chez les Mongols, et, d'une façon générale, il ne faut pas forcer l'opposition entre le croisé et le missionnaire. Même Raymond Lulle, apôtre de la mission s'il en fût ! reconnaît la nécessité de la croisade dans certains cas [13].

Enfin, il arrive que l'on s'en prenne à Dieu lui-même. Le templier de Tyr, rendant compte de la prise de Damiette, en 1249, pense que les croisés auraient pu prendre Le Caire : « Si Dieu avait voulu consentir (...). Mais Dieu ne veut plus consentir aux chrétiens [14]. » Le troubadour provençal Austorc d'Orlac s'en prend au clergé et pense qu'il faudrait se faire mahométan « puisque Dieu et Sainte Marie veulent que nous soyons vaincus contre droit ». Daspol, autre troubadour, reproche à Dieu de protéger les Sarrasins, puisqu'ils sont vainqueurs, et de ne rien faire pour leur inspirer la conversion [15]. Le templier Ricaut Bonomel compose son *I're dolors* dans les tragiques années 1260 qui virent le sultan Baïbars remporter tant de succès :

La colère et la douleur ont tellement rempli mon
[cœur
Que peu s'en faut que je ne me tue,
Ou que j'abandonne la croix que j'avais prise
En l'honneur de celui qui fut mis en croix ;
Car croix ni foi ne me portent secours ni ne me
[protègent
Contre les Turcs félons que Dieu maudisse ;
Au contraire, il semble, d'après ce qu'on peut voir,
Que Dieu veut les assister à notre détriment.
(...)
Il est donc bien fol, celui qui mène la bataille contre les
[Turcs,
Puisque Jésus-Christ ne s'oppose pas du tout à eux ;
Car ils ont vaincu et continuent à vaincre, ce qui me
[cause grand-peine,
Francs et Tartares, Arméniens et Persans.
Et ici, chaque jour, ils sont victorieux de nous,
Car Dieu dort qui avait l'habitude de veiller.
Et Mahomet agit de toutes ses forces
Et fait agir Melicadefer [*Baïbars*].

Il ne semble pas que pour autant il renonce à la lutte,
Au contraire il a juré et dit bien ouvertement
Que dorénavant il ne restera plus, s'il le peut, dans ce
[pays,
Un seul homme qui croie en Jésus-Christ ;
Qu'au contraire il fera une mosquée

De l'église de Sainte Marie.
Et puisque son Fils, qui devrait en être affligé,
Le veut et que cela lui plaît, cela doit bien nous plaire
[aussi [16].

Les conseillers de Philippe le Bel qui, quarante ans plus tard, ont accusé les templiers de renier le Christ n'ont pas eu de peine à rassembler quelques propos de ce genre, que les templiers n'étaient pas seuls à tenir.

Ces critiques de fond restent minoritaires. Elles s'expliquent en partie par l'opposition, désormais traditionnelle, entre croisés et « poulains ». C'est moins la croisade que certains comportements qui sont visés. On trouve encore, dans la deuxième moitié du XIIIe siècle, des croisés aussi naïfs, aussi « purs » que ceux de la première croisade. En 1267, « Robert de Crésèque, haut homme de France », et Olivier de Termes, suivis de cent trente chevaliers, sont sortis d'Acre pour aller vers Montfort. Au retour, ils sont interceptés par des troupes musulmanes. Olivier estime qu'il vaut mieux attendre la nuit et rentrer dans la ville en passant par les jardins. Mais « messire Robert lui répondit qu'il était venu de par la mer pour mourir pour Dieu en Terre sainte et qu'il irait de toutes manières à la bataille [17] ».

Alors que les Latins d'Orient, réduits à la défensive par les succès de Baïbars, multiplient les trêves avec l'ennemi, les Occidentaux pensent à la trahison. L'incompréhension est plus profonde que jamais. Cependant, la croisade demeure la seule réponse possible au problème des lieux saints : les réponses faites en 1274 à Grégoire X, comme les nombreux projets de croisade publiés ensuite, le prouvent. L'objet du débat n'est pas « pour ou contre la croisade », mais « comment la réussir ». Ce qui pose le problème des ordres militaires.

Les ordres militaires en question

Incarnant la permanence de la croisade, les ordres n'auraient évidemment plus de raison d'être si l'esprit missionnaire et pacifiste l'emportait. On ne peut dénigrer la croisade sans les atteindre. Mais ils font l'objet de critiques particulières, car neuf fois sur dix ils sont mis en cause ensemble.

On leur reproche leur orgueil, leur fierté, leur arrogance. Ce qui est devenu l'« image de marque » du Temple était indistinctement attribué à tous les ordres militaires au XIIIe siècle. Ce thème fut fabriqué par les clercs séculiers, jaloux des privilèges des ordres et mécontents de leur indépendance. Cette accusation se trouve naturellement confortée par quelques actions inconsidérées sur le champ de bataille (attitude de Ridefort à la Fontaine du Cresson, par exemple) et par l'âpreté avec laquelle templiers et hospitaliers ont défendu leurs droits.

Mais les critiques sont contradictoires : lorsque templiers ou hospitaliers font preuve de sagesse et veulent modérer les ardeurs guerrières des croisés, ils sont aussitôt assimilés aux « poulains » et traités de couards, quand ce n'est pas de traîtres. Michelet a bien décrit la mentalité des croisés :

> Ces auxiliaires passagers des templiers reconnaissaient mal ce dévouement (...). Bien sûrs qu'un miracle allait se faire exprès pour eux, ils ne manquaient pas de rompre les trêves ; ils entraînaient les chevaliers dans des périls inutiles, se faisaient battre et partaient, leur laissant le poids de la guerre et les accusant de les avoir mal soutenus [18].

La liste serait longue des récriminations des Occidentaux contre les ordres. En mai 1267, le sultan Baïbars est devant Acre ; il a « surpris la pauvre gens des menus dans la plaine d'Acre ». Les fils du roi d'Aragon, les templiers et les hospitaliers font une sortie et s'installent sur une colline. Templiers et hospitaliers commandent de n'en pas bouger ; et naturellement les Aragonais « voulaient courir sus aux Sarrasins et pressèrent les templiers et les hospitaliers, et leur dirent de grosses paroles... ». Et le templier de Tyr d'ajouter : « S'ils avaient chargé, la cité eût été perdue [19]. »

L'attitude du comte d'Artois, frère de Louis IX, à Mansourah est identique. Il a mené, avec une avant-garde de templiers, une charge audacieuse, mais victorieuse. Malgré les conseils de « frère Gilles, le grand Commandeur du Temple, bon chevalier et preux et hardi et sage de guerre et clairvoyant en telles affaires », le comte d'Artois décide de poursuivre son avantage en attaquant, sans attendre l'arrivée du roi, et malgré l'ordre exprès de celui-ci, la ville de Mansourah. Naturellement, dans le camp des Occidentaux, les critiques contre les ordres fusent :

> Un chevalier (...) qui était avec le comte d'Artois (...) répondit en telle manière : « Si les Templiers et les Hospitaliers et les autres qui sont de ce pays voulussent, la terre fut conquise depuis longtemps. » Le comte d'Artois, narquois, dit à frère Gilles de rester, s'il le veut ; bien entendu, frère Gilles refuse : « Nous ne demeurerons pas. Ainsi irons-nous avec vous, mais sachez bien vraiment que nous doutons que nous, ni vous, ne reviendrons [20]. »

Prédiction exacte ; pris au piège d'un impitoyable combat de rue où la charge de cavalerie est inefficace, les Francs subirent une défaite écrasante ; le comte d'Artois fut tué et les templiers perdirent près de deux cents hommes.

Orgueil, fierté... et rivalité entre les ordres. Pour beaucoup d'auteurs, cette rivalité est la cause essentielle des échecs ; il est vrai que d'autres auteurs rejettent cette explication, relevant que les ordres ont toujours su s'unir quand il le fallait [21].

Deuxième critique, l'avarice des ordres. « Le Temple et l'Hôpital, affirme Daspol, ont été fondés pour la sainteté des ordres et pour la nourriture des pauvres et, au lieu de faire le bien, ils font beaucoup de maux, s'endorment dans leur méchanceté, car tous sont plein d'orgueil et d'avarice [22]. » Avarice ou gaspillage ? Pour nos critiques, c'est la même chose : ils ne consacrent pas leurs ressources à la Terre sainte. Le thème, fécond, sera repris, contre le Temple, au concile de Vienne en 1312.

On en arrive très vite à leur reprocher d'être infidèles à leur mission, de répugner à combattre en Orient. En 1278, le pape Nicolas III n'a-t-il pas écrit aux trois ordres pour leur demander de maintenir en Orient un grand nombre de soldats [23] ? Qu'il y ait eu des détournements de fonds est certain ; on en a relevé au Temple comme à l'Hôpital. Des propositions seront faites pour que les ordres soient astreints à payer décimes et annates. Par des clercs séculiers, évidemment. Réunis à Reims en 1292, des évêques envisagent la confiscation des biens des ordres ; la proposition sera reprise par le publiciste Pierre Dubois. Mais pour les remettre à qui ? On voit percer le bout de l'oreille : Pierre Dubois pense au roi de France ; l'évêque d'Angers, Guillaume Le Maire, au clergé séculier. Qui parle encore de Jérusalem ?

Les adversaires de la croisade, partisans des missions pacifiques, reprochent aux ordres de ne rien faire pour convertir les infidèles, ou d'utiliser des méthodes contestables. En 1237, le pape ordonne aux ordres et à la hiérarchie séculière de Terre sainte de baptiser les esclaves qui le demandent et qui, alors, seront affranchis. Le Temple refuse, car il serait privé de la main-d'œuvre dont il a besoin. L'Hôpital interdit le baptême et l'affranchissement des esclaves sans l'autorisation du grand maître. Les intérêts généraux de la chrétienté se heurtent aux intérêts particuliers des ordres. Quant à Roger Bacon, franciscain anglais, il reproche aux teutoniques la pratique des conversions forcées en Prusse [24].

Les ordres eurent cependant des défenseurs. Ralph Niger, le premier critique cohérent de la croisade, n'a que des louanges à leur décerner. En Orient, un cycle de poèmes épiques autochtone, mais d'inspiration française, comportait, outre les chansons de Jérusalem et d'Antioche et la chanson des « Chétifs », des poèmes, malheureusement perdus, à la gloire des ordres : « En un autre volume (...) là vous saurez comment le Temple fut peuplé, et l'Hôpital aussi, là où Dieu fut sauvé [25]. »

La plupart des auteurs de la fin du XIIIᵉ siècle qui ont écrit sur la croisade et proposé des solutions pour récupérer la ville sainte ont intégré les ordres militaires dans leur réflexion. Ils leur reconnaissent l'expérience, la connaissance du terrain, la discipline et leur permanence. Il est d'autant plus curieux que des auteurs comme Fidentius de Padoue, Gilbert de Tournai ou même Humbert de Romans ne pensent pas au Temple ou à l'Hôpital lorsqu'ils réclament la mise sur pied d'une armée permanente.

La discussion sur le rôle des ordres militaires débouche nécessairement sur la question de la fusion de ceux-ci en une seule organisation. Pour nombre d'auteurs, très critiques à l'égard des ordres mais convaincus de leur nécessité, la fusion est conçue comme le moyen de mettre fin à une rivalité néfaste et aux abus de toute sorte que l'on a constatés chez l'un et l'autre. Fusion veut dire moralisation et efficacité retrouvée.

La question fut posée au concile de Lyon, en 1274, dans le cadre d'une vaste discussion sur la croisade, préparée par les nombreux mémoires qui avaient fait retour au pape. Elle reçut une réponse négative, le roi d'Aragon Jacques Ier, présent au concile, refusant énergiquement un ordre unique, trop puissant, dans ses États. C'est la même attitude qui conduira plus tard Jacques II à refuser la dévolution des biens du Temple à l'Hôpital. Dans l'esprit de certains, la fusion ne doit concerner que les ordres de Terre sainte ; pour d'autres, tous les ordres, y compris ceux d'Espagne, doivent se fondre dans le nouvel ordre unique. La fusion est donc remise à plus tard. Pour l'heure, elle ne se réalise que dans l'imaginaire. Le Lillois Jacquemart Gelée écrit, à peu près au moment du concile, un *Renart le Nouvel* qui est une violente charge contre l'Église et les ordres de religion. Tous sont au service de Goupil, le fourbe, qui place ses fils à leur tête. Lui-même décide de prendre la direction de l'ordre unifié de l'Hôpital et du Temple. Il porte l'habit de l'Hôpital à droite, celui du Temple à gauche et arbore la barbe sur la partie gauche de son visage [26].

L'idée fait son chemin. Après la chute d'Acre, pour répondre à la « voix commune », le pape Nicolas IV interroge à nouveau le clergé : la plupart des conciles régionaux, réunis en 1292, se prononcent pour l'union. Celui d'Arles, après avoir demandé qu'on lève un subside sur tous et que la paix et la concorde règnent entre les princes, ajoute : « Que tous les Templiers et les Hospitaliers soient, comme il est demandé, réduits et unis en un seul ordre [27]. » D'autres mémoires furent rédigés à cette date. Celui du roi Charles II d'Anjou propose qu'à la tête de l'ordre unique, un chef unique, un fils de roi, soit placé ; il serait destiné à devenir roi de Jérusalem [28]. Le Catalan Raymond Lulle a proposé tour à tour la fusion de tous les ordres, puis celle des seuls Temple et Hôpital. Il place à la tête de cet ordre du Saint-Esprit un *rex bellator,* un roi combattant, non marié ou veuf [29].

Il ressort de ces propositions que le nouvel ordre aura un prestige accru, avec son grand maître roi ou futur roi de Jérusalem, et un rôle considérable, puisqu'il dirigera le « Passage » outre-mer et gouvernera le royaume. Il ne s'agit ni plus ni moins que de faire de l'ordre le noyau du futur État théocratique de Jérusalem, de concevoir en plus grand ce que les teutoniques réalisent en Prusse.

Ces belles constructions restèrent lettre morte. Outre le fait qu'elles négligent les problèmes pratiques et financiers, elles se heurtent aux idées traditionnelles sur la croisade : celle-ci est affaire pontificale et doit être dirigée par un légat du pape. Elles sont également en contradiction avec la politique des monarchies nationales, qui s'efforcent de réduire droits et privilèges du Temple ou de l'Hôpital, et qui n'ont donc nullement l'intention de favoriser le développement d'un ordre unique. Un publiciste comme Pierre Dubois, qui écrit pour Philippe le Bel, critique violemment les ordres et propose de les mettre au service de son roi. S'il est vrai que Philippe a songé à abdiquer pour diriger l'ordre unique envisagé, c'est certainement dans l'espoir de mettre au service de son royaume un instrument militaire et financier de valeur. Car là réside l'ambiguïté, l'hypocrisie même de ces débats : on parle beaucoup de la Terre sainte, mais y pense-t-on vraiment ?

En 1305, la question redevient d'actualité ; et, pour la première fois, on dispose du point de vue de l'un des principaux protagonistes concernés, celui de Jacques de Molay, le maître du Temple. Le pape Clément V a demandé aux maîtres du Temple et de l'Hôpital leur avis sur l'organisation d'une croisade et sur la fusion des ordres. Jacques de Molay rédigea un mémoire sur ce dernier point et vint en France pour discuter du premier. De Foulques de Villaret, grand maître des hospitaliers, on possède deux textes sur la croisade, l'un, général, semblable aux nombreux textes dont j'ai mentionné l'existence, l'autre plus précis, véritable plan d'action qui reçut un début d'exécution dans les années 1307-1310 [30].

Mais on ignore ce que répondit Villaret sur le problème de la fusion, ce qui est bien dommage, car cela aurait permis de juger plus objectivement le texte de Molay. Guillaume de Nogaret avait ce texte dans son dossier sur le Temple. Lui a-t-il beaucoup servi pour instruire le procès contre l'ordre ? J'en doute. Mais il a été beaucoup utilisé par les historiens pour instruire le procès de la médiocrité de Molay [31]. Avant d'en juger, occupons-nous de l'image du Temple dans l'opinion.

Le Temple en question

Critiques et éloges adressés aux ordres militaires pris ensemble concernent évidemment le Temple. Lorsqu'on distingue Temple et Hôpital l'un de l'autre, ce dernier n'est pas mieux loti ni plus mal traité que le premier. Rostanh Berenguier, un troubadour de Marseille du début du XIVe siècle, protégé du grand maître de l'Hôpital, Foulques de Villaret, n'est pas tendre pour l'ordre du Temple ; il ne peut s'empêcher cependant d'« épingler » aussi l'Hôpital :

> … dites-moi, pourquoi le pape les souffre quand il les voit en maints prés et sous la feuillée gaspiller, non sans déshonneur et sans crime, les richesses qu'on leur offre pour Dieu.
> Car puisqu'ils les ont pour recouvrer le Sépulcre et les gaspillent en menant une vie bruyante dans le monde,

puisqu'ils trompent le peuple par des mômeries qui déplaisent à Dieu, puisque si longtemps eux et ceux de l'Hôpital ensemble ont souffert que la fausse gent turque restât en possession de Jérusalem et d'Acre, puisqu'ils sont plus fuyants que le faucon sacré, c'est grand tort, ce me semble, qu'on n'en purge pas le siècle [32].

Peut-on discerner des critiques, ou des éloges, qui concernent spécifiquement le Temple ? Un poème irlandais, le *Livre de Howth,* développe le thème de la corruption par les richesses, qui a conduit les templiers de la vertu au vice [33]. *Le Roman de Renart* adresse aux seuls templiers l'accusation, fréquente chez les croisés, de trahison et de refus de combattre qu'un Philippe de Nanteuil adressait, lui, aux deux ordres :

> Et tant vous dis que si les Templiers
> Nous avaient aidés, sans être jaloux de nous,
> Nous aurions toute la Syrie, Jérusalem et toute l'Égypte [34].

La critique la plus répandue, et qui semble la plus spécifique, est celle de se montrer chiche quant aux aumônes. Jean de Wurzbourg faisait déjà ce reproche au Temple dès le milieu du XIIᵉ siècle. Il sera repris par certains témoins, lors du procès en Angleterre et en Écosse. Cette accusation est-elle sans fondement, comme l'écrit A.J. Forey [35] ? Ce n'est pas si sûr. La charité, on le sait, n'entrait pas dans les missions de l'ordre. Mais, en Occident, les activités diverses des templiers s'apparentaient à celles de l'Hôpital : des comparaisons pouvaient être faites. Même s'il est injuste de le leur reprocher, il est sans doute vrai que les templiers accordaient moins d'importance aux aumônes, aux soins aux malades, à l'hospitalité.

Quant aux mœurs et à la conduite des templiers, on connaît quelques proverbes : « Méfiez-vous du baiser du templier » ; « Boire comme un templier ». A quel moment cela est-il apparu ? Où ? Quelle diffusion ? Il faudrait une enquête précise, car, en ce domaine comme en bien d'autres, l'affirmation péremptoire ne vaut pas preuve [36].

L'historien anglais Mathieu Paris a porté contre le Temple les critiques les plus virulentes. Très hostile au pouvoir pontifical, partisan de Frédéric II, il dénonce, en 1241, « ceux qui étaient engraissés par tant de revenus destinés à lutter contre les Sarrasins, retournaient avec impiété leurs forces contre les Chrétiens, contre leurs frères » ; et encore ceci : « Ils ont quelques trahisons du loup sous leur habit de mouton (...), car sinon il y a longtemps que les Sarrasins auraient été battus [37]... »

Mathieu Paris peut être pris fréquemment en flagrant délit d'exagération, de déformation, voire de mensonge quand il parle des templiers. Il a cependant un grand mérite : il publie leurs lettres ; il cite, par exemple, ce texte, amer, du maître Armand de Périgord : « Nous seuls (...) portons sur nos épaules tout le poids de la défense du pays... », que j'ai mentionné au chapitre précédent. Certes, il l'estime sans importance, « à cause de la mauvaise réputation des Templiers comme des Hospitaliers [38] ». Mais son lecteur peut juger. En Angleterre même, on n'a guère relevé de critique consistante dans les chansons, poèmes et autres textes populaires [39].

On trouverait facilement des textes favorables. Rutebeuf défend le Temple dans sa *Nouvelle Complainte d'outre-mer,* écrite en 1276 :

> Montrez par la bouche et par l'exemple
> Que vous aimez Dieu et le Temple...

Un trouvère du nord de la France, Guiot de Provins, déclare : « Moult sont prudhommes les Templiers. » Et Wolfram von Eschenbach, chef de file du Minnesang allemand, qui fit le voyage d'outre-mer, fit du templier le modèle du chevalier du Graal dans son *Parzifal* (on imagine facilement quel filon il ouvrait là aux amateurs d'ésotérisme !). Les recueils d'*exempla,* comme celui du dominicain Étienne de Bourbon, ont popularisé les mésaventures de « Seigneur Pain et Eau », ce templier que l'excès de ses mortifications empêchait de se tenir à cheval [40].

Citées ainsi, en désordre, ces opinions hostiles ou favo-

rables au Temple n'ont qu'un mérite : montrer une réalité
nuancée ; montrer que l'impopularité n'est pas particulière
à l'ordre du Temple ; montrer qu'il a aussi des admirateurs.
Finalement, il y a fort peu de critiques originales visant le
Temple seul. Mais, là encore, une étude systématique des
textes, et pas seulement des textes narratifs (je pense aux
textes juridiques, aux procès), permettrait de se faire une
idée plus précise de cette impopularité et de sa genèse.

On pourrait ainsi vérifier l'idée avancée par J. Prawer, à
savoir que l'impopularité des ordres est née vers 1239-1240
pour deux raisons : leurs divisions qui éclatent alors au
grand jour ; leurs ponctions accrues sur l'Occident, justifiées par des dépenses accrues en Terre sainte. Envie et
rapacité, avarice et gaspillage deviennent les traits caractéristiques des ordres en Occident. Des ordres, et peut-être
plus particulièrement du Temple ? Je suggérerai en effet,
compte tenu des dates avancées par J. Prawer (1239-1240),
que la propagande de Frédéric II, grâce à ses relais en
Occident (Mathieu Paris), a été assez efficace pour façon-
ner l'image d'un Temple totalement inféodé à la papauté
(alors qu'au même moment l'Hôpital soutient l'empereur).
Le Temple n'a pu que pâtir des attaques et critiques de plus
en plus violentes lancées contre le pape. Quelle qu'ait pu
être l'attitude du Temple dans le choc frontal qui oppose
Philippe le Bel à Boniface VIII, l'ordre du Temple était
étiqueté ; et donc l'opinion mise en condition [41].

La lettre d'Armand de Périgord, citée au chapitre précédent, de même que le poème de Ricaut Bonomel, montre
que les templiers ont ressenti vivement ces critiques et
perçu cette atmosphère hostile. Ont-ils pressenti un danger
plus grand ?

Une sorte de brouillon d'un mémoire répondant aux
critiques dont l'ordre était l'objet a été retrouvé à Arles ; il
était destiné aux représentants du Temple au concile de
Lyon de 1274 [42]. Ce texte révèle donc, en négatif, les
principales critiques faites au Temple. La moitié du texte,
par exemple, est consacrée à défendre les droits et privilèges de l'ordre. Il donne des précisions sur l'action charitable
des frères ; n'est-ce pas la preuve que les attaques dont ils

étaient l'objet à ce sujet ont porté ? Non seulement les templiers assurent le transport des pèlerins vers Jérusalem, mais ils aident aussi les pauvres, les orphelins, les femmes enceintes ; les nouveau-nés sont recueillis dans leurs maisons, pris en charge par leurs « médecins » et soignés avec des médicaments adaptés.

Les templiers mettent enfin l'accent sur leurs difficultés financières, invoquant même le témoignage éventuel des Sarrasins, qui savent, eux, que les frères manquent d'armes, de chevaux et d'hommes. Ils montrent l'importance de leurs ressources d'Occident pour satisfaire des besoins croissants en Orient : le recul général des chrétiens, l'agressivité nouvelle des sultans musulmans les obligent à payer des tributs et redevances considérables pour arracher trêves, délais et prisonniers. Ils proposent, d'ailleurs, qu'on examine leurs comptes. Naturellement, cet argument a dû surprendre plus d'un bon père du concile, persuadé de la richesse du Temple. Pourtant, le témoignage des inventaires de 1307, les indications relevées en Aragon et analysées précédemment vont dans le sens de l'argument des templiers.

Les templiers ne craignent-ils que pour leurs privilèges ? N'ont-ils pas l'impression que leur existence même est en cause ? Ont-ils pressenti un acte brutal du concile à leur encontre ? Nous voici revenus au problème de la fusion des ordres. Je l'envisagerai maintenant du point de vue du Temple. Celui-ci a pu avoir l'impression que la fusion n'était conçue que comme une absorption de l'ordre par l'Hôpital. A cause de sa double vocation d'ordre militaire et charitable, ce dernier n'était-il pas davantage en mesure de couvrir les diverses missions que l'on voulait attribuer à l'ordre unique ? La Terre sainte perdue, l'Hôpital conservait ses pauvres... Cela expliquerait pourquoi les templiers ont tant insisté, au concile, sur leurs œuvres charitables. Cela expliquerait aussi pourquoi ils ont refusé une fusion conçue ainsi. N'est-ce pas cette crainte que Jacques de Molay exprime dans son mémoire adressé à Clément V lorsqu'il écrit : « C'est agir d'une manière très hostile et très dure que de forcer un homme qui, spontanément, s'est

voué à l'habit et à la profession de foi d'un ordre à changer
sa vie et ses mœurs, ou à choisir un autre ordre s'il ne le veut
pas. »

Molay examine, dans son mémoire, les arguments défavorables à l'union : en gros, ce qui est sain lorsque deux
ordres existent — concurrence, émulation — deviendra
néfaste avec un ordre unique — conflits, paralysie interne.
Les arguments de Molay ne sont pas toujours d'une grande
hauteur de vue. Il serait fort mécontent de ne plus être
maître de l'ordre, c'est évident. Son argumentation devient
franchement ridicule lorsqu'il affirme que, lors « des che-
vauchées à main armée contre les Sarrasins, l'usage voulait
qu'un ordre fasse l'avant-garde, et l'autre l'arrière-garde ».
S'il n'y a plus qu'un ordre, l'avant-garde ou l'arrière-garde
manquera.

Mais Molay est un réaliste à courte vue, qui connaît les
hommes et leurs vanités ; il juge parfaitement inutile de s'y
attaquer. Sa comparaison avec les ordres mendiants, qui
sont deux et qui « s'efforcent l'un et l'autre d'avoir les
hommes les plus excellents et excitent davantage les leurs
tant à la célébration de l'office divin qu'au sermon et à la
prédication de la parole de Dieu... », est bien venue. Il fait
remarquer que la rivalité entre le Temple et l'Hôpital ne les
a jamais empêchés d'agir ensemble quand il le fallait. Les
faits ne lui donnent pas tort ; les contemporains non plus
qui, tout en déplorant les divisions et les conflits, ont
associé, on l'a vu, dans le blâme comme dans l'éloge, les
deux ordres.

Molay présente ensuite des arguments favorables à la
fusion. On ferait des économies, « car, où il y a deux
précepteurs, il n'y en aurait plus qu'un ». Surtout, sous
couvert d'aider à l'union, il donne astucieusement l'argument le plus fort pour qu'elle n'ait pas lieu : il remarque que
l'on est moins généreux envers les ordres que par le passé,
que « de nombreux dommages leur sont causés, d'une
manière continue, tant par les prélats que par d'autres
hommes, puissants ou non, clercs ou laïcs ». Or, poursuit-il,
« si l'union est faite, l'ordre sera si fort et si puissant qu'il
défendra et pourra défendre ses droits contre n'importe

qui [43] ». C'est assurément ce que pensaient Philippe le Bel, Édouard Ier, Jacques II ou le roi de Chypre, qui ne voulaient surtout pas d'un ordre unique.

Évidemment, même s'il ne le disait pas, Molay devait bien se douter que ces mêmes souverains n'étaient pas non plus favorables au statu quo. C'est là-dessus que Molay a eu moins d'intuition que Foulques de Villaret, le grand maître de l'Hôpital, qui a su mettre à l'abri son ordre en le reconvertissant *in extremis*.

Molay n'est pas un génie, c'est évident. On aurait tort, cependant, de ne s'arrêter qu'aux deux ou trois propositions maladroites ou franchement ridicules de ce mémoire. A bien le lire, il révèle chez son auteur du bon sens, du réalisme, de l'astuce même. Molay est un conservateur, « car on n'innove jamais, ou du moins rarement, sans provoquer de grands périls », écrit-il au début de son mémoire. En cela, il est parfaitement de son temps, du Moyen Age. Ce qu'il écrit ne diffère guère de ce qu'écrivent, au même moment, les doctes auteurs de mémoires sur la croisade et la fusion des ordres. Raymond Lulle, par exemple, disserte gravement sur la couleur du manteau et de la croix des futurs chevaliers de l'ordre unique. Au milieu du XIVe siècle encore, Philippe de Mézières, auteur d'un traité sur le même sujet, consacre à ce problème important de longues pages pleines d'intérêt, sinon d'efficacité. Que n'ont-ils lu *Renart le Nouvel* !

Pour tout dire, je ne trouve pas grand-chose dans ce mémoire pour alimenter le procès en sottise que l'on fait ordinairement à Molay. Philippe le Bel et ses conseillers non plus, je crois. Ils ont préféré lui faire un procès en hérésie.

SIXIÈME PARTIE

La chute du Temple

1

Une reconversion manquée

La chute d'Acre, en 1291, a, d'une certaine façon, signé l'arrêt de mort du Temple. De lui, et pas d'un autre ordre, à cause peut-être d'une reconversion manquée.

La mort héroïque de Guillaume de Beaujeu

En 1273...

> frère Bérart, maître du Temple, mourut, et frère Guillaume de Beaujeu fut fait maître ; il était bon gentilhomme, parent du roi de France, et se montra très large et très libéral en beaucoup de cas, et fit largement l'aumône, ce qui lui valut une grande renommée ; et de son temps le Temple fut très honoré et redouté. Quand il fut fait maître, il était commandeur en Pouille ; il demeura deux années outre-mer et visita toutes les maisons du Temple du royaume de France, d'Angleterre et d'Espagne, et amassa grand trésor et vint à Acre...

Il était cousin par alliance de Charles d'Anjou, roi de Sicile. Son frère, Louis de Beaujeu, fut connétable du royaume de France et mourut lors de la croisade d'Aragon, en 1285.

Maître de l'ordre de 1273 à 1291, Guillaume de Beaujeu rassemble tous les défauts et toutes les qualités des frères du Temple : orgueil, courage, mépris des hommes et du danger. Il est l'homme des Angevins, certes ; mais il est aussi pleinement l'homme du Temple. Tous ses actes furent, au départ, critiqués, au sein même de son ordre.

Même sa blessure mortelle fut prise, d'abord, pour une dérobade. Et pourtant quelle fin ! Quel symbole de l'unité du Temple que l'étrange pérégrination du maître blessé, porté par les siens, dans Acre en flammes ! Rappelons les événements qui ont conduit à la disparition des États latins et à la mort de Guillaume de Beaujeu.

En 1289, le maître du Temple apprend, par l'un des agents secrets qu'il entretient à la cour du sultan Qalâwun, au Caire, que ce dernier se prépare à attaquer Tripoli. Guillaume de Beaujeu avertit le comte. On ne l'écoute pas ; étant donné les rapports délicats que le Temple entretient avec la cour de Tripoli, cela n'étonne guère. Certains « disaient de laides paroles du maître et qu'il faisait cela pour les effrayer ». Toujours est-il que la ville est prise en mai et que sa population est massacrée par les mamelouks.

Qalâwun se tourne alors contre Acre, ville de quarante mille habitants, bien fortifiée et bien défendue. Il fait des préparatifs importants, au vu de tout le monde. Naturellement, Beaujeu a été informé dès le début. La mort de Qalâwun, en 1290, ne change rien : son successeur, al-Malek-al-Ashraf, investit la place au début du printemps 1291, par terre uniquement. Le 17 mai, les musulmans ouvrent une brèche et pénètrent dans la ville. Une contre-attaque menée par les ordres militaires échoue. C'est à cette occasion que Guillaume de Beaujeu est mortellement touché.

Il se retire de la mêlée : « Seigneur, je ne puis plus, car je suis mort ; voyez le coup. » Ses gens « le déchevauchèrent et le mirent sur un écu (...) et le portèrent à enterrer vers la Porte Saint Antoine, qu'ils trouvèrent close ». Par une autre porte, ils accèdent dans une maison, où ils peuvent désarmer le maître. Puis...

> Ils le mirent dans une couverture et le portèrent vers la marine, c'est assavoir vers la plage qui est entre la boucherie où l'on tuait les bêtes et la maison qui fut au seigneur de Tyr (...). Les gens du maître se mirent en mer pour amener deux barques qui étaient là.

Mais la tempête leur interdit de prendre la mer.

> D'autres gens de la maison du maître le portèrent au
> Temple, et le mirent dans la maison, non par force, car
> on ne voulait leur ouvrir, mais en un lieu, une cour où
> l'on jetait le fumier. Il vécut tout le jour sans parler (...).
> Il rendit l'âme à Dieu et fut enterré par devant son
> tabernacle, qui était l'autel où l'on chantait messe, et
> que Dieu ait son âme, car sa mort fut un grand
> dommage [1].

La résistance se concentre alors sur le quartier du
Temple, le mieux défendu. La maison chèvetaine de l'ordre
finit par s'écrouler, ensevelissant pêle-mêle défenseurs et
attaquants. Ceux qui le purent embarquèrent pour Chypre,
ou vers la forteresse templière de Château-Pèlerin. Tout
était fini. Sans combattre, dans les semaines qui suivirent,
Tyr, Beyrouth, Sidon furent évacués. Le 14 août 1291, la
dernière place de Terre sainte, Château-Pèlerin, était
abandonnée par ses derniers défenseurs, les templiers.

Jacques de Molay ou la reconversion manquée

La mort de Beaujeu et la chute d'Acre furent rapidement
connues à Sidon, ville que tenait le Temple. « Thibaud
Gaudin, le grand commandeur de la Terre (...), se fit
maître du Temple par l'élection des frères. » Il ne laissa
guère de traces dans l'histoire : parti à Chypre chercher du
secours, il demeura sur place, sans rien faire. Il meurt en
1293. Jacques de Molay [2] lui succède.

Ce chevalier de la comté de Bourgogne [3], notre actuelle
Franche-Comté, fut reçu au Temple dans la commanderie
de Beaune vers 1265. Il fut un moment en Angleterre et
passe en Orient vers 1275. A-t-il intrigué pour devenir
maître ? Les preuves manquent. Élu à Chypre, où les
ordres militaires ont transféré leurs quartiers, il part en
tournée « outre-mer », c'est-à-dire en Europe. Il séjourne
en Italie du Sud, à Venise, en France, en Angleterre. Il fait

armer des bateaux, obtient le droit d'exporter des grains
d'Italie du Sud vers Chypre. Cette aide est cependant trop
limitée pour être efficace et les Latins ne peuvent profiter
de l'offensive mongole en Syrie, malgré les appels des
Mongols (1299-1300). Par ailleurs, les ordres entretiennent
des rapports difficiles avec la royauté chypriote, peu
décidée à se laisser imposer leur loi. Ordres militaires et
croisés sont en désaccord sur les objectifs : faut-il soutenir
avant tout le royaume arménien de Cilicie, dernier État
chrétien de Méditerranée orientale ? Ou entreprendre une
vaste croisade vers la Syrie-Palestine ou l'Égypte ?

En juin 1300, les deux ordres, renforcés par quelques
croisés d'Occident et des troupes de Chypre, lancent
quelques raids navals sur Alexandrie, le delta et la côte
syrienne, notamment à Tortose, où ils attendent en vain les
Mongols : c'est une occasion manquée. Les templiers
conduits par Molay occupent et mettent en défense l'îlot de
Ruad, au large de Tortose. Le maréchal de l'ordre,
Bartholomé, dirige une garnison de cent vingt chevaliers,
cinq cents archers et quatre cents servants. Mais ils n'ont
pas de bateaux, ce qui cause leur échec, raconté par le
templier de Tyr :

> Le sultan, persécuteur des chrétiens, fit armer seize
> navires et les envoya à l'un des émirs qui avait été
> chrétien (...). Quand les frères les virent venir, ils
> s'inquiétèrent, car ils n'avaient pas de galères, à peine
> quelques tarides (...). Les Sarrasins accostèrent dans
> l'île, en deux points, et une partie des Templiers les
> arrêtèrent et les rejetèrent en la « rue de la mer »...

Après d'autres escarmouches, les Sarrasins débarquent,
malgré...

> les sergents archers à pied, et syriens, qui se défendaient
> vaillamment et tuèrent beaucoup de Sarrasins, mais cela
> ne permit pas aux chevaliers frères et autres d'oser venir
> plus avant (...). Les Sarrasins envoyèrent des messages
> aux frères du Temple, qu'ils pouvaient se rendre sur leur
> parole et ils les conduiraient où ils voudraient en

> Chrétienté. Les Templiers eurent foi en leur malice et se
> rendirent sur la recommandation de frère Hugue d'En-
> pure [*peut-être Ampurias en Catalogne ?*] et sortirent.
> Les Sarrasins firent trancher les têtes à tous les sergents
> syriens, pour ce qu'ils s'étaient bien défendus et avaient
> fait grand dommage aux Sarrasins. Et les frères du
> Temple furent menés honteusement en Égypte [4].

Ainsi s'achève la dernière action militaire d'envergure
des templiers. La responsabilité de Molay est entière dans
cette affaire mal engagée. Du moins tenta-t-il quelque
chose de plus important que les raids stériles le long de la
côte.

Dès lors, Molay opte pour une croisade générale. Tel est
le sens des discussions qu'il a avec le pape Clément V : une
croisade peut réussir, en s'appuyant sur Chypre et sur une
flotte importante dont le chef devrait être le redoutable
commandant de la flotte aragonaise de Sicile, Roger de
Lauria [5]. Il est facile *a posteriori* d'affirmer que ce projet
était irréaliste. Mais Molay a, là-dessus, les idées de tout le
monde, de ces rois qui affirment ne penser qu'à la croisade,
de ces clercs et publicistes qui écrivent projet sur projet
pour la reconquête de la Terre sainte.

On a opposé cette « obstination » du Temple à l'attitude
des hospitaliers qui, en 1306, avec une petite flotte renforcée de bateaux génois, s'attaquèrent à l'île grecque de
Rhodes et réussirent. La ville même de Rhodes tombe aux
mains de l'Hôpital, le 15 août 1306 ; il faudra trois ans
encore pour achever la conquête de l'île. Mais on ne doit
pas forcer l'opposition entre le Temple et l'Hôpital. Ce
dernier sort d'une grave crise interne : en 1297 et en 1300, le
grand maître Guillaume de Villaret a convoqué le chapitre
général de l'ordre en France ; son idée était d'y fixer le siège
de l'Hôpital. Le chapitre, par deux fois, refusa catégoriquement. Le neveu de Guillaume, Foulques, élu grand maître
en 1305, choisit une orientation différente : il veut faire de
l'ordre une grande puissance navale en Méditerranée et lui
donner une base solide dans les îles grecques du Dodéca-
nèse. Le Turc n'est pas le premier visé par l'entreprise de

Rhodes. Quant aux idées de Foulques de Villaret, telles qu'il les a exprimées dans son premier mémoire au pape, elles ne diffèrent pratiquement pas de celles de Molay, même si, dans un autre plan, mis en application entre 1307 et 1310, il réduira la portée de son projet à Rhodes [6].

Cela dit, et le templier de Tyr ne s'y est pas trompé, cette conquête fut une bénédiction pour l'Hôpital :

> De cette manière, Dieu envoya sa grâce au noble maître de l'Hôpital et aux prud'hommes de la maison. Car ils sont dans ce lieu en grande liberté et en grande franchise, en leur seigneurie, et hors de la sujétion de toute autre seigneurie [7].

Après les chevaliers teutoniques, installés en Prusse, l'Hôpital créait à son tour une principauté théocratique. La tentative des templiers sur Ruad n'était pas comparable, l'îlot étant trop réduit pour abriter un État. Au moment où les hospitaliers conquièrent Rhodes, les templiers soutiennent ouvertement la révolte d'Amaury contre son frère, le roi Henri de Chypre. Que pouvait espérer le Temple ? S'emparer de l'île à son profit ? Certainement pas. Se tailler à Chypre la place qu'il occupait dans le royaume d'Acre ? Le Temple a raté le coche dans les années 1302-1306. Peut-être parce que Molay et les dignitaires de l'ordre sont restés fidèles à des solutions qui appartiennent désormais au passé ? La croisade générale ? Être un État dans l'État à Chypre ? Alors qu'il aurait fallu être l'État tout court.

Le Temple et Philippe le Bel

Cet État tout court, Jacques de Molay le trouve dans la France de Philippe le Bel. Le pape Clément V, qui séjourne en Poitou, a convoqué les maîtres des deux ordres, en juin 1306. Il a déjà à sa disposition les mémoires qu'ils ont rédigés sur la croisade. Jacques de Molay arrive en France à la fin de 1306, ou au début de 1307 ; il est accompagné du précepteur de Chypre, Raimbaud de Caron. Cette présence prouve bien que l'on doit débattre de la croisade. Molay n'émigre pas ; il n'a pas l'intention de transférer le siège de l'ordre en France. Il répond à une convocation du pape pour traiter d'un sujet pour lequel il a quelques compétences. Le maître de l'Hôpital, occupé à Rhodes, ne vient qu'un peu plus tard, en août 1307. Il est faux d'opposer le valeureux Villaret, qui n'a pas le temps de venir voir le pape parce qu'il combat les Turcs, à l'oisif Molay qui fait un voyage d'agrément en France. Villaret est certes arrivé plus tard ; mais il reste en Europe jusqu'en septembre 1309 : autant dire que la soumission de l'île de Rhodes s'est faite sans lui [8]. Quant à Molay, venu en consultation, ce n'est vraiment pas sa faute s'il n'a pu revenir en Orient !

Où en sont alors les rapports du Temple avec la monarchie française ? Même si les dignitaires du Temple ne le savent pas, ils ne sont, en 1306-1307, sûrement pas très bons. Mais depuis quand ? L'affaire du Temple, l'arrestation des templiers, est-elle préméditée de longue date ? Ou bien fut-elle organisée, sinon au dernier moment, du moins dans les quatre ou cinq années qui précèdent ? Connaissant le procès et son issue, les historiens n'ont-ils pas interprété des faits sans grande importance comme autant de signes de l'hostilité profonde du roi et de son entourage à l'égard du Temple ? Le transfert du Trésor royal du Temple au Louvre en 1295, par exemple ?

En réalité, on note depuis le règne de Louis IX quelques tensions avec la monarchie sur les droits et privilèges du Temple ; ce n'est ni nouveau, ni particulier à la France, ni particulièrement orienté contre le Temple. Le transfert du Trésor au Louvre n'est pas signe de méfiance : pourquoi aurait-elle disparu, en 1303, quand le Trésor réintègre le Temple ?

La chronique du templier de Tyr fait état de la maladresse, voire de la grossièreté, de Molay dans ses rapports avec le pape, et rapporte un incident qui aurait opposé le maître au roi : le trésorier du Temple de Paris aurait prêté quatre cent mille florins au roi, sans consulter le maître. Molay, furieux de cette violation de la règle, aurait expulsé de l'ordre le trésorier et serait resté sourd aux demandes de clémence du roi, puis du pape. Cet incident, relaté par un homme qui était resté à Chypre, et qui, ce qu'il dit du procès le montre, n'a que très peu d'informations sur l'Occident, laisse sceptique ; encore qu'il confirme d'autres témoignages qui donnent l'image d'un Molay « près de ses sous » (songeons au récit des aventures de Roger de Flor, dépouillé par un maître du Temple qui était certainement Molay). Réel ou non, cet incident ne peut être une cause de l'affaire. Tout au plus la goutte d'eau qui fait déborder le vase [9]. Enfin, dans quelle mesure la présence d'un templier, Guillaume de Boineame, ou Boubein, parmi les chefs de la révolte de Bruges en mai 1302 a-t-elle pu indisposer le roi de France [10] ?

Philippe le Bel a eu le soutien des templiers du royaume et celui d'un dignitaire important, Hugues de Pairaud, visiteur général de l'ordre, dans sa lutte contre le pape Boniface VIII. Ce soutien n'était pas négligeable ; le roi en avait besoin. Aussi, pour des raisons que j'exposerai en tentant d'interpréter le procès, je pense que l'« Affaire » n'a pu commencer qu'après l'attentat d'Anagni et la liquidation du conflit avec Boniface VIII. Pas avant 1303 donc.

2

L'attaque

Rumeurs

Jacques de Molay tient un chapitre de l'ordre, à Paris, en juin 1307. Il est probable que l'on y discute des bruits fâcheux qui courent sur l'ordre, depuis 1305 au moins. Il ne s'agit plus des critiques traditionnelles sur l'orgueil, l'avarice, etc. Il s'agit d'hérésie, d'idolâtrie, de sodomie. C'est plus inquiétant.

Ces rumeurs sont nées dans la région d'Agen et ont été colportées par un nommé Esquieu de Floyran, originaire de Béziers et prieur de Montfaucon. En 1305, cet homme fait part de ces rumeurs au roi d'Aragon, Jacques II ; ce dernier n'ajoutant pas foi à sa lettre, Esquieu se tourne vers la cour de France. « Qu'il soit manifeste à votre royale Majesté », écrit-il à nouveau à Jacques II, le 28 janvier 1308, « que je suis l'homme qui a révélé les faits concernant les Templiers au Seigneur Roi de France [1]... » Nous sommes à la fin de 1305, au début de 1306. Quelques conseillers du roi, Guillaume de Nogaret, Guillaume de Plaisians, ouvrent le dossier du Temple. Dans quelle intention ? Accélérer la fusion des ordres ? Spolier le Temple ? Faire pression sur le pape pour l'amener à effacer les suites d'Anagni (Nogaret a été excommunié) ? Il n'est pas sûr que l'objectif soit déjà fixé.

Le pape connaissait ces rumeurs ; il a refusé de les croire. Il n'a pu manquer de les évoquer lorsqu'il rencontre le roi de France à Lyon, en 1305, puis à Poitiers, au printemps 1307. Un peu plus tard, les agents du roi tenteront de se prévaloir de l'accord du pape pour justifier les arresta-

tions : ni à Lyon ni à Poitiers il ne fut question d'arrestations.

Nogaret, patiemment, remplit le dossier : il recrute des
témoins à charge parmi des ex-templiers, chassés de l'ordre
pour leurs fautes ; il fait entrer dans l'ordre une douzaine
d'espions, des « taupes » comme nous dirions aujourd'hui.
Il accentue la pression sur le pape, laissant entrevoir un
marchandage : Anagni contre templiers. Jacques de Molay
est informé de tout cela par les templiers de l'entourage du
pape.

Il prend les devants et demande à Clément V l'ouverture
d'une enquête pour laver l'ordre des accusations honteuses
qui sont portées contre lui. Le 24 août 1307, le pape faisait
savoir au roi de France qu'il ordonnait une enquête. Son
initiative va précipiter les choses. Car, sincère ou pas, la
conviction du roi est, à ce moment, faite et son objectif
déterminé : supprimer le Temple. Or l'enquête pontificale
risque de s'enliser, tant la mauvaise volonté du pontife est
grande, ou, pire encore, d'aboutir à l'acquittement. Passant
outre aux prérogatives de la juridiction de l'Église, la police
royale prend les choses en main et crée le fait accompli.

L'arrestation

Le vendredi 13 octobre à l'aube, Jean de Verretot, bailli
de Caen, donne connaissance aux quelques personnes
qu'il a discrètement réunies d'une lettre du roi datée du
14 septembre précédent, date symbolique, puisque le
14 septembre est le jour de la fête de l'Exaltation de la
Sainte-Croix.

> Une chose amère, une chose déplorable, une chose
> assurément horrible à penser (...). Un crime détestable,
> un forfait exécrable (...). Une chose tout à fait inhu-
> maine, bien plus, étrangère à toute humanité, a, grâce
> au rapport de plusieurs personnes dignes de foi, retenti à
> nos oreilles.

Après ce grand morceau rhétorique, Philippe en vient aux faits : « Les frères de l'ordre de la milice du Temple, cachant le loup sous l'apparence de l'agneau et, sous l'habit de l'ordre, insultant misérablement à la religion de notre foi », sont accusés de renier le Christ, de cracher sur la croix, de se livrer à des gestes obscènes lors de l'admission dans l'ordre, et « ils s'obligent, par le vœu de leur profession et sans crainte d'offenser la loi humaine, à se livrer l'un à l'autre, sans refuser, dès qu'ils en seront requis ». Le roi informe ensuite des enquêtes et réunions qui ont précédé sa décision :

> Attendu que la vérité ne peut être pleinement découverte autrement, qu'un soupçon véhément s'est étendu à tous (...) nous avons décidé que tous les membres du dit ordre de notre royaume seraient arrêtés, sans exception aucune, retenus prisonniers et réservés au jugement de l'Église, et que tous leurs biens, meubles et immeubles, seraient saisis, mis sous notre main et fidèlement conservés (...). C'est pourquoi nous vous chargeons et vous prescrivons rigoureusement en ce qui concerne le bailliage de Caen, *etc.* [2].

Suivaient les instructions données aux commissaires chargés d'instruire les baillis et sénéchaux sur la manière de procéder à l'arrestation et la manière de conduire l'enquête. Un bref résumé des charges pesant sur les templiers terminait le texte.

Jean de Verretot a reçu cette lettre avant le 13 octobre, de la main de commissaires qui lui ont révélé le but de l'opération. Ces mêmes commissaires lui ont demandé de faire une information secrète sur toutes les maisons templières de son bailliage, « et l'on pourra par précaution, s'il en est besoin, faire aussi une enquête sur les autres maisons religieuses et feindre que c'est à l'occasion de la décime (du 3 juin 1307), ou sous un autre prétexte ».

Jean de Verretot avait ainsi procédé, le 6 octobre, à l'inventaire des biens du Temple, sans éveiller le soupçon. Le 13 octobre à l'aube, pour aller plus vite, Jean de Verretot s'adjoint le personnel nécessaire et l'informe de sa mission dans le bailliage de Caen. Le bailli procède lui-même à l'arrestation des templiers de Baugy ; son subordonné, le vicomte de Caen, se charge de ceux de Bretteville. Le vicomte envoie son clerc opérer à Courval, et commet un chevalier de confiance pour procéder à Voismer ; le bailli fait de même pour Louvagny. En tout, treize chevaliers sont arrêtés, qui s'ajoutent à ceux de la ville de Caen, et mis au secret dans la prison royale. Un plus grand nombre de frères-servants fut également interpellé [3]. Ainsi fut fait, à la même heure, dans tout le royaume ; bien préparée, l'opération de police fut une réussite complète.

Le nombre d'arrestations est difficile à apprécier : il y en eut cent trente-huit à Paris. La commission pontificale qui interrogea les templiers, en 1309, en recensa alors cinq cent quarante-six, venus de tout le royaume et rassemblés dans une trentaine de lieux de détention à Paris (prisons, couvents, logements de particuliers). Très peu ont échappé au coup de filet, douze officiellement, le double probablement. Un seul dignitaire de haut rang parvint à s'enfuir, le précepteur de France, Gérard de Villers. Certains fuyards furent repris plus tard, comme le précepteur d'Auvergne, Imbert Blanke, arrêté en Angleterre en 1309. La plupart de ceux qui échappèrent à la police s'enfuirent le jour même de l'arrestation. L'effet de surprise fut total.

Mais, hors du royaume, cette politique du fait accompli ne fut guère appréciée. Philippe le Bel écrivit aussitôt, le 16 octobre, aux souverains européens pour les informer de l'opération et les presser d'en faire autant. Édouard II répond le 30 octobre : il ne croit rien des accusations portées contre le Temple. Jacques II, dans sa réponse, défend l'ordre. Le pape, qui réunit un consistoire à Poitiers le 15 octobre, est ulcéré : « Votre conduite impulsive est une insulte contre nous et contre l'Église romaine », écrit-il au roi, le 27 octobre. Clément V est un pape faible, malade et indécis. Il sait que dans cette affaire le véritable enjeu n'est pas le Temple, mais l'autorité pontificale, bafouée par l'action de Philippe le Bel [4].

Le roi ne perd pas de temps. On ne le croit pas ?

Qu'importe ! Dès la fin octobre tombent les premiers aveux des templiers : il faudra bien les croire.

Au cours des mois de novembre et décembre, le pape et les rois européens changent d'attitude. L'objectif du pape est clair : il veut bloquer la procédure expéditive mise en route par Philippe et reprendre l'initiative. Le Temple est accusé, soit. Mais que la procédure engagée contre lui soit publique et contrôlée par l'Église. Par la bulle *Pastoralis praeeminentiae*, il ordonne, le 22 novembre, l'arrestation de tous les templiers, et la mise de leurs biens sous tutelle de l'Église.

Édouard II avait écrit aux rois de la péninsule Ibérique, ainsi qu'au roi de Sicile, pour leur faire part de ses doutes ; le 10 décembre, encore, il écrit au pape. Mais, le 14 décembre, il reçoit la bulle et dès lors il se conforme à la décision pontificale. Les templiers anglais sont arrêtés le 10 janvier et emprisonnés à Londres, York et Lincoln. L'ordre d'arrestation arrive au Justicier d'Irlande le 25 janvier ; il est exécuté le 3 février à Dublin. Cent trente-cinq templiers sont, au total, arrêtés dans les îles Britanniques.

Les cinq États de la péninsule Ibérique n'ont pas eu la même réaction. La Navarre est aux mains du fils aîné du roi de France, Louis : dès le 23 octobre, les templiers sont emprisonnés à Pampelune. Trois templiers d'Aragon furent pris dans la rafle : devant les protestations de Jacques II, ils seront libérés. Le roi d'Aragon, quant à lui, n'a pas attendu la bulle pontificale pour ordonner la capture des templiers du royaume de Valence, le 1er décembre. La raison d'État a pris le dessus. Les templiers aragonais possèdent de puissants châteaux que le roi veut récupérer ; en aucun cas les biens du Temple ne doivent aller grossir ceux du clergé, et de l'ordre de l'Hôpital en particulier (les rois d'Aragon sont opposés à la fusion des ordres). Cependant, en dehors de Valence, où l'arrestation fut effective (Exmen de Lenda, maître de la province d'Aragon, y sera pris), les templiers ont résisté. Conduits par Raymond Sa Guardia, précepteur de l'importante commanderie roussillonnaise du Mas Deu, ils s'enferment dans leurs châteaux de Miravet, Monzon, Ascó, etc. De décembre 1307 à août 1308, Raymond correspond avec le roi et défend l'ordre, rappelant les services rendus à la cause de la Reconquête. A partir de février 1308, tout en continuant à négocier, Jacques II assiège les forteresses ; les premiers châteaux capitulent en août, Miravet et Castellotte en novembre ; Monzon tient jusqu'en mai 1309 et Chalmera ne cède qu'en juillet 1309. Sa Guardia est extradé vers le Roussillon en août. Le Roussillon appartient au roi de Majorque, un cadet de la maison royale d'Aragon. Le roi de Majorque ne peut s'opposer au roi de France : après la publication de *Pastoralis praeeminentiae*, il a fait arrêter les templiers [5].

En Castille et Portugal, les souverains défendent l'ordre ; ils ne procéderont aux arrestations qu'après une nouvelle bulle du pape, *Faciens misericordiam*, publiée en août 1308.

Ailleurs, l'attitude des autorités dépend de leurs liens plus ou moins étroits avec la couronne de France. Le comte de Provence et roi de Naples, l'Angevin Charles II, singe Philippe le Bel : le 13 janvier 1308, il adresse à ses agents une lettre close...

> au sujet d'une affaire importante (...). Vous les garderez et les conserverez très secrètement sans les ouvrir, les gardant et les tenant closes de la même façon qu'elles vous seront remises, jusqu'au 24 du présent mois de janvier. A ce jour indiqué, avant qu'il fasse clair, ou plutôt en pleine nuit, vous les ouvrirez et, aussitôt la lecture faite, vous exécuterez sans délai le contenu, le même jour [6] (...).

Ainsi fut fait. A Toulon, toutefois, sept templiers, probablement avertis par l'évêque de la ville, Raymond Rostaing, purent s'enfuir à temps [7].

En Flandre, l'ordre d'arrestation, publié le 13 novembre 1307, dut être renouvelé le 26 mars 1308. En Bretagne, l'arrestation entraîna un conflit avec les agents du roi de France venus saisir les biens : ils furent mis dehors. En Allemagne, l'attitude des autorités fut très diverse. L'évêque de Magdebourg les accusait de soutenir l'évêque rival d'Halberstadt ; il les fit arrêter durant l'été 1308. On ne sait rien de leur sort en Autriche, Pologne, Hongrie. En Italie, il semble que la plupart aient pu s'échapper [8].

A Chypre, l'affaire fut plus compliquée, parce que les templiers étaient nombreux, armés, en possession de châteaux. De plus, ils étaient les principaux soutiens d'Amaury contre son frère Henri. La bulle pontificale ne parvient dans l'île qu'en mai 1308. Le maréchal de l'ordre, Aymé d'Oselier, refuse d'obéir et de rendre les armes. Finalement, après quelques palabres, il cède, le 1er juin 1308. Les templiers seront emprisonnés dans leurs châteaux de Khirolikia et de Yermasayia.

Il fallut donc neuf mois pour que l'ordre du pape fût appliqué dans toute la chrétienté. Tout le monde a obéi ; mais, en dehors de la France et des pays influencés par elle, ce fut de mauvais gré. Pourtant, durant cette période, le dossier avait été considérablement enrichi.

Les charges et les premiers interrogatoires

La lettre du 14 septembre 1307, par laquelle le roi ordonnait l'arrestation des templiers, était habile. Au début, le roi n'a pas voulu croire les rumeurs. Mais peu à peu « naissent une présomption et un soupçon violent » ; alors il décide d'enquêter ; « et, plus nous l'examinions amplement et profondément comme en creusant un mur, plus graves étaient les abominations que nous rencontrions ». Il lui a bien fallu agir. Quant aux moyens qui devaient être employés pour faire éclater la vérité, le texte du roi est clair :

> attendu que la vérité ne peut être pleinement découverte autrement, qu'un soupçon véhément s'est étendu à tous et que, s'il en est d'innocents, il importe qu'ils soient éprouvés comme l'or l'est dans le creuset et purgés par l'examen du jugement qui s'impose...

Les instructions prennent moins de précautions et demandent que l'on utilise la torture « s'il en est besoin » (p. 19-23).

A partir des aveux obtenus, les accusations ont été étoffées ; lorsque, en août 1308, la papauté prend l'affaire en main, les accusations sont désormais rassemblées dans quinze articles qui comprennent soit quatre-vingt-huit (ou quatre-vingt-sept) questions dans la procédure engagée contre les personnes, soit cent vingt-sept questions dans celle engagée contre l'ordre [9]. On peut, à la suite de Malcolm Barber, regrouper ces articles en sept rubriques :

— Les templiers renient le Christ, qu'ils qualifient de faux prophète et qui a été crucifié pour ses fautes et non pour le rachat des hommes ; ils crachent sur la croix, la piétinent, urinent sur elle au cours de leurs cérémonies.

— Ils adorent des idoles, chat, tête à trois faces, qu'ils substituent au Sauveur.

— Ils ne croient pas aux sacrements, et les prêtres de l'ordre « oublient » les formules de consécration durant la messe.

— Les maîtres et dignitaires de l'ordre, bien que laïcs, donnent l'absolution des péchés aux frères.

— Pratiques obscènes et homosexualité.

— Ils doivent contribuer à l'enrichissement de l'ordre par n'importe quels moyens.

— Ils se réunissent la nuit, en secret ; toute révélation sur les chapitres est sanctionnée sévèrement, y compris par la mort.

Dès le 15 octobre 1307, Guillaume de Nogaret a puisé dans un arsenal semblable, pour justifier l'arrestation, devant une assemblée de notables réunie à Notre-Dame. Les agents du roi d'abord, les inquisiteurs ensuite ont arraché aux templiers les aveux nécessaires pour soutenir ces charges.

A Paris, les interrogatoires ont commencé une semaine après l'arrestation. Cent trente-huit dépositions ont été recueillies en octobre et novembre, auxquelles il faut ajouter les quatre-vingt-quatorze rassemblées en province. La rapide étude faite par Malcolm Barber à partir des dépositions parisiennes montre que l'on avait affaire à des gens dont la moyenne d'âge était de quarante-deux ans, et qui étaient en grande majorité des frères sergents et des frères de métier. Cent trente-quatre sur cent trente-huit ont confirmé, en totalité ou en partie, les accusations produites contre leur ordre. En province, des templiers de Caen ont résisté un temps ; deux templiers allemands, interrogés à Chaumont, ont nié.

Du berger de Baugy au grand maître Jacques de Molay, tous avouent quelque chose, mais il est évident que les confessions des dignitaires ont été décisives pour la suite de l'affaire. C'est le succès le plus net remporté par le roi et Nogaret. Le premier, Geoffroy de Charney, précepteur de Normandie, a avoué, le 21 octobre : il a cinquante-six ans et a été reçu dans l'ordre, à Étampes, trente-sept ou trente-six ans auparavant...

> Après qu'on l'eut reçu, on lui apporta une croix sur laquelle était l'image de Jésus-Christ et le même frère qui le reçut lui dit de ne pas croire en celui dont l'image y était représentée, parce qu'il était un faux prophète et qu'il n'était pas Dieu. Et alors, celui qui le reçut lui fit renier Jésus-Christ trois fois, de la bouche, non du cœur, à ce qu'il dit.
> Requis de dire s'il avait craché sur l'image elle-même, il dit sous serment qu'il ne s'en souvient pas et qu'il croit que c'est parce qu'ils se dépêchaient.
> Interrogé sur le baiser, il dit sous serment qu'il baisa le maître qui le recevait sur le nombril et il entendit frère Gérard de Sauzet, précepteur d'Auvergne, dire aux frères présents au chapitre qu'il estimait qu'il valait mieux s'unir aux frères de l'ordre que de se débaucher avec les femmes, mais il ne le fit jamais et ne fut pas requis de le faire à ce qu'il dit (p. 31-33).

La déposition de Hugues de Pairaud, qui, comme visiteur général de l'ordre, avait assisté à des centaines de réceptions, fut sans doute celle qui fit le plus de mal au Temple. Il dit à peu près les mêmes choses que Charney et précisa qu'il avait admis les frères qu'il recevait de la même façon, « parce que c'était l'usage selon les statuts de l'ordre ».

Requis de déclarer s'il croyait que tous les frères dudit ordre fussent reçus de cette façon, il répondit qu'il ne le croyait pas. Ensuite cependant, le même jour, comparaissant en présence dudit commissaire, de nous, notaires, et des témoins soussignés, il ajouta qu'il avait mal compris et mal répondu et il affirma sous serment qu'il croyait que tous étaient reçus de cette façon plutôt que d'une autre et qu'il parlait ainsi pour corriger sa déposition et pour ne pas nier (p. 41-43).

Opposée à ces aveux, que pouvait valoir la déposition de Jean de Châteauvilliers qui, interrogé le 9 novembre, rejeta toutes les charges portées contre le Temple ?

Le 24 octobre, Molay confirme les déclarations de Charney et Pairaud ; le lendemain, il renouvelle ses aveux, en public, devant les maîtres de l'Université de Paris. A cette occasion, il donne la consigne de dire la vérité, donc d'avouer, à tous les frères, ce qui brise toutes velléités de résistance. Le 26 octobre, Philippe le Bel, triomphant, écrit à nouveau au roi d'Aragon.

Il n'y a rien à objecter, formellement, à la procédure suivie à Paris : ce sont les inquisiteurs Guillaume de Paris et Nicole d'Ennezat qui ont conduit les interrogatoires. Mais en province les templiers sont d'abord passés entre les mains des agents royaux avant d'être présentés à la juridiction inquisitoriale. A Cahors, le sénéchal préside les séances et ses subordonnés ont préalablement menacé les accusés de la torture, et leur en ont montré les instruments. Cela suffit souvent : le précepteur de Gentioux, en Limousin, dira, en 1308, qu'il a cédé à la seule vue des instruments. Il faut tenir compte également des conditions de détention : le secret, le pain et l'eau durant des jours, les mauvais traitements, les humiliations : Ato de Salvigny, à Cahors, est resté quatre semaines dans les fers, au pain et à l'eau.

La torture fut appliquée aux fortes têtes, aux hésitants, à ceux qui d'une façon ou d'une autre résistèrent. L'extrait des aveux de Hugues de Pairaud cité ci-dessus suggère son utilisation. C'est encore plus net avec Raimbaud de Caron, le précepteur de Chypre : interrogé le matin du 10 novembre, il nie ; son interrogatoire est suspendu ; lorsqu'il reprend le soir, il avoue tout ce qu'on voulait. Le précepteur de Douzens, Itier de Rochefort, a été torturé encore, après ses aveux, ses bourreaux le soupçonnant de n'avoir pas tout dit, notamment sur l'idolâtrie.

L'on s'interrogera le moment venu sur la réalité de ces accusations, donc sur le problème de l'innocence ou de la culpabilité des templiers. Mais il importe de montrer ici que ces accusations, énormes, ne sont pas nouvelles, que Nogaret et ses agents les ont puisées dans le vieil arsenal anti-hérétique ; ils n'en sont pas à leur coup d'essai : l'évêque de Pamiers, Bernard Saisset, en 1301, le pape Boniface VIII, en 1302-1303, en ont fait à leurs dépens l'expérience. Dans toutes ces affaires, on sent le coup de patte de Nogaret dont la méthode consiste à transformer l'adversaire, fût-il le pape, en hérétique. Il ne reste plus alors qu'à utiliser les peurs, les paniques, que l'évocation de l'hérésie déclenche chez les populations médiévales.

Une lettre du pape Grégoire IX décrit les traits caractéristiques d'une hérésie luciférienne découverte en Allemagne en 1253 : on y trouve le reniement du Christ et de la croix, les idoles (crapaud ou chat noir, incarnation de Lucifer), les désordres sexuels et l'homosexualité, le secret, les réunions nocturnes. Malcolm Barber rapproche de façon suggestive cet exemple de celui des templiers [10].

A ce fonds ancien s'ajoutent des éléments plus récents, du moins une présentation neuve de ces éléments, lesquels ont trait à la magie, la sorcellerie, et que l'on relie à l'hérésie. Les *Grandes Chroniques de France* présentent une liste de onze articles d'accusation ; on y trouve, par exemple, l'adoration du chat noir avec baiser obscène sur l'anus, qui ne figure pas dans la liste des cent vingt-sept articles de 1308.

Les charges doivent être analysées individuellement et comme un ensemble cohérent. Chacune se réfère à quelque chose de connu, immédiatement accessible à la majeure partie de la population.

Le reniement de la croix et la négation du sacrifice du Christ rappellent les pratiques des cathares et, au-delà, se réfèrent à la religion musulmane. De même, l'accusation d'idolâtrie invite à penser aux musulmans, ceux-ci étant perçus en Occident comme des adorateurs d'idoles. Le chat noir est, très classiquement, l'incarnation du démon.

L'histoire de la tête magique des templiers fait référence à des croyances populaires élaborées à partir de la légende antique de Persée et de Méduse, bien connue à cette époque.

C'est un notaire italien, Antonio Sicci de Verceil, qui fut pendant quarante ans au service des templiers de Syrie, qui en fit le récit le plus précis lorsqu'il déposa, le 1er mars 1311 :

> J'ai plusieurs fois entendu raconter ce qui suit dans la ville de Sidon. Un certain noble de cette ville avait aimé une certaine femme noble d'Arménie ; il ne la connut jamais de son vivant, mais, quand elle fut morte, il la viola secrètement dans sa tombe, la nuit même du jour où elle avait été enterrée. L'acte accompli, il entendit une voix qui lui disait : « Reviens quand le temps de l'enfantement sera venu, car tu trouveras alors une tête, fille de tes œuvres. » Le temps accompli, le chevalier revint au tombeau et trouva une tête humaine entre les jambes de la femme ensevelie. La voix se fit entendre de nouveau et lui dit : « Garde bien cette tête, parce que tous les biens te viendront d'elle. » A l'époque où j'ai entendu cela, le précepteur de ce lieu (Sidon) était frère Mathieu dit le Sarmage, natif de Picardie. Il était devenu le frère du soudan (sultan) à Babylone (Le Caire), qui régnait alors, parce que l'un avait bu le sang de l'autre, ce qui faisait qu'on les regardait comme des frères [11].

L'histoire elle-même a été racontée par Gautier Map dès 1182, par Gervais de Tilbury, et s'est diffusée au XIIIe siècle dans les romans à la mode. Deux constantes dans ces récits : la transgrèssion sexuelle et l'outrage à la morte ; la tête magique qui porte la mort dans ses yeux, mais rend invincible son possesseur tant qu'il ne la fixe pas. La tête de Méduse est le symbole effrayant du sexe féminin ; la légende de Méduse est « une mise en forme des fantasmes liés à la peur de la femme, et le thème de la morte outragée, ceux de l'inceste et de la sodomie s'insèrent tout naturellement [12] ».

Salomon Reinach a montré comment la légende a pu être attribuée aux templiers. Il a relevé des traces de l'histoire en Syrie du Nord, un siècle avant le procès : Persée est devenu un chevalier, et le chevalier par excellence est le chevalier du Temple. Des gens d'Orient ont entendu dire que des chevaliers cachaient une tête magique ; ce sont des templiers. Ils sont secrètement convertis à l'islam, et adorent la tête comme une idole ; aussi cette tête est-elle appelée Mahomet, puis, par déformation, Baphomet. Elle est une tête initiatique pour les templiers, qui portent autour de la taille des cordelettes ayant été à son contact. « Et l'on entend dire que ces cordelettes ont été placées et mises autour du cou d'une idole qui a la forme d'une tête d'homme avec une grande barbe, et que, cette tête, ils la baisent et l'adorent dans leurs chapitres provinciaux », dit-on dans l'ordre d'arrestation du 14 septembre 1307 (p. 29).

Nous voilà donc une fois de plus ramenés à l'islam : l'adoration de la tête est le signe de la conversion à l'islam, le texte du notaire Sicci le suggère nettement. Le port des cordelettes se réfère clairement au catharisme, puisque dans cette religion cela signifie que l'on a reçu le *consolamentum*.

L'absence de formule de consécration à la messe, qui rend celle-ci vide de sens, se lit à différents niveaux. Une preuve de plus de la convergence avec le catharisme, qui nie l'efficacité des sacrements ; c'est la lecture populaire. A un niveau plus savant, l'absence de consécration signifie que le Christ n'est pas corporellement présent durant la messe, ce qui lui enlève toute valeur ; en particulier, les messes pour les défunts, célébrées par les frères chapelains du Temple, ne valent rien ; les offrandes, les aumônes, les donations qui les accompagnent ont été faites en vain ; les familles qui ont fait ces dons ont été spoliées et peuvent demander des comptes au Temple.

Fermons la boucle : l'hostie consacrée a pour effet

d'éloigner démons et sorciers ; les templiers refusent la consécration parce qu'ils sont eux-mêmes démons ou sorciers.

Quant à l'accusation d'homosexualité, la référence à Sodome, la ville souillée par le péché et que Dieu a punie pour cette raison, est évidente. On est tout naturellement conduit à lier la chute d'Acre et des États latins à ce péché. Et, si le sage roi Philippe n'y avait pas pris garde, le royaume de France — le royaume de Saint Louis — aurait subi un sort semblable. Et l'on retrouve les cathares : les « bonshommes » vont toujours par deux ; et l'islam : le trafic d'esclaves, en particulier de jeunes garçons.

Les charges contre les templiers forment un tout cohérent, qui vise à discréditer l'ordre en assimilant ses pratiques à celles des hérétiques, en particulier des cathares, et en avançant des preuves de sa totale perversion par l'islam. En liant à l'hérésie magie et sorcellerie, Nogaret et ses séides pouvaient espérer capter à la•fois une tradition populaire et des idées répandues dans le monde des intellectuels dans la deuxième moitié du XIIIe siècle. Précisons que ces idées sur la magie ou la sorcellerie ne sont pas vraiment nouvelles ; elles se fondent sur de nouvelles autorités, saint Thomas d'Aquin par exemple. Faisons attention aussi à ne pas faire commencer trop tôt ce phénomène d'assimilation de la sorcellerie à l'hérésie. C'est à la fin du XIVe siècle et au début du XVe que l'Église assimile les pratiques de sorcellerie et plus généralement nombre de superstitions populaires à l'hérésie et se met à les poursuivre avec la même vigueur qu'elle avait poursuivi l'hérésie (voir le procès de Jeanne d'Arc par exemple) ; nous en sommes encore, en 1310, à la chasse à l'hérétique ; la chasse aux sorcières n'intervient qu'à la fin du Moyen Age et à la Renaissance (eh oui !) [13].

Les « véhéments soupçons » de Philippe le Bel sont maintenant confortés par des aveux nombreux et convergents. Ceux-ci ont d'autant plus de poids qu'ils révèlent des comportements et des pratiques accordés aux croyances communes de la société du temps, ce qui ne pouvait manquer d'ébranler les plus sceptiques : les princes, le

pape. Pourtant, malgré tout, l'affaire traîne, au grand
mécontentement du roi et de ses agents. Aussi parfaite
soit-elle, la mécanique grippe.

Les aléas de la procédure : l'accusation en difficulté

Par la bulle *Pastoralis praeeminentiae*, le pape a repris
l'initiative. Peut-être a-t-il été ébranlé par les aveux des
templiers ? Pour l'heure, il est surtout furieux des empiéte-
ments du roi de France sur sa juridiction.

La bulle, assurément, gêne Philippe le Bel : il ne peut s'y
opposer, et il lui faut donc manœuvrer pour céder le moins
possible au pape. Il élude ainsi par deux fois les demandes
du pape concernant le transfert des templiers sous le
contrôle de l'Église. Il ne peut pas empêcher que, en
décembre 1307, devant deux cardinaux dépêchés par le
pape, Molay et les autres dignitaires ne révoquent leurs
aveux, Molay confessant qu'il avait craint la torture. Le
pape sait désormais à quoi s'en tenir. Clément V pousse son
avantage et suspend l'action des inquisiteurs en février
1308.

Philippe le Bel contre-attaque sur deux plans : accentua-
tion des pressions sur le pape ; mobilisation de l'opinion
du royaume. Il avait agi de même contre le pape Boniface VIII.

Il s'adresse aux docteurs de l'Université de Paris en leur
posant sept questions sur la légitimité de son action. Le
pouvoir laïc peut-il agir seul lorsque l'erreur est évidente ?
La preuve de la culpabilité du Temple étant faite, le prince
n'avait-il pas le droit de les arrêter ? Etc.

La réponse de l'Université, remise le 25 mars 1308
seulement, est embarrassée, et plutôt défavorable aux
initiatives royales. Elle défend la juridiction ecclésiastique
et affirme que le Temple est un ordre religieux. Elle
concède que, du fait des aveux, il y a « suspicion véhémente
que tous les membres de l'ordre sont hérétiques, ou
fauteurs d'hérésie ». Cela suffit à faire réprouver l'ordre et
justifie que le roi ait commencé une enquête.

La royauté use d'un autre moyen contre le pape : la diffamation. Des libelles, anonymes, sont publiés, où l'on accuse le pape de népotisme (ce qui est difficile à nier !), de favoriser l'hérésie, etc. Le tout accompagné de menaces, de rappels des mésaventures de Boniface VIII.

Parallèlement, le gouvernement royal convoque les états du royaume, à Tours. Guillaume de Nogaret est l'auteur de la convocation : « Le ciel et la terre sont agités par le souffle d'un si grand crime et les éléments sont troublés (…). Contre une peste si criminelle tout doit se lever : les lois et les armes, les bêtes et les quatre éléments » (p. 105-107). La phrase avait déjà servi contre Boniface VIII…

Clergé, noblesse et villes sont convoqués : pour ces dernières, on n'hésite pas à s'adresser à de toutes petites communautés et l'on atteindra le nombre de trois cents. On ne sait rien des délibérations (entre le 5 et le 15 mai). Mais des représentants des trois états accompagnèrent le roi auprès du pape à Poitiers. Durant les deux mois de juin et juillet, Philippe, Nogaret et Plaisians exercèrent une pression continue sur Clément V. Plaisians présenta la position du roi au cours d'un consistoire tenu le 29 mai. Il rassembla toutes les accusations portées contre le Temple. Le pape ne réagit pas. Alors, le 14 juin, Plaisians revient à la charge :

> Votre Sainteté a répondu d'une façon générale, sans cependant dire rien de précis du cas particulier ; vous avez vu que les esprits des auditeurs présents en avaient été considérablement surpris (…). Car les uns vous soupçonnent de vouloir favoriser les Templiers (…).

Et il menace d'une action directe du pouvoir laïc, du peuple, car « tous ceux que l'affaire touche sont appelés à défendre la foi » (p. 129).

Plaisians demande la relance de l'enquête dans chaque diocèse ; le rétablissement des inquisiteurs ; la suppression pure et simple de l'ordre du Temple, secte condamnée.

Pour accentuer la pression, les conseillers du roi présentent au pape, le 27 juin 1308, soixante-douze templiers,

bien préparés et triés sur le volet parmi les renégats de
l'ordre ou des templiers torturés. La confession d'Étienne
de Troyes, l'un des premiers accusateurs de l'ordre qu'il a
quitté avant l'arrestation, est sans appel : lui montrant la
croix, Hugues de Pairaud, qui le recevait dans l'ordre, lui
dit :

> « Il faut que tu renies celui que cette image représente. »
> Je résistai de toutes mes forces, mais un des frères
> présents tira son épée et, me touchant aux côtés avec la
> pointe, il me cria : « Si tu ne renies pas le Christ, je vais
> te percer de cette épée et tu mourras sur-le-champ. »
> Tous les autres me menacèrent également de la mort,
> aussi, je finis par renier le Christ, une fois seule-
> ment [14].

Philippe le Bel avait pris la précaution de laisser à Chinon
les dignitaires de l'ordre, malades, paraît-il.

Le 5 juillet, Clément V cède. Les inquisiteurs, rétablis,
agiront avec les évêques dans le cadre diocésain. La bulle
Facians misericordiam, du 12 août 1308, lui permet de
présenter sa position sur l'affaire. Il confie à des conciles
provinciaux le soin de juger, sur rapport des commissions
diocésaines, les templiers comme personnes. Il nomme des
commissaires pontificaux dans chaque État ou région pour
juger l'ordre en général ; la commission de Paris pour le
royaume de France (c'est là que tout se joue) est forte de
huit membres. C'est un concile général convoqué par la
bulle *Regnans in cœlis* qui jugera et se prononcera sur
l'éventuelle suppression du Temple. Il se réunira à Vienne,
en principe en 1310. Enfin, le pontife se réserve le jugement
des dignitaires de l'ordre. Les biens du Temple devront être
mis au service de la croisade. En attendant, le roi en garde
le contrôle, de la même façon qu'à « la demande de
l'Église », il garde le contrôle des prisonniers.

La victoire du roi est totale. En apparence. Car le pape
conserve toute latitude pour atermoyer et ralentir la procédure. Et, au mieux, l'affaire ne sera pas réglée avant deux
ans.

En effet, la mise en place des commissions diocésaines n'est pas achevée avant le printemps 1309. Quant à la commission apostolique, elle se réunit pour la première fois en novembre 1309. Ni les évêques, pas très convaincus de la culpabilité des templiers, ni le pape ne font preuve de zèle. Philippe le Bel non plus, paradoxalement : bien qu'il soit assuré de la contrôler, il ne facilite pas la mise en place de ladite commission ; il craint que, devant elle, des frères ne se rétractent.

Les enquêtes épiscopales commencent en France au milieu de 1309 ; ailleurs, il faut parfois attendre 1310 ; pour les prisonniers français, c'est une deuxième série d'interrogatoires qui s'annonce ; en Angleterre, Espagne, Italie, ce sont les premiers. La torture va être à nouveau appliquée, pas partout, mais pas seulement en France. Les instructions données par l'évêque de Paris ont servi de modèle ; elles insistent tout particulièrement sur la façon dont les templiers ont été reçus dans l'ordre. En cas de besoin, « qu'on les menace de la torture, même grave, et qu'on leur présente les instruments, mais qu'on ne les y soumette pas tout de suite (...). La torture devra être appliquée par un tortionnaire clerc et idoine, à la manière habituelle et sans excès » (p. 143).

La torture fut appliquée presque partout en France, sauf à Clermont. En Angleterre, rien ne commence avant l'arrivée de deux inquisiteurs continentaux, en septembre 1309 (il n'y a pas d'inquisiteur dans le pays). Les templiers emprisonnés à Londres nient ; les inquisiteurs demandent que l'on utilise la torture, ce que le roi leur accorde, le 9 décembre. Pourtant, six mois plus tard, les inquisiteurs se plaignent : personne ne veut torturer ! Ils demandent que l'on transfère les accusés en Ponthieu, possession continentale des rois d'Angleterre, mais non soumise aux lois anglaises. Finalement, on finit par trouver un « tortionnaire idoine » et la torture est enfin appliquée ; on ne réussit à obtenir les aveux de trois templiers (seulement) qu'en juin 1311 [15]. En Irlande, la commission d'enquête comprend trois dominicains, deux franciscains, un chanoine de Kildare ; elle pose quatre-vingt-sept questions aux quinze frères interrogés en février 1310, dans la cathédrale de Saint-Patrick à Dublin [16].

En Aragon, on n'a conservé que les interrogatoires des templiers de Lérida et du Roussillon. La défense des frères de cette région fut particulièrement virulente. Pierre Blada, le 15 février 1310, déclare :

> Les abominations attribuées à l'ordre par les prétendus aveux de ses chefs n'ont jamais existé, et j'ajoute que si le grand maître de l'ordre du Temple a fait les aveux qu'on lui prête, ce que pour ma part je ne croirai jamais, il en a menti par sa gorge et en toute fausseté.

Un frère-chapelain, Raymond Sapte, tint des propos identiques [17].

Il fallut un ordre du pape, en mars 1311, pour que la torture fût appliquée à huit templiers barcelonais ; certains prirent la précaution de déclarer que leurs aveux seraient sans valeur ; mais aucun ne céda [18]. En Castille et Portugal, les interrogatoires furent conduits normalement.

En Allemagne, on en arrive à des situations extrêmes. L'archevêque de Magdebourg, qui est très hostile aux templiers, les jette en prison et prétend les juger : il est, pour cela, excommunié par son rival, l'évêque d'Halberstadt. A Mayence, le 11 mai 1310, le précepteur de la maison de Grumbach et vingt chevaliers envahissent la salle où sont interrogés les frères ; il défend l'ordre et son frère, Frédéric de Salm, offre de prouver son innocence par les ordalies. Les trente-sept templiers présents clament leur innocence [19].

En Italie, la torture est appliquée à Naples et dans les États du pape : l'on obtient ainsi quelques aveux. En Italie du Nord, une commission placée sous la direction de l'archevêque de Ravenne, Rinaldo da Concorrezzo, est mise en place en septembre 1309. Elle supervise les enquêtes diocésaines ; très peu de templiers interrogés sont en prison. Puis, le concile provincial, au cours de deux sessions, en janvier et en juin 1311, examine ces enquêtes et fait comparaître les templiers emprisonnés de Plaisance,

Bologne et Faenza. Ils sont déclarés innocents, y compris
par l'inquisiteur franciscain ; seuls les deux inquisiteurs
dominicains jugent les templiers coupables et critiquent la
façon dont Concorrezzo a conduit l'enquête et le procès. Ils
en réfèrent au pape qui, dans une lettre à l'archevêque, lui
reproche de ne pas avoir employé la torture. Il ordonne de
nouveaux interrogatoires ; Concorrezzo refuse, mais ses
collègues de Pise et Florence en profitent pour rouvrir le
procès des templiers toscans, avec torture cette fois. A
Venise, la ville sans bûcher, l'Inquisition est aux mains de
l'État : les templiers ne furent pas inquiétés et restèrent
même dans leur maison [20].

A Chypre enfin, les templiers nièrent ; il fallut là aussi un
ordre de Clément V pour reprendre la procédure.

Les procès menés en France se caractérisent par l'absence de témoins non templiers : six seulement des deux
cent trente et une dépositions de 1309-1310 émanent de ces
témoins. Hors de France, au contraire, de nombreux
témoignages extérieurs à l'ordre furent reçus : soixante en
Angleterre, quarante et un en Irlande, quarante-quatre en
Écosse (pour deux templiers). Témoignages favorables ou
défavorables en nombre égal, qui, le plus souvent, se
bornent à reprendre ragots et on-dit. Les quarante et un
témoins irlandais se répartissent en trente-sept clercs et
quatre laïcs : l'un d'eux est un ancien sergent du Temple.
Parmi les témoins à charge, trois font également partie de la
commission d'enquête [21].

Le sursaut du Temple

Après ce rapide tour d'horizon européen, il nous faut
revenir un peu en arrière, et en France. Car c'est là que tout
se joue, puisque, parallèlement aux enquêtes diocésaines
semblables à celles dont nous venons de parler, se déroule
l'enquête sur la culpabilité de l'ordre en tant qu'ordre,
menée par la commission des huit.

Lorsque cette commission se réunit pour la première fois,
en novembre 1309, elle n'est pas au complet ; et aucun

templier ne se présente pour défendre l'ordre avant le 22 novembre. Pourtant, on en a la preuve pour l'évêché de Bazas, la commission informa les templiers détenus dans le royaume. Le 26 novembre, Jacques de Molay est présent : il veut bien défendre le Temple, mais il veut un conseil car il n'est pas assez savant [22]. On lui traduit en français divers documents. Dans la salle, comme par hasard, rôde Guillaume de Plaisians, « mais non sur l'ordre desdits seigneurs commissaires, ainsi qu'ils le dirent eux-mêmes » (p. 153). Revenant deux jours plus tard, Molay adopte alors la position dont il ne se départira plus : puisque le pape s'est réservé de le juger, il ne parlera que devant lui. Lorsque, le 2 mars 1310, il comparaît pour la troisième fois, un demi-millier de frères ont manifesté leur intention de clamer l'innocence du Temple ; il continue à se taire. Position dont il comprendra bien trop tard qu'elle était sans issue.

A la fin de l'année 1309, l'optimisme règne dans le camp du roi : Molay ne dit rien ; très peu de templiers sont venus devant les huit. Tout danger de dérapage semble écarté : le 26 novembre, le roi donne l'ordre à ses baillis et sénéchaux d'envoyer sur Paris les templiers qui veulent venir témoigner.

La commission reprend ses travaux le 3 février avec la comparution de seize templiers de Mâcon. La surprise est totale : quinze veulent défendre leur ordre. C'est le début d'une lame de fond puisqu'à la fin du mois cinq cent trente-deux frères, venus de tout le royaume, déclarent vouloir en faire autant. Ils sont cinq cent quatre-vingt-douze fin mars, plus de six cents ensuite.

Les templiers font présenter la défense de l'ordre par quatre d'entre eux : Pierre de Boulogne (de Bologne, en fait), formé à l'étude du droit sans doute, et Renaud de Provins, tous deux frères-chapelains ; Bertrand de Sartiges et Guillaume de Chambonnet, frères chevaliers de la province d'Auvergne. Ces deux-là, jugés par l'évêque de Clermont, n'ont rien avoué ; les deux prêtres avaient avoué en 1307. Leur défense est de plus en plus ferme, de plus en plus argumentée ; elle galvanise la résistance des autres.

La situation devient alarmante pour le roi. D'autant plus

qu'en avril le pape a repoussé à 1311 le concile général. Le roi se rabat alors sur l'avis d'un théologien de l'Université de Paris dont l'opinion, très minoritaire chez les docteurs, est la suivante : « Pourquoi donc donnera-t-on un défenseur, sinon — ce qu'à Dieu ne plaise — pour défendre les erreurs des Templiers, puisque l'évidence des faits rend le crime notoire ? Que l'Église écarte donc le scandale ! Qu'elle se hâte de le faire [23] ! » (p. 79). D'un revers de main, tous les arguments juridiques sont balayés par un syllogisme imparable : défendre l'ordre signifie qu'il peut ne pas être coupable ; or il est coupable ; donc il n'y a pas lieu de le défendre. Cela vaut ce que cela vaut, mais le roi passe immédiatement aux actes.

L'archevêché de Sens est vacant ; Philippe obtient du pape qu'il le donne à Philippe de Marigny, évêque de Cambrai, et frère du tout-puissant Enguerrand de Marigny, l'homme qui prend le pas sur Nogaret dans le Conseil. Autant dire que le nouvel archevêque est tout dévoué au roi.

L'évêché de Paris dépend de la province de Sens. Il revient à Philippe de Marigny de clore, par un concile, les enquêtes diocésaines de sa province sur les personnes des templiers. Brusquement, le 10 mai, l'archevêque convoque ce concile. Confondant volontairement la procédure engagée devant la commission apostolique des huit et celle engagée devant les commissions diocésaines, Marigny fait condamner au bûcher cinquante-quatre templiers de la province de Sens, qui avaient avoué leurs crimes en 1307, mais qui, en défendant l'ordre devant la commission des huit, sont retombés dans l'erreur. Pour Marigny, ils sont relaps, idée que nombre de théologiens récusent. Le 12 mai, les condamnés sont transportés dans des charrettes, hors de Paris, près de la porte Saint-Antoine, où le bûcher était installé.

> Aucun d'eux — il n'y eut pas d'exception — ne reconnut aucun des crimes qui leur étaient imputés, mais au contraire ils persistèrent dans leurs dénégations, disant toujours qu'ils étaient mis à mort sans cause et injuste-

ment, ce que beaucoup de gens purent constater non sans une grande admiration et une immense surprise [24].

D'autres bûchers flamboyèrent dans les jours qui suivirent à Senlis, Pont-de-l'Arche, plus tard à Carcassonne.

Le roi a réussi : le ressort est brisé. Les quelques templiers qui paraissent devant la commission dans les jours qui suivent bafouillent et tiennent des propos incohérents. Les deux principaux défenseurs de l'ordre, Pierre de Boulogne et Renaud de Provins, disparaissent, enlevés, en fuite ou assassinés. Les templiers renoncent à défendre l'ordre. La commission s'ajourne, tient quelques séances de-ci de-là. Les quelques templiers qui comparaissent encore, préalablement mis en condition par leurs geôliers, avouent tout et n'importe quoi, se contredisent, au point de gêner les commissaires eux-mêmes. Parfois, un groupe de templiers, ceux de La Rochelle, résiste ; parfois un témoin extérieur, le dominicain lyonnais Pierre de la Palud, par exemple, défend l'ordre.

Avec l'accord du pape et du roi, la commission termine ses auditions le 26 mai 1311. Elle boucle un épais dossier de deux cent dix-neuf folios qui doit servir de base aux travaux du concile. Le 16 octobre 1311, le pape prononce l'ouverture de celui-ci ; son ordre du jour comporte trois questions : le Temple ; la croisade ; la réforme de l'Église. Une commission *ad hoc*, réunie à Orange, a résumé les textes qu'on lui a adressés. Résumés tendancieux si l'on en juge par celui des procédures anglaises : tous les ragots et on-dit qui chargent l'ordre sont complaisamment rapportés, mais on ne retrouve rien des dénégations, quasi unanimes, des templiers anglais. Le vœu du pape est maintenant que l'on en finisse au plus vite.

Progressivement, la situation évolue d'une autre manière et le pape perd le contrôle de l'assemblée. Si certains évêques comme Jacques Duèze, le futur pape Jean XXII, ne s'embarrassent pas de scrupules et conseillent au pape de supprimer le Temple sans plus attendre, la majorité des pères du concile veut juger, et donc entendre la défense.

Or, précisément, à la fin octobre, sept templiers font irruption dans le concile et affirment leur volonté de défendre l'ordre ; ils ajoutent — vantardise ou menace réelle ? — que mille cinq cents à deux mille frères sont dans les environs de Vienne, tout disposés à venir témoigner en faveur du Temple. Ptolémée de Lucques, évêque de Torcello et dominicain, écrit :

> Les prélats furent appelés à conférer avec les cardinaux au sujet des Templiers. Les actes concernant ce sujet furent lus parmi les prélats, et ils furent convoqués individuellement là-dessus et le pontife leur demanda si les Templiers devaient être admis à présenter leur défense. Tous les prélats d'Italie, sauf un, d'Espagne, d'Allemagne, de Suède, d'Angleterre, Écosse et Irlande furent de cet avis. De même les Français, sauf trois métropolitains, ceux de Reims, de Sens et de Rouen, furent d'accord [25].

Clément V sent le danger. S'il est si pressé d'en finir, c'est qu'il a hâte de s'occuper de la croisade et, surtout, qu'il ne veut pas donner prétexte au roi de France à intervenir et à relancer certaines vieilles affaires comme le procès à la mémoire de Boniface VIII. Car, il le sait, le roi de France s'exaspère.

Comme toujours en pareil cas, Philippe use d'une méthode éprouvée : il convoque les états du royaume à Lyon, en mars 1312. Des rencontres secrètes réunissent à cette date des représentants du roi, dont Nogaret, et ceux du pape. Le 20 mars, Philippe annonce son arrivée à Vienne, avec son armée. Le temps presse. Le 22 mars, de sa propre autorité, le pape publie la bulle *Vox in excelso* qui abolit l'ordre du Temple, « non sans amertume et tristesse de cœur, non par voie de jugement, mais par voie de provision ou de décision apostolique ». Le 3 avril, encadré par Philippe le Bel et son fils Louis de Navarre, le pape prononce publiquement la sentence après qu'un « clerc se fut levé et eut interdit, sous peine d'excommunication majeure, à quiconque dans le concile de dire un mot, sauf avec la permission ou à la requête du pape [26] ».

Le problème de la dévolution des biens du Temple prolongea le concile jusqu'au 6 mai 1312. A cette date, le Temple avait cessé d'exister.

Restait le cas des hommes. La bulle *Considerantes dudum*, du 6 mai 1312, distinguait :

— Ceux qui avaient été reconnus innocents ou ceux qui, après leurs aveux, avaient été réconciliés avec l'Église. Ils recevront une pension et pourront résider dans les anciennes maisons de l'ordre ou dans le monastère de leur choix. Car les vœux monastiques qu'ils avaient prononcés pour entrer au Temple demeurent valables.

— Ceux qui avaient nié, ou qui étaient relaps. Ils seront poursuivis avec la dernière rigueur.

Le pape s'était réservé le jugement des quatre dignitaires du Temple emprisonnés à Paris. Enfin Molay allait pouvoir s'expliquer, comme il l'avait toujours demandé, devant la seule personne en qui il avait confiance, le pape. Las ! Clément V attend le 22 décembre 1313 pour nommer une commission de trois cardinaux qui jugeront en son nom ; parmi eux, Nicolas de Fréauville, homme de paille du roi. Molay va donc comparaître devant les mêmes hommes, à peu de chose près, devant lesquels il avait refusé de s'exprimer jusque-là. En fait, le 18 mars 1314, il ne comparaît pas pour être jugé, donc entendu. Il comparaît pour entendre une sentence d'un concile présidé par Philippe de Marigny :

> Le lundi après la fête de saint Grégoire, ils furent condamnés à la prison perpétuelle et sévère. Mais, alors que les cardinaux croyaient que tout était fini dans cette affaire, immédiatement et de façon inattendue, deux d'entre ces hommes, le grand maître (Molay) et le maître de Normandie (Charney), s'opposèrent avec obstination au cardinal qui avait prêché le sermon et à l'archevêque de Sens, revenant sur leur confession et sur tout ce qu'ils avaient dit jusque-là...

Les cardinaux furent surpris et renvoyèrent l'affaire au lendemain. Le roi, informé, n'attendit pas :

A l'heure de vêpres, le même jour, sur une petite île de la Seine située entre les jardins du roi et l'église des frères ermites de saint Augustin, ils furent condamnés à être brûlés (...). On les vit si résolus à subir le supplice du feu, avec une telle volonté, qu'ils soulevèrent chez tous ceux qui assistèrent à leur mort admiration et surprise pour leur constance dans la mort et dans leur dénégation finale [27].

Les deux autres dignitaires, Pairaud et Gonneville, s'étaient tus : ils finirent leurs jours en prison.

Le chroniqueur florentin Villani, qui prend parfois pour argent comptant ce qu'on lui raconte, affirme que leurs cendres et leurs ossements furent recueillis par quelques religieuses et saintes personnes et considérés comme des reliques. Le 20 avril, Clément V mourait ; le 29 décembre suivant, Philippe le Bel mourait... La Malédiction [28] !

3

La succession du Temple

La dévolution des biens du Temple à l'Hôpital

Avant même le bûcher de Molay, d'âpres disputes se déroulaient aux quatre coins de l'Europe au sujet des biens du Temple. Ces biens avaient été saisis par les agents royaux, le 13 octobre 1307 en France, un peu plus tard ailleurs. Clément V les a aussitôt revendiqués pour l'Église, car ils doivent servir à la Terre sainte. Encore fallait-il savoir qui les administrerait en attendant les résultats de l'affaire : les souverains ne cédèrent pas et en gardèrent l'administration ; le roi d'Aragon disant très clairement qu'il en garderait de toute façon une partie pour la couronne.

Les profits qu'on en peut tirer reviennent donc aux princes. En Angleterre, le roi a reçu neuf mille deux cent cinquante livres d'esterlins, entre 1308 et 1313, de revenus sur les biens du Temple ; cela représente, annuellement, 4 % des ressources du domaine. Une partie des revenus est utilisée pour l'aide aux templiers emprisonnés.

La gestion royale n'est cependant guère rigoureuse : des biens sont donnés ou vendus, parfois usurpés par des seigneurs laïcs ou des établissements religieux : en Castille, en Angleterre, des exemples de ce genre ne sont pas rares. Édouard II récompensera des nobles écossais de son bord par des biens du Temple [1]. L'affaire traînant, les tentations de ce genre se multiplient. D'autant que personne n'est d'accord sur la façon d'utiliser ces biens pour le profit de la Terre sainte.

Pour le pape, la solution la plus simple et la plus rapide à

mettre en œuvre consiste à donner ces biens à l'Hôpital.
Celui-ci s'est tenu coi pendant le déroulement de l'affaire,
ne voulant pas laisser croire qu'il se réjouissait de l'infor-
tune templière.

Les souverains d'Occident sont peu favorables à cette
solution qui n'est autre que la fusion des ordres. D'une
part, ils entendent conserver une partie des biens de l'ordre
déchu : l'évolution d'Édouard II et de Jacques II, d'octobre
à décembre 1307, s'explique en partie par l'attrait de ces
ressources supplémentaires. De même, nous en discute-
rons, Philippe le Bel n'est pas « désintéressé » à ce sujet,
malgré les dires de ses thuriféraires. Mais les rois peuvent
difficilement revendiquer la totalité des biens du Temple ;
ce serait une spoliation de l'Église. Aussi un arrangement
demeure possible. Jacques II est prêt à accepter n'importe
quelle solution, sauf une : la dévolution à l'Hôpital. Il a
expérimenté la menace que peut faire peser sur l'autorité
royale un ordre militaire [2]. On comprend qu'il ne tienne pas
à renforcer l'ordre subsistant. L'affaire du Temple permet
donc à Jacques II de poser le problème de l'ordre de
l'Hôpital et de son insertion dans l'État aragonais. Le roi
va donc militer pour la création d'un nouvel ordre, aragonais, à qui l'on pourrait donner les biens des templiers,
mais aussi ceux des hospitaliers. Telle est la position que
ses représentants au concile de Vienne sont chargés de
défendre.

Les objectifs de Philippe le Bel conduisent à un résultat
identique : il pense à la croisade, avec un ordre militaire
épuré, réformé, dont le grand maître serait un prince du
sang, ou, pourquoi pas, lui-même [3]. Or, les hospitaliers,
aux yeux de Philippe, ne valent pas mieux que les templiers.
Il faut donc un ordre tout neuf.

Sur ce problème, le pape se retrouve en minorité au
concile : les pères, peu convaincus de la culpabilité du
Temple, préfèrent un nouvel ordre. La situation est déblo-
quée par Enguerrand de Marigny, qui réussit à convaincre
le roi d'accepter un compromis avec la papauté : en
échange de quelques décimes, le roi se rallie à la solution de
Clément V. Le concile peut donc s'achever. Le 2 mai 1312,

la bulle *Ad providam* transfère les biens du Temple à l'Hôpital, le cas de la péninsule Ibérique étant réservé.

Pour l'Hôpital, le plus dur reste à faire : récupérer les biens dont il est maintenant le légitime propriétaire. Les templiers n'ont pas tous disparu après 1307. A San Savinio, dans les États pontificaux, le frère Vivolo, en 1310, gère toujours la commanderie quand il est interrogé par les enquêteurs ; il leur répond qu'il ne sait rien parce qu'il est *ruralis homo et agricola* ! L'Hôpital ne récupérera jamais ce bien[4]. Le 6 novembre 1312, le doge de Venise, Giovanni Soranzo, promet aux hospitaliers de les aider à expulser les templiers qui habitent encore leur maison de Santa Maria in Broilo[5]. En Allemagne aussi, il faudra parfois les expulser de force.

En France, il faut compter avec le roi et ses agents. Le roi présente une note de frais de deux cent mille livres : c'est ce que lui a coûté, dit-il, l'entretien des biens séquestrés. L'Hôpital paie. Mais alors les agents du roi se font tirer l'oreille : le roi doit ordonner à Jean de Vaucelles, bailli de Touraine, de délivrer aux hospitaliers les biens templiers de Bretagne[6]. L'ordre est de mars ; le bailli n'envoie deux agents qu'en mai. Le 27 décembre 1313, Déodat de Rouveix, bourgeois de Toulouse, qui avait la charge des biens du Temple, lève le séquestre et remet aux hospitaliers une maison et une église. Mais, en 1316, il y a toujours des contestations devant le Parlement. Le roi lui-même garde le donjon du Temple à Paris pour en faire le douaire de la reine Clémence (il s'agit du roi Louis X le Hutin). En Irlande, Édouard II dut réunir une conférence avec les barons et les prélats pour accélérer la dévolution. Les hospitaliers ne purent prendre possession de Ballantrodach, la principale commanderie d'Écosse, qu'en 1351[7].

Le cas de la péninsule Ibérique avait été réservé. La solution ne fut trouvée qu'après la mort de Clément V : celui-ci ne pouvait décemment pas accorder aux Espagnols ce qu'il avait refusé au roi de France. Un compromis fut réalisé en 1317 (le 10 juin) : dans le royaume de Valence, les biens du Temple, grossis de ceux de l'Hôpital, iront au nouvel ordre aragonais de Montesa. Moyennant cette concession, l'Hôpital reçut les biens des templiers d'Aragon et Catalogne. Une solution quasi semblable intervint au Portugal : les biens du Temple furent donnés au nouvel ordre du Christ, plus directement héritier du Temple que celui de Montesa. En Castille, enfin, les biens du Temple avaient été largement dilapidés ; ils furent difficilement récupérés au profit des ordres locaux. En 1361, on en parlait encore.

Que sont devenus les templiers ?

Leur devenir, après une telle affaire, a excité bien des imaginations et provoqué beaucoup de compassion. Il est certain que la majorité d'entre eux a cherché à se faire oublier ; il leur est arrivé ce qui arrive à toute majorité silencieuse : on a beaucoup, et très mal, parlé pour elle.

Certains avaient quitté le Temple avant le procès ; ne les qualifions pas tous de renégats et de traîtres. Esquieu de Floyran est une fripouille. Mais d'autres ont quitté l'ordre parce qu'il y avait, dans certaines commanderies, des abus manifestes qu'ils ne supportaient pas. Il y a eu des injustices à l'égard de certains d'entre eux, par exemple Roger de Flor, pillé littéralement par Molay (il est possible cependant que son grand ami Muntaner ait flatté le portrait et les actions de Roger). Molay, enfin, n'a pas été maladroit qu'avec le pape ou avec le roi de France ; il a pu blesser certains chevaliers et sergents de l'ordre [8].

Les poursuites une fois engagées, certains ont fui et se sont efforcés de se faire oublier. Mais les exemples de templiers catalans et anglais, repris deux ou trois ans après, prouvent qu'il ne suffisait pas de se raser la barbe pour passer inaperçu. On cite volontiers l'exemple, unique donc peu significatif, de ce templier d'Aragon, Bernard de Fuentes, qui s'enfuit en 1310 et devint le chef d'une milice chrétienne au service du maître musulman de Tunis ; il reparut en Aragon comme ambassadeur en 1313 [9].

Mais les plus nombreux furent alors emprisonnés. On a distrait des revenus confisqués de l'ordre ce qui était nécessaire à leur entretien. A Toulouse, on allouait dix-huit deniers par jour à un chevalier et neuf à un sergent [10]. En Irlande, ils disposèrent des revenus de trois maisons : Kilclogan, Crook et Kilburny [11].

Les templiers jugés se répartissent en trois groupes : ceux qui furent reconnus innocents ; ceux qui confessèrent leurs erreurs et furent réconciliés avec l'Église ; ceux qui furent condamnés.

A Ravenne, où ils furent acquittés, on décida que les templiers ainsi innocentés se présenteraient devant leur évêque et, devant sept témoins, se purgeraient des accusations portées contre eux. Ce serment purgatoire fut imposé parce qu'il ne manquait pas, chez les templiers comme ailleurs, d'éléments corrompus. Ainsi, le 26 juin 1311, Bartholomei Tencanari, templier de Bologne, se présenta devant l'évêque Uberto ; lecture fut faite de la lettre de l'archevêque de Ravenne, Rinaldo, puis Bartholomei jura son innocence et la pureté de sa foi ; douze personnes dont huit clercs vinrent déposer en sa faveur [12].

Ailleurs, acquittés ou réconciliés avec l'Église, ils furent autorisés à vivre dans les maisons du Temple ou dans le monastère de leur choix. Lorsqu'il eut récupéré les biens du Temple, l'Hôpital dut leur payer une pension. Raymond Sa Guardia, le précepteur du Mas Deu, acquitté ainsi que tous les templiers du Roussillon, continua à vivre dans sa commanderie « sans payer ni rente ni loyer, avec la jouissance des produits du jardin et des fruits des arbres, pour sa nourriture seulement ». Il pouvait aussi prendre du bois dans la forêt et recevait trois cent cinquante livres de pension [13].

Certains ont mal tourné : défroqués, ils se sont mariés, sans souci de leurs vœux monastiques. La papauté rappela les autorités ecclésiastiques et laïques à plus de vigilance, en 1317. On fit le lien entre les méfaits de ces individus et les pensions trop élevées qui leur étaient assurées. Elles furent diminuées.

Quant à ceux qui furent condamnés à la prison « à régime sévère », ils y croupirent longtemps, comme ce Pons de Bures, chapelain du Temple de Langres, détenu douze ans dans des conditions très dures ; il ne fut libéré qu'en 1321 [14]. D'autres y moururent, comme le maréchal de l'ordre à Chypre, d'Oselier (en 1316 ou 1317), comme probablement Hugues de Pairaud.

Enfin, il y eut ceux qui périrent sur le bûcher, en France exclusivement, à Paris, à Senlis, à Carcassonne, le 20 juin 1311 par exemple.

4

Pourquoi le Temple ?

L'historien n'a pas à juger, mais à expliquer. Il se doit néanmoins de donner son opinion sur ce procès. On date ordinairement de la fin du XIIIe siècle, donc, en France, du règne de Philippe le Bel (en fait, il convient de remonter au règne de Saint Louis), la naissance de l'État moderne. De celui-ci, on met en relief l'idée de souveraineté, l'administration, la fiscalité, l'efficacité, le rassemblement de la nation, qu'il attire à lui. Mais il y a le revers de la médaille, tout entier occupé, sous Philippe le Bel, par quelques sombres affaires, celle des templiers étant la plus spectaculaire.

Innocent ou coupable ?

En 1914, Victor Carrière, l'un des meilleurs historiens du Temple, affirmait : « C'est aujourd'hui un fait définitivement acquis : le Temple, en tant qu'ordre, est innocent des crimes dont on l'a si longtemps accusé. » Depuis, de nombreuses études ont paru, qui ont confirmé, mais aussi nuancé, cette affirmation péremptoire [1]. Je laisse de côté tout un courant « sectaire », qui, pour défendre sa cause, a besoin de la culpabilité des templiers (du moins aux yeux de l'opinion du temps) : ceux qui nous disent, par exemple, que le Temple savait que le Christ était un malandrin, exécuté pour ses crimes ; c'est pour cette raison que l'Église « officielle » a condamné le Temple.

Au préalable, il faut bien situer ce procès, qui n'est pas un procès criminel ordinaire. C'est ce qu'on appellerait aujourd'hui un procès politique, conduit selon une procé-

dure d'exception, la procédure de l'Inquisition. Elle ne vise
pas « à faire apparaître la vérité, mais à faire d'un suspect
un coupable », comme l'écrit, en février 1308, un templier
anglais [2].

Les instructions données par le roi, le 14 septembre 1307,
sont dénuées d'ambiguïté : les commissaires royaux feront
d'abord une enquête sur les templiers arrêtés, puis ils
« appelleront les commissaires de l'Inquisition et examine-
ront la vérité avec soin, par la torture s'il en est besoin... ».
On interrogera les templiers « par paroles générales jusqu'à
ce que l'on tire d'eux la vérité et qu'ils persévèrent dans
cette vérité ». Et le roi demande que l'on envoie le plus vite
possible « la copie de la déposition de ceux qui confirment
lesdites erreurs ou, principalement, le reniement du
Christ » (p. 27-29). Les deux templiers allemands arrêtés et
interrogés à Chaumont nièrent les charges portées contre
l'ordre ; ils ne furent pas torturés, mais l'inquisiteur refusa
d'attacher son sceau aux dépositions, parce qu'il n'y avait
pas d'aveu. La vérité est connue d'avance : « on leur dira
comment le pape et le roi sont informés par plusieurs
témoins bien dignes de foi, membres de l'ordre, de l'erreur... » (p. 27). Les templiers se trouvent placés devant ce
dilemme : les commissaires « leur promettront le pardon
s'ils confessent la vérité en revenant à la foi de la Sainte
Église ou, autrement, qu'ils soient condamnés à mort »
(p. 27).

Tel est le cadre fixé par Philippe le Bel et ses conseillers,
ainsi que par l'Inquisition qu'en France ils contrôlent. La
véracité des charges doit être examinée en tenant compte
de ce contexte.

Certaines charges tiennent au comportement des individus : débauche, homosexualité, avarice, orgueil. On peut
affirmer sans crainte de se tromper que certains templiers
n'ont pas respecté leur vœu de chasteté, ont séduit des
dames ou se sont livrés à l'homosexualité. Rappelons le
propos prêté par l'historien arabe Ibn al Athir au roi
d'Aragon, Alphonse Ier le Batailleur : « L'homme qui se
voue à la guerre a besoin de la société des hommes, et non
des femmes [3]. » Cependant, il ne faut pas prendre pour

argent comptant cette accusation de sodomie : elle constitue un stéréotype, utilisé, avant ou après le procès du
Temple, à chaque fois que l'on veut « prouver » l'hérésie de
celui qu'on attaque.

Même évidence pour l'accusation d'avarice et d'âpreté au
gain : l'attitude du maître d'Écosse Brian de Jay, en 1298,
montre sans ambiguïté que des templiers ont eu recours à la
violence pour spolier autrui. Mais, là encore, cette charge,
comme celle concernant le refus de l'aumône, appartient au
vieux fonds de l'anticléricalisme médiéval.

Sur tous ces aspects, on trouve des témoignages contraires : certains templiers font largement l'aumône ; et, c'est le
bon sens, tous les templiers ne sont pas sodomites. Ces
faits, pris isolément, ne prouvent rien.

Les accusations portées contre les pratiques religieuses
paraissent plus sérieuses. Les templiers ont, en général,
reconnu une erreur, et Molay lui-même s'en était ouvert au
roi, peu avant son arrestation : la pratique de l'absolution
des péchés par des laïcs. Le maître de l'ordre, les précepteurs de province, ceux de certaines commanderies importantes, ont, quoique laïcs, donné l'absolution aux frères
templiers venus se confesser : William de la Forbe, le
précepteur de Denney (Cambridge), l'admet ; et William
de Middleton, l'un des deux templiers écossais arrêtés, ne
reconnaît que cette seule charge [4].

Cette faute, dont les accusateurs ont fait un crime, résulte
de l'ignorance de certains précepteurs qui croyaient bien
agir, et d'une confusion : à la fin du chapitre dominical, où
l'on relevait, discutait et sanctionnait les fautes, le précepteur pardonnait au frère coupable ; on a pu facilement
confondre ce pardon avec l'absolution que seul un prêtre
peut donner. Il n'y avait pas de frère chapelain dans toutes
les commanderies. Bien exploitée, cette faute vénielle
permettait d'obtenir d'autres aveux.

Le reproche fait aux templiers de refuser de se confesser
à d'autres qu'à leurs chapelains n'est pas fondé, les témoignages des franciscains de Lérida le prouvent [5].

Les inquisiteurs procédant en Angleterre ont relevé les
propos hérétiques de John Mohier, le précepteur de Dux-

worth : un témoin, moine augustin de son état, se souvenait l'avoir entendu nier l'immortalité de l'âme [6]. Un templier sur cent quarante !

Les accusateurs ont fait porter l'essentiel de leurs questions sur le problème du reniement du Christ et le crachat sur la croix. La plupart des templiers ont avoué qu'ils furent contraints de se livrer à ces actes, et qu'ils le firent de mauvais gré, comme Étienne de Troyes, reçu par Hugues de Pairaud vers 1297, lequel lui « enjoignit de renier les apôtres et tous les Saints du Paradis ». L'abbé Petel, se référant à ce témoignage, voyait là une plaisanterie, une sorte de bizutage, pour éprouver le postulant. Il raconte qu'après la cérémonie, les templiers conseillaient en riant au nouveau venu terrorisé : « Va te confesser, imbécile [7]. » Le bizutage existait alors : les hospitaliers d'Acre déguisaient le postulant et le traînaient, au son des trompettes et des tambours, des Bains à l'Auberge de l'Hôpital ; cela fut interdit en 1270 [8]. Dans le même sens, on peut invoquer cette question d'un inquisiteur à un templier : n'était-ce pas un moyen de vous éprouver ? si vous aviez refusé, ne vous aurait-on pas envoyé plus tôt en Terre sainte ? Autre témoignage : Bertrand Guasc, interrogé à Rodez, raconte qu'il a été reçu dans l'ordre à Sidon, en Syrie. Alors qu'on lui demandait de renier le Christ, une brutale attaque des musulmans sur la ville obligea à interrompre la cérémonie pour aller combattre. Au retour, le précepteur lui dit de n'en point parler, et qu'il s'agissait d'une plaisanterie et d'une épreuve [9].

Plaisanterie d'un goût douteux ? Rite initiatique ? Nous avons probablement affaire à un rite symbolique dont le sens s'est perdu (un souvenir de saint Pierre qui renia le Christ [10] ?). Les aveux de Geoffroy de Charney peuvent être interprétés dans ce sens :

> Il dit aussi sous serment que, le premier qu'il reçut dans l'ordre, il le reçut de la même façon qu'il fut reçu lui-même et, tous les autres, il les reçut sans aucun reniement ou crachat ou quoi que ce soit de malhonnête, conformément aux statuts primitifs de l'ordre,

parce qu'il s'apercevait que la manière dont on l'avait reçu était honteuse et sacrilège et contraire à la foi catholique (p. 33).

Hugues de Pairaud, quant à lui, déclare que, pour recevoir les nouveaux frères, il s'est conformé au rite du reniement et du crachat, parce que « c'était l'usage d'après les statuts de l'ordre » (p. 41). Ces contradictions (n'oublions pas la torture !) ne sont-elles pas révélatrices d'un rituel desséché ayant perdu sa signification ?

Passons aux affinités avec le catharisme qui sont généralement expliquées par le contact avec l'Orient. Le catharisme, on le sait, a des sources dans le manichéisme oriental, et l'on rend parfois les croisés responsables de son introduction en Occident. Mais l'influence cathare a pu pénétrer le Temple d'une autre façon, au XIIIe siècle. La répression de l'hérésie a eu des effets pervers : de nombreux suspects ont été envoyés en Terre sainte pour expier leurs fautes ; là, ils ont pu contaminer l'ordre. Il était relativement facile d'y entrer. En Languedoc même, où la répression fut sévère, des cathares, ou tout simplement des gens qui risquaient d'être suspectés de catharisme, ont pu, par précaution, entrer dans l'ordre. Mais pourquoi donc seuls les templiers auraient-ils été contaminés ? Et les hospitaliers, les teutoniques ? Dans le Midi cathare, le Temple a plutôt soutenu les croisés du Nord que les hérétiques. N'a-t-on pas dit que la haine de Nogaret pour le Temple s'expliquait par le fait que le grand-père de ce « patarin » (l'expression est de Boniface VIII) est mort, hérétique, sur le bûcher, à cause des templiers ?

Mais, à la fin du siècle, une évolution s'est produite. Une étude récente a montré que l'hérésie, pourtant combattue vigoureusement depuis soixante-dix ans, non seulement n'avait pas disparu totalement du Languedoc, mais encore avait gagné certaines familles de la noblesse croisée, ces familles de barons du Nord venus avec Simon de Montfort et qui avaient fait souche dans le Midi [11]. Si influence cathare il y a, mieux vaut l'expliquer par le fait que le Temple recrute essentiellement dans les petite et moyenne

noblesses (voir les indications du cartulaire de Douzens).
En Languedoc, celles-ci ont été très perméables au catharisme. Cela a pu affecter le Temple. Mais pas seulement
lui : en ce domaine comme en bien d'autres, je me refuse à
faire un sort particulier au Temple. Bref, il a pu y avoir des
cas individuels d'hérésie, mais l'ordre dans son ensemble
n'était pas hérétique. Même Clément V ne le pensait pas [12].
Jacques de Molay, dans sa déposition du 28 novembre 1209,
pouvait à bon droit défendre l'orthodoxie de l'ordre et faire
une profession de foi catholique. Les erreurs des templiers,
en matière de foi, sont de l'ordre de la conduite, non de la
croyance. D'ailleurs, dernier argument à ce sujet, si le
Temple était devenu une secte hérétique, il se serait bien
trouvé un frère pour mourir pour sa foi, comme les cathares
ou les dolciniens. Les cinquante-quatre brûlés de 1310,
Molay et Charney sont morts pour la foi catholique [13].

Quant à l'idolâtrie, l'adoration de la tête, cette petite
histoire doit nous inciter à la méfiance : Guillaume d'Arra-
blay, ancien aumônier royal, a donné une description si
précise de la tête que la commission d'enquête a demandé
au garde des biens du Temple de Paris de la rechercher :
c'était une tête-reliquaire en argent [14] !

Restent les contacts avec l'Islam, qu'il serait vain de nier.
Deux siècles de combat contre l'infidèle en Orient laissent
des traces. Dans leurs domaines, en Syrie-Palestine comme
en Espagne, les templiers employaient de la main-d'œuvre
musulmane, souvent esclave. Ils négociaient des trêves
pour leur compte et devaient donc développer une diplomatie adaptée aux usages du monde musulman ; ils entre-
tenaient un réseau d'agents secrets (Guillaume de Beaujeu). Là encore, ils ne se singularisaient pas : hospitaliers et
barons locaux faisaient de même.

J'ai déjà montré l'incompréhension manifestée par les
Occidentaux pour la politique orientale. Pour eux, les
Latins de Terre sainte sont les amis des Sarrasins. Un
templier irlandais expliquera l'impopularité de l'ordre par
son entente avec les musulmans [15]. Ce dialogue entre
Nogaret et Molay, le 28 novembre 1309, est éclairant :
Nogaret...

dit au maître qu'on rapportait dans les chroniques de
Saint-Denis qu'au temps de Saladin, soudan de Baby-
lone, celui qui était alors maître de l'ordre et d'autres
dignitaires du dit ordre avaient fait hommage à Saladin
et que celui-ci, ayant appris le grand malheur que les dits
Templiers avaient alors éprouvé, avait dit publiquement
que les Templiers l'avaient éprouvé parce qu'ils étaient
travaillés par le vice de sodomie et parce qu'ils avaient
manqué à leur foi et à leur loi ; ledit maître en fut
stupéfait au plus haut point et déclara que jamais
jusqu'alors il ne l'avait entendu dire, mais qu'il savait
bien toutefois que, se trouvant outre-mer, au temps où
le maître dudit ordre était frère Guillaume de Beaujeu,
lui-même Jacques, et beaucoup d'autres frères du couvent des susdits Templiers, jeunes et désireux de faire la
guerre, comme c'est l'habitude chez les jeunes chevaliers, (...) avaient murmuré contre ledit maître parce
que, durant la trêve que le roi d'Angleterre défunt avait
établie avec les Sarrasins, ledit maître se montrait
soumis au soudan et conservait sa faveur ; mais que,
finalement, ledit frère Jacques et d'autres dudit couvent
des Templiers en furent satisfaits, voyant que ledit
maître n'avait pu agir autrement, parce qu'en ce temps
leur ordre tenait sous sa main et sous sa garde beaucoup
de villes et de forteresses de la terre dudit soudan (...) et
qu'il n'aurait pu garder autrement... (p. 169-171).

Texte passionnant parce qu'on voit le fossé qui sépare
Latins d'Orient et croisés, fossé qui se retrouve dans l'ordre
du Temple lui-même. On y voit le renouvellement constant
de celui-ci. Signalons la mauvaise foi de Nogaret : il n'y a
aucune allusion à ce qu'il raconte dans les *Chroniques de
Saint-Denis*.

On conçoit fort bien comment l'accusation a pu se servir
de l'impopularité de ces pratiques pour suggérer un lien
encore plus fort avec l'islam, quand ce n'est pas une
conversion secrète. Que de spéculations hasardeuses n'ont-
elles pas été faites à ce sujet ! J'ai déjà évoqué ce problème
à propos des relations avec la secte des Assassins et, plus

généralement, à propos des relations entre chrétiens et musulmans. Je n'y reviens pas sinon pour préciser que toutes les élucubrations faites sur une prétendue « osmose dogmatique » entre templiers et musulmans sont sans fondement. La réaction de Molay aux inventions de Nogaret confirme ce que l'on sait par ailleurs : le renouvellement des hommes dans le Temple est trop rapide pour permettre la moindre osmose. Étienne de Troyes, entré au Temple en 1297, indique dans sa déposition qu'il a assisté à un chapitre à Paris (probablement en 1300) : « Dans ce chapitre, on décida d'envoyer trois cents frères outre-mer. »

S'ils avaient eu des liens privilégiés avec l'islam, croit-on que Saladin, Baïbars, Qalâwun, al-Ashraf auraient fait massacrer systématiquement leurs prisonniers templiers ou hospitaliers ? Non, les templiers sont le noyau dur de l'offensive chrétienne contre l'islam, et non le cheval de Troie de l'islam dans le monde chrétien.

L'accusation n'était pas nouvelle. L'un des premiers à la formuler fut paradoxalement l'empereur Frédéric II, bien connu pour ses relations amicales avec le sultan, et qui choqua même les musulmans par ses blasphèmes contre le christianisme lorsqu'il se rendit au Tombeau du Christ. Mathieu Paris s'empressa naturellement de propager cette accusation de trahison lancée par Frédéric II à l'occasion de la défaite de Gaza, en 1240. Nogaret n'a pas eu à chercher bien loin pour trouver ses arguments.

Alors, coupable ou pas coupable ?

Prises une à une, aucune des accusations portées contre le Temple n'est fausse. On trouvera facilement un templier sodomite, un templier avare, un templier violent, un templier qui, un jour de grande colère, a tenu des propos imprudents sur la foi (souvenons-nous de Ricaut Bonomel). Du reste, de nombreux articles de la règle sont consacrés à la répression de ces fautes et délits : c'est donc bien qu'ils existent. Les accusateurs du Temple enfoncent une porte ouverte, qu'ils auraient pu enfoncer de la même façon dans n'importe quelle autre maison de religion.

On constate d'ailleurs que, plus l'affaire traîne, et plus on en rajoute. Les accusés ont avoué, en 1307, les baisers

obscènes sur la bouche, le nombril, le bas de l'épine
dorsale ; en 1311, s'y ajoutent l'anus, l'entrecuisse, le sexe.
On apprend aussi que, depuis vingt à trente ans, sinon plus,
les petites manies du Temple sont connues de tous : un
franciscain, Étienne de Néry, raconte qu'en 1291 un de ses
parents se préparait à entrer au Temple ; ses parents et amis
le moquent : « Alors, demain, tu vas baiser l'anus du
commandeur [16] ? » Même la commission pontificale n'y
croit plus.

Une par une, ces accusations ne signifient donc rien.
Pour qu'elles deviennent opératoires, il fallait qu'une
volonté politique les rassemble en un système cohérent
s'ajustant, à coups de déformations, d'ajouts, de mensonges, à l'opinion courante. C'est l'œuvre de Guillaume de
Nogaret et de ses adjoints qui travaillaient pour le compte
de la royauté française. C'est en élucidant les raisons du roi
que l'on peut espérer parvenir à une explication rationnelle
de l'affaire du Temple.

Les raisons du roi

Longtemps, on a affirmé que l'intérêt matériel avait été
le mobile principal de l'action de Philippe le Bel contre le
Temple. L'historiographie récente a tendu, au contraire, à
accorder une moindre importance à ce facteur. Passons sur
l'opinion des amateurs d'ésotérisme, de « doctrine
secrète », pour qui les templiers « visaient à la conquête de
Dieu et de ses pouvoirs au moyen de l'exercice de la
volonté [17] » : ils n'ont que mépris pour des mobiles basse-
ment matériels. Pour d'autres, il est évidemment difficile
d'admettre que l'un des « grands rois qui ont fait la France »
ait pu commettre de telles abominations pour mettre la
main sur un trésor. Non sans raison, les historiens ont
cherché d'autres explications, une telle affaire ne pouvant
avoir que des motivations complexes. Mais l'arbre ne doit
pas cacher la forêt : que l'action du roi n'ait pas été dictée
uniquement par l'appât du gain ; qu'il ait eu quelques
mécomptes ensuite dans la gestion des biens placés sous

séquestre, soit [18]. Il n'empêche : la question des biens du
Temple a été posée le jour même de l'arrestation des
templiers.

C'est donc, à mon sens, avec juste raison que Malcolm
Barber a mis à nouveau l'accent sur l'importance des
mobiles financiers. Sans en faire pour autant le mobile
unique. L'attaque contre le Temple doit être replacée dans
le contexte des méthodes employées par le gouvernement
royal pour résoudre ses problèmes, essentiellement un
problème de pouvoir et un problème de moyens. M. Barber
compare la position des templiers à celle d'autres groupes
minoritaires — Lombards, juifs, usuriers — également
riches, également impopulaires, également impliqués dans
le fonctionnement des finances royales [19]. On voit mal
qu'un roi qui a recherché avec autant d'acharnement de
l'argent ait hésité devant le pactole supposé des templiers.

Lorsqu'en octobre 1307 le roi fait « retenir très rigoureu-
sement » les biens saisis par ses agents, avait-il l'intention
de les garder ? On a dit que non [20]. Pourtant, la sixième des
sept questions posées à l'Université, en février 1308, ne
laisse guère de doutes : « on demande si les biens que lesdits
Templiers possédaient en commun et qui étaient leur
propriété, doivent être confisqués au profit du prince dans
la juridiction de qui ils sont constitués, ou bien être
attribués soit à l'Église, soit à la Terre sainte, en considé-
ration desquelles ils ont été acquis ou recherchés par eux »
(p. 61). La réponse de l'Université fut nette : les biens
doivent servir à la Terre sainte, mais le simple fait que le roi
ait cru bon de poser la question en dit long.

Il ne manquait pas de conseillers pour affirmer que le roi
pouvait les conserver à bon droit. Le dénonciateur de
l'ordre, Esquieu de Floyran, qui, son heure de gloire venue,
passe son temps à écrire aux souverains européens, le dit
tout net à Jacques II, le 21 janvier 1308 :

> Que votre Domination sache que, si le pape cherche à
> avoir une part des biens des Templiers, en tant que
> personnes religieuses, le roi de France a été conseillé

qu'il n'est tenu à rien lui en donner car jamais ce n'a été un ordre religieux ; leurs fondements mêmes sont entachés d'hérésie. Et ceux qui disent que ce qui leur a été donné l'a été en aumône ne disent pas bien, car cela a été donné aux démons, et non à Dieu : les donateurs n'en doivent rien recouvrer, tout doit revenir aux princes de la terre [21].

Philippe le Bel n'a pas suivi ces conseils outranciers. Il n'empêche : durant tout son règne, il a cherché de l'argent ; il n'a pas été faux-monnayeur, comme on le répète trop souvent de façon absurde : il a usé du droit régalien de faire des mutations monétaires. Il a utilisé tous les moyens, toutes les pressions pour lever des taxes, des décimes sur le clergé, pour pressurer juifs, Lombards et usuriers. Alors, pourquoi pas le Temple ? Les dénonciations d'Esquieu de Floyran lui donnent l'occasion de s'emparer de ses richesses.

Les résultats furent décevants : l'essentiel des fonds sont à Chypre (je veux parler des fonds propres du Temple) ; les inventaires faits dans les maisons de l'ordre n'ont révélé aucune richesse particulière. Certains ont imaginé que les templiers, avertis à l'avance par quelque signe du destin, avaient eu le temps de cacher leurs « trésors » ; on s'étonne qu'ils n'aient pas pensé à mettre leurs personnes en sûreté ! Le roi a cependant exploité à son profit les revenus du Temple ; dès leur arrestation, Philippe a payé des assignations sur les propriétés des templiers. Le marchandage avec l'Hôpital, enfin, lui a rapporté deux cent mille livres. Philippe le Bel, comme tous ses contemporains, s'est sans doute fait quelques illusions sur la richesse du Temple. Mais, en s'en prenant à lui, il faisait d'une pierre deux coups : trouver de l'argent (du moins le croyait-il) et régler ses comptes avec la papauté. Rappelons la formule de Malcolm Barber : le roi a deux problèmes, son pouvoir, ses moyens. Le Temple est au cœur de ces deux problèmes.

De plus en plus, les historiens ont cherché l'explication de l'affaire dans les croyances, la foi de Philippe le Bel. Le roi, ses conseillers, l'opinion en général sont, pense-t-on, convaincus de la culpabilité des templiers. Philippe, Nogaret, l'inquisiteur Guillaume de Paris se croient réellement les champions du Christ combattant le démon [22]. « Nous qui sommes établi par le Seigneur sur le poste d'observation de l'éminence royale pour défendre la liberté de la foi de l'Église, et qui désirons, avant la satisfaction de tous les désirs de notre esprit, l'accroissement de la foi catholique... », est-il dit, avec quelle emphase, dans l'ordre d'arrestation (p. 21). Guillaume de Plaisians, à Poitiers, en 1308, explique la victoire sur les templiers « par le témoignage incontestable d'un prince si grand et si catholique, ministre du Christ en cette affaire, en qui, pour ce qui est de la foi, il faut croire » (p. 121). Ces idées avaient déjà été développées pendant le conflit avec Boniface VIII.

Malcolm Barber a essayé, à partir des documents produits par la chancellerie royale, de décrire la « vision du monde » que pouvaient avoir Philippe le Bel et ses proches. C'est la vision d'un monde unitaire, œuvre de Dieu et dont la foi catholique est le ciment. Ce monde est organisé logiquement, ordonné et hiérarchisé par la raison. De Dieu au moindre arbrisseau, une échelle, une chaîne est constituée. Dans ce monde, des pouvoirs coexistent : à l'idée traditionnelle de deux pouvoirs sous l'autorité du pape se substitue celle d'une chrétienté formant corps, ce corps étant subdivisé en corps plus petits, mais également naturels. L'État monarchique, la monarchie de France, est l'un de ces corps naturels, dirigé par le « roi très-chrétien ».

Les crimes des templiers, leur hérésie, leurs dépravations ont brisé l'unité de la création et l'architecture ordonnée de l'univers. Ils attaquent la foi ; ils méprisent la Création (par les baisers obscènes) ; la sodomie est un acte contre nature. Dieu, qui est lumière, qui inonde chaque créature de Sa lumière, est offensé par leurs réunions secrètes et nocturnes. Les templiers ont renoncé à la raison ; ils ont abandonné la place qu'ils occupaient dans l'échelle de la Création dont ils ont mis en doute la perfection [23].

En vertu du serment du sacre, le roi, ministre du Christ, ne peut se dérober à ses devoirs. Peut-il agir sans le pape ? Philippe le Bel a suggéré que, avec le consentement du peuple chrétien, il le pouvait. Mais il ne le souhaite pas.

D'où la pression continue qu'il a exercée sur le pontife. Les templiers ont transgressé les lois, ont bouleversé l'ordre du monde dont le roi très-chrétien, successeur du Christ, est le garant. Ils doivent être éliminés.

Philippe le Bel croyait-il ce qu'il disait ? Homme pieux, très pieux même, austère et rigoureux en matière de foi et de morale, il a partagé les idées de son temps. Mais lui et ses conseillers n'ont-ils pas joué de ces croyances pour atteindre leur but ? Le roi, dit-on, était facile à manipuler [24]. Tout bon chrétien du début du XIVᵉ siècle croyait aux démons. Pourtant, Rinaldo da Concorrezzo, qui était bon chrétien, n'a pas cru que les templiers étaient des démons. Jacques II d'Aragon, Édouard II d'Angleterre (lequel était homosexuel) n'ont cru aucune des fables colportées par les agents zélés de Philippe le Bel.

Pour tout dire, je doute de la sincérité de Philippe le Bel dans cette affaire ; et je ne crois pas du tout à celle de Nogaret et de Plaisians. Ce sont des fanatiques certes ; mais de l'État, pas de Dieu. A travers le Temple, le roi et son entourage visent un autre but. Lequel ?

Ce peut être la croisade. Philippe le Bel, roi très-chrétien, petit-fils de Saint Louis mort en croisade, fils de Philippe III également mort en croisade (c'était contre le roi d'Aragon), ne peut pas ne pas y penser. Au concile de Vienne, il a promis solennellement de la préparer. Mais, pour cela, il veut des moyens efficaces : de l'argent, beaucoup d'argent, et un instrument militaire satisfaisant. On retrouve le problème des ordres. Raymond Lulle, dans son *Liber de jure,* a proposé la fusion des deux ordres sous l'autorité d'un grand maître qui serait un roi non marié, un *rex bellator* élu. Philippe le Bel est veuf depuis 1305. Il est probable qu'à cette date Philippe le Bel a pensé prendre la tête d'un tel ordre pour conduire la croisade. Cela condamnait le Temple [25].

L'unification des ordres est réalisée *de facto* par les décisions du concile de Vienne. En acceptant cette décision, le roi a exigé que l'Hôpital, qui en est le bénéficiaire, soit « régularisé et réformé par le siège apostolique, tant dans son chef que dans ses membres » (p. 201). N'oublions pas, cependant, que la préférence de Philippe le Bel allait à un ordre nouveau qu'il aurait contrôlé. Il partageait en cela les vues de Jacques II d'Aragon.

Je pense que les raisons de l'attitude de Philippe vis-à-vis du Temple sont à chercher de ce côté-là. L'ordre ne représentait pas en France un danger militaire, à la différence de ce qui se passait en Espagne. Mais le problème n'est pas d'ordre militaire : il est d'ordre idéologique et politique. Philippe le Bel, Édouard Ier et Édouard II, Jacques II ont eu une même politique envers les ordres, Temple et Hôpital : réduire leurs privilèges. Du fait des échecs en Terre sainte, dont on les rend responsables, les ordres sont sur la défensive ; les rois en profitent.

Au même moment, ces souverains ont tous des litiges plus ou moins graves avec la papauté, dont certains prennent une tournure violente. L'Aragon doit faire face à une croisade lancée par le pape, à cause de la part qu'il a prise dans les Vêpres siciliennes. Édouard Ier connaît des difficultés à propos des décimes sur le clergé. Philippe le Bel attise délibérément les querelles avec Boniface VIII au sujet de ces mêmes décimes, ainsi que sur le problème des juridictions ecclésiastiques. Les ordres militaires sont placés directement sous l'autorité du pape. Celui-ci, même affaibli par les rudes coups portés par Philippe le Bel contre Boniface VIII, ne pourra-t-il pas se servir des ordres ? Les templiers de France ont soutenu le roi dans son combat contre Boniface VIII. Mais le même Boniface VIII était protégé à Anagni par des templiers et des hospitaliers. Le Temple, l'Hôpital, quelles que soient leurs prises de position, ne cessent pas de constituer des ordres indépendants et puissants sous l'autorité du pape.

L'attitude des monarchies centralisées, malgré des nuances, est la même. Philippe le Bel avait osé s'en prendre, par la violence, à Boniface VIII ; il était le mieux placé pour s'en prendre, avec la même violence, aux instruments potentiels de la papauté, les ordres militaires. Édouard II, qui vient de succéder à son père, et Jacques II, qui n'a jamais cru aux accusations portées contre le Temple, emboîtent le pas à Philippe, car ils comprennent vite que c'est pour eux l'occasion de réduire l'influence du Temple, et plus généralement des ordres militaires, dans leurs États.

Car l'attitude de ces rois est identique envers l'Hôpital : ils n'entendent nullement favoriser ce dernier, pour la bonne et simple raison qu'ils nourrissent à son égard les mêmes préventions qu'à l'égard du Temple et qu'ils lui reprochent, à peu de chose près, les mêmes défauts. Il n'est pas question pour eux de supprimer l'un pour renforcer l'autre. D'où la volonté de Philippe et de Jacques II (le problème a moins d'acuité en Angleterre) de créer, sur les ruines du Temple, un nouvel ordre. Une différence entre eux cependant : Jacques II pense d'abord à la reconquête, et inscrit son projet dans la tradition des ordres nationaux ibériques. Philippe a une vue forcément plus large : la croisade, Jérusalem, un certain magistère sur l'Occident. Il souhaite un ordre qu'il contrôle, voire qu'il dirige.

Dans la lettre du 24 août 1312, par laquelle il se rallie finalement à la dévolution des biens du Temple à l'Hôpital, Philippe menace : il faut que l'Hôpital soit « rendu acceptable à Dieu et aux personnes ecclésiastiques et laïques, et non pas dangereux, mais aussi utile que possible à l'aide de la Terre sainte » (p. 201-203). L'Hôpital était aussi impopulaire que le Temple ; au début du XIVe siècle, il était dans une situation morale aussi peu enviable que celle qu'on a reprochée au Temple. Il aurait pu connaître un destin identique à celui du Temple : Georges Lizerand, l'éditeur du *Dossier de l'affaire des templiers*, le notait déjà, en commentant la phrase de Philippe le Bel citée ci-dessus : « Cette réserve était peut-être, dans la pensée des conseillers du roi, l'amorce d'un nouveau procès, dirigé cette fois contre l'ordre de l'Hôpital » (p. 201, n. 2).

Les ordres militaires internationaux constituaient des obstacles au développement des monarchies centralisées ; ils n'ont pas leur place dans l'État moderne ; ils doivent se soumettre, voire disparaître. Le Temple a été le « bouc émissaire [26] ». S'il a payé pour les autres ordres, cela tient finalement à peu de chose : l'Hôpital était aussi un ordre charitable ; sans se réformer, il a su se reconvertir (Rhodes). On disposait contre le Temple des dénonciations d'Esquieu de Floyran, et celles-ci collaient parfaitement avec tous les stéréotypes concernant l'hérésie. La chance, enfin, Plaisians ne s'en est pas caché, a joué : « La victoire fut joyeuse et admirable parce que Dieu amena tous les dignitaires de l'ordre criminel de diverses parties du monde, sous le prétexte d'une autre affaire, dans ledit royaume, pour y affronter la justice au sujet de ce qui précède » (p. 117). L'élimination du Temple n'était sans doute que la première étape ; si la seconde, l'élimination de l'Hôpital, n'a pu être franchie, c'est que l'affaire des templiers a traîné et n'a pas exactement tourné comme le souhaitaient Philippe le Bel et ses conseillers. Pourtant, pour broyer le Temple, ils ont mis en route une implacable machine. L'un des devenirs possibles de l'État moderne n'est-il pas l'État totalitaire ?

De la torture

La torture n'est pas une nouveauté dans les procédures judiciaires du Moyen Age : elle « faisait partie de l'arsenal normal de la justice. Il ne venait à l'idée de personne que des aveux étaient viciés par les moyens grâce auxquels on les obtenait [27] ». Ce qui est faux. Dans le procès des templiers, la torture passe au premier plan ; elle est ouvertement mise en cause et les aveux obtenus par son emploi sont révoqués en doute, à l'époque même de l'affaire. Là est la nouveauté. Il y a deux mondes. Celui de la torture, où les templiers avouent tout et n'importe quoi : le royaume de France et ses satellites, Navarre, Provence, Naples, et les États pontificaux. Celui où elle n'est pas appliquée, si ce n'est fort tard et avec réticence, et où les templiers n'avouent pas : péninsule Ibérique, Italie du Nord, Allemagne, Angleterre. Ce monde n'est pas moins violent, pas moins sauvage que l'autre pourtant.

Les templiers qui se dressèrent pour défendre l'ordre surent faire la différence entre ces deux mondes. Les quatre représentants de l'ordre qui déposent devant la commission pontificale à Paris, le 7 avril 1310...

> disent qu'on n'a trouvé aucun frère du Temple, hors du royaume de France, dans tout l'univers, qui dise ou qui ait dit ces mensonges, par quoi on voit assez clairement la raison par laquelle c'est dans le royaume de France que ces mensonges sont articulés : c'est parce que ceux qui les ont dits ont témoigné alors qu'ils étaient corrompus par la crainte, par les prières ou par l'argent (p. 183).

La torture « moderne », si je puis dire, est née avec l'État moderne, à la fin du XIIIᵉ siècle. Elle procède de l'Inquisition. Celle-ci fut définitivement organisée en 1235, dans le but d'extirper l'hérésie ; elle fut confiée alors aux ordres mendiants, franciscain et surtout dominicain, ce dernier ordre ayant pour vocation la lutte contre l'hérésie.

Le droit romain ne reconnaissait pas la validité des aveux obtenus par l'effet de la crainte ou de la violence. Le droit canon non plus. Du moins jusqu'au milieu du XIIIᵉ siècle. La torture est explicitement prévue comme moyen pour obtenir la vérité, dans les cas d'hérésie, par la bulle *Ad extirpendam,* que publie, en 1252, Innocent IV. Il en prescrit l'usage, tout en en codifiant l'emploi. Clément IV, en 1265, confirmera cette bulle ; en 1311, Clément V ordonnera de l'appliquer aux templiers, là où cela n'avait pas été fait. Elle a donc été appliquée là où l'Inquisition est toute-puissante, et là où l'Inquisition est aux mains d'un État qui souhaite s'en servir : c'est le cas de la France, pas celui de Venise.

Philippe le Bel a déclaré agir à la demande de l'inquisiteur Guillaume de Paris, alors qu'en fait il le contrôle totalement. En suspendant le pouvoir des inquisiteurs, en novembre 1307, le pape enlevait à l'action de Philippe sa couverture légale. D'où ses pressions sur le pape pour obtenir le rétablissement des pouvoirs des inquisiteurs.

En Angleterre, il n'y avait pas d'inquisiteurs. Il fallut donc y dépêcher des inquisiteurs continentaux, qui ne réussirent qu'au bout de longs mois d'effort à faire appliquer la torture (sans grands résultats d'ailleurs). Elle ne fut utilisée ni en Espagne ni à Venise, par la volonté des pouvoirs publics. A Ravenne, l'archevêque Rinaldo da Concorrezzo, qui dirige l'instruction, se refusa lui aussi à l'employer.

Les contemporains n'ont guère compris le rôle de la torture. La plupart des historiens du temps sont des clercs, en général conformistes, qui trouvent normal qu'elle soit appliquée aux hérétiques ; comme ils ont, en France, mais aussi en Angleterre, accepté la version des faits présentée par le roi de France, ils ne s'étonnent guère des aveux [28]. La torture est, pour eux, banalisée. Pour l'auteur de la *Chronographia regum Francorum,* « les Templiers sont des guerriers qui ne succombent pas facilement à la peur ».

Nombre d'historiens modernes ont partagé plus ou moins ce point de vue. Molay, dit-on, n'a jamais été torturé ; pourtant, il a avoué les énormes péchés reprochés au Temple. Qu'est-ce que cela prouve ? Ou bien il a dit vrai, les templiers sont coupables, et Philippe le Bel a eu raison de les poursuivre. Ou bien, il a cédé à la crainte et donc il n'est pas courageux ; l'ordre était dirigé par un médiocre, reflet de sa propre médiocrité. A la limite, que le Temple fût innocent ou coupable importe peu. Il me semble, pourtant, que ce procès du Temple, réduit à celui de Molay, a été trop vite jugé par les historiens [29].

Peut-on oublier que Molay est, au moment de son arrestation, un homme âgé de plus de soixante ans, dans l'ordre depuis plus de quarante ans et maître depuis vingt-cinq ans ? C'est un homme usé. On va le ballotter d'un interrogatoire à l'autre, d'une commission en qui il ne veut pas avoir confiance — et il a tort — à une commission en laquelle il croit pouvoir avoir confiance — et il a tort également. Il a adopté un système de défense qui consiste à s'en remettre entièrement au pape. De médiocre intelligence, il n'a rien compris à l'épreuve de force entre le pape et le roi, dont le procès du Temple est le prétexte. Brutalement, tardivement, trop tardivement, en mars 1314, il se rend compte que sa confiance aveugle était vaine, qu'on s'est joué de lui. Alors que tout est fini, que le

Temple n'existe plus, qu'il n'y a plus rien à faire, que tout ce qui a été sa vie a sombré dans l'infamie, il dit « non », sachant fort bien ce qui l'attend : le bûcher. Ce chemin mérite autre chose que le mépris où l'on tient ordinairement Molay, ce qui n'atténue en rien ses responsabilités. Cela mérite aussi que l'on s'interroge à nouveau sur la torture ; l'histoire du xxe siècle, plus que suffisante en cette matière, peut nous apporter des éclairages nouveaux.

Car, si les clercs qui écrivaient l'histoire n'ont pas compris grand-chose à la torture, les agents de Philippe le Bel et les inquisiteurs en connaissent les effets, savent en user et savent doser. Interrogé un matin, un templier ne se rappelle plus avoir commis tel acte ; l'audience est suspendue ; elle reprend le soir : le templier a retrouvé la mémoire. Aucun document ne nous dit ce qui s'est passé entre-temps. Le témoignage d'Artur London dans *l'Aveu* nous donne la réponse, et bien que le texte soit de notre siècle, elle n'est pas anachronique. Nogaret et Plaisians savent qu'il leur suffit de paraître, pendant l'interrogatoire, pour que l'accusé, qui voulait peut-être dire autre chose que ce que l'on voulait lui faire dire, soit remis dans le droit chemin de la « Vérité ». Lorsque Molay est interrogé par les cardinaux représentants du pape, à Chinon, durant l'été 1308, Nogaret et Plaisians sont là : Molay confirme ses aveux. La victime n'est pas courageuse. Mais Nogaret et Plaisians cessent-ils pour autant d'être des bourreaux ?

Les bourreaux, chevaliers du roi ou inquisiteurs, savent qu'en montrant d'abord les instruments de torture, on peut éviter de s'en servir. Ils savent « préparer » un prisonnier pour le montrer au pape, de la même façon que, aujourd'hui, on sait mettre en condition un accusé pour le montrer à la télévision. Les dépositions des templiers parlent d'elles-mêmes. Aimery de Villiers-le-Duc craint la mort : il s'est proposé pour défendre l'ordre, mais il comparaît devant la commission pontificale, le 13 mai 1310, au lendemain de l'exécution de cinquante-quatre de ses compagnons : « pâle et tout à fait terrifié », il déclara...

que toutes les erreurs imputées à l'ordre étaient entièrement fausses, bien que, par suite des tortures nombreuses que lui infligèrent, à ce qu'il dit, G. de Marsillac et
Hugues de la Celle, chevaliers royaux, qui l'interrogè-
rent, il eût, lui témoin, confessé quelques-unes des
erreurs susdites. Il affirma qu'il avait vu, la veille, de ses
yeux, conduire en voiture cinquante-quatre frères dudit
ordre pour être brûlés (...) et que lui-même, craignant
de ne pas offrir une bonne résistance s'il était brûlé,
avouerait et déposerait sous serment, par crainte de la
mort (...), que toutes les erreurs imputées à l'ordre
étaient vraies et qu'il avouerait même avoir tué le
Seigneur si on le lui demandait (p. 189-191).

Interrogé avant, le 27 novembre 1309, Ponsard de Gizy,
qui le premier se présenta pour défendre l'ordre,
déclare :

> Autant il était prêt à souffrir, pourvu que le supplice fût
> court, la décapitation ou le feu ou l'ébouillantement,
> autant il était incapable de supporter les longs tourments
> dans lesquels il s'était trouvé déjà en subissant un
> emprisonnement de plus de deux ans (p. 157-159).

La torture pratiquée par l'Inquisition n'est pas que le
mauvais moment à passer de la procédure judiciaire ordinaire ; elle n'est pas le suprême degré de cruauté pour faire
mourir à petit feu un coupable ; elle ne vise pas seulement à
obtenir un renseignement. Elle est destinée « non à faire
apparaître la vérité, mais à faire d'un suspect un coupable ». Répétons ici cette phrase, déjà citée, de ce templier anglais, en 1308, à laquelle fait écho ce texte du
XXᵉ siècle :

> Sous l'effet de la torture tu vis comme sous l'empire
> d'herbes qui donnent des visions. Tout ce que tu as
> entendu raconter, tout ce que tu as lu, te revient à
> l'esprit, comme si tu étais transporté, non pas vers le
> ciel, mais vers l'enfer. Sous la torture, tu dis non
> seulement ce que veut l'inquisiteur, mais aussi ce que tu
> imagines qui peut lui être agréable, parce qu'il s'établit

un lien — certes vraiment diabolique celui-là — entre toi
et lui... Sous la torture, X peut avoir dit les mensonges
les plus absurdes, parce que ce n'était plus lui qui
parlait, mais sa luxure, les démons de son âme... S'il en
fallait si peu aux anges rebelles pour changer leur ardeur
d'adoration et d'humilité en orgueil et révolte ardente,
que dire d'un être humain [30] ?

Nos clercs historiens du début du XIVe siècle ne pouvaient
évidemment pas comprendre que ces guerriers « qui ne
succombaient pas facilement à la peur » se conduisent aussi
lamentablement dans les geôles de Philippe le Bel. Certes,
les templiers de 1307 n'ont qu'une expérience limitée de la
lutte contre l'infidèle. Mais ils sont encore nombreux ceux
qui ont combattu au moment de Safed, d'Acre ou de Ruad
(c'était en 1301-1302). Ils savent la geste des templiers
d'Acre, ensevelis sous les décombres de leur « maison
chèvetaine » ; ils connaissent le sort de ceux de Ruad, et,
avant eux, de ceux de Safed, de Tripoli. Des templiers
prisonniers, combien ont levé le doigt et dit la loi (de
l'infidèle) pour éviter d'être livrés au bourreau ? Une
infime minorité. Nul doute que, parmi les templiers torturés de 1307-1311 qui ont avoué des énormités, beaucoup se
seraient conduits héroïquement sur les murs d'Acre.

Ils étaient des guerriers formés pour un type de combat et
habitués à un ennemi : l'infidèle. Ils étaient préparés à un
type de sacrifice : les musulmans ne perdaient pas leur
temps à torturer leurs prisonniers templiers et hospitaliers,
ils leur tranchaient le col, rituellement. Tout templier
prisonnier savait le sort qu'on lui réservait.

Or, ces hommes ont été livrés à une mécanique que
l'analyse, au XXe siècle, des procès staliniens a clairement
démontée. Des milliers étaient morts pour la Terre sainte.
Aux autres on dit maintenant qu'ils sont des alliés « objectifs » des Sarrasins, et qu'à cause de cela et de leurs péchés
ils ont perdu la Terre sainte. Défenseurs de la foi catholique, on les dit hérétiques. Cracher par terre devient péché
mortel, et les propos de corps de garde leur sont imputés à
crime. On leur démontre que le seul service qu'ils puissent
encore rendre à la chrétienté est d'avouer. Le roi de

France, le roi très-chrétien, le pape, leur protecteur, le leur demandent. Comme ils ne comprennent pas, on appelle à la rescousse la géhenne.

Cet ennemi-là, les templiers se révèlent incapables de le combattre. Désorientés, ballottés par les événements, ne comprenant pas la raison de telles accusations, les templiers ont été, de surcroît, privés de guides. A cet égard, la responsabilité de Molay et des dignitaires de l'ordre est terrible. Alors, les templiers ont « craqué ». Les héros étaient-ils fatigués ? Sans doute. Mais, plus simplement, on peut être héros sur les murs croulants des derniers bastions de Terre sainte et ne pas l'être sur le trébuchet des tortionnaires de Nogaret. Surtout si, en plus, l'on a vaguement conscience que l'idéal pour lequel on lutte s'est effondré.

Au moment même du procès, des hommes se sont dressés pour mettre en cause la procédure suivie, pour rejeter les aveux obtenus sous la torture.

Raymond Sa Guardia, le précepteur du Mas Deu, en Roussillon, celui qui dirigea la résistance des templiers d'Aragon, déclare à ses accusateurs :

> N'ayant pu prouver aucun des crimes qu'ils nous imputent, ces êtres pervers ont fait appel à la violence et à la torture, car c'est seulement par elles qu'ils ont arraché des aveux à quelques-uns de nos frères [31]...

Raymond Sa Guardia était templier.

Rinaldo da Concorrezzo, archevêque de Ravenne, ne l'était pas. Il a jugé les templiers de sa province ; il les a acquittés. Malgré les injonctions du pape, il a refusé de rouvrir le procès et d'utiliser la torture. Il a porté contre l'utilisation de celle-ci une condamnation sans appel :

> On doit considérer comme innocents ceux qui ont avoué par la crainte des tortures, si, ensuite, ils sont revenus sur leurs aveux ; ou ceux qui n'ont pas osé revenir sur leurs aveux par crainte de cette sorte de torture, de peur

que de nouveaux supplices ne leur soient infligés, pourvu cependant que cela soit établi (18 juin 1311) [32].

Bologne et son université, célèbre par son enseignement du droit romain, se situaient dans sa province ecclésiastique.

Plus révélateur peut-être d'une opinion moyenne, ce très beau texte écrit pendant le concile de Vienne par le cistercien Jacques de Thérines, sur lequel je veux conclure ce livre. Jacques de Thérines doute. Sans aller jusqu'à dire que la propagande de Philippe le Bel fut un « fiasco », ce doute prouve qu'elle a trouvé ses limites [33] :

> Les faits reprochés aux Templiers, et que beaucoup d'entre eux, dans le royaume et ailleurs, notamment les principaux maîtres de l'ordre, ont avoués publiquement, ces faits assurément sont exécrables : ils doivent inspirer horreur à tout chrétien. Si ce que l'on dit est vrai, ces hommes étaient donc tombés dans une erreur honteuse et criminelle au double point de vue de la foi et de la morale naturelle (...). Étrange sujet d'étonnement, de stupeur ! Comment ? Chez tant d'hommes, de si considérables, de si avancés dans la carrière, les uns roturiers, les autres nobles, appartenant à diverses races, parlant diverses langues, mais tous élevés dans des familles légitimes, tous grandis au milieu de très fidèles chrétiens, soudain la lumière de la foi, que dis-je ? le flambeau de la loi naturelle ont pu s'obscurcir de cette manière si honteuse et si horrible ? Il entraient dans cet ordre pour venger les injures faites au Christ, pour défendre ou recouvrer les lieux saints, pour combattre les ennemis de la foi : et, si promptement, le Prince des ténèbres a pu les pervertir, les transformer à ce point, et de cette façon honteuse, les posséder d'une si malheureuse et prodigieuse manière ?
>
> D'autre part, si tout cela n'est que mensonge, comment se fait-il que les principaux membres de l'ordre, des hommes exercés au métier des armes, sur qui une crainte désordonnée ne devait point facilement avoir prise, aient avoué de telles turpitudes, de telles horreurs devant toute l'Université de Paris, confession que beau-

coup d'autres ont ensuite renouvelée devant le souverain pontife, à leur confusion et à la confusion de leur ordre ? Mais alors, si cela est vrai, et si cela est vrai pour tous, comment se fait-il que, dans les conciles provinciaux de Sens et de Reims, beaucoup de Templiers se soient laissés volontairement brûler, en rétractant leurs premiers aveux, alors qu'ils savaient pouvoir échapper au supplice en renouvelant simplement ces aveux ? Voilà ce qui induit bien des gens, de part et d'autre, à concevoir des doutes.

Autre chose : depuis l'ouverture du concile général, les résultats des enquêtes faites en divers royaumes ont été lus publiquement dans la cathédrale de Vienne ; or, sur beaucoup de points, ils sont contradictoires. Daigne donc Celui qui connaît tous les cœurs, et à qui aucun secret n'échappe, l'Époux de l'Église, Jésus-Christ, révéler à cet égard l'entière et pure vérité, avant la clôture de ce concile, pour que l'Église en soit glorifiée, purifiée, pacifiée ! Qu'une fois la vérité connue, le zèle très pur et très ardent du roi procure un résultat conforme à la raison et salutaire ; qu'enfin le souverain pontife, vicaire de Jésus-Christ, dirige, au milieu des tempêtes, la nef qui lui est confiée de façon à lui faire éviter le naufrage, et la conduise au port de l'éternelle félicité, en définissant et en disposant toutes choses ; dans cette conjoncture et dans d'autres, pour l'honneur de Jésus-Christ et l'exaltation de la foi [34] !

Notes

LISTE DES ABRÉVIATIONS
les plus couramment utilisées dans les notes

BEC   *Bibliothèque de l'École des chartes.*
ORF   *Ordonnances des rois de France.*
RHF   *Recueil des historiens de la France.*
RHC   *Recueil des historiens des croisades.*
G. de Tyr   Guillaume de Tyr, *Historia rerum in partibus transmarinis gestarum,* RHC, Paris, 1844-1849, 2 t. en 3 vol.
Ambroise   Ambroise, *L'Estoire de la guerre sainte,* histoire en vers de la troisième croisade, éditée et traduite par G. Paris, 1897.
Ernoul   *Chronique d'Ernoul et de Bernard le Trésorier,* éditée par L. de Mas-Latrie, Paris, 1871.
Templier de Tyr   *Chronique du Templier de Tyr, 1242-1309,* publiée par G. Raynaud dans *Les Gestes des Chiprois. Recueil de chroniques françaises écrites en Orient aux XIIIe XIVe siècles,* Genève, 1887.
Cart. de Douzens   *Le Cartulaire des templiers de Douzens,* publié par P. Gérard et É. Magnou, Paris, 1966.
Barber, *Trial*   Barber (M.), *The Trial of the Templars,* Cambridge, 1978.
M. L. Bulst-Thiele   Bulst-Thiele (M. L.), *Sacrae domus militiae Templi Hierosolymitani magistri, Untersuchungen zur Geschichte des Templerordens,* Göttingen, 1974.
Lizerand   Lizerand (G.), *Le Dossier de l'affaire des templiers,* Paris, 1923.
Michelet   Michelet (J.), *Procès des templiers,* Paris, 1841-1851, 2 vol.
Forey   Forey (A. J.), *The Templars in the Corona de Aragon,* Oxford, 1973.

Hugues de Payns

1. G. de Tyr, XII, 7.
2. Jacques de Vitry, *Historia Hierosolymitana,* cité par M. Melville, *La Vie des templiers,* Paris, 1951, p. 18-19.
3. *In* J. Richard, *L'Esprit de la croisade,* Paris, 1969, p. 63. Nous ne possédons de l'allocution du pape à Clermont que ce que les historiens du temps en disent. Foucher passe pour être le plus fidèle à l'esprit, sinon à la lettre, du discours. Tel qu'il le relate, l'appel ne mentionne pas Jérusalem comme objectif ; mais pouvait-il y en avoir un autre ?
4. J. Richard, *ibid.,* p. 99-101.
5. J. Riley-Smith, *The Knights of Saint John in Jerusalem and Cyprus, c. 1050-1310,* Londres, 1967.
6. M. L. Bulst-Thiele, p. 19-29. M. Barber, « The Origins of the Order of the Temple », *Studia Monastica,* 12 (1970), p. 219-240.
7. A. J. Martin, « Le premier grand maître des templiers était-il vivarois ? », *Revue du Vivarais,* 1982.
8. R. Hiestand, « Kardinalbischof Matthäus von Albano, das Konzil von Troyes und die Entstehung des Templerordens », *Zeitschrift für Kirchengeschichte,* 99 (1988).
9. Ernoul, p. 8.
10. Michel le Syrien, *Chronique,* éd. J. B. Chabot, Paris, 1905, t. III, p. 201.
11. G. de Tyr, XIII, 24.
12. L'authenticité de cette lettre est parfois mise en doute. M. Barber la tient pour vraie, et la date de 1127-1128. F. Bramato, « L'Ordine dei Templari in Italia », *Nicolaus,* XII (1985), p. 188, la situe en 1126, avant la tournée d'Hugues de Payns (ce serait le peu d'écho provoqué par cette lettre qui aurait décidé le maître du Temple à faire le voyage).

Des moines soldats

1. M. Melville, « Les débuts de l'ordre du Temple », in *Die geistlichen Ritterorden Europas,* « Vorträge und Forschungen », XXVI, Sigmaringen, 1980, p. 23.

2. R. Regout, *La Doctrine de la guerre juste, de saint Augustin à nos jours*, Paris, 1935. Les textes cités sont extraits de ce livre.

3. J. Leclercq, « Saint Bernard's Attitude Toward War », *Studies in Medieval Cistercian History*, 2, *Cistercian Studies*, 24 (1976).

4. G. Sicard, « Paix et guerre dans le droit canonique », in *Cahiers de Fanjeaux*, 4 (1969), p. 82.

5. *Ibid.*, p. 81.

6. Suger, *Vie de Louis VI le Gros*, éditée et traduite par H. Waquet, Paris, 1929, p. 131-141.

7. Dans ce paragraphe, je résume les principales conclusions de I. J. Robinson, « Gregory VII and the Soldiers of Christ », *History*, 58 (1973).

8. P. Alphandéry et A. Dupront, *La Chrétienté et l'Idée de croisade*, Paris, 1954-1959. A. Waas, *Geschichte des Kreuzzüge*, Fribourg, 1956. F. Cardini, « Gli studi sulle crociate dal 1945 ad oggi », *Rivista storica italiana*, 80 (1968).

9. P. Vial, « L'idéologie de la guerre sainte et l'ordre du Temple », *Mélanges Étienne Fournial*, Saint-Étienne, 1978.

10. Guillaume de Tudèle, *Chanson de la croisade contre les Albigeois*, éditée et traduite par P. Meyer, Paris, Société de l'histoire de France, 1875, t. I, p. 71-78. Nouvelle édition sous la direction de M. Zink, Paris, Le Livre de poche, coll. « Lettres gothiques », 1989.

11. E. Lourie, « The Confraternity of Belchite, the Ribat and the Temple », *Viator, Mediaeval and Renaissance Studies*, 13 (1982).

12. Forey, p. 3.

13. E. Lourie, « The confraternity of Belchite, the Ribat and the Temple », art. cité.

Les enfants chéris de saint Bernard

1. R. Hiestand, « Kardinalbischof Matthëus von Albano... », art. cit., p. 300.

2. *Ibid.*, p. 310.

3. K. Schottmüller, *Der Untergang des Templerordens*, Berlin, 1887, vol. 2, p. 67 ; déposition de Giraud Béraud le 1er juillet 1308. Voir aussi Barber, *Trial...*, p. 137.

4. G. de Valous, « Quelques observations sur la toute primitive observance des templiers et la *Regula pauperum commilitinum Christi Templi Salomonis* », *Mélanges saint Bernard*, Dijon, 1954. A. Linage Conde, « Tipologa de vida monastica en los ordenes militares », *Yermo*, 12 (1974).

5. Je reprends ici quelques formules chocs de l'ouvrage, contestable, de D. Seward, *The Monks of War : The Military Religious Orders*, Londres, 1972.

6. J. Leclercq, « Saint Bernard's Attitude Toward War », art. cité, p. 29.

7. *Lettres des premiers chartreux, Sources chrétiennes*, 1962, p. 155-160.

8. J. Leclercq, « Un document sur les débuts des templiers », *Revue d'histoire ecclésiastique*, 52 (1957).

9. J. Fleckenstein, « Die Rechtfertigung der geistlichen Ritterorden nach der Schrift *De laude militiae* Bernards von Clairvaux », in *Die geistlichen Ritterorden Europas, op. cit.*, p. 9-22.

10. F. Bramato, « L'Ordine dei Templari in Italia », art. cit.

11. E. de Solms, *Saint Bernard. Textes choisis et présentés par Dom J. Leclercq*, Namur, 1958.

12. D. Carlson, « The practical theology of St Bernard and the date of the *De laude novæ militiae* », *Erudition at God's service* edited by John R. Sommerfield, *Studies in medieval cistercian history, Cistercians Studies Series*, nº 98, Cistercian Publications, 1987.

13. Cité et traduit par P. Vial, « L'idéologie de la guerre sainte et l'ordre du Temple », art. cité, p. 330.

14. *Cart. de Douzens*, A 40.

15. J. Richard, « Les templiers et hospitaliers en Bourgogne et Champagne du Sud », in *Die geistlichen Ritterorden Europas, op. cit.*

La tournée de Hugues de Payns

1. M. L. Bulst-Thiele, p. 25.

2. *Ibid.*, p. 25, n. 22.

3. *Ibid.*, p. 25, n. 23

4. E. Duprat, « Notes et documents sur l'Ordre du Temple à Avignon », *Annales d'Avignon et du comtat venaissin*, 1914, p. 73-96. R. Bailly, *Les Templiers, mythes et réalités*, L'Isle-sur-Sorgues, 1987, p. 101. G. de Tyr, XIII, 24 et 26. M.L. Bulst-Thiele, p. 28, n. 39.

5. Forey, p. 7.

6. *Cart. de Douzens*, p. 357.

7. D. Le Blévec, « Les templiers en Vivarais, les archives de la communauté de Jalès et l'implantation de l'ordre du Temple en Cévennes », *Revue du Vivarais*, 84 (1980), p. 36-40.

8. M. M. Carof, *L'Ordre du Temple en Occident, des origines à 1187*, École nationale des chartes, *Positions des thèses*, 1944, p. 17-22. F. Bramato, « L'Ordine dei Templari in Italia », art. cit., p. 190-191.

9. Forey, p. 8.

10. E. Lourie, « The Will of Alfonso I, " el Batallador ", King of Aragon and Navarre : A Reassessment », *Speculum*, 50 (1975), p. 636-651. A. J. Forey a exprimé son désaccord ; E Lourie lui a répondu ; une brève réplique de Forey a provisoirement clos le débat ; à vrai dire chacun est resté sur ses positions. A. J. Forey, « The Will of Alfonso I of Aragon and Navarre », *Durham University Journal*, 1980, p. 59-65. E. Lourie, « The Will of Alfonso I of Aragon and Navarre : A Reply to Dr Forey », *idem*, 1981, p. 165-172. A. J. Forey, « A Rejoinder », *idem*, 1981, p. 173.

La sainte milice du Temple de Salomon

1. *Cart. de Douzens,* A 115. Les hommes du XIIᵉ siècle ont probablement fait la confusion. Deux actes du cartulaire le montrent : le premier (C 4) est un acte de donation fait en 1133 à « Dieu et au Saint-Sépulcre et à la chevalerie du Temple » ; le second (C 6) est une copie tardive du premier : il supprime la référence au Saint-Sépulcre.

2. M. Benvenisti, *The Crusaders in the Holy Land,* Jérusalem, 1970, p. 49-73.

3. G. Bresc-Bautier, « Les imitations du Saint-Sépulcre de Jérusalem (IXᵉ-XVᵉ siècles). Archéologie d'une dévotion », *Revue d'histoire de la spiritualité,* t. 50 (1974), p. 322 et 328.

4. Ernoul, p. 118 ; J. Prawer, *Histoire du royaume latin de Jérusalem,* Paris, Éd. du CNRS, 1969-1970, t. I, p. 624.

5. A. Hatem, *Les Poèmes épiques des croisades,* Paris, 1932, p. 312.

6. Templier de Tyr, p. 171.

7. En 1172, Raymond de Rieux fait une donation à Dieu, à la milice et au *magistro majori* (*Cart. de Douzens,* B 75). Et, au XIIIᵉ siècle, le traducteur de Guillaume de Tyr utilise l'expression grand maître là où Guillaume écrit simplement maître.

8. R. Hiestand, « Kardinalbischof Matthäus von Albano... », *art. cit.,* p. 301.

9. G. de Valous, « Quelques observations sur la toute primitive observance des templiers et la *Regula pauperum commilitinum Christi Templi Salomonis* », art. cité, p. 34-40. G. Schnürer, *Die Ursprünglischen Templeregel,* Görres Gesellschaft, III, 1903, p. 135-153. Repris par M. Barber, « The Origins of the Order of the Temple », art. cité.

10. G. de T., XII, 7 ; R. Hiestand, « Kardinalbischof Matthäus von Albano... » *art. cit.,* p. 303 et 311-313.

11. M. Melville, *La Vie des templiers, op. cit.,* p. 44, et R. Pernoud, *Les Templiers,* Paris, PUF, coll. « Que sais-je ? », 1974, p. 24, font erreur sur ce point.

12. Voir à ce sujet G. Duby, *Le Dimanche de Bouvines,* Paris, 1973 ; et G. Duby, « Les " jeunes " dans la société aristocratique de la France du Nord-Ouest au XIIᵉ siècle », *Hommes et Structures du Moyen Age,* Paris, 1973, p. 213-226.

13. R. Pernoud, *Les Templiers, op. cit.,* p. 24 ; M. Melville, *La Vie des templiers, op. cit.,* p. 44.

14. J. H. Round, *Geoffrey of Mandeville. A Study of the Anarchy,* Londres, 1892. W. C. Hollyster, « The Misfortunes of the Mandevilles », *History,* 58 (1973), p. 18-28. J. G. Nicols, « The Effigy Attributed to G. de Magnaville and the Other Effigies in the Temple Church », *Herald and Genealogist,* 4 (1865), p. 97-112.

15. B. Alart, « La suppression de l'ordre du Temple en Roussillon », *Bulletin de la Société agricole, scientifique et littéraire des Pyrénées-Orientales,* 15 (1867), p. 25-115. J. Delaville Le Roulx, « Un nouveau manuscrit de la règle du Temple », *Annuaire-bulletin de la Société de l'histoire de France,* 26 (1889), p. 186.

16. J. Oliver, « The Rule of the Templars and a Courtly Ballade », *Scriptorium*, 35 (1981), p. 303-306.

17. L. Dailliez, *Les Templiers et les Règles de l'ordre du Temple*, Paris, 1972, p. 11.

18. I. Sterns, « Crime and Punishment among the Teutonic Knights », *Speculum*, 57 (1982). J. Riley-Smith, *The Knights of Saint John in Jerusalem and Cyprus, c. 1050-1310, op. cit.*, p. 249-250.

19. H. de Curzon, *La Règle du Temple*, Paris, 1886, p. xv.

20. M. Melville, *La Vie des templiers, op. cit.*, p. 28.

21. D. Seward, *The Monks of War : The Military Religious Orders, op. cit.*, p. 61.

22. *ORF*, t. I, p. 54.

23. G. Bresc-Bautier, « Les imitations... », art. cité, p. 321-322 et 328.

24. B. de Cotton, *Historia Anglicana*, R. Luard (éd.), Londres, 1859, p. 60. On invoque à ce propos le témoignage plus prestigieux de Mathieu Paris, mais on ne trouve pas trace de son texte éventuel.

25. Y. Metman, « Le sceau des templiers », *Club français de la médaille, Bulletin*, 39-40 (1973).

26. L. Gautier, *La Chevalerie*, Paris, 1895, p. 625. L'article 42 des statuts de l'Hôtel-Dieu de Paris reprend une disposition semblable.

27. F. Tommasi, « L'ordine dei templari a Perugia », *Bolletino della regia deputazione di storia patria per l'Umbria*, 78 (1981), fait une mise au point définitive sur le gonfanon du Temple, représenté sur une fresque de l'église templière de San Bevignate.

28. M.-L. Dufour-Messimy, « Sous le signe de Baussant (étendard des templiers) », *Amis de Villedieu*, 5 (1973).

29. P. Vial, « L'idéologie de la guerre sainte et l'ordre du Temple », art. cité, p. 331. Il cite longuement le texte. Cette bulle a été longtemps datée de 1162 ; certains auteurs (T. Parker, par exemple) font encore référence à cette date fausse. Le texte en est connu par une copie de Barcelone ; peut-être est-elle antérieure à 1139, cf. R. Hiestand, « Kardinalbischof Matthäus von Albano... », art. cit., p. 301.

30. *Cart. de Douzens*, B 9.

31. A. J. Forey, « The Order of Mountjoy », *Speculum*, 46 (1971), p. 234.

32. Devic et Vaissette, *Histoire du Languedoc*, t. V, *Preuves*, colonne 1718.

33. P. Vial, « Les templiers en Velay aux XIIe et XIIIe siècles », *Actes du 98e Congrès national des sociétés savantes*, Saint-Étienne, 1973, Paris, Bibliothèque nationale, t. II, p. 79-80.

34. G. de Tyr, XVIII, 3.

35. C. J. Hefele, *Histoire des conciles*, t. V, 2e partie, p. 1095-1096.

36. Migne, *Patrologie latine*, t. CCXV, p. 1217-1218.

37. *Registres de Clément IV (1265-1268)*, E. Jordan (éd.), Paris, 1914, n° 836.

38. Forey, p. 131.

39. J. Petit, « Le mémoire de Foulques de Villaret sur la croisade », *BEC*, 60 (1899), p. 602-610.

Le Temple, une grande famille hiérarchisée

1. I. Sterns, « Crime and Punishment among the Teutonic Knights », art. cit., p. 89-111.
2. Forey, p. 272.
3. *Cart. de Douzens*, A 159. P. Vial, « Les templiers en Velay aux XIIᵉ et XIIIᵉ siècles », art. cité, p. 73.
4. J. Riley-Smith, *The Knights of Saint John in Jerusalem and Cyprus, c. 1050-1310, op. cit.*, p. 243, fait la distinction entre *confratres* et donats dans l'ordre de l'Hôpital ; il précise cependant qu'elle n'est pas évidente, et qu'elle a tendance à disparaître avec le temps.
5. *Cart. de Douzens*, A 173-175 et 181 ; voir aussi p. XXXIII.
6. Forey, p. 289-290. G. Duby, *Guillaume le Maréchal*, Paris, 1984, p. 19-22.
7. M. L. Ledesma Rubio, *Templarios y Hospitalarios en el reino de Aragon*, Saragosse, 1982, p. 113-114.
8. É. Magnou, « Oblature, classe chevaleresque et servage dans les maisons méridionales du Temple au XIIᵉ siècle », *Annales du Midi*, 73 (1961), p. 388-394.
9. *Cart. de Douzens*, A 199, B 75, A 158.
10. É. Magnou, « Oblature, classe chevaleresque et servage... », art. cité, p. 389-391. L'article 55 de la règle précise bien l'originalité du Temple sur ce point, par rapport aux autres ordres.
11. P. Ourliac, « Le pays de la Selve à la fin du XIIᵉ siècle », *Annales du Midi*, 80 (1968).
12. Forey, p. 285 et 303, n. 190. A. J. Forey a traité la question dans « Novitiate and Instruction in the Military Orders during the Twelfth and Thirteenth Centuries », *Speculum*, vol. 61 (1986), et dans « Recruitment to the Military Orders (Twelfth to Mid-Fourteenth Centuries) », *Viator*, 17 (1986).
13. *Cart. de Douzens*, A 1, B 75.
14. P. Vial, « Les templiers en Velay aux XIIᵉ et XIIIᵉ siècles », art. cité, p. 73.
15. P. Ourliac, « Le pays de la Selve à la fin du XIIᵉ siècle », art. cité, p. 582.
16. Voir Cabié (Vaours) ; Higounet, « Le cartulaire des templiers de Montsaunès », *Bulletin philologique et historique du Comité des travaux historiques et scientifiques*, 1955-1956, Paris, 1957 (Montsaunès) ; Vial, art. cité (Velay) ; Ourliac, art. cité (pays de la Selve).
17. Forey, p. 312. T. Parker, *The Knights Templars in England*, Tucson (Arizona), 1963.
18. J. Edwards, « The Templars in Scotland in the 13ᵉ Century », *Scottish Historical Review*, 5 (1907), p. 18-19.
19. Abbé C. Guéry, *La Commanderie de Saint-Étienne de Renneville (Eure)*, Évreux, 1896 ; cité par M. Bertrand, « Les templiers en Normandie », *Heimdal*, 26 (1978), p. 32.
20. Ernoul, p. 437.

21. Michelet, I, p. 379-386 ; publié et traduit en anglais par Barber, *Trial,* p. 253-257. J'ai indiqué entre parenthèses les articles de la règle qui correspondent aux phases de la cérémonie.

22. Templier de Tyr, p. 181.

23. R. Aitken, « The Knights Templars in Scotland », *Scottish Review,* 32 (1898), p. 15.

24. M. Melville, « Les débuts de l'ordre du Temple », art. cité, p. 26.

25. T. Parker, *The Knights Templars in England, op. cit.* Il fait de la Normandie, de l'Aquitaine, du Poitou, de la France et de la Provence les cinq provinces inscrites dans le cadre de la France actuelle. Pour L. Dailliez, ce sont le Poitou, la Provence, la France et la Bourgogne. Je suis la classification adoptée par E. G. Léonard, *Gallicarum militiae Templi domorum,* Paris, 1930.

26. A. Soutou, « Les templiers de l'aire provençale : à propos de la Cabane de Monzon (Tarn-et-Garonne) », *Annales du Midi,* 88 (1976), p. 93-96. Voir également *supra,* deuxième partie, chap. IIe, « Une règle ».

27. E. G. Léonard, *Gallicarum militiae Templi domorum, op. cit.,* p. 96 et 115 : « Jean Le Français, maître d'Aquitaine » (1269 à 1276), puis « commandère des maisons de la chevalerie du Temple en France ».

28. *Ibid.,* p. 116.

29. *Ibid.,* p. 15-17.

30. Mathieu Paris, *Chronica majora,* H. K. Luard (éd.), Londres, 1872-1883, t. IV, p. 291. Repris également dans son *Historia Anglorum,* F. Madden (éd.), Londres, 1866-1869, t. I, p. 484.

31. L. Dailliez, *Les Templiers : 1. En Provence,* Nice, 1977 et *La France des templiers,* Paris, 1974, p. 29. Barber, *Trial,* p. 103.

32. *Cart. de Douzens,* p. XL, XLI.

33. Forey, chap. III.

34. M. Melville, *La Vie des templiers, op. cit.,* p. 100.

35. Forey, p. 22 et 33. R. Burns, *The Crusader Kingdom of Valencia,* Harvard, 1976, p. 190-196.

36. L. Dailliez, *Les Templiers : 3. En Flandre, Hainaut, Brabant, Liège et Luxembourg,* Nice, 1978, p. 228. L'auteur se contredit, disant (p. 228) que les grands axes ne sont pas jalonnés de commanderies (il avait précédemment émis la même idée pour la Provence), puis (p. 229) : « Nous les voyons se concentrer sur les grands axes. »

37. R. Caravita, *Rinaldo da Concorrezzo, arcivescovo di Ravenna (1303-1321) al tempo di Dante,* Florence, 1964. F. Bramato, « Registi diplomatici per la storia dei templari in Italia », *Rivista araldica,* Rome, 77 (1978), 78 (1979), 79 (1980), 80 (1981), 81 (1982). F. Bramato, « L'Ordine dei Templari in Italia », art. cit. ; L. Avonto, *I Templari a Vercelli,* Vercelli, 1977 ; L. Dobronic, *Viteski redovi,* Zagreb, 1984.

38. P. Barrau de Lordre, « L'hospice de France », *Revue de Comminges,* 64 (1951), p. 265-272.

39. F. Guériff, « Les chevaliers templiers et hospitaliers dans l'ancien pays de Guérande », *Bulletin de la Société archéologique et histo-*

rique de Nantes et de Loire-Atlantique, n° 106 pour 1967, 1970, p. 6-32.

40. M. Decla, « Deux maisons du Temple et de Saint-Jean en Chalosse : Camon (commune de Labatut) et Gaas », *Bulletin de la Société de Borda (Dax),* 96 (1972), p. 435-441.

41. J. A. Durbec, « Les templiers en Provence ; formation des commanderies et répartition géographique de leurs biens », *Provence historique,* 8 (1959), p. 123-129, et « Les templiers dans les Alpes-Maritimes », *Nice historique,* 1938.

42. A. Soutou, « Les templiers de Tiveret », *Annales du Midi,* 83 (1971), p. 87-94.

L'encadrement de la deuxième croisade

1. C. Cahen, *La Syrie du Nord à l'époque des croisades et la Principauté franque d'Antioche,* Paris, 1940, p. 369.

2. En effet, à côté des croisades dirigées vers la Terre sainte, prennent place, au même moment, d'autres croisades encouragées également par la papauté : une croisade anglo-flamande aide Alphonse Ier de Portugal à s'emparer de Lisbonne, le 24 octobre 1147 ; une croisade espagnole s'empare d'Almeria, le 17 octobre 1147, puis va assiéger Tortosa. Des templiers portugais et aragonais ont participé à ces opérations. W. G. Berry, *The Second Crusade,* in K. M. Setton, *A History of the Crusades,* t. I, University of Wisconsin Press, 1969, p. 482-483. G. Constable, « The Second Crusade as Seen by Contemporaries », *Traditio,* 9 (1953), p. 227. M. L. Bulst-Thiele, p. 42-43.

3. M. L. Bulst-Thiele, p. 38.

4. Eudes de Deuil, *La Croisade de Louis VII, roi de France,* éditée par H. Waquet, Paris, 1949. Ce texte est intégralement traduit dans Duc de Castries, *La Conquête de la Terre sainte par les croisés,* Paris, « Le mémorial des siècles », 1973, p. 425-426. Selon M. L. Bulst-Thiele, p. 43, Gilbert est sans doute un templier flamand, Gislebert de Druisencourt.

5. Belle expression qui sert de titre au chapitre de J. Prawer, *Histoire du royaume latin de Jérusalem, op. cit.,* t. I, p. 343.

6. J. Riley-Smith, « The Templars and the Castle of Tortosa in Syria : An Unknown Document Concerning the Acquisition of the Fortress », *The English Historical Review,* 84 (1969), p. 284 *sq.*

7. Saint Bernard, dans une lettre à l'évêque de Lincoln. Voir *supra,* première partie, chap. III.

Missions traditionnelles et combats en Terre sainte (1130-1152)

1. J. Riley-Smith, « The Templar and Teutonic Knights in Cilician Armenia », *in* T.S.R. Boase (éd.), *The Cilician Kingdom of Armenia,* Édimbourg, 1978. Dans le même recueil, A. W. Lawrence, « The Castle of Baghras ».

2. G. Constable, « The Second Crusade as Seen by Contemporaries », art. cité, p. 232.

3. Forey, chap. IV.

4. M. L. Bulst-Thiele, p. 28, n. 39, indique les combats de 1129 et donne comme référence les chroniques de Robert de Thorigny (qui ne précise pas que les templiers furent engagés, mais c'est implicite) et de Barthélemy de Cotton. Ce dernier parle en fait du combat de 1133. Voir aussi Matthieu Paris, *Chronica majora, op. cit.,* t. II, p. 159 ; G. de Tyr, XIII, 26 ; J. Prawer, *Histoire du royaume latin de Jérusalem, op. cit.,* t. I, p. 333.

5. Olivier le Scholastique, *Historia Damiatina,* Hoogeweg (éd.), 1894, chap. V, p. 169.

6. A. Hatem, *Les Poèmes épiques des croisades, op. cit.,* p. 386.

7. M. L. Bulst-Thiele, p. 47-51.

8. J. Prawer, *Histoire du royaume latin de Jérusalem, op. cit.,* t. I, p. 391-394.

9. *Ibid.,* p. 392.

10. Cité par M. Melville, *La Vie des templiers, op. cit.,* p. 63.

11. Ernoul, p. 12 ; G. de Tyr, XVII, 5 et 6. L'ensemble du problème du siège de Damas a fait l'objet d'hypothèses nouvelles. Cf. A. J. Forey, « The Failure of the Siege of Damascus », *Journal of Medieval History,* 10 (1984). Cet auteur pense que ce sont les contre-attaques musulmanes qui ont obligé les Francs à abandonner le secteur des jardins et vergers pour une position moins favorable. La trahison ne fut évoquée que pour masquer un échec militaire. L'auteur accorde en outre une grande valeur au témoignage de Guillaume de Tyr.

12. H. E. Mayer, « Queen Melisende of Jerusalem », *Dumbarton Oaks Papers,* 26 (1972), p. 127 *sq.* A noter que A. J. Forey (article précédent) n'utilise, pour la critiquer, qu'une partie de l'argumentation de Mayer. Il ne dit rien du conflit Mélisende-Baudouin III, ce qui limite la portée de sa démonstration.

13. Saint Bernard a des relations épistolaires suivies avec la reine. En 1152, il la met en garde contre les dangers d'une sensualité excessive. Il lui recommande aussi de protéger les templiers. Cf. J. Prawer, *Histoire du royaume latin de Jérusalem, op. cit.,* t. I, p. 401.

14. H. E. Mayer, « Queen Melisende of Jerusalem », art. cité, p. 144.

15. M. L. Bulst-Thiele fait le tour des problèmes posés par le texte de G. de Tyr, p. 56.

16. *Ibid.,* p. 55-56.

17. Voir J. Richard, *Le Comté de Tripoli sous la dynastie toulousaine (1102-1187),* Paris, 1945 ; C. Cahen, *La Syrie du Nord à l'époque des croisades et la Principauté franque d'Antioche, op. cit.* J. Riley-Smith, « The Templar and Teutonic Knights in Cilician Armenia », art. cité.

18. L'expression est de M. L. Bulst-Thiele, p. 53.

La guerre permanente (1153-1180)

1. G. de Tyr, XVII, 26.
2. J. Petit, « Le mémoire de Foulques de Villaret sur la croisade », art. cité, p. 606.
3. M.W. Baldwin, *Raymond III of Tripolis and the Fall of Jerusalem (1140-1187)*, Princeton, 1936, p. 21. J. Prawer, *Histoire du royaume latin de Jérusalem, op. cit.*, t. I, p. 574.
4. Tous les auteurs le soulignent. Voir, en particulier, J. Riley-Smith, *The Knights of Saint John in Jerusalem and Cyprus, c. 1050-1310, op. cit.*, p. 22 et 80-81.
5. G. de Tyr, XXI, 18-20 ; Ernoul, p. 34-42.
6. J. Prawer, *Histoire du royaume latin de Jérusalem, op. cit.*, t. I, p. 556 ; Ernoul, p. 53-54.
7. J. Prawer, *Histoire du royaume latin de Jérusalem, op. cit.*, t. I, p. 561, n. 32, citant Abou Shama.
8. M. W. Baldwin, « The Latin States under Baldwin III and Amalric I (1143-1174) », in K. M. Setton, *A History of the Crusades*, t. I, *op. cit.*, p. 552.
9. J. Riley-Smith, *The Knights of Saint John in Jerusalem and Cyprus, c. 1050-1310, op. cit.*, p. 74.
10. G. de Tyr, XX, 5.
11. *Cartulaire général de l'ordre des hospitaliers de Saint-Jean de Jérusalem (1100-1310)*, J. Delaville Le Roulx (éd.), Paris, 1894-1906, 4 vol., t. I, p. 275-276.
12. S. Runciman, *A History of the Crusades*, Cambridge, 1951-1955, t. II, p. 380.
13. J. Riley-Smith, *The Knights of Saint John in Jerusalem and Cyprus, c. 1050-1310, op. cit.*, p. 80.
14. G. de Tyr, XXII, 7.
15. J. Richard, *Le Comté de Tripoli sous la dynastie toulousaine (1102-1187), op. cit.*, p. 62-65.
16. Voir *supra*, troisième partie, chap. ii, n. 17.
17. G. de Tyr, XIX, 11.
18. G. de Tyr, XVIII, 9.
19. G. de Tyr, XX, 32. Sur les Assassins, voir B. Lewis, « The Ismaelites and the Assassins », *in* K. M. Setton, *A History of the Crusades, op. cit.*, t. I, p. 99-132 ; et, récemment, B. Lewis, *Les Assassins. Terrorisme et politique dans l'Islam médiéval*, Paris, 1982.

Gérard de Ridefort, le mauvais génie du Temple

1. Sur les problèmes de la guerre au Moyen Age, voir P. Contamine, *La Guerre au Moyen Age*, Paris, PUF, coll. « Nouvelle Clio », 1980.
2. Si l'on en croit Guillaume le Breton, les Occidentaux ignorent encore l'arbalète vers 1180. Guillaume le Breton, *La Philippide, in*

H. F. Delaborde (éd.), *Œuvres de Rigord et Guillaume le Breton*, Paris, 1885, t. II, p. 52.

3. Anne Comnène, *L'Alexiade*, éditée et traduite par B. Leib, Paris, « Belles Lettres », 1945, t. III, p. 198.

4. *De expugnatione Terrae Sanctae per Saladinum libellus*, édité par J. Stevenson, Londres, 1875, p. 224 ; cité par J. Prawer, « The Battle of Hattin », *Crusader Institutions*, Oxford, 1980, p. 497.

5. R. C. Smail, *Crusading Warfare (1097-1193)*, Cambridge, 1956. F. Cardini, « Gli studi sulle crociate dal 1945 ad oggi », art. cité, p. 98.

6. *Cartulaire général de l'ordre de l'Hôpital de Saint-Jean de Jérusalem (1100-1310)*, op. cit., t. I, p. 275-276.

7. G. de Tyr, XX, 20, et XXI, 21, 22.

8. *Les Gestes des Chiprois*, p. 20.

9. Ambroise, p. 398-402. Sur le rôle des ordres militaires dans les opérations militaires, voir A. Demurger, « Templiers et hospitaliers dans les combats de Terre sainte », *Actes du 18ᵉ congrès de la Société des historiens médiévistes de l'enseignement supérieur public*, Montpellier, 1987 (à paraître).

10. G. de Tyr, XXII, 2.

11. M. W. Baldwin, *Raymond III of Tripolis and the Fall of Jerusalem (1140-1187)*, op. cit., p. 61 sq.

12. M. Melville, *La Vie des templiers*, op. cit., p. 108-109.

13. Ernoul, p. 131.

14. J. Prawer, *Histoire du royaume latin de Jérusalem*, op. cit., t. I, p. 635.

15. M. L. Bulst-Thiele, p. 110, n. 16.

16. M. W. Baldwin, *Raymond III of Tripolis and the Fall of Jerusalem (1140-1187)*, op. cit., p. 82 sq., a analysé en détail la question.

17. M. L. Bulst-Thiele, p. 112-117, démontre contre l'opinion courante que Jacquelin de Mailly n'était pas maréchal du Temple.

18. H. E. Mayer, « Henry II of England and the Holy Land », *English Historical Review*, 97 (1982), p. 720-738. Les hospitaliers refusèrent alors de céder leur part du trésor de Henri II ; ils l'utilisèrent, un peu plus tard, pour la rançon des habitants de Jérusalem. En tout état de cause, le trésor ne fut pas gaspillé.

19. Ernoul, p. 162.

20. J. Prawer, « The Battle of Hattin », art. cité.

21. Abou Shama, *RHC, Historiens orientaux*, t. IV, p. 277.

22. B. Lewis, in K. M. Setton, *A History of the Crusades*, t. I, op. cit., p. 129, qui cite Joinville.

23. J'emprunte l'expression à M. Rodinson (*Israël et le Refus arabe*, Paris, 1968) qui l'utilise évidemment dans le contexte des années soixante de notre xxᵉ siècle.

24. M. Melville, *La Vie des templiers*, op. cit., p. 63-64.

25. *La Chronique du Religieux de Saint Denis*, par exemple, reprend cet argument, éd. L. Bellaguet. t. I, livre xi, p. 659. D. Seward, *The Monks of War : The Military Religious Orders*, op. cit., p. 45. Voir sur les problèmes d'ensemble de la « bataille », au

tournant des XIIᵉ et XIIIᵉ siècles, G. Duby, *Le Dimanche de Bouvines*, *op. cit.*, p. 145-159.

26. Ernoul, p. 226-230.

27. Ambroise, p. 367-381.

28. M. W. Baldwin, « The Latin States under Baldwin III and Amalric I (1143-1174) », *op. cit.*, p. 527.

29. M. Benvenisti, *The Crusaders in the Holy Land, op. cit.*, p. 46-47.

Le patrimoine foncier

1. L. Delisle, *Actes de Henri II*, t. I, p. 234 et 89-91. *Catalogue des actes des comtes de Bar*, nᵒ06 et 141. A. du Bourg, *Histoire du grand prieuré de Toulouse*, Toulouse, 1883, p. 142. M. de Gelibert, « La commanderie templière de Campagne-sur-Aude », *Bulletin de la Société d'études scientifiques de l'Aude*, 73 (1973), p. 180. V. Carrière, *Cartulaire de Provins*, nᵒ XXXII, XXXIII, XXXVIII. F. Bramato, « Registi diplomatici per la storia dei templari in Italia », art. cité, 79 (1980), p. 48. Marquis d'Albon, *Cartulaire général de l'ordre du Temple*, Paris, 1913, 1922, nᵒ 20. *Cartulaire de l'Yonne*, t. II, p. 413. *Cartulaire de Douzens*, A 156 et B 74.

2. *Cart. de Douzens*, A 1, 6, 37, 46, 47, 49, 63, 87, 90.

3. M. Castaing-Sicard, « Les donations toulousaines du Xᵉ au XIIᵉ siècle », *Annales du Midi*, 70 (1958), p. 57-64 ; voir aussi *Cart. de Douzens*, introduction, p. XXVII, et A 30 et 31.

4. Forey, p. 39.

5. C. Higounet, « Le Cartulaire des templiers de Montsaunès », art. cité, p. 218.

6. Forey, p. 24-36 ; voir également R. Burns, *The Crusader Kingdom of Valencia, op. cit.* C'est parce qu'ils possédaient de nombreux et forts châteaux que les templiers de la couronne d'Aragon ont pu résister aux tentatives faites pour les arrêter en 1307-1309.

7. H. Wood, « The Templars in Ireland », *Proceedings of the Royal Irish Academy*, 27 (1907), p. 375.

8. J. Richard, « Les templiers et hospitaliers en Bourgogne et Champagne du Sud », art. cité, p. 235.

9. *Cart. de Douzens*, D 4.

10. F. Bramato, « Registi diplomatici... », art. cité, 79 (1980), p. 46.

11. P. Vial, « Les templiers en Velay aux XIIᵉ et XIIIᵉ siècles », art. cité, p. 82-83.

12. *Cart. de Douzens*, étude fondée sur une trentaine d'actes concernant Brucafel (liste p. 310, index, « Brucafel »).

13. Forey, p. 50.

14. F. L. Carsten, *The Origins of Prussia*, Oxford, 1954, p. 14.

15. F. Bramato, « Registi diplomatici... », art. cité, 78 (1979).

16. F. L. Carsten, *The Origins of Prussia, op. cit.*, p. 18. P. Vial, « Les templiers en Velay aux XIIᵉ et XIIIᵉ siècles », art. cité, p. 68-69.

17. *Cartulaire de Silvanès*, dans *Archives historiques du Rouergue*.

18. R. Aitken, « The Knights Templars in Scotland », art. cité, p. 23-25. Ce récit se trouve dans une charte des hospitaliers qui date de 1354 : ceux-ci avaient reçu les biens du Temple en 1312, dont la terre d'Esperton. Le texte est publié par J. Edwards, « The Templars in Scotland in the 13th Century », art. cité, p. 18-19.

19. Lizerand, p. 13.

20. Lizerand, p. 46-55. R. Filoux, « Les templiers dans l'arrondissement d'Abbeville », *Bulletin de la Société d'émulation historique et littéraire d'Abbeville*, 24 (1978), p. 343-348. T. Parker, *The Knights Templars in England, op. cit.*, p. 53.

21. *Cart. de Douzens*, A 120.

22. A. Higounet-Nadal, « L'inventaire de la commanderie de Sainte-Eulalie en 1307 », *Annales du Midi*, 68 (1956), p. 255-262. R. Pernoud, *Les Templiers, op. cit.*, p. 80. C. Higounet, « Le cartulaire des templiers de Montsaunès », art. cité, p. 220-223. T. Parker, *The Knights Templars in England, op. cit.*, p. 56.

23. A. Amelli, *Quaternus excadenciarum capitinate de mandato imperialis maiestatis*, 1903 (Bibliothèque du Vatican). A. Luttrell, « Two Templar-Hospitaller Preceptories, North of Tuscania », *Collected Essays of A. Luttrell*, Londres, Variorum Reprints, 1978, p. 102.

24. T. Parker, *The Knights Templars in England, op. cit.*, p. 56.

25. *Cart. de Douzens*, A 141.

26. J. A. Durbec, « Introduction à une liste des biens du Temple saisis en 1308 dans la région des Alpes-Maritimes », *Nice historique* (1938), p. 45-52.

27. R. Burns, *The Crusader Kingdom of Valencia, op. cit.*, p. 192.

28. J. A. Durbec, « Introduction à une liste des biens du Temple... », art. cité, p. 45-52.

29. T. Parker, *The Knights Templars in England, op. cit.*, p. 57.

30. B. A. Lees (éd.), *Records of the Templars in England in the 12th Century. The Inquest of 1185 with Illustrative Charters and Documents*, Londres, 1981.

31. T. Parker, *The Knights Templars in England, op. cit.*, p. 32-40. H. Wood « The Templars in Ireland », art. cité, p. 349-360.

32. A. de Charmasse, « État des possessions des templiers et des hospitaliers en Mâconnais, Charollais, Lyonnais et Forez », *Mémoires de la Société éduenne*, 7 (1878). M. Rey, « L'ordre du Temple en Franche-Comté à la lumière des documents écrits », *Académie des sciences, belles-lettres et arts de Besançon. Procès-verbaux et mémoires*, 180 (1972-1973).

33. J. A. Durbec, « Introduction à une liste des biens du Temple... », art. cité, p. 45-52.

34. Forey, p. 222.

35. *Ibid.*, p. 190.

36. T. Parker, *The Knights Templars in England, op. cit.*, p. 52.

37. Forey, p. 190. M. Decla, « Deux maisons du Temple et de

Saint-Jean en Chalosse : Camon (commune de Labatut) et Gaas »,
art. cité, p. 435-441.

38. L. Dailliez, *Les Templiers : 1. En Provence, op. cit.*, p. 248.
Cart. de Douzens, A 155 et 156.

39. R. Burns, *Moors and Crusaders in Mediterranean Spain,*
Londres, Variorum Reprints, 1978, XI, p. 111 ; II, p. 30 ; III, p. 394 ;
II, p. 25. E. Lourie, « The Moslems in the Baleares under Christian
Rule in the 13th Century », *Speculum* 45 (1970), p. 624.

40. Forey, p. 192.

41. A. du Bourg, *Histoire du grand prieuré de Toulouse, op. cit.,*
p. 184-185.

42. J. Laurent, *Un monde rural en Bretagne au xve siècle : la quévaise,* Paris, 1972, p. 28-37. M. Delatouche, « Une tenure bretonne
originale : la quévaise médiévale », *Comptes rendus des séances de
l'Académie d'agriculture de France,* 65 (1979), p. 1482-1493.

43. T. Parker, *The Knights Templars in England, op. cit.*, p. 54.

44. V. Carrière, *Histoire et Cartulaire des templiers de Provins,*
Paris, 1919, p. xxxiv.

45. Voir P. Ourliac, « Le pays de la Selve à la fin du xiie siècle »,
art. cité, p. 591-595. P. Vial, « Les templiers en Velay aux xiie et
xiiie siècles », art. cité, p. 72. C. Higounet, « Une bastide de colonisa-
tion des templiers dans les Prépyrénées : Plagne », *Revue de
Comminges,* 62 (1949), p. 81-97. *Cart. de Douzens,* B 26.

46. Lizerand, p. 49. R. Soulet, « La terre et son exploitation dans
une commanderie templière en Picardie (à Montecourt) », *Comptes
rendus des séances de l'Académie d'agriculture de France,* 65 (1979),
p. 1243-1249.

47. *Cart. de Douzens,* introduction, p. xxix-xxxii.

48. A. Higounet-Nadal, « L'inventaire de la commanderie de
Sainte-Eulalie en 1307 », art. cité, p. 262.

49. F. Castillón Cortada, « Política hidraulica de templarios et sanjuanistas en el valle del Cinca », *Cuadernos de Historia,* 35 (1980),
p. 388-394.

50. T. N. Bisson, « Credit, Prices and Agrarian Production in Cata-
lonia : A Templar Account (1180-1188) », in *Order and Innovation in
the Middle Ages, Essays in Honor J. R. Strayer,* W. C. Jordan *et al.*
(éd.), Princeton, 1976, p. 87-102.

51. V. Carrière, *Histoire et Cartulaire des templiers de Provins, op.
cit.,* p. xxxv.

52. *Cart. de Douzens,* A 76 ; voir également A 50 et A 11.

53. Abbé Petel, *Les Templiers et les Hospitaliers dans le diocèse de
Troyes. Le Temple de Bonlieu,* 1912.

54. L. Delisle, *Catalogue des actes de Philippe Auguste,* Paris, 1856,
no 2089. V. Carrière, *Histoire et Cartulaire des templiers de Provins,
op. cit.,* p. viii.

55. P. Vial, « Les templiers en Velay aux xiie et xiiie siècles », art.
cité, p. 70-75.

56. C. Petit-Dutaillis, *Étude sur la vie et le règne de Louis VIII,*
Paris, 1894, p. 476.

57. Forey, chap. IV.

58. T. Parker, *The Knights Templars in England, op. cit.*, p. 26-31.

59. *Cart. de Douzens*, A 56 ; A 201 ; A 167 ; C 6.

60. M. Bertrand, « Les templiers en Normandie », art. cité. Autre exemple dans *Catalogue des actes des comtes de Bar,* nº 401 (daté de 1228).

61. F. Bramato, « Registi diplomatici... », art. cité, 79 (1980), p. 45-48 ; 80 (1981), p. 41.

62. F. Guériff, « Les chevaliers templiers et hospitaliers dans l'ancien pays de Guérande », art. cité, p. 20.

63. E. Boutaric, *Actes du Parlement de Paris,* Hildesheim-New York, 1975 (reprint), 2 vol. ; liste dans le tome II, p. 778.

La vie quotidienne dans les commanderies d'Occident

1. G. Bordonove, *Les Templiers,* Paris, 1977, p. 10. J. Charpentier, *L'Ordre du Temple,* Paris, Tallandier, rééd. 1977, p. 70.

2. F. Castillón Cortada, « Política hidraulica de templarios et sanjuanistas en el valle del Cinca », art. cité, p. 381-445 ; d'après un inventaire de 1192.

3. A. Luttrell, *The Hospitallers in Cyprus, Rhodes, Greece and the West, 1291-1440. Collected Essays of A. Luttrell, op. cit.,* p. 167. H. Wood, « The Templars in Ireland », art. cité, p. 349-350. A. Higounet-Nadal, « L'inventaire de la commanderie de Sainte-Eulalie en 1307 », art. cité, p. 255-262. Lizerand, p. 46-55.

4. B. Alart, « La suppression de l'ordre du Temple en Roussillon », art. cité, p. 6. Forey, p. 422 et 442.

5. Lizerand, p. 46-55.

6. M. Aubrun, *L'Ancien Diocèse de Limoges des origines au milieu du XIe siècle,* Clermont-Ferrand, 1981, p. 387-388.

7. R. Burns, *The Crusader Kingdom of Valencia, op. cit,* p. 175.

8. É. Lambert, « L'architecture des Templiers », *Bulletin monumental,* 112 (1954). Numéro spécial de la revue *Archeologia,* 1969. C. Higounet et J. Gardelles, « L'architecture des ordres militaires dans le sud-ouest de la France », *Actes du 87e Congrès des sociétés savantes, Poitiers, 1962, section d'archéologie,* Paris, 1963, p. 173-194. R. Pernoud, *Les Templiers, op. cit.,* p. 34-46. Mise au point récente dans *Les Ordres religieux. La vie et l'art,* sous la direction de G. Le Bras, Paris, 1979, t. I. Le chapitre sur les ordres militaires est dû à Dom M. Cocheril (p. 654-727).

9. G. Sieffert, « Ecclesia ad instar Dominici Sepulchri », *Revue du Moyen Age latin,* 5, (1949), p. 198. L'auteur fait erreur en attribuant au Temple les chapelles d'Eunate et de Torres del Rio, en Navarre.

10. G. Bresc-Bautier, « Les imitations... », art. cité, p. 329-330.

11. C. Higounet et J. Gardelles, « L'architecture des ordres militaires dans le sud-ouest de la France », art. cité, p. 178.

12. Ce sont respectivement les chapelles de Montsaunès, Bouglon-

Vieux, Romestang ; Nomdieu, Port-Sainte-Marie, Bordeaux, La Grave, Magrigne, Marcenais ; Le Temple-sur-Lot.

13. J. Schelstraete, « Les templiers en Brie champenoise », *Monuments et Sites de Seine-et-Marne*, 9 (1978), p. 27-29. R. Pernoud, *Les Templiers, op. cit.*, p. 37.

14. P. Descamps, « Combats de cavalerie et épisodes des croisades dans les peintures murales des XIIᵉ et XIIIᵉ siècles », *Orientalia Christiana Periodica*, Rome, 13 (1947). F. Tommasi, « L'ordine dei templari a Perugia », *op. cit.*, p. 70. F. Laborde, « L'église des templiers de Montsaunès (Haute-Garonne) », *Revue de Comminges*, 92 (1979) et 93 (1980).

15. A. Lecoy de la Marche, *L'Esprit de nos aïeux*, Paris, s.d., p. 138.

16. T. Parker, *The Knights Templars in England, op. cit.*, p. 40.

17. Lizerand, p. 166-167.

18. Forey, p. 274.

19. *Ibid.* Mentionnons à ce sujet que les frères de l'Hôpital ne peuvent se confesser à un prêtre extérieur à leur ordre qu'avec la permission d'un dignitaire. J. Riley-Smith, *The Knights of Saint John in Jerusalem and Cyprus, c. 1050-1310, op. cit.*, p. 259.

20. M. Melville, *La Vie des templiers, op. cit.*, p. 174.

21. É. Magnou, « Oblature, classe chevaleresque et servage dans les maisons méridionales du Temple au XIIᵉ siècle », art. cité, p. 382.

22. M. Melville, *La Vie des templiers, op. cit.*, p. 61.

23. *Ibid.*, p. 195. L'auteur reprend cette expression, tirée de la règle du Temple, comme titre de son chap. XVIII.

24. I. Sterns, « Crime and Punishment among the Teutonic Knights », art. cité, p. 89-111. J. Riley-Smith, *The Knights of Saint John in Jerusalem and Cyprus, c. 1050-1310, op. cit.*, p. 160.

25. H. Wood, « The Templars in Ireland », art. cité, p. 333 et 376.

26. R. Pernoud, *Les Templiers, op. cit.*, p. 29.

Entre l'Occident et la Terre sainte

1. Sur l'ensemble de la question, voir : L. Delisle, *Mémoire sur les opérations financières des templiers*, Paris, 1889. J. Piquet, *Des banquiers au Moyen Age, les templiers. Étude de leurs opérations financières*, Paris, 1939. A. Sandys, « The Financial and Administrative Importance of the London Temple in the 13ᵗʰ Century », *Essays in Medieval History Presented to T. F. Tout*, Manchester, 1925, p. 147-162. M. Vilar Bonet, « Actividades financieras de la orden del Templo en la Corona de Aragón », *VIIᵒ Congreso de historia de la Corona de Aragón*, Barcelone, 1962. D. M. Metcalf, « The Templars as Bankers and Monetary Transfers between West and East in the 12ᵗʰ Century », *Coinage in the Latin East, the Fourth Oxford Symposium on Coinage and Monetary History*, Oxford, 1980, p. 1-14.

2. Forey, p. 319-320. J. Riley-Smith, *The Knights of Saint John in Jerusalem and Cyprus, c. 1050-1310, op. cit.*, p. 51.

3. Abbé Petel, *Les Templiers et les Hospitaliers dans le diocèse de Troyes, op. cit.*

4. Joinville, *Saint Louis*, édité par Andrée Duby, Paris, 1963, p. 96-97.

5. J. Piquet, *Des banquiers au Moyen Age, les templiers, op. cit.*, p. 32.

6. *Ibid.*, p. 36-37.

7. Voir *infra*, cinquième partie, chap. II.

8. L. Delisle, *Mémoire sur les opérations financières des templiers, op. cit.*, p. 15-17.

9. D. M. Metcalf, « The Templars as Bankers... », art. cité, p. 12. M. Vilar Bonet, « Actividades financieras... », art. cité.

10. Forey, *op. cit.* p. 350-351.

11. R. Morozzo della Rocca et A. Lombardo, *Documenti del commercio veneziano nei secoli XI-XIII*, Turin, 1940.

12. *Actes du Parlement*, t. I, n° 2184.

13. R. Morozzo della Rocca et A. Lombardo, *Documenti del commercio veneziano..., op. cit.*, n° 324.

14. J. Piquet, *Des banquiers au Moyen Age, les templiers, op. cit.*, p. 102.

15. D. M. Metcalf, « The Templars as Bankers... », art. cité, p. 9.

16. *Ibid.*, p. 12.

17. J. Piquet, *Des banquiers au Moyen Age, les templiers, op. cit.*, p. 76-77.

18. M. Vilar Bonet, « Actividades financieras... », art. cité, p. 577.

19. M. Cocheril, « Les ordres militaires cisterciens au Portugal », *Bulletin des études portugaises*, 28-29 (1967-1968), p. 25.

20. J. Piquet, *Des banquiers au Moyen Age, les templiers, op. cit.*, p. 64-66. D. M. Metcalf, « The Templars as Bankers... » (art. cité, p. 6) pense que les templiers furent pour la première fois requis d'assurer ce transfert en 1188, à l'occasion de la dîme saladine.

21. J. Piquet, *Des banquiers au Moyen Age..., op. cit.*, p. 85.

22. Forey, p. 321.

23. R. S. Lopez et M. Raymond, *Medieval Trade in the Mediterranean World*, New York, 1955, p. 202.

24. G. Yver, *Le Commerce et les Marchands dans l'Italie méridionale au XIIIᵉ et au XIVᵉ siècle*, Paris, 1903, p. 118. Texte publié par N. Housley, « Charles of Naples and the Kingdom of Jerusalem », *Byzantion*, t. 59 (1984), p. 534-535.

25. J. H. Pryor, « Transportation of Horses by Sea during the Era of the Crusades, 8ᵗʰ Century to 1255 », *Mariner's Mirror*, 68 (1982), p. 110.

26. C. Perrat et J. Longnon, *Actes relatifs à la principauté de Morée (1289-1300)*, Paris, 1967, « Collection des documents inédits de l'histoire de France », n° 86, 96, 119.

27. R. Morozzo della Rocca et A. Lombardo, *Documenti del commercio veneziano..., op. cit.*, n° 158. R. H. Bautier, « Notes sur le

commerce du fer en Europe occidentale, du xiii⁰ au xvi⁰ siècle »,
Revue d'histoire de la sidérurgie, 1 (1960), p. 10.

28. D. Seward, *The Monks of War : The Military Religious Orders,*
op. cit., p. 38-39. M. Mollat, « Problèmes navals de l'histoire des croisades », in *Études d'histoire maritime,* Turin, 1977, p. 365.

29. R. Morozzo della Rocca et A. Lombardo, *Documenti del*
commercio veneziano..., *op. cit.,* n⁰ 482.

30. Champollion-Figeac, *Lettres des rois, reines et autres person-*
nages des cours de France et d'Angleterre, Paris, 1839-1847, « Collection des documents inédits de l'histoire de France », t. I, p. 68 (acte de
1242).

31. P. Grimaud, « A propos des templiers dans le Var », *Bulletin de*
la Société des sciences naturelles et d'archéologie de Toulon et du Var,
29 (1973), p. 8.

32. S. García Larragueta, « Relaciones comerciales entre Aragón y
el Hospital de Acre », *VII⁰ Congreso de historia de la Corona de Ara-*
gón, Barcelone, 1962, t. II, p. 507.

33. L. Blancard, *Documents inédits sur le commerce de Marseille au*
Moyen Age, Marseille, 1884, t. I, n⁰ 8, 22, 87 ; t. II, n⁰ 952.

34. J. Piquet, *Des banquiers au Moyen Age, les templiers, op. cit.,*
p. 20.

35. Forey, p. 326 *sq.*

36. G. Yver, *Le Commerce et les Marchands dans l'Italie méridio-*
nale au xiii⁰ et au xiv⁰ siècle, op. cit., p. 165.

37. L. Blancard, *Documents inédits sur le commerce de Marseille au*
Moyen Age, op. cit., t. II, n⁰ 952 ; t. IV, n⁰ 49, 69.

38. *Chronographia magna,* Venise, Marciana, fol. 77 ; cité par
J. H. Pryor, « Transportation of Horses by Sea... », art. cité.

39. Joinville, *Saint Louis, op. cit.,* p. 36. Selon J. H. Pryor, il est
douteux que la porte et la cale où sont les chevaux soient entièrement
immergées.

40. J. H. Pryor, « Transportation of Horses by Sea... », art. cité.

41. J. A. Buchon (éd.), *Collection des chroniques françaises,* t. VI,
Chronique de Ramon Muntaner, Paris, 1827, p. 113-173. U. Zimmer-
mann, « Orient et Occident dans la chronique de Ramon Muntaner.
À propos de l'expédition de Romanie », *Le Moyen Age,* t. XCIV
(1988).

42. L. F. Salzman (éd.), *The Victoria History of the County of*
Cambridge and the Isle of Ely, Londres, 1948, vol. II, p. 260-263.

43. R. C. Smail, « Latin Syria and the West, 1149-1187 », *Transac-*
tions of the Royal Historical Society, 5ᵗʰ series, 19 (1969), p. 5 et 7 à 20.

44. Mathieu Paris, *Historia Anglorum,* t. I, p. 483-495.

45. Champollion-Figeac, *Lettres des rois, reines et autres person-*
nages..., op. cit., p. 253.

46. Voir V. Carrière, *Histoire et Cartulaire des templiers de Pro-*
vins, op. cit. L. Perriaux, « Les templiers à Beaune (1177-1307) »,
Société d'archéologie de Beaune, Histoire, Lettres, Sciences et Arts.
Mémoires, 58 (1975-1976). B. Defages, « Les ordres religieux militaires dans l'Yonne », *L'Écho d'Auxerre,* 94 (1971). P. Ourliac, « Le
pays de la Selve à la fin du xii⁰ siècle », art. cité. Forey.

47. *Catalogue des actes des comtes de Bar*, n° 306. M. Castaing-Sicard, « Les donations toulousaines du xe au xiiie siècle », art. cité, p. 28, n. 11.
48. Barber, *Trial*, p. 58.

Les vrais maîtres de l'Orient latin

1. Voir K. M. Setton, *A History of the Crusades*, t. II, *The Later Crusades 1189-1311*, R. L. Wolff et H. W. Hazard, (éd.), The University of Wisconsin Press, 1969.
2. J. Prawer, « Military Orders and Crusader Politics in the Second Half of the 13th Century », in *Die geistlichen Ritterorden Europas, op. cit.*, p. 226-227.
3. Ernoul, p. 296-298.
4. *Ibid.*, p. 309-311 et 407 ; J. Riley-Smith, *The Knights of Saint John in Jerusalem and Cyprus, c. 1050-1310, op. cit.*, p. 113-115.
5. C. Cahen, *La Syrie du Nord à l'époque des croisades et la Principauté franque d'Antioche, op. cit.*, p. 579-626.
6. J. Riley-Smith, « The Templar and Teutonic Knights in Cilician Armenia », *op. cit.*
7. S. Runciman, *A History of the Crusades, op. cit.*, t. III, ɪ, 4.
8. Voir G. Hill, *A History of Cyprus*, Cambridge, 1940-1952, 4 vol.
9. Ernoul, p. 462.
10. J. Riley-Smith, *The Knights of Saint John in Jerusalem and Cyprus, c. 1050-1310, op. cit.*, p. 168.
11. Ernoul, p. 462-465.
12. *Les Gestes des Chiprois*, p. 87.
13. J. Prawer, *Histoire du royaume latin de Jérusalem, op. cit.*, t. II, p. 326.
14. Joinville, *Saint Louis, op. cit.*, p. 128.
15. M. L. Bulst-Thiele, p. 225-230. M. Melville, *La Vie des templiers, op. cit.*, p. 121, fait erreur sur ce point.
16. Joinville, *Saint Louis, op. cit.*, p. 147.
17. Templier de Tyr, p. 206.
18. J. A. Buchon (éd.), *Collection des chroniques françaises*, t. VI, *Chronique de Ramon Muntaner, op. cit.*, p. 119.
19. J. Prawer, *Histoire du royaume latin de Jérusalem, op. cit.*, t. II, p. 359-374.
20. Templier de Tyr, p. 150-154. Gérard de Montréal, l'auteur de cette chronique, n'était pas templier. Il sera le secrétaire du maître Guillaume de Beaujeu.
21. Mathieu Paris, *Historia Anglorum*, t. III, p. 328.
22. Templier de Tyr, p. 206.
23. J. Riley-Smith, *The Knights of Saint John in Jerusalem and Cyprus, c. 1050-1310, op. cit.*, p. 161-162.
24. *Ibid.*, p. 150 *sq.*
25. *Ibid.*, p. 151. « A première vue les ordres militaires semblent

avoir été continuellement en conflit. Mais l'histoire de la Syrie latine montre que, la plupart du temps, ils coopérèrent sur le champ de bataille comme dans les conseils, et qu'ils agirent comme réconcilia-teurs et négociateurs. » Voir aussi P. W. Edbury, « The Cartulaire de Manosque : A Grant to the Templars in Latin Syria and a Charter of King Hugues of Cyprus », *Bulletin of International Historical Research*, 51 (1978), p. 174-181.

26. Ambroise, p. 107, 157, 162...

27. A. J. Forey, « Constitutional Conflict and Change in the Hospi-tal of St John during the 12th and 13th Centuries », *Journal of Ecclesias-tical History*, 33 (1982), p. 15-29.

28. S. Runciman, *A History of the Crusades, op. cit.*, t. III, II, 4. J. Prawer, « Military Orders and Crusader Politics in the Second Half of the 13th Century », *op. cit.*, p. 221, qui cite G. de Tyr (continua-tion), II, p. 549.

29. *Les Gestes des Chiprois ;* Philippe de Novare, p. 112.

30. J. Prawer, « Military Orders and Crusader Politics in the Second Half of the 13th Century », *op. cit.*, p. 223-224, n. 17.

31. *Ibid.*, p. 228.

En Occident, le Temple au service des États

1. *Actes de Henri II,* t. I, p. 252-253.

2. Ne perdons pas notre temps à lire toute cette littérature ! Un excellent résumé de cette sombre affaire de souterrains hantés se trouve dans le numéro spécial de la revue normande *Heimdal,* 26 (1978), consacrée aux « Templiers en Normandie ».

3. M. Melville, *La Vie des templiers, op. cit.,* p. 74-75.

4. *Actes de Henri II,* t. II, p. 275-276.

5. C. Petit-Dutaillis, *Étude sur la vie et le règne de Louis VIII, op. cit.,* p. 235-244.

6. R. Aitken, « The Knights Templars in Scotland », art. cité, p. 23.

7. F. Bramato, « Registi diplomatici... », art. cité, 80 (1981), p. 505 ; 81 (1982), p. 125.

8. J. Riley-Smith, *The Knights of Saint John in Jérusalem and Cyprus, c. 1050-1310, op. cit.,* p. 163-164.

9. H. Pratesi, *Carte calabresi dell'archivio aldobrandini. Studi e Testi.* Il s'agit de la charte n° 171, datée de 1240, qui se rapporte à la situation des années 1228-1229.

10. Ernoul, p. 467.

11. A. Amelli, *Quaternus excadenciarum capitinate de mandato imperialis maiestatis, op. cit.*

12. *Ibid.*, p. 20. J. Riley-Smith, *The Knights of Saint John in Jeru-salem and Cyprus, c. 1050-1310, op. cit.,* p. 172-176. F. Bramato, « Registi diplomatici... », art. cité, 81 (1982), p. 154-158. F. Tommasi, « L'ordine dei templari a Perugia », art. cité, p. 14-16.

13. J. Prawer, « Military Orders and Crusader Politics in the Second Half of the 13ᵗʰ Century », *op. cit.*, p. 228.

14. A. Luttrell, « Two Templar-Hospitaller Preceptories... », art. cité, p. 105. F. Tommasi, « L'ordine dei templari a Perugia », art. cité, p. 18-19 et 41-42.

15. Étude d'ensemble dans D. W. Lomax, *The Reconquest of Spain,* Londres, 1978.

16. R. Burns, *The Crusader Kingdom of Valencia, op. cit.,* p. 176.

17. A. Chassaing, « Cartulaire des templiers du Puy-en-Velay », *Annales de la Société d'agriculture du Puy,* 33 (1876-1877).

18. D. W. Lomax, *The Reconquest of Spain, op. cit.,* p. 108.

19. M. Cocheril, « Les ordres militaires cisterciens au Portugal », art. cité, p. 25.

20. Forey, p. 27.

21. *Ibid.,* p. 139-140.

22. N. J. Housley, « Politics and Heresy in Italy : Anti-Heretical Crusades, Orders and Confraternities (1200-1500) », *Journal of Ecclesiastical History,* 33 (1982), p. 193-208.

23. A. Luttrell, « Two Templar-Hospitaller Preceptories... », art. cité, p. 105.

24. É. Delaruelle, « Templiers et hospitaliers en Languedoc pendant la croisade des Albigeois », in *Paix de Dieu et Guerre sainte en Languedoc au XIIIᵉ siècle, Cahiers de Fanjeaux,* 4 (1969), p. 315-332. A. du Bourg, *Histoire du grand prieuré de Toulouse, op. cit.,* p. XXI.

25. Guillaume de Tudèle, *Chanson de la croisade contre les Albigeois, op. cit.,* vers 9337 *sq.* Catalogue des actes de S. de Montfort, *BEC,* t. 34 (1873), p. 465.

26. Guillaume de Puylaurens, *Historia Albigensium,* éditée par J. Duvernoy, Paris, 1976, p. 88-89 et 126-129.

27. R. Aitken, « The Knights Templars in Scotland », art. cité, p. 25 ; J. Edwards, « The Templars in Scotland in the 13ᵗʰ Century », art. cité, p. 19.

28. G. I. Bratianu, « Le conseil du roi Charles : essai sur l'Internationale chrétienne et les nationalités à la fin du Moyen Age », *Revue historique du Sud-Est européen,* 19 (1942), p. 349.

29. Forey, p. 135-136.

30. E. Turk, *Nugae Curialium,* Genève, 1977, p. 29. Mathieu Paris, *Historia Anglorum,* t. III, p. 150. F. Tommasi, « L'ordine dei templari a Perugia », art. cité, p. 4 *sq.*

31. RHF, t. XXIV, p. 37.

32. *Ibid.,* t. XV, p. 496-501. Précisons que l'Hôpital a également prêté au roi mille marcs (*ibid.,* p. 508). Le mécanisme de l'emprunt prouve que le Temple, au moins au XIIᵉ siècle, ne dispose pas d'importantes liquidités en Orient. Voir *supra,* quatrième partie, chap. III, p. 212.

33. E. Ferris, « The Financial Relations of the Knights Templars to the English Crown », *American Historical Review,* 8 (1902).

34. A. Sandys, « The Financial and Administrative Importance of the London Temple in the 13th Century », art. cité, p. 150.

35. J. Favier, *Philippe le Bel,* Paris, 1978, p. 75.

36. L. Delisle, *Mémoire sur les opérations financières des Templiers, op. cit.,* p. 43.

37. J. Favier, *Philippe le Bel, op. cit.,* p. 75-78. Le trésorier du Temple est désormais flanqué d'agents royaux ; ce n'est pas nouveau : cela date de Louis IX.

38. E. Ferris, « The Financial Relations of the Knights Templars to the English Crown », art. cité, p. 6.

39. P. L. Menou, « Les templiers et le Trésor du roi », *Bulletin de liaison et d'information de l'administration centrale de l'Économie et des Finances,* Paris, 52 (1970), p. 172-187.

40. G. Étienne, *Étude topographique sur les possessions de la maison du Temple à Paris (XII e-XVIe siècle),* École nationale des chartes, *Positions des thèses,* 1974, p. 83-90. H. de Curzon, *La Maison du Temple à Paris. Histoire et description,* Paris, 1888.

41. Cela a trompé ceux qui voulaient se laisser tromper. Voici ce qu'écrit, au milieu d'élucubrations savantes, un digne chevalier de l'ordre des Arts et des Lettres : « Depuis 1313, l'ordre du Temple a toujours été présent. De nombreux documents l'attestent... A titre d'exemple, peut être cité un arrêt du Parlement en date du 6 et du 24 février 1618 (Archives nationales n° 5070) qui fait état d'un procès entre le clergé de Saint-Gervais et le " grand prieur du Temple ", à propos de la chapelle Saint-Eutrope. Or à cette date l'ordre du Temple était dissous officiellement depuis plus de trois cents ans. » L. M. Estèbe, « Sur l'ordre mystérieux des templiers », *L'Information historique,* 34 (1972), p. 25. Il s'agit, bien entendu, du grand prieur de l'ordre de Malte. Et puis, a-t-on vu un ordre clandestin s'afficher au Parlement ? Enfin, la cote des Archives nationales donnée en référence est fausse...

Maintien de l'esprit templier ?

1. A. J. Forey, « Constitutional Conflict and Change in the Hospital of Saint John during the 12th and 13th Centuries », art. cité, p. 28.

2. J. Riley-Smith, « The Templar and Teutonic Knights in Cilician Armenia », *op. cit.*

3. A. Luttrell, « Hospitaller's Intervention in Cilician Armenia, 1291-1375 », in T.S.R. Boase, *The Cilician Kingdom of Armenia, op. cit.,* p. 121.

4. A. Bon, *La Morée franque,* Paris, 1969, t. I ; texte, p. 92-100.

5. Ernoul, p. 273-285.

6. J. Riley-Smith, *The Knights of Saint John in Jerusalem and Cyprus, c. 1050-1310, op. cit.,* p. 204.

7. Ernoul, p. 27-28.

8. Mathieu Paris, *Historia Anglorum,* t. I, p. 483-484.

9. Templier de Tyr, p. 147-162.

10. M. Benvenisti, *The Crusaders in the Holy Land, op. cit.*, p. 283.

11. Ernoul, p. 417.

12. T.S.R. Boase, « Military Architecture in the Crusader States in Palestine and Syria », in K. M. Setton, *A History of the Crusades*, t. IV, Wisconsin University Press, 1977, p. 157 *sq.* M. Benvenisti, *The Crusaders in the Holy Land, op. cit.*, p. 176.

13. R. B. C. Huygens, « Un nouveau texte du traité *De constructione castri Saphet* », *Studi Medievali*, 6 (1965), p. 355-387.

14. T. E. Lawrence, *Crusader Castles*, Londres, 1936, 2 vol., T.S.R. Boase, « Military Architecture in the Crusader States in Palestine and Syria », *op. cit.*

15. P. Jackson, « The Crisis in the Holy Land in 1260 », *English Historical Review*, 95 (1980), p. 481-517.

16. *Ibid.*, p. 509.

Doutes et interrogations

1. G. B. Flahiff, « *Deus non vult :* A Critic of the Third Crusade », *Mediaeval Studies*, 9 (1947), p. 163.

2. Voir à ce sujet M. Purcell, *Papal Crusading Policy, 1244-1291*, Leyde, 1975, p. 9-10. N. Housley, *The Italian Crusades*, Oxford, 1982.

3. P. A. Throop, *Criticism of the Crusade*, Amsterdam, 1940, p. 6-7.

4. D. M. Lomax, *The Reconquest of Spain, op. cit.*, p. 156.

5. Mathieu Paris, *Historia Anglorum*, t. III, p. 89.

6. A. de Bastard, « La colère et la douleur d'un templier en Terre sainte. *I're dolors s'es dans mon coranza* », *Revue des langues romanes*, 81 (1974), p. 333-374.

7. Rutebeuf, « La dispute du croisié et du décroisié », *in* J. Bastins et E. Faral, *Onze Poèmes de Rutebeuf concernant la croisade*, Paris, 1946, p. 84-94.

8. C.J. Tyerman, « The Holy Land and the Crusades of the Thirteenth and Fourteenth Centuries », in *Crusade and Settlement*, ed. P. Edbury, Cardiff, 1985, p. 104-110.

9. P. Throop, *Criticism of the Crusades, op. cit.*, p. 67-104.

10. A. Jeanroy, *Anthologie des troubadours*, Paris, 1974, p. 119-126.

11. P. Throop, *Criticism of the Crusades, op. cit.*, p. 140-181.

12. *Ibid.*

13. J. Richard, *La Papauté et les Missions d'Orient au Moyen Age (xiiie-xve siècle)*, Rome, 1977. E. Siberry, « Missionaries and Crusades, 1095-1274, Opponents or Allies ? », *Studies in Church History*, vol. 20 (1983).

14. Templier de Tyr, p. 148.

15. P. Meyer, « Les derniers troubadours de Provence », *BEC*, 30 (1869), p. 281 *sq.*

16. A. de Bastard, « La colère et la douleur d'un templier de Terre sainte... », art. cité, p. 333-374.

17. Templier de Tyr, p. 183.

18. J. Michelet, *Histoire de France*, Paris, 1840, t. III, p. 82.

19. Templier de Tyr, p. 183.

20. G. de Tyr *(Continuation dite du manuscrit de Rothelin)*, *RHC*, t. II, p. 604-605.

21. A. J. Forey, « The Military Orders in the Crusading Proposals of the Late 13th and Early 14th Centuries », *Traditio*, 36 (1980), p. 319.

22. P. Meyer, « Les derniers troubadours de Provence », art. cité, p. 285.

23. A. J. Forey, « The Military Orders in the Crusading Proposals... », art. cité, p. 317 *sq.*

24. Référence perdue, ce dont l'auteur prie son lecteur de bien vouloir l'excuser.

25. A. Hatem, *Les Poèmes épiques des croisades, op. cit.*, p. 393.

26. J.-C. Payen, « La satire anticléricale dans les œuvres françaises de 1250 à 1300 », in *1274, année charnière ; mutations et continuité*, Paris, 1977, p. 272.

27. A. J. Forey, « The Military Orders in the Crusading Proposals... », art. cité, p. 321, n. 18.

28. G. I. Bratianu, « Le conseil du roi Charles... », art. cité.

29. S. Garcias Palau, « Ramón Lull y la abolición de los templarios », *Hispania Sacra*, 26 (1973).

30. Le mémoire de Molay sur la croisade est édité par S. Baluze et G. Mollat, *Vitae paparum Avenionensium*, 1916-1922, t. II, p. 76. Celui sur la fusion des ordres est édité par Lizerand, p. 3-15. Pour les mémoires de Villaret, voir J. Petit, « Le mémoire de Foulques de Villaret sur la croisade », art. cité. B. Z. Kedar et S. Schein, « Un projet de " passage particulier " proposé par l'ordre de l'Hôpital, 1306-1307 », *BEC*, 137 (1979).

31. J. Favier, *Philippe le Bel, op. cit.*, p. 434. M. Barber, « James of Molay, the Last Grand Master of the Order of the Temple », *Studia Monastica*, 14 (1972).

32. P. Meyer, « Les derniers troubadours de Provence », art. cité, p. 484-485.

33. H. Wood, « The Templars in Ireland », art. cité, p. 344.

34. G. A. Crapelet, *Proverbes et Dictons populaires aux xiiie et xive siècles*, Paris, collection des anciens monuments de l'histoire et de la langue française, 1831.

35. Forey, p. 292 et 300, n. 248.

36. J. Favier, *Philippe le Bel, op. cit.*, p. 447.

37. Mathieu Paris, *Historia Anglorum*, t. I, p. 386-388.

38. *Ibid.*, p. 483-484.

39. T. Parker, *The Knights Templars in England, op. cit.*, p. 173, n° 283.

40. M. Melville, *La Vie des templiers, op. cit.*, p. 182.

41. J. Prawer, « Military Orders and Crusader Politics in the Second Half of the 13th Century », *op. cit.*, p. 222-223.

42. P. Amargier, « La défense du Temple devant le concile de

Lyon en 1274 », in *1274, année charnière : mutations et continuité, op. cit.*, p. 495-501.

43. Lizerand, p. 3-15. J. N. Hillgarth, *Ramon Lull and Lullism in Fourteenth-Century France*, Oxford, 1971, p. 87, n. 152.

Une reconversion manquée

1. Tous les textes cités dans ce paragraphe sont extraits et adaptés du Templier de Tyr, p. 202, 250-251.

2. Sur Jacques de Molay, voir particulièrement : M. L. Bulst-Thiele, p. 295-359. M. Barber, « James of Molay, the Last Grand Master of the Order of the Temple », art. cité, p. 91-122.

3. Il y a deux Molay possible : Molay, canton de Vitry, département de Haute-Saône, et Molay, canton de Dôle, département du Doubs.

4. Templier de Tyr, p. 309-310.

5. J. H. Pryor, « The Naval Battles of Roger of Lauria », *Journal of Medieval History*, 9 (1983), p. 179-216.

6. J. Petit, « Le mémoire de Foulques de Villaret sur la croisade », art. cité. S. M. Kedar et S. Schein, « Un projet de " passage particulier " proposé par l'ordre de l'Hôpital, 1306-1307 », art. cité, p. 222-226.

7. Templier de Tyr, p. 323.

8. J. Riley-Smith, *The Knights of Saint John in Jerusalem and Cyprus, c. 1050-1310, op. cit.*, p. 216.

9. Templier de Tyr, p. 329.

10. *Chronique tournaisienne,* éd. F. Funck-Brentano (jointe à la *Chronique artésienne*), Paris, 1899, p. 39, n. 4. *Chronique et Annales de Gilles Le Muisit,* éd. H. Lemaître, Paris, 1906, p. 62. *Chronique normande du XIVe siècle,* éd. A. Molinier, Paris, p. 20.

L'attaque

1. Barber, *Trial*, p. 51.

2. Lizerand, p. 17-25. Dans les trois chapitres qui suivent, et sauf indications contraires, tous les textes cités sont extraits de ce livre. J'en indique les pages entre parenthèses.

3. M. Bertrand, « Les templiers en Normandie », art. cité, p. 14.

4. Barber, *Trial*, p. 46.

5. Forey, p. 277. B. Alart, « La suppression de l'ordre du Temple en Roussillon », art. cité, p. 9.

6. L. Dailliez, *Les Templiers : 1. En Provence, op. cit.*, p. 311.

7. P. Grimaud, « A propos des templiers dans le Var », art. cité.

8. M. L. Bulst-Thiele, « Der Prozess gegen den Templerorden », in *Die geistlichen Ritterorden Europas, op. cit.*, p. 380-381 ; Barber,

Trial, p. 213-216 ; R. Caravita, *Rinaldo da Concorrezzo, arcivescovo di Ravenna (1303-1321) al tempo di Dante, op. cit.*, p. 97 *sq.*

9. Michelet, t. I, p. 89-96. Barber, *Trial*, p. 248-256.

10. M. Barber, « Propaganda in the Middle Ages : the Charges against the Templars », *Nottingham Medieval Studies*, 17 (1973), p. 42-57.

11. S. Reinach, « La tête magique des templiers », *Revue de l'histoire des religions*, 63 (1911), p. 25-39. Barber, *Trial*, p. 181-192.

12. L. Harff-Lancner et M.N. Polino, « Le gouffre de Satalie : survivance médiévale du mythe de Méduse », *Le Moyen Age*, t. XCIV (1988), p. 100.

13. Voir à ce sujet l'article de A. Gilmour-Bryson, « L'eresia e i Templari », *Ricerche di storia sociale e religiosa*, 24 (1983). J. Ward, « The Fall of the Templars », *Journal of Religious History*, vol. 13 (1984), rendant compte du livre de P. Partner, oppose l'explication « spiritualiste » de ce dernier (qui met l'accent sur le contexte de crainte de la magie, de la sorcellerie, du démon) à l'explication « rationaliste » de M. Barber ; d'une part il a mal lu Barber ; d'autre part il prête au xiiie siècle les idées du xve siècle.

14. Abbé Petel, *Les Templiers et les Hospitaliers dans le diocèse de Troyes, op. cit.*, p. 324-327.

15. Barber, *Trial*, p. 198-200.

16. H. Wood, « The Templars in Ireland », art. cité, p. 351-352.

17. B. Alart, « La suppression de l'ordre du Temple en Roussillon », art. cité, p. 26-30.

18. Forey, p. 358.

19. Barber, *Trial*, p. 215-216.

20. R. Caravita, *Rinaldo da Concorrezzo, arcivescovo di Ravenna (1303-1321) al tempo di Dante, op. cit.*

21. H. Wood, « The Templars in Ireland », art. cité, p. 359.

22. A. Luttrell, *The Hospitallers in Cyprus, Rhodes, Greece and the West, 1291-1440, op. cit.*, p. 450, souligne que cette inculture (juridique et plus généralement savante) a considérablement handicapé le Temple au moment du procès.

23. G. Lizerand, qui publie ce texte, fait erreur sur la date. M. Barber a rectifié et donné la bonne date.

24. *Continuation de Guillaume de Nangis*, t. I, p. 377-378.

25. Ptolémée de Lucques, *Historia ecclesiastica*, I, p. 42 ; cité dans Barber, *Trial*, p. 226.

26. *Ibid.*, p. 229, citant Walter de Heningborough.

27. *Continuation de Guillaume de Nangis*, t. I, p. 402-403.

28. La Malédiction... On sait qu'elle constitue un puissant ressort dramatique dans le théâtre et l'opéra romantiques. Dans l'affaire qui nous occupe, elle a fourni un titre à un solide roman historique. L'historien, se refusant à mélanger les genres, se contentera de noter que Philippe « le maudit » est mort à quarante-six ans, alors que son père, Philippe III, était mort à quarante ans et son grand-père, Louis IX, à cinquante-six ans. Clément V, malade depuis longtemps, est mort à

cinquante-quatre ans. Il ne semble pas scandaleux, en ce temps, de mourir à cet âge ; ni même de mourir tout court !

La succession du Temple

1. R. Aitken, « The Knights Templars in Scotland », art. cité, p. 35-36.
2. Forey, p. 361.
3. Barber, *Trial*, p. 227.
4. A. Luttrell, « Two Templar-Hospitaller Preceptories... », art. cité, p. 106.
5. R. Caravita, *Rinaldo da Concorrezzo, arcivescovo di Ravenna (1303-1321) al tempo di Dante, op. cit.,* p. 163.
6. Archives nationales, séries MM3, pièce n° 82.
7. H. Wood, « The Templars in Ireland », art. cité, p. 359. J. Edwards, « The Templars in Scotland in the 13th Century », art. cité, p. 20-21.
8. Templier de Tyr, p. 343.
9. Forey, p. 277 et 298, n. 114.
10. A. du Bourg, *Histoire du grand prieuré de Toulouse, op. cit.,* p. 74-75.
11. H. Wood, « The Templars in Ireland », art. cité, p. 359.
12. R. Caravita, *Rinaldo da Concorrezzo, arcivescovo di Ravenna (1303-1321) al tempo di Dante, op. cit.,* p. 154.
13. Barber, *Trial*, p. 238-239.
14. *Ibid.,* p. 239.

Pourquoi le Temple ?

1. Ainsi les travaux de Malcolm Barber et Peter Partner, ceux de Forey sur l'Aragon, de Caravita sur l'Italie, ceux de J. Riley-Smith enfin.
2. C. R. Cheney, « The Downfall of the Templars and a Letter in Their Defence », *Medieval Texts and Studies,* Oxford, 1973, p. 324-325.
3. E. Lourie, « The Will of Alfonso I el Batallador, King of Aragon and Navarre : A Reassessment », art. cité, p. 639, n. 14.
4. *The Victoria History of the Counties of England, Cambridge and the Isle of Ely,* vol. 2, éd. L. F. Salzman, Londres, 1948, p. 261.
5. Forey, p. 274.
6. *The Victoria History...,* p. 262.
7. Abbé Petel, *Les Templiers et les Hospitaliers dans le diocèse de Troyes, op. cit.,* p. 324-325.
8. J. Riley-Smith, *The Knights of Saint John in Jerusalem and Cyprus, c. 1050-1310, op. cit.,* p. 246.
9. Barber, *Trial*, p. 165.
10. R. Finzi, « I Templari a Reggio Emilia ed il processo a Fra

Nicolao », *Atti e memorie della deputazione di storia patria per le antiche provincie modenesi*, série II (1979).

11. A. Friedlander, « Heresy, Inquisition, and the Crusader Nobility of Languedoc », *Medieval Prosopography*, 4 (1983), p. 45-67.

12. M. L. Bulst-Thiele, « Der Prozess gegen den Templerorden », *op. cit.*, p. 397 *sq.*

13. R. Caravita, *Rinaldo da Concorrezzo, arcivescovo di Ravenna (1303-1321) al tempo di Dante, op. cit.*

14. Barber, *Trial*, p. 163-164.

15. H. Wood, « The Templars in Ireland », art. cité, p. 353.

16. Barber, *Trial*, p. 168.

17. R. Finzi, « I templari a Reggio Emilia ed il processo a Fra Nicolao », art. cité, p. 40.

18. J. Favier, *Philippe le Bel, op. cit.*, p. 438.

19. Barber, *Trial*, p. 32-40. Il pense d'ailleurs que la parfaite réussite technique de l'opération d'arrestation est due à l'expérience acquise par la police royale lors des expulsions des juifs et des Lombards.

20. J. Favier, *Philippe le Bel, op. cit.*, p. 476.

21. Abbé Petel, *Les Templiers et les Hospitaliers dans le diocèse de Troyes, op. cit.*, p. 291.

22. N. Cohn, compte rendu du livre de P. Partner, *The Murdered Magicians...*, *Journal of Ecclesiastical History*, 1983, p. 131.

23. M. Barber, « The World Picture of Philip the Fair », *Journal of Medieval History*, (1982).

24. M. L. Bulst-Thiele, « Der Prozess gegen den Templerorden », *op. cit.*

25. J. N. Hilgarth, *Ramon Lull and Lullism in Fourteenth-Century France, op. cit.*, p. 86.

26. J. Prawer, « Military Orders and Crusader Politics in the Second Half of the 13th Century », art. cité, p. 229. F. Tommasi, « L'ordine dei templari a Perugia », art. cité, p. 19.

27. J. Favier, *Philippe le Bel, op. cit.*, p. 442.

28. S. Menache, « Contemporary Attitudes Concerning the Templars' Affair : Propaganda's Fiasco ? », *Journal of Medieval History*, 8 (1982), p. 135-147.

29. Je pense aux pages à mon sens trop rapides, trop à l'emporte-pièce, de J. Favier dans son *Philippe le Bel.*

30. Umberto Eco, *Le Nom de la rose*, trad. de l'italien, Paris, Grasset, 1982, p. 67.

31. B. Alart, « La suppression de l'ordre du Temple en Roussillon », art. cité, p. 13.

32. R. Caravita, *Rinaldo da Concorrezzo, arcivescovo di Ravenna (1303-1321) al tempo di Dante, op. cit.*, p. 150.

33. S. Menache, « Contemporary Attitudes Concerning the Templars' Affair : Propaganda's Fiasco ? », art. cité.

34. Jacques de Thérines était l'abbé de Chaalis (de 1308 à 1318), puis abbé de Pontigny. Son texte fait partie d'une réfutation d'un

traité de Gilles de Rome. Maître à la faculté de Théologie de Paris, il avait été parmi ceux qui, en 1308, ont dénié au roi le droit de juger les templiers. *Histoire littéraire de la France,* t. **XXXIV**, p. 198-200 J. N. Hillgarth, *Ramon Lull and Lullism in Fourteenth-Century France,* op. cit., p. 92.

Annexes

*Chronologie, Généalogies,
Cartes et plans*

Orient et croisades	Occident : faits politiques	Occident : faits religieux
		1073-1085 Grégoire VII pape ; réforme de l'Église.
1095 Appel d'Urbain II à Clermont ; première croisade.		
1099 Conquête de Jérusalem par les Croisés.		
		1112 Entrée de saint Bernard à Cîteaux.
1120 Fondation de l'ordre du Temple.		
1129 Concile de Troyes ; règle du Temple.		
		1130 (vers) Composition par saint Bernard de l'*Éloge de la nouvelle milice.*
	1137 Union du royaume d'Aragon et du comté de Barcelone.	
1139 Bulle *Omne datum optimum* : privilèges au Temple.		
1144 Chute d'Édesse.		
		1146 Saint Bernard prêche la croisade.
1147-48 Deuxième croisade.		
1149 Consécration de la nouvelle basilique du Saint-Sépulcre à Jérusalem.		

1154 Henri II Plantagenêt, roi d'Angleterre ; Frédéric Ier Barberousse, empereur.

1169-71 Saladin unifie le monde musulman (Syrie-Égypte) ; fin du khalifat fatimide (chiite) du Caire.

1170 Meurtre de Thomas Becket dans la cathédrale de Canterbury.

1186 Mariage de l'empereur Henri VI avec Constance, héritière du royaume de Sicile.

1187 Hattin ; prise de Jérusalem par Saladin ; royaume latin réduit à Tyr.

1189-1190 Troisième croisade ; mort de Frédéric Ier en Asie Mineure ; fondation de l'ordre teutonique.

1191 Reconquête d'Acre.

1203-4 Détournement de la quatrième croisade ; prise de Constantinople et création des États latins de Grèce.

1204 Château-Gaillard ; Philippe Auguste s'empare des domaines Plantagenêt en France de l'Ouest.

1208 Prédication de la croisade contre les Albigeois (hérétiques cathares) en Languedoc.

1212 Bataille de Las Navas de Tolosa, étape essentielle dans la Reconquista.

1214 Victoire de Philippe Auguste à Bouvines.

1215 Concile de Latran IV ; bulle de croisade.

1226 Mort de saint François d'Assise.

1231 L'Inquisition est confiée aux ordres mendiants (dominicains et franciscains).

1244 Bûcher de Montségur.

1252 La papauté autorise les inquisiteurs à utiliser la torture.

1217-21 Cinquième croisade ; prise de Damiette en Égypte, puis échec.

1228-29 Croisade de Frédéric II, empereur et roi de Sicile ; récupération de Jérusalem.

1238 Prise de Valence par le roi d'Aragon.

1244 Perte définitive de Jérusalem par les Latins.

1248-1254 Croisade de Louis IX.

1250 Mort de Frédéric II.

1250 Avènement des sultans mamelouks en Égypte.

1258 Prise de Bagdad par les Mongols ; fin du khalifat abbasside.

1260 Les Mongols rejetés de Syrie par les Mamelouks.

1261 Les Grecs reprennent le contrôle de Constantinople.

1266-68 Charles d'Anjou, frère de Louis IX, se rend maître du royaume de Sicile.

1270 Mort de Louis IX devant Tunis.

1274 Deuxième concile de Lyon.

1276 Fondation, par Raymond Lulle, d'un collège pour apprendre l'arabe aux missionnaires.

1282 Les Vêpres siciliennes : Charles d'Anjou perd la Sicile au profit des Aragonais ; il conserve Naples et l'Italie du Sud.

1291 Chute d'Acre ; disparition des États latins de Terre sainte.

1303 Échec des templiers sur l'îlot de Ruad.

1303 Attentat d'Anagni ; mort de Boniface VIII.

1304-1309 Rédaction de l'histoire de Saint Louis par Joinville.

1307 (octobre) Arrestation des templiers dans le royaume de France.

1309 Conquête de Rhodes par les hospitaliers.

1312 Concile de Vienne : suppression de l'ordre du Temple.

1314 Mort de Jacques de Molay, dernier maître du Temple, sur le bûcher.

Les rois de Jérusalem

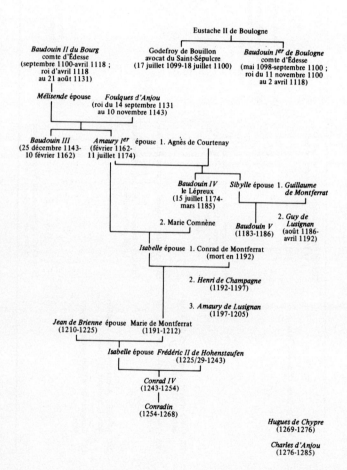

Eustache II de Boulogne

Baudouin II du Bourg
comte d'Édesse
(septembre 1100-avril 1118 ;
roi d'avril 1118
au 21 août 1131)

Godefroy de Bouillon
avocat du Saint-Sépulcre
(17 juillet 1099-18 juillet 1100)

Baudouin Ier de Boulogne
comte d'Édesse
(mai 1098-septembre 1100 ;
roi du 11 novembre 1100
au 2 avril 1118)

Mélisende épouse *Foulques d'Anjou*
(roi du 14 septembre 1131
au 10 novembre 1143)

Baudouin III
(25 décembre 1143-
10 février 1162)

Amaury Ier
(février 1162-
11 juillet 1174)
épouse 1. Agnès de Courtenay

Baudouin IV
le Lépreux
(15 juillet 1174-
mars 1185)

Sibylle épouse 1. *Guillaume
de Montferrat*

2. *Guy de
Lusignan*
(août 1186-
avril 1192)

2. Marie Comnène

Baudouin V
(1183-1186)

Isabelle épouse 1. Conrad de Montferrat
(mort en 1192)

2. *Henri de Champagne*
(1192-1197)

3. *Amaury de Lusignan*
(1197-1205)

Jean de Brienne épouse Marie de Montferrat
(1210-1225)   (1191-1212)

Isabelle épouse *Frédéric II de Hohenstaufen*
(1225/29-1243)

Conrad IV
(1243-1254)

Conradin
(1254-1268)

Hugues de Chypre
(1269-1276)

Charles d'Anjou
(1276-1285)

Les rois d'Angleterre (XIe-XIVe siècle)

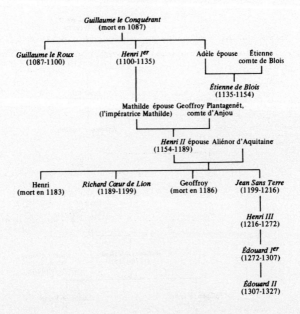

Les rois de France (XIᵉ-XIVᵉ siècle)

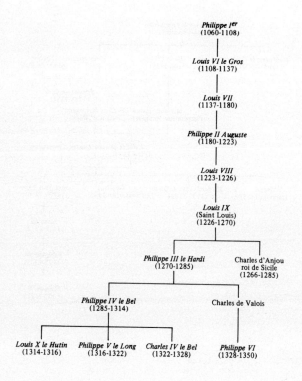

Philippe Iᵉʳ
(1060-1108)

Louis VI le Gros
(1108-1137)

Louis VII
(1137-1180)

Philippe II Auguste
(1180-1223)

Louis VIII
(1223-1226)

Louis IX
(Saint Louis)
(1226-1270)

Philippe III le Hardi
(1270-1285)

Charles d'Anjou
roi de Sicile
(1266-1285)

Philippe IV le Bel
(1285-1314)

Charles de Valois

Louis X le Hutin
(1314-1316)

Philippe V le Long
(1316-1322)

Charles IV le Bel
(1322-1328)

Philippe VI
(1328-1350)

Normands, Hohenstaufen et Angevins en Italie du Sud et en Sicile

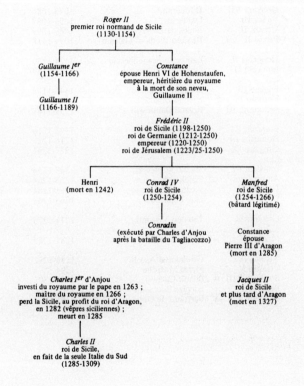

Roger II
premier roi normand de Sicile
(1130-1154)

Guillaume Ier
(1154-1166)

Constance
épouse Henri VI de Hohenstaufen,
empereur, héritière du royaume
à la mort de son neveu,
Guillaume II

Guillaume II
(1166-1189)

Frédéric II
roi de Sicile (1198-1250)
roi de Germanie (1212-1250)
empereur (1220-1250)
roi de Jérusalem (1223/25-1250)

Henri
(mort en 1242)

Conrad IV
roi de Sicile
(1250-1254)

Manfred
roi de Sicile
(1254-1266)
(bâtard légitimé)

Conradin
(exécuté par Charles d'Anjou
après la bataille du Tagliacozzo)

Constance
épouse
Pierre III d'Aragon
(mort en 1285)

Charles Ier d'Anjou
investi du royaume par le pape en 1263 ;
maître du royaume en 1266 ;
perd la Sicile, au profit du roi d'Aragon,
en 1282 (vêpres siciliennes) ;
meurt en 1285

Jacques II
roi de Sicile
et plus tard d'Aragon
(mort en 1327)

Charles II
roi de Sicile,
en fait de la seule Italie du Sud
(1285-1309)

Les principaux papes du temps des croisades

Grégoire VII	Hildebrand	1073-1085
Victor III	Dauferius	1086-1087
Urbain II	Eudes de Lagery	1088-1099
Pascal II	Reniero Bieda di Galeata	1099-1118
(...)		
Honorius II	Lamberto Scannabecchi	1124-1130
Innocent II	Grégoire Papareschi	1130-1143
(...)		
Eugène III	Bernard Paganelli	1145-1153
Hadrien IV	Nicolas Breakspeare	1154-1159
Alexandre III	Roland Bandinelli	1159-1181
(...)		
Innocent III	Lothaire de Segni	1198-1216
Honorius III	Cencio Savelli	1216-1227
Grégoire IX	Ugolino	1227-1241
(...)		
Innocent IV	Sinibaldo Fieschi	1243-1254
Alexandre IV	Rinaldo da Jenne	1254-1261
Urbain IV	Jacques de Troyes	1261-1264
Clément IV	Guy Foulquois	1265-1268
(...)		
Grégoire X	Tebaldo Visconti	1271-1276
(...)		
Martin IV	Simon de Brie	1281-1285
(...)		
Nicolas IV	Girolamo d'Ascoli	1288-1292
Célestin V	Pierre Morrone	1294
Boniface VIII	Benoît Caetani	1294-1303
Benoît XI	Nicolas Boccasini	1303-1304
Clément V	Bertrand de Got	1305-1314

Les grands maîtres de l'ordre du Temple

	nom	région d'origine	dates
1	Hugues de Payns	Champagne	1118/19-24 mai 1136/37
2	Robert de Craon	Maine (région de Vitré)	1136/37-13 janvier 1149
3	Évrard des Barres	Champagne (Meaux)	1149-1152
4	Bernard de Trémelay	Franche-Comté	1152-16 août 1153
5	André de Montbard	Bourgogne	1153-17 janvier 1156
6	Bertrand de Blanque-fort	Berry ou région borde-laise	1156-2 janvier 1169
7	Philippe de Naplouse	Terre sainte	1169-1171
8	Eudes de Saint-Amand	Provence	1171-8 octobre 1179
9	Arnaud de Torroja (Terre Rouge)	Aragon	1180-30 septembre 1184
10	Gérard de Ridefort	Flandre	1185-4 octobre 1189
11	Robert de Sablé	Maine	1191-28 septembre 1193
12	Gilbert Érail	Aragon ou Provence	1194-21 déembre 1200
13	Philippe de Plessis	Anjou	1201-12 février 1209
14	Guillaume de Chartres	Chartres	1210-25 août 1219
15	Pierre de Montaigu	Aragon ou sud de la France	1219-28 janvier 1232
16	Armand (ou Hermant) de Périgord	Périgord	1232-17 octobre 1244
17	Richard de Bures	Normandie ou Terre sainte	1244/45-9 mai 1247
18	Guillaume de Sonnac	Rouergue	1247-11 février 1250
19	Renaud de Vichiers	Champagne ?	1250-20 janvier 1256
20	Thomas Bérard	Italie ou Angleterre	1256-25 mai 1273
21	Guillaume de Beaujeu	Beaujolais	1273-18 mai 1291
22	Thibaud Gaudin	Chartres-Blois ?	1291-16 avril 1293
23	Jacques de Molay	Franche-Comté	1294-18 mars 1314

(Liste établie d'après l'ouvrage cité de Marie Luise Bulst-Thiele.)

396

L'implantation du Temple en Terre sainte

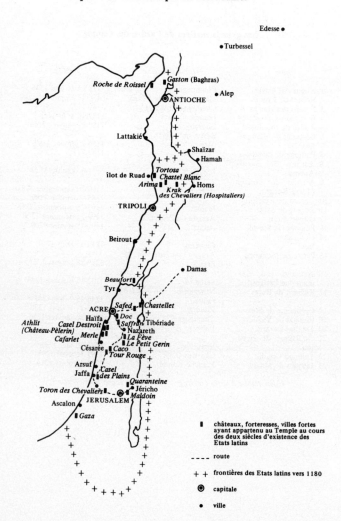

Légende :

■ châteaux, forteresses, villes fortes ayant appartenu au Temple au cours des deux siècles d'existence des Etats latins

- - - - route

+ + frontières des Etats latins vers 1180

◉ capitale

● ville

Jérusalem

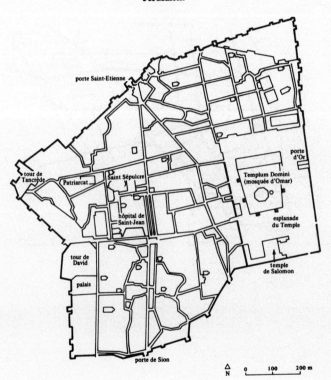

porte Saint-Etienne

tour de
Tancrède

Patriarcat

Saint Sépulcre

hôpital de
Saint-Jean

tour de
David

palais

porte de Sion

porte
d'Or

Templum Domini
(mosquée d'Omar)

esplanade
du Temple

temple
de Salomon

Δ
N

0   100   200 m

398

Acre au XIIᵉ siècle

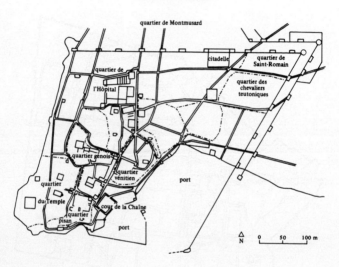

quartier de Montmusard

citadelle

quartier de Saint-Romain

quartier de l'Hôpital

quartier des chevaliers teutoniques

quartier génois

quartier vénitien

quartier du Temple

quartier pisan

cour de la Chaîne

port

port

N

0   50   100 m

Bibliographie

1. *Répertoire bibliographique*

Dailliez (Laurent), *Bibliographie du Temple*, Paris, CEP, 1972.

Dessubré (Marguerite), *Bibliographie de l'ordre des templiers*, Paris, Librairie critique Émile Nourry, 1928.

Neu (Heinrich), *Bibliographie der Templer-Ordens, 1927-1956*, Bonn, 1965.

2. *Sources*

Elles sont très dispersées.

Hiestand (Rudolph), « Zum Problem des Templerzentralarchivs », *Archivistische Zeitschrift*, 76 (1980). Pose le problème des archives centrales du Temple. Celles-ci, comme celles de l'Hôpital d'ailleurs, ont disparu lors de la chute d'Acre et du repli des ordres sur Chypre. Pour la documentation générale, on pourra se reporter aux recueils ou catalogues de documents suivants :

Albon (Marquis d') : *Cartulaire général de l'ordre du Temple (1119 ?-1150). Recueil des chartes et des bulles relatives à l'Ordre du Temple*, Paris, H. Champion, 1913-1922, 2 vol.

D'Albon ne put publier la documentation postérieure à 1150. Elle est rassemblée dans soixante-dix cartons à la Bibliothèque nationale de Paris ; Émile G. Léonard en a fait une présentation dans : *Gallicarum militiae Templi domorum*. « Introduction au cartulaire manuscrit du Temple (1150-1317) constitué par le marquis d'Albon (...), suivi d'un tableau des maisons françaises du Temple et de leurs précepteurs », Paris, H. Champion, 1930 (traduction partielle en français par M. Melville, Éditions du GIET (Groupe international d'études templières), Paris, 1986.

Delaville-Le Roulx (Joseph), *Documents concernant les templiers extraits des Archives de Malte,* Paris, 1882.

Hiestand (Rudolph), *Papsturkunden für Templer und Johanniter* (Abhandlungen der Akademie der Wissenschaften in Göttingen. Philologisch-historische Klasse, 77), vol. I, Göttingen, 1972 et (Abhandlungen..., 135) vol. II, Göttingen, 1983.

Röhricht (Reinhold), *Regesta regni Hierosolymitani 1097-1291*, *Œniponti* (Innsbrück), 1893. *Additamentum, ibid.*, 1904.

Le transfert des biens du Temple à l'Hôpital, à la suite du concile de Vienne en 1312, s'est accompagné du transfert des archives des commanderies du Temple. Certains fonds sont restés intacts, comme celui du Grand Prieuré de France aux Archives nationales (série S) ; d'autres ont été distribués, lors de la Révolution de 1789, entre les dépôts départementaux : cas par exemple des archives du Grand Prieuré de Champagne qui sont réparties entre les Archives départementales de l'Yonne, de la Côte-d'Or et de l'Aube. On peut se repérer dans :

Mannier (Eugène), *Ordre de Malte. Les commanderies du grand Prieuré de France*, rééd. Gérard Montfort, Brionne, 1987.

Bourg (Antoine du), *Histoire du grand Prieuré de Toulouse et des diverses possessions de l'Ordre de Saint Jean de Jérusalem dans le sud-ouest de la France*, Toulouse, 1883.

Hors de France on pourra s'appuyer sur :

Bramato (Fulvio), « Regesti diplomatici per la Storia dei Templari in Italia », *Rivista araldica* (Rome), 77 (1978), 78 (1979), 79 (1980), 80 (1981).

Lees (Béatrice A.), *Records of the Templars in England in the Twelfth century. The Inquest of 1185 with Illustrative Charters and Documents*, British Academy, Records of the Social and Economic History of England and Wales, IX, Londres, 1935 ; reprint en 1981.

Urkunden und Regesten zur Geschichte des Templerordens im Bereichdes Bistums Cammin und der Kirchenprovinz Gnesen, Veröff. der Hist. Kommission für Pommern, IV, 10, éd. W. Irgang, Cologne, 1988.

Curzon (Henri de), *La Règle du Temple*, Paris, « Société de l'histoire de France », n° 74, 1886.

La règle primitive, écrite en latin a été traduite en français à partir de l'édition de H. de Curzon par B. Hapel dans : *L'Ordre du Temple, Les textes fondateurs*, présentés par B. Hapel, Paris, Guy Trédaniel éditeur, 1991.

Dailliez (Laurent), *Les Templiers et les Règles de l'Ordre du Temple*, Paris, 1972. (L'adaptation en français moderne est entachée de nombreuses erreurs.)

Parmi les éditions du *De Laude* de saint Bernard signalons :

Saint Bernard, *De laude novæ militiae, in* J. Leclercq et H.M. Rochais, *Sancti Bernardi opera*, t. 3, Rome, 1963.

Bernard de Clairvaux, *Œuvres complètes XXXI, Éloge de la nouvelle chevalerie*, éd. et trad. Pierre-Yves Emery, Paris, Éd. du Cerf, coll. « Sources chrétiennes », n° 367, 1990.

Il est également traduit dans le recueil de textes suivant :

Richard (Jean), *L'Esprit de la croisade*, Paris, Éd. du Cerf, 1969.

Sur le déroulement des croisades et les États latins d'Orient, je signale, les publications des *Archives de l'Orient latin* et les 16 volumes du *Recueil des historiens des croisades*, répartis entre *Historiens occidentaux* (5 vol.), *Historiens orientaux* (5 vol.), *Histo-*

riens grecs (2 vol.), *Documents arméniens* (2 vol.) et *Lois* (2 vol.),
Paris, 1841-1906. L'histoire de Guillaume de Tyr, publiée dans
cette série avec la traduction et la continuation française connue
sous le nom d'«Estoire d'Eraclès empereur et la conquête de la
terre d'Outremer», a fait l'objet d'une édition critique et scientifique récente :
Guillaume de Tyr, *Historia rerum in partibus transmarinis gestarum*,
R. B. Huygens (éd.), Tournai, Éditions Brepols, 1986, 2 vol.
J'ai principalement utilisé :
Eude de Deuil, *De projectione Ludovici VII in Orientem*, H. Waquet
(éd.), Paris, 1949 ; traduit dans Castries (duc de), *La Conquête de
la Terre sainte par les croisés*, Paris, Albin Michel, coll. «Le
mémorial des siècles», 1973.
Ambroise, *L'Estoire de la guerre sainte, histoire en vers de la troi-
sième croisade*, éditée et traduite par G. Paris, Paris, «Collection
de documents inédits sur l'histoire de France», 1897.
Ernoul, *Chronique d'Ernoul et de Bernard le Trésorier*, éditée par
L. de Mas-Latrie, Paris, «Société de l'histoire de France», 1871.
*La Geste des Chiprois, Recueil de chroniques françaises écrites en
Orient aux XIIIᵉ-XIVᵉ siècles*, publiées par G. Raynaud, Genève,
«Société de l'Orient latin», série historique V, 1887 (ce recueil
comprend trois textes : «Chronique de Terre sainte, 1131-1224»;
«Récit de Philippe de Novare, 1212-1242»; «Chronique du
Templier de Tyr, 1242-1309»).
Joinville, *Histoire de Saint Louis*, éditée par Natalis de Wailly, Paris,
1874.

Parmi les nombreux traités écrits à la suite de la disparition des
États latins, citons ceux qui éclairent le mieux le contexte du procès
des templiers :
Dubois (Pierre), *De recuperatione Terre Sancte*, C. V. Langlois (éd.),
Paris, «Collection de textes pour servir à l'étude et l'enseignement
de l'histoire», 1891.
Kedar (Benjamin Z.) et Schein (Sylvia), «Un projet de "passage
particulier" proposé par l'ordre de l'Hôpital, 1306-1307», Biblio-
thèque de l'École des Chartes (BEC), 137 (1979).
Sur le même sujet, les maîtres de l'ordre du Temple et de l'ordre de
l'Hôpital ont proposé leur solution. Le traité de Jacques de Molay,
maître du Temple, le *Concilium super negotio Terre Sancte*, a été
publié par :
Baluze, *Vitae paparum Avinionensium*, Paris, 1693, t. III ; rééd.
G. Mollat, Paris, 1914-1927.
Petit (Jean), «Le mémoire de Foulques de Villaret sur la croisade»,
Bibliothèque de l'École des Chartes (BEC), 60 (1899).

De nombreux cartulaires de commanderies du Temple ont été
publiés, notamment en France. Je signale les principaux et les plus
récents :
Carrière (Victor), *Histoire et Cartulaire des templiers de Provins*,
Paris, H. Champion, 1919.

Gérard (Pierre) et Magnou (Élisabeth), *Cartulaires des templiers de Douzens*, Paris, Bibliothèque nationale, « Collection de documents inédits sur l'histoire de France », série in 8°, 3, 1966.

Higounet (Charles), « Le cartulaire des templiers de Montsaunès », *Bulletin philologique et historique du Comité des travaux historiques et scientifiques*, 1955-1956, Paris, 1957.

Loisne (comte Auguste de), *Le Cartulaire de la commanderie des Templiers de Sommereux (Oise)*, Paris, 1924.

Ourliac (Paul) et Magnou (Anne-Marie), *Le Cartulaire de la Selve. La terre, les hommes et le pouvoir en Rouergue au XIIᵉ siècle*, Toulouse, Éditions du CNRS, 1985.

Petel (abbé), *Templiers et hospitaliers dans le diocèse de Troyes : comptes de régie de la commanderie de Payns, 1307-1309*, Troyes, 1908.

Ripert-Monclar (Marquis de), *Le Cartulaire de la commanderie de Richerenches de l'Ordre du Temple (1136-1214)*, Paris-Avignon, 1907 ; Marseille, Laffitte Reprints, 1978.

Pour le procès on se reportera pour un état de la question à :

Demurger (Alain), « Encore le procès des templiers ! A propos d'un livre récent », *Le Moyen Age*, XCVII (1991).

Voir également le compte rendu critique du livre de A. Gilmour-Bryson cité ci-après, dû à Francesco Tommasi dans *Studi medievali*, 3ᵉ série, XXVII, II (1986), p. 762-768.

Gilmour-Bryson (Ann), *The Trial of the Templars in the Papal States and the Abruzzi*, Città del Vaticano, coll. « Studi e Testi », 303, 1982.

Lizerand (Georges), *Le Dossier de l'affaire des templiers*, Paris, « Les classiques de l'histoire de France au Moyen Age », 1923 ; rééd. 1964, 3ᵉ éd. 1989. (Recueil commode des principaux textes de l'affaire avec leur traduction française.)

Michelet (Jules), *Le Procès des Templiers*, Paris, « Collection des documents inédits sur l'histoire de France », 1841-1851, 2 vol. ; rééd. Éditions du Comité des travaux historiques et scientifiques (CTHS), Paris, coll. « Format », 2, 1887, 2 vol.

Sève (Roger) et Chagny-Sève (Anne-Marie), *Le Procès des templiers d'Auvergne, 1309-1311. Édition de l'interrogatoire de 1309*, Paris, CTHS, « Mémoires et documents d'histoire médiévale et de philologie », 1, 1986.

Wilkins (David), *Concilia magnae Britannie et Hibernie*, Londres, 1737, t. 2.

Les travaux suivants contiennent de nombreux textes des interrogatoires :

Finke (Heinrich), *Papstum und Untergang des Templerordens*, Münster, 1907.

Loiseleur (Jules), *La Doctrine secrète des templiers*, Orléans, 1872 ; rééd. Genève, 1975 (qui ne vaut que par la publication des interrogatoires des templiers de Florence et Lucques).

Ménard (Léon), *Histoire civile, ecclésiastique et littéraire de la ville de Nîmes*, Paris, 1750, t. 1, Preuves (interrogatoires des templiers de Nîmes, Alès et Aigues-Mortes).

Prutz (Hans), *Entwicklung und Untergang des Tempel-herrenordens*, Berlin, 1888 ; rééd. Vaduz, 1972.
Schottmüller (Konrad), *Der Untergang des TemplerOrdens*, Berlin, 1887, 2 vol. ; rééd. Vaduz, 1970.
Les actes du concile de Vienne (1312) sont publiés dans :
C.O.D., Conciliorum œcumenicorum Decreta, Istituto per le Scienze religiose, Bologne, 1973, 3ᵉ éd.

3. Les croisades et l'idée de croisade

Alphandéry (Prosper) et Dupront (Alphonse), *La Chrétienté et l'Idée de croisade*, Paris, Albin Michel, coll. « L'évolution de l'humanité », 1954-1959, 2 vol.
Balard (Michel), *Les Croisades*, Paris, M.A. Éditions, 1988.
Cardini (Franco), « Gli studi sulle crociate dal 1945 ad oggi », *Rivista storica italiana*, 80 (1968).
Cole (Penny J.), *The Preaching of the Crusades to the Holy Land, 1095-1270*, Cambridge (Mass.), Medieval Academy of America, 1991.
Constable (Gile), « The second Crusade as Seen By Contemporaries », *Traditio*, 9 (1953).
Delaruelle (Étienne), *L'Idée de croisade au Moyen Age*, Turin, Bottega d'Erasmo, 1980 (recueil d'articles).
Dupront (Alphonse), *Du sacré ; croisade et pèlerinage ; images et langages*, Paris, Gallimard, coll. « Bibliothèque des histoires », 1987.
Erbstösser (Martin), *Die Kreuzzüge. Eine Kulturgeschichte*, Leipzig, 1960.
Erdmann (Carl), *Die Entsehung des Kreuzzugsgedankens*, Stuttgart, 1935 ; n. édit., Darmstadt, 1965 ; trad. anglaise de M.W. Baldwin sous le titre *The Origin of the Idea of Crusade*, Princeton, 1977.
Flahiff (George B.), « Deus non vult: a critic of the third Crusade », *Mediaeval Studies*, 9 (1947).
Grousset (René), *Histoire des croisades et du royaume franc de Jérusalem*, Paris, Plon, 1934-1936, 3 vol., rééd. Perrin, 1991. (Un « monument » aujourd'hui totalement dépassé qui vaut encore par les nombreux textes cités.)
Housley (Norman), *The Italian Crusades. The Papal-Angevin Alliance and the Crusades against Christian Lay Powers, 1254-1343*, Oxford, Clarendon Press, 1982.
Kedar (Benjamin Z.), *Crusade and Mission. European Approaches toward the Muslims*, Princeton, University Press, 1984.
Mayer (Hans Eberhard), *Geschichte der Kreuzzüge*, Stuttgart, 1976 ; rééd. 1985.
Morrisson (Cécile), *Les Croisades*, Paris, PUF, coll. « Que sais-je ? », n° 156, 1973, rééd. 1992.
Purcell (Maureen), *Papal Crusading Policy, 1244-1291: The chief Instruments of Papal Crusading Policy and Crusade to the Holy Land from the Final Loss of Jérusalem to the Fall of Acre*, Leyde, Brill, 1975.

Riley Smith (Jonathan), *The Crusades. A Short Story*, Londres, 1987 ; trad. française, *Les Croisades*, Paris, Pygmalion, 1990.

Runciman (Steven), *A History of the Crusades*, Cambridge, 1951-1955, 3 vol.

Setton (Kenneth M.), éd. général, *A History of the Crusades*, The University of Wisconsin Press :

Vol. 1, *The first Hundred Years*, M.W. Baldwin (éd.), 1969, 2ᵉ éd.

Vol. 2, *The later Crusades, 1189-1311*, R.L. Wolff et H.W. Hazard (éd.), 1969, 2ᵉ éd.

Vol. 3, *The Fourteenth and Fifteenth Centuries*, H.W. Hazard (éd.), 1975.

Vol. 4, *The Art and Architecture of the Crusader States*, H. Hazard (éd.), 1977.

Vol. 5, *The Near East*, H.W. Hazard et N.P. Zacour (éd.), 1985.

Siberry (Élizabeth), *Criticism of Crusading, 1095-1274*, Oxford, Clarendon Press, 1985.

Throop (Palmer A.), *Criticism of the Crusade: A Study of Public Opinion and Crusade Propaganda*, Amsterdam, 1940.

Waas (Adolf), *Geschichte der Kreuzzüge*, Fribourg-en-Brisgau, 1957-1960, 2 vol.

4. Le contexte occidental

Boutruche (Robert), *Seigneurie et Féodalité*, Paris, Aubier, « Coll. historique », 1969-1970, 2 vol.

Bresc-Bautier (Geneviève), « Les Imitations du Saint-Sépulcre de Jérusalem (ixᵉ-xvᵉ siècle). Archéologie d'une dévotion », *Revue d'histoire de la spiritualité*, 50 (1974).

Burns (Robert I.), *The crusader Kingdom of Valencia. Reconstruction on a thirteenth Century Frontier*, Cambridge (Mass.), Harvard University Press, 1967, 2 vol.

- *Moors and Crusaders in Mediterranean Spain*, Collected Studies, Londres, Variorum Reprints, 1978.

Contamine (Philippe), *La Guerre au Moyen Age*, Paris, PUF, coll. « Nouvelle Clio », 24, 1980, 3ᵉ éd. 1992.

Duby (Georges), *Guerriers et Paysans. Le premier essor de l'économie européenne*, Paris, Gallimard, « Bibliothèque des histoires », 1973 ; rééd. coll. « Tel », 1978.

- *Hommes et Structures du Moyen Age*, Paris, Mouton, 1973 (recueil d'articles). Repris dans *La Société chevaleresque*, Paris, Flammarion, coll. « Champs historiques », 1988 ; et *Seigneurs et Paysans, idem*.

- *Les Trois Ordres ou l'Imaginaire du féodalisme*, Paris, Gallimard, « Bibliothèque des histoires », 1978.

- *Guillaume le Maréchal ou le meilleur chevalier du monde*, Paris, Fayard, coll. « Les Inconnus de l'Histoire », 1984.

- *Saint Bernard. L'art cistercien*, Paris, Flammarion, coll. « Champs historiques », 1979.

Flori (Jean), *L'Idéologie du glaive. Préhistoire de la chevalerie*, Genève, Droz, 1983.
- *L'Épanouissement de la chevalerie*, Genève, Droz, 1985.
Fossier (Robert), *Enfances de l'Europe*, Paris, PUF, coll. « Nouvelle Clio », 17 et 17 bis, 1982, 2 vol.
Köhler (Erich), *Ideal und Wirklichkeit in der höfischen Epik, Studien zur Form der frühen Artus und Graldichtung*, Tübingen, 1970 ; trad. française : *L'Aventure chevaleresque. Idéal et réalité dans le roman courtois*, Paris, Gallimard, « Bibliothèque des histoires », 1974.
Leclercq (Jean), « Saint Bernard's Attitude toward War », *Studies in Medieval Cistercian History*, 2 *Cistercian Studies*, 24 (1976).
Lomax (Derek. W.), *The Reconquest of Spain*, Londres, Longman, 1978.
Mélanges saint Bernard, Dijon, 24ᵉ congrès de l'Association bourguignonne des sociétés savantes, 1954.
Menendez Pidal (Ramon), *La Espana del Cid*, Madrid, 1947, 2 vol.
- *Paix de Dieu et Guerre sainte en Languedoc au XIIIᵉ siècle*, Cahiers de Fanjeaux nᵒ 4, Toulouse, Privat, 1969.
Regout (Robert), *La Doctrine de la guerre juste de saint Augustin à nos jours, d'après les théologiens et les canonistes catholiques*, Paris, 1935.
Robinson (Ian J.), « Gregory VII and the Soldiers of Christ », *History*, 58 (1973).
Russel (Frederick H.), *The Just War in the Middle Ages*, Cambridge University Press, « Cambridge Studies in Medieval Life and Thought », 1975.
Vacandard (Émile), *Vie de saint Bernard, abbé de Clairvaux*, Paris, 1895, 2 vol.
Vial (Pierre), « L'idéologie de la guerre sainte et l'ordre du Temple », *Mélanges Étienne Fournial*, Saint-Étienne, Publications de l'université de Saint-Étienne, 1978.

5. *L'Orient latin*

Bien entendu toutes les histoires générales des croisades consacrent d'importants développements aux États latins fondés en Orient à l'issue des croisades. Le lecteur s'y reportera.

Benvenisti (Meron), *The Crusaders in the Holy Land*, Jérusalem, Israel University Press, 1970.
Boase (Thomas S. R.) (éd.), *The Cilician Kingdom of Armeny*, Edimbourg-Londres, Scottish Academic Press, 1978. (Plusieurs études dont une consacrée aux templiers de Cilicie.)
Cahen (Claude), *Orient et Occident au temps des croisades*, Paris, Aubier, « Collection historique », 1983.
- *La Syrie du Nord à l'époque des croisades et la Principauté franque d'Antioche*, Paris, Paul Geuthner, 1940.
Crusades and Settlement, P.E. Edbury (éd.), Cardiff, 1985.

Deschamps (Paul), *Les Châteaux des croisés en Terre sainte : I, Le Crac des Chevaliers*, Paris, 1934, 1 vol. et 1 album ; II, *La Défense du royaume de Jérusalem*, Paris, 1939, 1 vol. et 1 album ; III, *La Défense du comté de Tripoli et de la principauté d'Antioche*, Paris, 1973, 1 vol. et 1 fascicule de cartes.

Edbury (Peter W.), *The Kingdom of Cyprus and the Crusades*, Cambridge, University Press, 1991.

Lewis (Bernard), *Les Assassins. Terrorisme et politique dans l'Islam médiéval*, Paris, Éditions Complexes, 1982 (traduit de l'anglais).

Longnon (Jean), *L'Empire latin de Constantinople et la Principauté de Morée*, Paris, Payot, 1949.

Lyons (Malcolm C.) et Jackson (David E. P.), *Saladin. The Politics of the Holy War*, Londres, Cambridge University Press, 1982.

Mayer (Hans Eberhard), *Bistümer, Klöster und Stifte in Königreich Jerusalem*, Stuttgart, A. Hiersemann, 1977.

Mollat (Michel), *Études d'histoire maritime*, Turin, Bottega d'Erasmo, 1977. (Sur le problème des relations entre Occident et Terre sainte).

Outremer, *Studies in the History of the Crusading Kingdom of Jérusalem, presented to Joshua Prawer*. B.Z. Kedar, H.E. Mayer, R.C. Smail (éd.), Jérusalem, Yak Izhak Ben Zvi Institute, 1982.

Peters (Francis E.), *Jérusalem. The Holy City in the Eyes of Chroniclers, Visitors, Pilgrims and Prophets from the Days of Abraham to the Beginning of Modern Times*, Princeton, University Press, 1985.

Prawer (Joshua), *Histoire du royaume latin de Jérusalem*, Paris, Éd. du CNRS, 1969-1970, 2 vol.
- *The Crusader's Kingdom. European Colonialism in the Middle Ages*, New York, Praeger ed., 1972.
- *Crusader Institutions*, Oxford, Clarendon Press, 1980 (recueil d'articles).

Pryor (John H.), « Transportation of Horses by Sea during the Era of the Crusades, 8th century to 1255 », *Mariner's Mirror*, 68 (1982).

Richard (Jean), *Histoire du royaume latin de Jérusalem*, Paris, PUF, 1953.
- *Le Comté de Tripoli sous la dynastie toulousaine*, Paris, Paul Geuthner, 1945.

Röhricht (Reinhold), *Geschichte des Königreichs Jerusalem, 1100-1291*, Innsbrück, 1898.

Schein (Sylvia), « Between Mount Moriah and the Holy Sepulcre. The Changing Traditions of the Temple Mount in the Central Middle Ages », *Traditio*, XL (1984).

Smail (Raymond C.), *Crusading Warfare (1097-1193)*, Cambridge, 1956.

6. Les ordres militaires. Problèmes d'ensemble

Fleckenstein (Josef) et Hellmann (Manfred) (éd.), « Die geistlichen Ritterorden Europas », *Vorträge und Forschungen*, XXVI, Sigmaringen, Jan Thorbeke, 1980 (série d'études de divers auteurs).

Forey (Alan J.), « The Military Orders and the Spanish Reconquest in the Twelfth and Thirteenth Centuries », *Traditio*, XL (1984).
- « The Emergence of the Military Orders in the Twelfth Century », *Journal of Ecclesiastical History*, 36 (1985).
- « Recruitment to the Military Orders (Twelfth to Mid-Fourteenth Centuries) », *Viator, Mediaeval and Renaissance Studies*, 17 (1986).
- « Novitiate and Instruction in the Military orders during the Twelfth and Thirteenth Centuries », *Speculum*, 61 (1986).
Le Bras (Gabriel) (éd.), *Les Ordres religieux. La vie et l'art*, t. 1, *Les Ordres militaires*, par Dom M. Cocherill, Paris, Flammarion, 1979.
Linage Conde (Antonio), « Tipologia de vida monastica en los ordenes militares », *Yermo*, 12 (1964).
Les Ordres militaires, la vie rurale et le peuplement en Europe occidentale (xiiᵉ-xviiiᵉ siècle), Sixièmes Journées internationales d'histoire, 1984, *Flaran 6*, Auch, Comité départemental du Gers, 1986.
Prutz (Hans), *Die geistlichen Ritterorden*, Berlin, 1908.
Seward (Desmond), *The Monks of War. The Military Religious Orders*, Londres, Eyre Methuen, 1972.

7. Les ordres militaires autres que le Temple

Boockmann (Hartmut), *Der deutsche Orden*, Munich, Ch. Beck (éd.), 1989.
Forey (Alan J.), « The Military Order of Saint Thomas of Acre », *English Historical Review*, XCII (1977).
Gorski (Karol), « Du nouveau sur l'ordre teutonique », *Revue historique*, CCXXX (1963).
- « The Teutonic Order in Prussia », *Mediaevalia et Humanistica*, 17 (1966).
Luttrell (Anthony), *The Hospitallers in Cyprus, Rhodes, Greece and the West, 1291-1440*, Collected Studies, Londres, Variorum Reprints, 1978.
Riley-Smith (Jonathan), *The Knights of Saint John in Jerusalem and Cyprus, c. 1050-1310*, Londres, 1967.
Shahar (Shulamith), « Des lépreux pas comme les autres. L'ordre de saint Lazare dans le royaume latin de Jérusalem », *Revue historique*, 267 (1982).
Dans la péninsule Ibérique, aux côtés des ordres militaires internationaux de Terre sainte, se sont développés des ordres nationaux. Une publication collective en fait un tour d'horizon complet : Actas del Congreso internacional hispano portuguès sobre « Los ordenes militares en la peninsula Iberica durante la Edad Media », *Anuario de estudios medievales*, nº 11 (1981), Barcelone, 1983.
Cocherill (Dom M.), « Essai sur l'origine des ordres militaires dans la péninsule Ibérique », *Collectanea ordines cisterciensium reformatorium*, 20-21, Westmalle, 1958-1959.

Forey (Alan J.), « The order of Mountjoy », *Speculum*, 46 (1971).
Lomax (Derek M.), *Las Ordenes militares en la peninsula Iberica durante la edad media*, dans *Repertorio de historia de las ciencias ecclesiasticas en Espana*, n° 6, Salamanque, 1976.
- « La historiografia de las ordenes militares en la peninsula Iberica (1100-1550) », *Hidalguia*, 23 (1975).
- *La Orden de Santiago, 1170-1275*, 1965.
O'Callaghan (F.), *The Spanish Military Order of Calatrava and its Affiliates*, Collected Studies, Londres, *Variorum Reprints*, 1975.
- « The Foundation of The Order of Alcantara, 1176-1218 », *Catholic Historical Review*, 47 (1962). (Repris dans le recueil d'essais ci-dessus.)

8. *L'ordre du Temple : problèmes généraux*

Barber (Malcolm), « The Origins of the Order of the Temple », *Studia Monastica* (Barcelone), 12 (1970).
Bordonove (Georges), *La Vie quotidienne des templiers au XIIIᵉ siècle*, Paris, Hachette, 1975 ; rééd., Paris, Le livre du mois, 1992.
Bulst-Thiele (Marie-Luise), *Sacrae domus militiae Templi Hierosolymitani magistri. Untersuchungen zur Geschichte des Templerordens, 1118/9-1313*, Göttingen, 1974. (Fondamental.)
Cardini (Franco), *Bernardo di Clairvaux e lo spirito templare*, Rome, 1977.
Delisle (Léopold), *Mémoire sur les opérations financières des templiers*, Paris, Mémoires de l'Institut national de France, Académie des Inscriptions et Belles-Lettres, t. XXXIII, 2, 1889.
Hiestand (Rudolph), « Kardinalbischof Matthäus von Albano, das Konzil von Troyes und die Entstehung des Templerordens », *Zeitschrift für Kirchengeschichte*, 99 (1988).
Lambert (Elie), « L'architecture des templiers », *Bulletin monumental*, 112 (1954).
Leclercq (Jean), « Un document sur les débuts des templiers », *Revue d'histoire ecclésiastique*, 52 (1957).
Lourie (Elena), « The confraternity of Belchite, the Ribat and the Temple », *Viator, Mediaeval and Renaissance Studies* (Los Angeles), 13 (1982).
Melville (Marion), *La Vie des templiers*, Paris, Gallimard, coll. « La suite des temps », 2ᵉ éd., 1974.
Metcalf (D.M.), « The Templars as Bankers and Monetary Transfers between West and East in the 12th century », *Coinage in the Latin East,* « The fourth Oxford Symposium on Coinage and Monetary History », P.W. Edbury et D.M. Metcalf (éd.), Oxford, British Archeological Reports, 1980.
Metman (Yves), « Le sceau des templiers », Club français de la médaille, *Bulletin*, 39-40 (1973).
Ollivier (Albert), *Les Templiers*, Paris, Éd. du Seuil, coll. « Le temps qui court », 1958.
Pernoud (Régine), *Les Templiers*, Paris, PUF, coll. « Que sais-je ? », n° 1557, 1974, 5ᵉ éd., 1992.

Piquet (Jean), *Des banquiers au Moyen Age : les templiers, Étude de leurs opérations financières*, Paris, 1939.

I Templari : Mito e Storia, Atti del Convegno internazionale di Studi alla Maggione di Poggibonsi-Siena (maggio 1987), G. Minnucci e F. Sardi (éd.), Siena, 1989.

Valous (Guy de), « Quelques observations sur la toute primitive observance des templiers et la Regula pauperum commilitinum Christi Templi Salomonis », *Mélanges saint Bernard*, Dijon, 1954.

9. *L'ordre du Temple : études par pays*

France

Bailly (Robert), *Les Templiers, réalités et mythes. Comtat venaissin, Campagne de Provence, Languedoc rhodanien, principauté d'Orange, Tricastin, Baronnies et comté de Forcalquier*, L'Isle-sur-Sorgue, 1987.

Bertrand (Michel), « Les templiers en Normandie », *Heimdal, revue d'art et d'histoire de Normandie*, 26 (1978).

Bertrand (Régis), « Les templiers à Gréoux : avatars d'une légende », *Annales de Haute-Provence*, 48 (1979).

Carrière (Victor), « Les débuts de l'ordre du Temple en France », *Le Moyen Age*, 27 (1914).

Curzon (Henri de), *La Maison du Temple de Paris. Histoire et description*, Paris, 1888.

Daras (Charles), *Les Templiers en Charente*, Poitiers, 1981.

Delaruelle (Étienne), « Templiers et hospitaliers en Languedoc pendant la croisade des Albigeois », *Cahiers de Fanjeaux*, 4 (1969), *Paix de Dieu et Guerre sainte en Languedoc au XIIIe siècle*.

Durbec (J. A.), « Les templiers dans les Alpes-Maritimes », *Nice historique*, 1938.
- « Les templiers en Provence : formation des commanderies et répartition géographique de leurs biens », *Provence historique*, 8 (1959).

Étienne (Geneviève), *Étude topographique sur les possessions de la maison du Temple à Paris (XIIe-XIVe siècle)*, Positions des thèses de l'École nationale des Chartes, 1974.
- « La Villeneuve du Temple à Paris », *Actes du 100e congrès national des sociétés savantes*, Paris, 1975.

Folliot (Pierre Marie), « Les templiers dans la baillie de Chartres. La juridiction de Sours et Arville », *Bulletin de la Société archéologique d'Eure-et-Loir*, 129 (1983).

Guériff (F.), « Les chevaliers templiers et hospitaliers dans l'ancien pays de Guérande », *Bulletin de la Société archéologique et historique de Nantes et de Loire-Atlantique*, n° 106 pour 1967, 1970.

Higounet (Charles) et Gardelles (Jacques), « L'architecture des ordres militaires dans le sud-ouest de la France », *Actes du 87e congrès des sociétés savantes*, Poitiers, 1962, Section d'Archéologie, Paris, Bibliothèque nationale, 1963.

Higounet-Nadal (Arlette), « L'inventaire de la commanderie de Sainte-Eulalie en 1307 », *Annales du Midi*, 68 (1956).

Laborde (Françoise), « L'église des templiers de Montsaunès (Haute-Garonne) », *Revue de Comminges*, 92-93 (1979-1980). Publiée sous forme de brochure en 1982.

Lascaux (Michel), *Les Templiers en Bretagne*, Rennes, Éd. Ouest-France, 1979.

Le Blévec (Daniel) et Saint-Jean (Raymond), *La Commanderie de Jalès*, publication de la *Revue du Vivarais*, 1987.

Legras (Anne-Marie), *Les Commanderies des Templiers et des Hospitaliers de Saint-Jean de Jérusalem en Saintonge et en Aunis*, Paris, Éd. du CNRS, 1983.

Magnou (Élisabeth), « Oblature, classe chevaleresque et servage dans les maisons méridionales du Temple au XIIᵉ siècle », *Annales du Midi*, 73 (1961).

Mairesse (R.), « La commanderie de Sours en Chartrain », *Cahiers du Temple*, 1 (1973).

Ourliac (Paul), « Le pays de la Selve à la fin du XIIᵉ siècle », *Annales du Midi*, 80 (1968).

Rey (Maurice), « L'ordre du Temple en Franche-Comté à la lumière des documents écrits », *Académie des Sciences, Belles-Lettres et arts de Besançon. Procès-verbaux et Mémoires*, 180 (1972-1973).

Reznikov (Raimonde), *Cathares et Templiers*, Portet-sur-Garonne, Éditions Loubatières, 1991.

Richard (Jean), « Les templiers et les hospitaliers en Bourgogne et Champagne du Sud (XIIᵉ-XIIIᵉ siècle) », dans *Die geistlichen Ritterordens Europas, op. cit.* section VI.

Schelstraete (Jean), *La Commanderie de Coulommiers*, Paris, 1970.

Sigal (Pierre), « La commanderie du Ruou », *Provence historique*, XV (1965).

Soutou (André), la Commanderie de Sainte-Eulalie de Larzac, Toulouse, 1974.

Vial (Pierre), « Les templiers en Velay aux XIIᵉ-XIIIᵉ siècles », *Actes du 98ᵉ congrès national des sociétés savantes*, Saint-Étienne, 1973, Paris, Bibliothèque nationale.

Dans les îles Britanniques

Aitken (Robert), « The Knights Templars in Scotland », *Scottish Review*, 32 (1898).

Edwards (John), « The Templars in Scotland in the Thirteenth Century », *Scottish Historical Review*, 5 (1907).

Ferris (Eleanor), « The financial relations of the Knights Templars to the English Crown », *American Historical Review*, VIII (1902).

Gwyn (Aubrey) et Hadcock (R. Neville), *Medieval Religious Houses in Ireland*, Irish Academic Press, 1970 ; rééd. 1988.

Mac Ivor (D.), « The Knights Templars in county Louth », *Seanchas Ardmhacha*, IV (1960-1961).

Parker (Thomas), *The Knights Templars in England*, Tucson, The University of Arizona Press, 1963.

Perkins (Clarence), « The Knights Templars in the British Isles », *English Historical Review*, XXV (1910).
Sandys (Agnès), « The Financial and administrative Importance of the London Temple in the Thirteenth Century », *Essays in Mediaeval History Presented to T. F. Tout*, A. G. Little et M. Powicke (éd.), Manchester, 1925.
Wood (H.), « The Templars in Ireland », *Proceedings of the Royal Irish Academy*, 27 (1907).

Dans la péninsule Ibérique

Castan Lanaspa (Guillermo), *Arquitectura templaria castellano-leonesa*, Valladolid, 1983.
Castillon Cortada (F.), « Politica hidraulica de templarios y sanjuanistas en la valle del Cinca », *J. Zurita, Cuadernos de Historia*, 35 (1980).
- « Los Templarios de Monzon (Huesca) (siglos XII-XIII) », *idem*, 39-40 (1981).
Cocheril (M.), « Les ordres militaires cisterciens au Portugal », *Bulletin des études portugaises*, Lisbonne, 28-29 (1967-1968).
Forey (Alan J.), *The Templars in the Corona de Aragon*, Oxford, 1973.
Fuguet Sans (Joan), « L'arquitectura dels templers al Camp de Tarragona i la seva aportacio als origens del " gotic català ", *Sis Focs* n° 33 (1990).
Guera Guerra (Arcadio), « La orden militar de los Templarios en la Baja Extremadura », *Actas del V Congreso de Estudios Extremenos*, Badajoz, 1975.
Ledesma Rubio (Maria Luisa), *Templarios y Hospitalarios en el Reino de Aragon*, Saragosse, Guara editorial, « Colleccion bàsica aragonesa », n° 37, 1982.
Lomax (Derek W.), « Las ordenes militares en Leon durante la edad media », *Leon Medieval*.
Lourie (Elena), « The Will of Alfonso I « el Batallador », King of Aragon and Navarre : A Reassessment », *Speculum*, 50 (1975).
Miret y Sans (Joaquim), *Les Cases de Templers y Hospitalers en Catalunya*, Barcelone, 1910.
Sans y Travé (Josep Maria), « Alguns aspectes de l'establement dels templers a Catalunya : Barberà », *Quaderns d'historia tarraconense*, 1 (1977).
- « El Rourell, una preceptoria del Temple al Camp de Tarragona (1162 ?-1248) », *Boletin archeologico*, 1976-1977.
- « La comanda del Temple de Vallfogona de Riucorb. Primera part : la creacio i formacio del patrimoni (segles XII i XIII) », *Quaderns d'historia tarraconense*, 2 (1980).
Vilar Bonet (M.), « Actividades financieras de la orden del Templo en la Corona de Aragon », *VII° Congreso de historia de la Corona de Aragon, 2, Communicaciones*, Barcelone, 1962.

En Italie

Avonto (Luigi), *I Templari in Piemonte. Ricerche e studi per una storia dell'Ordine del Tempio in Italia*, Vercelli, 1982.

Begotti (Piero), *Templari e Giovanniti in Friuli. La mason di San Quirino*, San Quirino, 1991.

Bramato (Fulvio), « Introduzione alla Storiografia templare italiana », *Nicolaus*, 16 (1989).
- *Storia dell'ordine dei Templari in Italia. Le Fondazioni*, Rome, Atanor, 1991.

Cagnin (Giampaolo), *Templari e Giovanniti in Territorio trevignano (Secoli XII-XIV)*, Treviso, 1992.

Capone (Bianca), *Quanto in Italia c'erano i templari*, Turin, Ed. C. Capone, 1981.

Capone (B.), Imperio (L.), Valentini (E.), *Guida all'Italia dei Templari. Gli Insediamenti templari in Italia*, Roma, 1989.

Guerrieri (Giovanni), *I cavalieri Templari nel regno di Sicilia*, Trani, 1909.

Luttrell (Anthony), « Two Templar Hospitaller Preceptories, North of Tuscania » dans *The Hospitallers in Cyprus, Rhodes, Greece and the West, 1291-1440*, Londres, Variorum Reprints, 1978.

Ricaldone (Aldo di), *Templare e Gerosolimitani di Malta in Piemonte dal XII al XVIII secolo*, Madrid, Instituto Internacional de Genealogia y Heraldica, 1979-1980, 2 vol.

Templari e Ospitalieri in Italia. La Chiesa di San Bevignate a Perugia, M. Roncetti, P. Scarpellini, F. Tommasi (éd.), Milan, Electa, 1987.

Tommasi (Francesco), « L'Ordine dei Templari a Perugia », *Bolletino della regia deputazione di storia patria per l'Umbria*, 78 (1981).

Autres régions

Pour les autres pays d'Occident, on se reportera à H. Prutz, cité section 6. En dehors de cet ouvrage général :

Dobronic (Lelja), *Posjedi i sjedista Templara, Ivanovaca i Sepulkralaca u Hrvatskoj (Possessions et Maisons des Templiers, Hospitaliers et chanoines du Saint-Sépulcre en Croatie)*, Zagreb, 1984. Avec un résumé en anglais.
- *Viteski redovi. Templari i Ivanovci u Hrvatskoj*, Zagreb, 1984.
- « The Military Orders in Croatia », *The Meeting of the Two Worlds : Cultural Exchange between East and West during the Period of the Crusades*, Kalamazoo (Michigan), 1986.

Dailliez (Laurent), *Les Templiers. Flandre, Hainaut, Brabant, Liège et Luxembourg*, Nice, Alpes-Méditerranée Éditions. Impres-Sud, 1978. L'auteur reproduit en fac-similé le manuscrit des « Chartes du Temple en Flandre » des Archives de Mons.

Nuyttens (M.), « De Tempeliers in Vlaanderen », *Handelengen der Maatschappij voor Geschiedenis en oudheidkunde te Gent*, 28 (1974).

Ramakers (Émile), « Tempeliers in Maastricht ? », *De Maasgow*, 109 (1990).

Rogghe (Paul), « De Tempelridders en hun hof te Gent. Zeger II kastelein van Gent », *Appeltjes van het Meetjesland*, 21 (1970).

Van der Linden (Henri), « Les Templiers à Louvain », *Bulletin de l'Académie royale de Belgique. Classe des Lettres*, 5ᵉ série, t. IX (1923).

Il n'existe aucune étude comparable à celle que J. Riley-Smith a consacrée aux hospitaliers pour les templiers de Terre sainte. On peut toutefois s'y reporter tant les renseignements fournis sur le Temple sont nombreux ; plus généralement, tous les travaux consacrés aux croisades et à l'Orient latin (indiqués sections 3 et 5) parlent des activités du Temple. Voir en outre :

Demurger (Alain), « Templiers et hospitaliers dans les combats de Terre sainte », *Le Combattant au Moyen Age, Actes du 18ᵉ congrès des historiens médiévistes de l'enseignement supérieur public (Montpellier, 1987)*, Paris, CID éditions, 1991.

Kedar (Benjamin Z.) et Pringle (Denis), « La Fève : a Crusader Castle in the Jezral Valley », *Israel Exploration Journal*, 35 (1985).

Trudon des Ormes (A.), « Liste des maisons et de quelques dignitaires de l'ordre du Temple en Syrie, Chypre et France, d'après les pièces du procès », *Revue de l'Orient latin*, 5-7 (1897-1899).

10. Le procès des templiers

Alart (Bernard), « La suppression de l'ordre du Temple en Roussillon », *Bulletin de la Société agricole, scientifique et littéraire des Pyrénées-Orientales*, 15 (1867) ; rééd. sous le titre *L'Ordre du Temple en Roussillon et sa suppression*, Rennes-le-Château, Philippe Schrauben éd., 1988.

Amargier (Paul), « La défense du Temple devant le concile de Lyon en 1274 », *1274, année charnière : mutations et continuité*, Colloque international du CNRS (Lyon, 1974), Paris, Éd. du CNRS, 1977.

Barber (Malcolm), *The Trial of the Templars*, Cambridge, Cambridge University Press, 1978.

- « Propaganda in the Middle Ages : the Charges against the Templars », *Nottingham Medieval Studies*, 17 (1973).

- « The World Picture of Philip the Fair », *Journal of Medieval History*, 8 (1982).

- « James of Molay, the Last Grand Master of the Order of the Temple », *Studia Monastica*, 14 (1972).

Bastard (Antoine de), « La colère et la douleur d'un templier en Terre sainte (1265) », *Revue des langues romanes*, 81 (1974).

Bautier (Robert-Henri), « Diplomatique et histoire politique. Ce que la critique diplomatique nous apprend sur la personnalité de Philippe le Bel », *Revue historique*, CCLIX (1978).

Caravita (Renzo), *Rinaldo da Concorrezzo, arcivescovo di Ravenna (1303-1321) al Tempo di Dante*, Florence, Leo Olschki, 1964.

416   *Bibliographie*

Cheney (C. R.), « The Downfall of the Templars and a Letter in Their Defence », *Medieval Texts and Studies*, Oxford, Clarendon Press, 1973.

Cohn (Norman), *Europe Inner's Demons*, 1975 ; trad. française : *Démonolâtrie et Sorcellerie au Moyen Age. Fantasmes et réalité*, Paris, Payot, 1982. (Un chapitre sur le procès du Temple.)

Estepa (Carlos), « La disolucion de la orden del Templo in Castilla y Leon », *Cuadernos de Historia*, 6 (1975).

Favier (Jean), *Philippe le Bel*, Paris, Fayard, 1978.

Forey (Alan J.), « The Beginning of the Proceedings against the Aragonese Templars », *God and Man in Medieval Spain, Essays in honour of J.R.L. Highfield*, D.W. Lomax (éd.), Warminster, Aris and Philipps, 1989.
  - « The Military Orders in the Crusading Proposals of the late 13th and early 14th centuries », *Traditio*, XXXVI (1980).

Fried (Johannes), « Wille, Freiwilligkeit und Geständnis um 1300. Zur Beurteilung des letzten Templergross-meisters Jacques de Molay », *Historisches Jahrbuch*, 105 (1985).

Gilmour-Bryson (Ann), « L'eresia e i Templari : Oportet et haereses esse », *Ricerche di Storia sociale e religiose*, 24 (1983).

Hefele (Carl Josef), *Histoire des conciles*, vol. V, 2[e] partie, trad. H. Leclercq, Paris, 1912. (Traite du concile de Vienne.)

Hillgarth (Jocelyn N.), *Ramon Lull and Lullism in Fourteenth-Century France*, Oxford, Clarendon Press, 1971.

Javierre Mur (Aurea L.), « Aportacion al estudio del proceso contra el Templo en Castilla », *Revista de archivos, bibliotecas y museos*, 64 (1961).

Lea (Henri C.), *A History of the Inquisition of the Middle Ages*, New York, 1887, 3 vol. ; trad. française due à Salomon Reinach, *Histoire de l'Inquisition au Moyen Age*, Paris, 1901 ; rééd. avec une préface de L. Sala Molin, Grenoble, Jérôme Millon, 1986-1990, 3 vol. (Le procès du Temple est étudié dans le troisième vol. : *Domaines particuliers de l'activité inquisitoriale.*)

Histoire des conciles œcuméniques, G. Dumeige (éd.), t. 8, *Vienne*, par Josef Lecler, Paris, 1964.

Leys (Agnès M.), « The Forfeiture of the Lands of the Templars in England », *Oxford Essays in Medieval History presented to H. E. Salter*, F. M. Powicke (éd.), Oxford, 1934.

Menache (Sophie), « Contemporary Attitudes Concerning the Templars' Affair : Propaganda's Fiasco ? », *Journal of Medieval History*, 8 (1982).
  - « La naissance d'une nouvelle source d'autorité ; l'Université de Paris », *Revue historique*, CCLXVII (1982).

Partner (Peter), *The Murdered Magicians, The Templars and their Myths*, Oxford, University Press, 1981.

Perkins (Clarence), « The Trial of the Knights Templars in England », *English Historical Review*, XXIV (1909).
  - « The Knights Hospitallers in England after the Fall of the Order of the Temple », *idem*, XLV (1930).
  - « The Wealth of the Knights Templars in England and the Dis-

position of it after their Dissolution », *American Historical Review*, XV (1910).

Raynouard (Juste-Marie), *Monumens historiques relatifs à la condamnation des chevaliers du Temple et de l'abolition de leur ordre*, Paris, 1813.

Reinach (Salomon), « La tête magique des templiers », *Revue de l'histoire des religions*, 63 (1911).

Sans i Travé (Josep Maria), *El procès dels Templers catalans. Entre el turment i la gloria*, Lleida, Pagès editors, coll. « Els ordes militars », 1991.

Schein (Sylvia), *Fideles crucis : the Papacy, the West and the Recovery of the Holy Land, 1274-1314*, Oxford, Clarendon Press, 1991.

Wildermann (Ansgar Konrad), *Die Beurteilung des Templerprozesses bis zum 17. Jahrhundert*, Fribourg, Universitätsverlag 1971.

SUPPLÉMENT BIBLIOGRAPHIQUE
(novembre 1994)

2. Sources

Lyton-Ward (Judith Mary), *The French Text of the Rule of the Order of the Knights Templar*, Boydell, 1992. (Traduction anglaise et présentation.)

Le Blévec (D.) et Venturini (Alain), « Cartulaires des ordres militaires XIIᵉ-XIIIᵉ siècles (Provence occidentale – Basse vallée du Rhône) », *Les Cartulaires*, éd. O. Guyotjeannin, L. Morelle, M. Parisse, « Mémoires et documents de l'École des Chartes », 39, Paris, 1993.

3. Les croisades et l'idée de croisade

Housley (Norman), *The later Crusades (1274-1580). From Lyons to Alcazar*, Oxford, Oxford University Press, 1992.

A History of the Crusades, The University of Pennsylvania Press, vol. 6 : *The impact of the crusades in Europe*, éd. Norman P. Zacour et Harry W. Hazard, 1989.

The second crusade and the Cistercians, éd. M. Gervers, New York, 1992.

5. L'Orient latin

The Horns of Hattin, éd. B. Z. Kedar, Jerusalem-Londres, 1992, (Contient une mise au point sur la célèbre bataille de 1187, ainsi qu'une série d'articles sur son contexte.)

Marshall (Christopher), *Warfare in the Latin East 1192-1291*, Cam-

bridge, « Cambridge Series in Medieval Life and Thought », 1991.
(Complète le travail de R. C. Smail sur le même sujet pour le xii[e]
siècle, réédité, avec une introduction et une mise à jour biblio-
graphique de C. Marshall, Cambridge, 1995, cité section 5. Nombreuses références aux ordres militaires.)
Favreau-Lilie (Marie-Luise), « The military orders and the escape of
the Christian population from the Holy Land in 1291 », *Journal of
Medieval History,* 19, 1993.

6. Les ordres militaires. Problèmes d'ensemble

Forey (Alan), *The military orders from twelfth to the early fourteenth
century,* Londres, Mac Millan, « New Studies in Medieval History », 1992.
- *Military Orders and Crusades,* Aldershot (Hampshire), « Variorum », 1994. (Il s'agit de la reprise de 13 articles de l'auteur
publiés dans diverses revues et dont les principaux sont signalés
dans cette bibliographie.)
Legras (A.-M.) et Lemaître (J.-L.), « La pratique liturgique des Templiers et des Hospitaliers de Saint-Jean de Jerusalem », in *L'Écrit
dans la Société médiévale. Divers aspects de sa pratique du xie au
xve siècle,* Paris, Éditions du CNRS, 1991.
Nicholson (Helen), *Templars, Hospitalers, Teutonic Knights. Images
of the Military Orders, 1128-1291,* Leicester University Press,
1993.
Tommasi (Francesco), « Uomini e donne negli ordini militari di
Terrasanta. Per il problema della case doppie e miste negli ordini
giovannita, templare e teutonico (secc. xii-xiv) », *Doppelklöster
und andere Formen der Symbiose männlicher und weiblicher Reli-
giosen im Mittelalter,* éd. K. Elm et M. Parisse, Berliner Histo-
rische Studien, 18, Berlin, 1992.
- *Erwerbspolitik und Wirtschaftsweise mittelalterlicher Orden und
Klöster,* Berlin, 1992. (Il s'agit de plusieurs études sur la politique
économique et financière des différents ordres militaires ; l'une
d'elles est consacrée à la commanderie templière de Payns.)
- « *Militia Christi* » *e crociata nei secoli xi-xiii,* Atti della undice-
sima settimana internazionale di studi, (Mendola 28 octobre -
1er septembre), Milan, Vita e Pensiero, 1992.

7. Les ordres militaires autres que le Temple

Guinot Rodriguez (E.), « La fundacion de la Orden militar da Santa
Maria de Montesa », *Saitabi, revista de la Facultad de Geografia e
Historia de la Universidad de Valencia,* t. XXXV, 1985.
Sainz de la Maza Lasoli (Regina), *La Orden de San Jorge de Alfama.
Aproximacion a su Historia,* Barcelone, 1990.

8. *L'ordre du Temple : problèmes généraux*

Barber (Malcolm), *The new Knighthood. A history of the Order of the Temple,* Cambridge University Press, 1993.

Bulst-Thiele (M.-L.), « The Influence of St Bernard of Clairvaux on the Formation of the Order of the Knights Templars », *The second Crusade and the Cistercians...* (cité section 3).

Nicholson (Helen), « Templars attitudes toward Women », *Medieval History,* 1, 1991.

Saint-Hilaire (P. de), *Les Sceaux templiers,* Paris, Éditions Pardès, 1991. L'auteur, à partir de la centaine de sceaux templiers retrouvés dans les Archives (il en reproduit un grand nombre) dresse une typologie des sceaux templiers : le sceau aux deux chevaliers chevauchant le même cheval par exemple, d'abord au revers de la « bulle » du Temple évoquée dans la règle de l'ordre, devient le sceau du visiteur général en Occident ; le maître de l'ordre, à Jérusalem, puis à Acre, use du sceau à la « tuba », qu'il faut interpréter dans le sens de coupole, reproduisant la coupole du Templum domini (la mosquée d'Omar) qui n'appartient pas aux Templiers certes, mais était proche de leur maison « chèvetaine » sur le mont du Temple (et non pas comme je l'ai écrit la coupole du saint Sépulcre). De même le maître de France orne son sceau d'une coupole (d'aspect différent), qui est celle de la chapelle du Temple de Paris.

Roth (Hermann) et Grossmann (Anton), *Bernhard von Clairvaux an die Tempelritter. Die Speerspitze der Kreuzzüge,* Sinzig, « Sankt Meirnad Verlag », 1990. (Les auteurs font une analyse précise de la règle du Temple sans apporter de nouveau ; traduction allemande du traité de St Bernard.)

Tommasi (Francesco), « Pauperes commilitones Christi. Aspetti e problemi delle origini gerosolimitane », dans *« Militia Christi » e Crociata...* (cité section 6).

9. *L'ordre du Temple : études par pays*

France

Carcennac (A. Regis), « L'élevage dans le Rouergue méridional au temps des Templiers », *Annales du Midi,* t. 103, 1991.

Dans les îles britanniques

Burton (Janet E.), « The Knights templars in Yorkshire in twelfth century : a reassessment », *Northern History,* 27, 1991.

Dans la péninsule Ibérique

Diaz Manteca (Eugenio), « Notas para el estudio de los antecedentes historicos de Montesa », *Estudis castellonencs,* 2, 1984-

1985. (En réalité, il s'agit d'une étude très complète sur l'implantation de l'Hôpital et du Temple dans le royaume de Valence aux
XIIᵉ-XIIIᵉ siècles.)

Ledesma Rubio (Maria-Luisa), « La formacion de un señorio tem-
plario y su organizacion economica y social : la encomienda de
Villel », dans *Homenaje a José Maria Lacarra,* Pamplona, 1986.

Martinez Diez (Gonzalo), *Los Templarios en la corona de Castilla,*
Burgos, Editorial La Olmeda, 1993.

Pagarolas (Laurea), *La commenda del Temple de Tortosa : primer
periodo, 1148-1213,* Dertosa, Instituto d'edicio dertonenses, 1984.

10. *Le procès des templiers*

Bordonove (Georges), *La Tragédie des Templiers,* Paris, Pygmalion,
1993.

Partner (Peter), *Templiers, Francs-Maçons et Sociétés secrètes,* Paris,
Pygmalion, 1992. (Il s'agit de la traduction de l'original anglais,
The Templars and theirs Myths, publié en 1981. La bibliographie
n'a malheureusement pas été actualisée.)

Carré (Yannick), *Le Baiser sur la bouche au Moyen Age. Rites, symboles, mentalités, xiᵉ-xvᵉ siècles,* Paris, Le Léopard d'Or, 1993.

Gilmour Bryson (Ann), « Age related data from the Templar trials »,
dans *Aging and the Aged in Medieval Europe,* Michael M. Sheenan
éd., Toronto, Pontifical Institute of Medieval Studies, 1990. (Fondée sur les données des interrogatoires du procès, cette étude
confirme que les templiers étaient plus jeunes qu'on ne le répète et
que le recrutement dans l'ordre s'est maintenu à un niveau élevé
après la chute d'Acre.)

Beaune (Colette), « Les rois maudits », *Razo* (université de Nice),
vol. 12, 1992, « Mythe et histoire ». (Étude historiographique sur
la légende de la malédiction prononcée par J. de Molay à l'encontre de Philippe le Bel, de ses fils, du pape. L'auteur démontre
que ce n'est qu'à la fin du xvᵉ siècle que les auteurs de traités historiques l'attribuent au maître du Temple.)

Index

des noms de lieux et de personnes

Table

V. LE TEMPLE AU XIIIe SIÈCLE :
DÉTOURNEMENT DE MISSION ?

VI. LA CHUTE DU TEMPLE

Cartes et plans

Les plans de Jérusalem et Acre ont été composés à partir des cartes de
M. Benvenisti, *The Crusaders in the Holy Land,* Jérusalem, 1970. La
carte de l'implantation du Temple en Terre sainte a été établie à partir
des indications de M. Benvenisti, *op. cit.* ci-dessus, complétées par
celles de M. L. Bulst-Thiele, *Sacrae domus militiae Templi hierosolymitani magistri,* Göttingen, 1974.

COMPOSITION : IMPRIMERIE HÉRISSEY À ÉVREUX (EURE)
IMPRESSION : BRODARD ET TAUPIN À LA FLÈCHE (12-94)
DÉPÔT LÉGAL : JANVIER 1989. Nº 10482-3 (6843 K-5)

Collection Points

SÉRIE HISTOIRE

DERNIERS TITRES PARUS